U0594758

给青少年的人文素养课丛书

给青少年的大师国学课

章太炎
陈　柱 ◎著

中国友谊出版公司

图书在版编目（CIP）数据

给青少年的大师国学课 / 章太炎，陈柱著. -- 北京：中国友谊出版公司，2022.2

ISBN 978-7-5057-5396-9

Ⅰ. ①给… Ⅱ. ①章… ②陈… Ⅲ. ①国学－青少年读物 Ⅳ. ①Z126-49

中国版本图书馆CIP数据核字（2022）第014281号

书名 给青少年的大师国学课
作者 章太炎 陈柱
出版 中国友谊出版公司
发行 中国友谊出版公司
经销 北京时代华语国际传媒股份有限公司 010-83670231
印刷 涿州市星河印刷有限公司
规格 690 × 980 毫米 16 开
21 印张 260 千字
版次 2022 年 2 月第 1 版
印次 2022 年 2 月第 1 次印刷
书号 ISBN 978-7-5057-5396-9
定价 49.80 元
地址 北京市朝阳区西坝河南里 17 号楼
邮编 100028
电话 （010）64678009

出版说明

1900年2月10日，梁启超在《清议报》第35册发表了《少年中国说》一文，以激情澎湃的语言，呼唤一个气象一新的“少年中国”诞生。梁启超在文中说：少年智则国智，少年富则国富，少年强则国强，少年独立则国独立，少年自由则国自由，少年进步则国进步，少年胜于欧洲则国胜于欧洲，少年雄于地球则国雄于地球。

100多年后，在庆祝中国共产党成立100周年大会上，共青团员和少先队员代表集体献词，许下了青春的誓言：听党话、感党恩、跟党走！同心向党，奔赴远方！献词最后，他们连呼：“请党放心，强国有我！”八字誓词铿锵有力，这响亮的青春誓言在天安门广场上空久久回荡，这是今日青少年对党和祖国的庄严承诺！

在2021年全国两会期间，全国政协委员、江苏省锡山高级中学校长唐江澎说：学生没有分数，就过不了今天的高考，但孩子只有分数，恐怕也赢不了未来的大考。一个学校，没有升学率，就没有高考竞争力，但是我们的教育只关注升学率，国家恐怕也就没有核心竞争力。分数是重要的，但是分数不是教育的全部内容，更不是教育的根本目标。好的教育应该是培养终生运动者、责任担当者、问题解决者和优雅生活者，以孩子们健全而优秀的人格赢得未来的幸福，造福国家社会。今天孩子的全面素质，就是我们国家未来的整体实力，也就是我们社会的幸福程度。教育要培根、铸魂、启智、润心，这是习总书记在看望医卫教育界委员，和大家共商国是时所说的，这八个字道出了教育的真谛，深刻地揭示了教育的使命与价值。十四五发展规划纲要，已经把教育作为一个专章提出来了，它的标题应该成为我们社会各界的共识，那就是：提高国民素质，促进人的全面发展。

青少年作为祖国未来的栋梁，是全面建设社会主义现代化、实现中华民族伟大复兴的中坚力量，他们素质的好坏，他们学识的高低，他们能力的强弱，决定着现代化的质量，决定着中华民族的未来。为此，中共中央办公厅、国务院办公厅印发的“双减”意见指出：坚持以习近平新时代中国特色社会主义思想为指导，全面贯彻党的教育方针，落实立德树人根本任务，促进学生全面发展、健康成长。同时要求：科学利用课余时间，开展阅读和文艺活动，为学有余力的学生拓展学习空间，开展丰富多彩的科普、文体、艺术、劳动、阅读、兴趣小组及社团活动。

为落实“双减”意见要求，让青少年科学合理安排课余时间，帮助青少年构建自己的知识体系、提升人文素养，我们策划了这套《给青少年的人文素养课丛书》。该套图书选取了国史、国学、文学、文化、诗词、书画等领域的顶流大师的著作进行归集和整理，其中包括吕思勉、张荫麟、柳诒徵、郑昶、陈师曾、章太炎、陈柱、郑振铎、吴梅、朱自清、闻一多等，让青少年通过阅读，不但对中国的文化有多方面的认识，更可以体会跨界阅读的乐趣，构建自己的知识体系。

这套书适合12—25岁的青少年自主阅读。通过图文结合的形式，在配合相关课本的知识点的基础上，发散思维和各方面知识，巩固课堂所学知识点的同时，让读者了解更为丰富的中国历史知识与文化精髓。轻松简洁的语言，以及丰富经典的原典的引用和解析，满足了青少年读者在课堂上无法得到完全满足的好奇心和求知欲，这不但是对课堂知识的补充，更可以让读者从中体会更多道理。

本书主要收录了章太炎先生1922年及1935年两次具有代表性的公开讲学记录，并把陈柱《诸子概论》的部分内容插入其中，较系统地展示了国学的概貌，是国学爱好者及研究者了解国学的必读之书。

章太炎（1869—1936），原名学乘，字枚叔，号太炎，浙江余杭人，清末民初民主革命家、著名学者。研究范围涉及小学、历史、哲学、政治等，著述甚丰。

陈柱（1890—1944），字柱尊，号守玄，广西北流人，近代国学大师。他在国学很多领域的研究别开生面，特别是在先秦诸子方面颇有成就。

本书尽可能地选用最初的版本，以保留大家著作的原貌。鉴于当时的历史条件，原版本中尚存在一些错讹之处，对其中确系误写、错排的个别文字，参照其他版本和部分学者的研究成果，确有把握者，予以改正。其他一仍其旧，均未作变动。

书中对一些历史事件、历史人物的点评，在编辑出版过程中，除比较敏感处略作注释，其他均未作特别说明，望广大读者考虑到作品创作的历史背景，及各位先生独特的学术观点，在阅读过程中加以区分和正确解读。

由于编者水平有限，疏漏及错讹之处在所难免，敬请广大读者不吝指正。

目录

第一讲　概论

第一节　国学的本体

一、经史非神话

在古代书籍中，原有些记载是神话，若《山海经》《淮南子》中所载，我们看了，觉得是怪诞极了。但此类神话，在王充《论衡》里已有不少被他看破，没有存在的余地了。而且正经正史中本没有那些话。如盘古开天辟地，天皇、地皇、人皇等，正史都不载。又如"女娲炼石补天""后羿射日"那种神话，正史里也都没有。经史所载，虽在极小部分中还含神秘的意味，大体并没神奇怪离的论调。并且，这极小部分的神秘记载，也许使我们得出有理的解释：

《诗经》记后稷的诞生，颇似可怪。因据《尔雅》所释"履帝武敏"，说是他的母亲，足蹈了上帝的拇指得孕的。但经毛公注释，训帝为皇帝，就等于平常的事实了。

《史记·高祖本纪》说高祖之父太公，雷雨中至大泽，见神龙附其母之身，遂生高祖。这不知是太公捏造这话来骗人，还是高祖自造。即使太公真正看见如此，我想其中也可假托。记得湖北曾有一件奸杀案：一个奸夫和奸妇密议，得一巧法，在雷雨当中奸夫装成雷公怪形，从屋脊而下，活活地把本夫打杀。高祖的事，也许是如此。他母亲和人私通，奸夫饰作龙怪的样儿，太公自然不敢进去了。

从前有人常疑古代圣帝贤王都属假托；即如《尧典》所说"钦明

文思安安”“克明俊德”等等的话，有人很怀疑，以为那个时候的社会，哪得有像这样的完人。我想：古代史家叙太古的事，不能详叙事实，往往只用几句极混淆的话作“考语”，这种考语原最容易言过其实。譬如今人作行述，遇着没有事迹可记的人，每只用几句极好的考语；《尧典》中所载，也不过是一种“考语”，事实虽不全如此，也未必全不如此。

《禹贡》记大禹治水，八年告成。日本有一博士，他说：“后世凿小小的运河，尚须数十年或数百年才告成功，他治这么大的水，哪得如此快？”因此，也疑禹贡只是一种奇迹。我却以为大禹治水，他不过督其成，自有各部分工去做；如果要亲身去，就游历一周，也不能，何况凿成！在那时人民同受水患，都有切身的苦痛，免不得合力去做，所以“经之营之，不日成之”了。《禹贡》记各地土地腴瘠情形，也不过依报告录出，并不必由大禹亲自调查的。

太史公作《五帝本纪》，择其言尤雅驯者，可见他述的确实。我们再翻看经史中，却也没载盘古、三皇的事，所以经史并非神话。

其他经史以外的书，若《竹书纪年》《穆天子传》，确有可疑者在。但《竹书纪年》今存者为明代伪托本，可存而不论，《穆天子传》也不在正经正史之例，不能以此混彼。后世人往往以古书稍有疑点，遂全目以为伪，这是错了！

二、经典诸子非宗教

经典诸子中有说及道德的，有说及哲学的，却没曾说及宗教。近代人因为佛经及耶稣教的《圣经》都是宗教，就把国学里的“经”，也混为一解，实是大误。“佛经”“圣经”的那个“经”字，是后人翻译时随意引用，并不和“经”字原意相符。经字原意只是一经一纬的经，即是一根线，所谓经书只是一种线装书罢了。明代有线装书的名目，即别于那种一页一页散着的八股文墨卷，因为墨卷没有保存的价值，别的就称作线装书了。古代记事书于简。不及百名者书于方，事多一简不能尽，遂连数简以记之。这连各简的线，就是“经”。可见“经”不过是当代记述较多而常要翻阅的几部书罢了。非但没含宗教的意味，就是汉时训“经”为“常道”，也非本意。后世疑经是经天纬地之经，其实只言经而不言天，便已不是经天的意义了。

散氏盘及散氏盘铭文拓片

散氏盘为西周后期厉王时代的青铜器，其造型、纹饰简约端正，因铭文中有“散氏”字样而得名。盘上共有铭文357字，记载的是西周晚期的土地契约。铭文中的所有文字都取横扁的结构，在外形上颇似后世的隶书。

中国自古即薄于宗教思想，此因中国人都重视政治。周时诸学者已好谈政治，差不多在任何书上都见他们政治的主张。这也是环境的关系：中国土地辽广，统治的方法急待研究，比不得欧西地小国多，没感到困难。印度土地也大，但内部实分着许多小邦，所以他们的宗教易于发达。中国人多以全力着眼政治，所以对宗教很冷淡。

老子很反对宗教，他说：“以道莅天下，其鬼不神。”孔子对于宗教，也反对；他虽于祭祀等事很注意，但我们味“祭神如神在”的“如”字的意思，他已明白告诉我们是没有神的。《礼记》一书很考究祭祀，这书却又出自汉代，未必是可靠。

祀天地社稷，古代人君确是遵行，然自天子以下，就没有与祭的身份。须知宗教是须普及于一般人的，耶稣教的上帝，是给一般人膜拜的；中国古时所谓天，所谓上帝，非人君不能拜，根本上已非宗教了。

九流十家中，墨家讲天、鬼，阴阳家说阴阳生克，确含宗教的意味，但墨子所谓天，阴阳家所谓“龙”“虎”，却也和宗教相去甚远。就上讨论，我们可以断定经典诸子非宗教。

三、历史非小说传奇

后世的历史，因为辞采不丰美，描写不入神，大家以为是记实的；对于古史，若《史记》《汉书》，以其叙述和描写的关系，引起许多人的怀疑：

《刺客列传》记荆轲刺秦王事，《项羽本纪》记项羽垓下之败，真是活龙活现。大家看了，以为事实上未必如此，太史公并未眼见，也不过如《水浒传》里说武松、宋江，信手写去罢了。实则太史公作史择雅去疑，慎之又慎。像伯夷、叔齐的事，曾经孔子讲及，所以他替二人作传。那许由、务光之流，就缺而不录了。项羽、荆轲的事迹，昭昭在人耳目，太史公虽没亲见，但传说很多，他就可凭着那传说写出了。《史记》中详记武略，原不只项羽一人；但若夏侯婴、周勃、灌婴等传，对于他们的战功，只书得某城，斩首若干级，升什么官，竟像记一笔账似的，这也因没有特别的传说，只将报告记了一番就算了。如果太史公有意伪述，那么《刺客列传》除荆轲外，行刺的情形，只曹沫、专诸还有些叙述，豫让、聂政等竟完全略过，这是什么道理呢？《水浒传》有百零八个好汉，所以施耐庵不能个个描摹，《刺客列传》只五个人，难道太史公不能逐人描写吗？这都因荆轲行刺的情形有传说可凭，别人没有，所以如此的。

“商山四皓”一事，有人以为四个老人哪里能够使高祖这样听从，《史记》所载未必是实。但须知一件事情的成功，往往为多数人所合力做成，而史家常在甲传中归功于甲，在乙传中又归功于乙。汉惠免废，商山四皓也是有功之一，所以在《留侯世家》中如此说，并无可疑。

史书原多可疑的地方，但并非像小说那样的虚构。如刘知几《史通》曾疑更始刮席事为不确，因为更始起自草泽时，已有英雄气概，何至为众所拥立时，竟羞惧不敢仰视而以指刮席呢？这大概是光武一方面诬蔑更始的话。又如史书写王莽竟写得同呆子一般，这样愚呆的人怎能篡汉？这也是汉室中兴对于王莽当然特别贬斥。这种以成败论人的习气，史家在所不免，但并非像小说的虚构。

考《汉书·艺文志》已列小说于各家之一，但那只是县志之类，如所谓《周考》《周纪》者。最早是见于《庄子》，有"饰小说以干县令"一语；这所谓小说，却又指那时的小政客不能游说六国侯王，只能在地方官前说几句本地方的话。这都和后世小说不同。刘宋时有《世说新语》一书，所记多为有风趣的魏晋人的言行，但和正史不同的地方，只时日多颠倒处，事实并非虚构。唐人始多笔记小说，且有因爱憎而特加揄扬或贬抑者，去事实稍远。《新唐书》因《旧唐书》所记事实不详备，多采取此等笔记。但司马温公作《通鉴》对于此等事实必由各方面搜罗证据，见有可疑者即删去，可见作史是极慎重将事的。最和现在小说相近的是宋代的《宣和遗事》，彼记宋徽宗游李师师家，写得非常生动，又有宋江等三十六人，大约《水浒传》即脱胎于此书。古书中全属虚构者也非没有，但多专记神仙鬼怪，如唐人所辑《太平广记》之类，这与《聊斋志异》相当，非《水浒传》可比，而且正史中也向不采取。所以正史中虽有些叙事很生动的地方，但决与小说传奇不同。

第二节 治国学的方法

一、辨书籍的真伪

对于古书没有明白哪一部是真，哪一部是伪，容易使我们走入迷途，所以研究国学第一步要辨书籍的真伪。

四部的中间，除了集部很少假的，其余经、史、子三部都包含着很多的伪书，而以子部为尤多。清代姚际恒《古今伪书考》，很指示我们一些途径。

先就经部讲：《尚书》现代通行本共有五十八篇，其中只有三十三篇是汉代时的"今文"所有，另二十五篇都是晋代梅赜所假造。这假造的《尚书》，宋代朱熹已经怀疑它，但没曾寻出确证，直到清代，才明白地考出，却已雾迷了一千多年。经中尚有为明代人所伪托，如《汉魏丛书》中的《子贡诗传》系出自明丰坊手。诠释经典之书，也有后人伪托，如孔安国《尚书传》《郑氏孝经注》《孟子孙奭疏》之类，都是晋代的产品。不过“伪古文尚书”，和“伪孔传”，比较的有些价值，所以还引起一部分人一时间的信仰。

以史而论：正史没人敢假造，别史中就有伪书。《越绝书》，汉代袁康所造，而托名子贡。宋人假造《飞燕外传》《汉武内传》，而列入《汉魏丛书》。《竹书纪年》本是晋人所得，原已难辨真伪，而近代通行本，更非晋人原本，乃是明人伪造的了。

子部中伪书很多，现在举其最著者六种，前三种尚有价值，后三种则全不足信。

（一）《吴子》。此书中所载器具，多非当时所有，想是六朝产品。但从前科举时代把他当作“武经”，可见受骗已久。

（二）《文子》。《淮南子》为西汉时作品，而《文子》里面大部分抄自《淮南子》，可见本书系属伪托，已有人证明他是两晋六朝人做的。

（三）《列子》。信列子的人很多，这也因本书做得不坏，很可动人的缘故。须知列子这个人虽见于《史记·老庄列传》中，但书中所讲，多取材于佛经，佛教在东汉时始入中国，那能在前说到？我们用时代证他，已可水落石出。并且《列子》这书，汉人从未有引用一句，这也是一个明证。造《列子》的也是晋人。

（四）《关尹子》。这书无足论。

（五）《孔丛子》。这部书是三国时王肃所造。《孔子家语》一书也是他所造。

（六）《黄石公三略》。唐人所造。又《太公阴符经》一书，出现在《黄石公三略》之后，系唐人李筌所造。

经、史、子三部中的伪书很多，以上不过举个大略。此外，更有原书是真而后人掺加一部分进去的，这却不能疑它是假。《四子书》中有已被掺入的。《史记》中也有，如《史记》中曾说及扬雄，扬在太史公以后，显系后人加入，但不能因此便疑《史记》是伪书。

总之，以假为真，我们就要陷入迷途，所以不可不辨别清楚。但反过来看，因为极少部分的假，就怀疑全部分，也是要使我们彷徨无所归宿的。如康有为以为汉以前的书都是伪的，都被王莽、刘歆改窜过，这话也只有他一个人这样说。我们如果相信他，便没有可读的古书了。

二、通小学

韩昌黎说："凡作文章宜略识字。"所谓"识字"，就是通小学的意思。作文章尚须略通小学，可见在现在研究古书，非通小学是无从下手的了。小学在古时，原不过是小学生识字的书，但到了现代，虽研究到六七十岁，还有不能尽通的。何以古易今难至于如此呢？这全是因古今语言变迁的缘故。现在的小学，是可以专门研究的，但我所说的"通小学"，却和专门研究不同，因为一方面要研究国学，所以只能略通大概了。

伏生授经图

此图描绘的是伏生于汉初时将《尚书》传授给弟子晁错的故事。

《尚书》中《盘庚》《洛诰》，在当时不过一种告示，现在我们读了，觉得"佶屈聱牙"，这也是因我们没懂当时的白话，所以如此。《汉书·艺文志》说："《尚书》直言也。"直言就是白话。古书原都用当时的白话，但我们读《尚书》，觉得格外难懂，这或因《盘庚》《洛诰》等都是一方的土话，如殷朝建都在黄河以北，周朝建都在陕西，用的都是河北的土话，所以比较不能明白。《汉书·艺文志》又说，"读《尚书》应用《尔雅》"，这因《尔雅》是诠释当时土话的书，所以《尚书》中有难解的地方，看了《尔雅》就可明白。

总之，读唐以前的书，都非研究些小学，不能完全明白。宋以后的文章和现在差不多，我们就能完全了解了。

研究小学有三法：

（一）通音韵。古人用字，常同音相通，这大概和现在的人写别字一样。凡写别字都是同音的，不过古人写惯了的别字，现在不叫他写别字罢了。但古时同音的字，现在多不相同，所以更难明白。我们研究古书，要知道某字即某字之转讹，先要明白古时代的音韵。

（二）明训诂。古时训某字为某义，后人更引伸某义转为他义。可见古义较狭而少，后义较广而繁。我们如不明白古时的训诂，误以后义附会古义，就要弄错了。

（三）辨形体。近体字中相像的，在篆文未必相像，所以我们要明古书某字的本形，以求古书某字的某义。

历来讲形体的书，是《说文》，讲训诂的是《尔雅》，讲音韵的书，是《音韵学》。如能把《说文》《尔雅》《音韵学》都有明确的观念，那么，研究国学就不至犯那“意误”“音误”“形误”等弊病了。

宋朱熹一生研究“五经”“四子”诸书，连寝食都不离，可是纠缠一世，仍弄不明白。实在，他在小学没有工夫，所以如此。清代毛西河事事和朱子反对，但他也不从小学下手，所以反对的论调，也都错了。可见通小学对于研究国学是极重要的一件事了。清代小学一门，大放异彩，他们所发见的新境域，着实不少！

三国以下的文章，十之八九我们能明了，其不能明了的部分，就须借助于小学。唐代文家如韩昌黎、柳子厚的文章，虽是明白晓畅，却也有不能了解的地方。所以我说：看唐以前的文章，都要先研究一些小学。

桐城派也懂得小学，但比较的少用功夫，所以他们对于古书中不能明白的字，便不引用，这是消极的免除笑柄的办法，事实上总行不去的。

哲学一科，似乎可以不通小学，但必专凭自我的观察，由观察而发表自我的意思，和古人完全绝缘，那才可以不必研究小学。倘仍要凭藉古人，或引用古书，那么，不明白小学就要闹笑话了。比如朱文公研究理学宋之理学即哲学，释“格物”为“穷至事物之理”，便招非议。在朱文公原以“格”可训为“来”，“来”可训为“至”，“至”可训为“极”，“极”可训为“穷”，就把“格物”训为“穷物”。可是训“格”

为“来”是有理，辗转训“格”为“穷”，就是笑话了。又释“敬”为“主一无适”之谓这原是程子说的，他的意思是把“适”训作“至”，不知古时“适”与“敌”通，《淮南子》中的主“无适”，所谓“无适”实是“无敌”之谓，“无适”乃“无敌对”的意义，所以说是“主一”。所以研究国学，无论读古书或治文学哲学，通小学都是一件紧要的事。

三、明地理

近顷所谓地理，包含地质、地文、地志三项，原须专门研究的。中国本来的地理，算不得独立的科学，只不过做别几种史、经的助手，也没曾研究到地质、地文的。我们现在要研究国学，所需要的也只是地志，且把地志讲一讲。

地志可分两项：天然的和人为的。天然的就是山川脉络之类。山自古至今，没曾变更。大川若黄河，虽有多次变更，我们在历史上可以明白考出，所以，关于天然的，比较地容易研究。人为的就是郡县建置之类。古来封建制度至秦改为郡县制度，已是变迁极大，数千年来，一变再变，也不知经过多少更张。那秦汉时代所置的郡，现在还能大略考出，所置的县就有些模糊了；战国时各国的地界，也还可以大致考出，而各国战争的地点，却也很不明白了。所以人为的比较地难以研究。

历来研究天然的，在乾隆时有《水道提纲》一书。书中讲山的地方甚少，关于水道，到现在也变更了许多，不过大致是对的。在《水道提纲》以前，原有《水经注》一书，这书是北魏人所著，事实上已用不着，只文采丰富，可当古董看罢了。研究人为的，有《读史方舆纪要》和《乾隆府厅州县志》。民国代兴，废府留县，新置的县也不少，因此更大有出入。在《方舆纪要》和《府厅州县志》以前，唐人有《元和郡县志》，也是研究人为的，只是欠分明。另外还有《大清一统志》《李申耆五种》，其中却有直截明了的记载，我们应该看的。

我们研究国学，所以要研究地理者，原是因为对于地理没有明白的观念，看古书就有许多不能懂。譬如看到春秋战国的战争和楚汉战争，史书上已载明谁胜谁败，但所以胜所以败的原因，关于形势的很多，就和地理有关了。

二十四史中，古史倒还可以明白，最难研究的，要推《南北史》和《元史》。东晋以后，五胡闯入内地，北方的人士多数南迁。他们数千人所住的地，就侨置一州，侨置的地方，大都在现在镇江左近，因此有南通州、南青州、南冀州的地名产生。我们研究《南史》，对于侨置的地名，实在容易混错。元人灭宋，统一中国，在二十四史就有《元史》的位置。元帝成吉思汗拓展地域很广，关于西伯利亚和欧洲东部的地志，《元史》也有阑入，因此使我们读者发生困难。关于《元史》地志有《元史译文证补》一书，因著者博证海外，故大致不错。

不明白地理而研究国学，普通要发生三种谬误。南北朝时南北很隔绝。北魏人著《水经注》，对于北方地势，还能正确，记述南方的地志，就错误很多。南宋时对于北方大都模糊，所以福建人郑樵所著《通志》，也错得很多。——这是臆测的谬误。中国土地辽阔，地名相同的很多，有人就因此纠缠不清。——这是纠缠的错误。古书中称某地和某地相近，往往考诸实际，相距却是甚远。例如：诸葛亮五月渡泸一事，是大家普通知道的，泸水就是现今金沙江，诸葛亮所渡的地，就是现在四川宁远。后人因为唐代曾在四川置泸州，大家就以为诸葛亮五月渡泸是在此地，其实相去千里，岂非大错吗？——这是意会的错误。至于河阴、河阳当在黄河南北，但水道已改，地名还是仍旧，也容易舛错的。

我在上节曾讲过“通小学”，现在又讲到“明地理”，本来还有“典章制度”也是应该提出的，所以不提出者，是因各朝的典章制度，史书上多已载明，无以今证古的必要。我们看哪一朝史知道哪一朝的典章制度就够了。

四、知古今人情的变迁

社会更迭地变换，物质方面继续地进步，那人情风俗也随着变迁，不能拘泥在一种情形的。如若不明白这变迁的理，要产生两种谬误的观念。

（一）道学先生看作道德是永久不变，把古人的道德，比作日月经天，江河行地，墨守而不敢违背。

（二）近代矫枉过正的青年，以为古代的道德是野蛮道德。原来道德可分二部分：普通伦理和社会道德。前者是不变的，后者是随着环境变更的。当政治制度变迁的时候，风俗就因此改易，那社会道德是要适应了这制度这风俗才行。古今人情的变迁，有许多是我们应该注意的！

第一，封建时代的道德，是近于贵族的；郡县时代的道德，是近于平民的。这是比较而说的。《大学》有“欲治其国者，先齐其家”一语，《传》第九章里有“其家不可教而能教人者，无之”一语，这明是封建时代的道德。我们且看唐太宗的历史，他的治国，成绩却不坏，世称贞观之治，但他的家庭，却糟极了，杀兄，纳弟媳。这岂不是把《大学》的话根本打破吗？要知古代的家和后世的家大不相同。古代的家，并不只包含父子夫妻兄弟这等人，差不多和小国一样，所以孟子说：“千乘之家百乘之家。”在那种制度之下，《大学》里的话自然不错，那不能治理一县的人，自然不能治理一省了。

第二，古代对于保家的人，不管他是否尸位素餐，都很恭维。史家论事，对于那人因为犯事而灭家，不问他所做的是否正当，都没有一句褒奖。《左传》里已是如此，后来《史》《汉》也是如此。晁错创议灭七国，对于汉确是尽忠，但因此夷三族，就使史家对他生怪了。大概古代爱家和现代爱国的概念一样，那亡家也和亡国一样，所以保家是大家同情的。这种观念，到汉末已稍稍衰落，六朝又复盛了。

第三，贵族制度和现在上司差不多，只比较的文明一些。凡在王家的人，和王的本身一样看待。他的兄弟在王去位的时代都有承袭的权利。我们看《尚书》到周公代成王摄政，觉得很可怪。他在摄政时代，也俨然称王。在《康诰》里有“王若曰孟侯联其弟小子封”的话，这王明是指周公。后来成王年长亲政，他又可以把王号取消。《春秋》记隐公、桓公的事，也是如此。这种摄政可称王，退位可取消的情形，到后世便不行。后世原也有兄代弟位的，如明英宗被掳、景泰帝代行政事等。但代权几年，却不许称王；既称王，却不许取消的。宋人解释《尚书》，对于这些没有注意到，所以强为解释，反而愈释愈使人不能解了。

第四，古代大夫的家臣，和天子的诸侯一样，凡是家臣对于主人有绝对服从的义务。这种制度，西汉已是衰落一些，东汉又复兴盛起来。功曹、别驾都是州郡的属官。这种属官，既要奔丧，还要服丧三年，俨有君臣之分。三国时代的曹操、刘备、孙权，他们虽未称王，但他们属下的官对于他们都是皇帝一般看待的。

第五，丁忧去官一件事在汉末很通行，非但是父母三年之丧要丁忧，就是兄弟姊妹期功服之丧也要丁忧。陶渊明诗有说及奔妹丧的，潘安仁《悼亡诗》也有说及奔丧的，可见丁忧的风在那时很盛。唐时此风渐息，到明代把它定在律令，除了父母丧不必去官。

总之，道德本无所谓是非，在那种环境里产生适应的道德，在那时如此便够了。我们既不可以古论今，也不可以今论古。

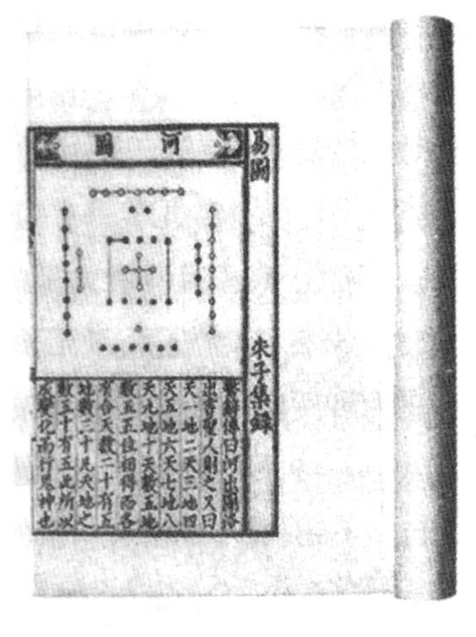
《周易》书影

五、辨文学应用

文学的派别很多，梁刘勰著《文心雕龙》一书，已明白罗列，关于这项，将来再仔细讨论，现在只把不能更改的文体讲一讲。

文学可分二项：有韵的谓之诗，无韵的谓之文。文有骈体、散体的区别，历来两派的争执很激烈：自从韩退之崛起，推翻骈体，后来散体的声势很大。宋人就把古代经典都当作散体，不用骈体做宣扬的旗帜。清代阮芸台起而推倒散体，抬出孔老夫子来，说孔子在《易经》里所著的文言系辞，都是骈体的。实在这种争执，都是无谓的。

依我看来，凡简单叙一事不能不用散文，如兼叙多人多事，就非骈体不能提纲。以《礼》而论，同是周公所著，但《周礼》用骈体，《仪礼》却用散体，这因事实上非如此不可的。《仪礼》中说的是起居跪拜之节，要想用骈也无从下手。更如孔子著《易传》用骈，著《春秋》就用散，也是一理。实在，散、骈各有专用，可并存而不能偏废。凡列举纲目的以用骈为醒目，譬如我讲演“国学”列举各项子目，也便是骈体。秦汉以后，若司马相如、邹阳、枚乘等的骈文，了然可明白。他们用以序叙繁杂的事，的确是不错。后来诏诰都用四六，判案亦有用四六的唐宋之间，有《龙筋凤髓判》，这真是太无谓了。

凡称之为诗，都要有韵，有韵方能传达情感。现在白话诗不用韵，即使也有美感，只应归入散文，不必算诗。日本和尚娶妻食肉，我曾说他们可称居士等等，何必称作和尚呢？诗何以要有韵呢？这是自然的趋势。诗歌本来脱口而出，自有天然的风韵，这种韵，可达那神妙的意思。你看，动物中不能言语，他们专以幽美的声调传达彼等的感情，可见诗是必要有韵的。“诗言志，歌永言，声依咏，律和声”，这几句话，是大家知道的。我们仔细讲起来，也证明诗是必要韵的。我们更看现今戏子所唱的二黄西皮，文理上很不通，但彼等也因有韵的缘故。

白话记述，古时素来有的，《尚书》的诏诰全是当时的白话，汉代的手诏，差不多亦是当时的白话，经史所载更多照实写出的《尚书·顾命》篇有“奠丽陈教则肄肄不违”一语，从前都没能解这两个“肄”字的用意，到清代江艮庭始说明多一肄字，乃直写当时病人垂危舌本强大的口吻。《汉书》记周昌“臣期期不奉诏”“臣期期知其不可”等语，两“期期”字也是直写周昌口吃。但现在的白话文只是使人易解，能曲传真相却也未必。“语录”皆白话体，原始自佛家，宋代名儒如二程、朱、陆亦皆有语录，但二程为河南人，朱子福建人，陆象山江西人，如果各传真相，应所纪各异，何以语录皆同一体例呢？我尝说，假如李石曾、蔡孑民、吴稚晖三先生会谈，而令人笔录，则李讲官话，蔡讲绍兴话，吴讲无锡话，便应大不相同，但记成白话文却又一样。所以说白话文能尽传口语的真相，亦未必是确实的。

第二讲　国学的派别

第一节　经学的派别

讲“国学”而不明派别，将有望洋兴叹，无所适从之感。但“国学”中也有无须讲派别的，如历史学之类；也有不够讲派别的，则为零碎的学问。现在只把古今学者呶呶争辩不已的，分三类讨论：一，经学之派别；二，哲学之派别；三，文学之派别。依顺序先研究经学之派别。

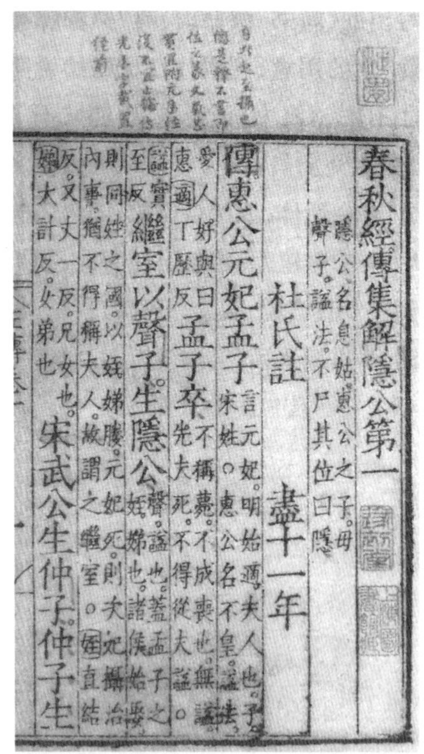
春秋經傳集解隱公第一
隱公名息姑惠公之子母聲子諡法不尸其位曰隱
杜氏註　盡十一年
傳惠公元妃孟子
孟子卒
繼室以聲子生隱公
宋武公生仲子仲子生

《春秋经传集解》（三十卷 〔清〕陆陇其批校）

“六经皆史也”，这句话详细考察起来，实在很不错。在“六经”里面，《尚书》《春秋》都是记事的典籍，我们当然可以说他是史。《诗经》大半部是为国事而作《国风》是歌咏各国的事，《雅》《颂》是讽咏王室的，像歌谣一般的，夹入很少，也可以说是史。《礼经》是记载古代典章制度的《周礼》载宫制，《仪礼》载仪注，在后世本是史的一部分。《乐经》虽是失去，想是记载乐谱和制度的典籍，也含史的性状。只有《易经》一书，看起来像是和史没关，但实际上却也是史。太史公说："《易》本隐以之显，《春秋》推见以至隐。"引申他的意思，可以说《春秋》是罗列事实，中寓褒贬之意；《易经》却和近代"社会学"一般，一方面考察古来的事迹，得着些原则，拿这些原则，可以推测现在和将来。简单说起来，《春秋》是显明的史，《易经》是蕴着史的精华的。因此可见"六经"无一非史，后人于史以外，别立为经，推尊过甚，更有些近于宗教。实在周末还不如此，此风乃起于汉时。

一、今古文之分

秦始皇焚书坑儒，"六经"也遭一炬，其后治经者遂有今文家古文家之分。今文家乃据汉初传经之士所记述的。现在要讲今文家，先把今文家的派别，列一简单的表：

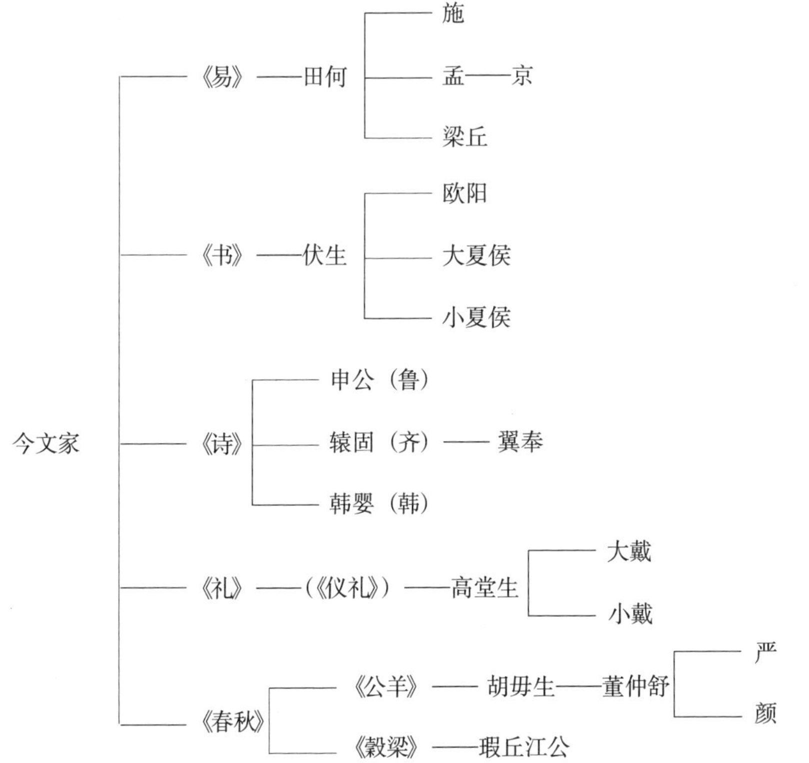

汉初，田何传《易经》，伏生口授《尚书》，齐、鲁、韩三家治《诗经》，高堂生传《礼经》，胡毋生治《公羊》，瑕丘江公治《穀梁》，那时除了《乐经》以外，五经都已完备。后来《易》分四家，《诗》《书》各分三家，《礼》分二家，《公羊》分二家。汉室设官，立十四博士《穀梁》不在内，即以上十四家。十四博士在汉初还没十分确定，在西汉末年才确定下来。

今文家所讲的，虽非完全类乎宗教，但大部分是倾向在这一面的。《易》四家中，施和梁丘二家，我们已不能见，且莫论他。京氏治《易》，专重卜筮，传至汉末虞翻，则更多阴阳卜筮之说。《尚书》三家中欧阳也不可考，大、小夏侯则欢喜讲《洪范》五行之说，近于宗教。汉人治《尚书》，似乎最欢喜《洪范》篇。《诗经》三家中，申公所说，没甚可怪。《韩诗外传》《内传》已失也没甚可怪的地方，惟翼奉治诗，却拿十干十二支比附《诗经》了。高堂生的《仪礼》，已不可知，大、小戴中现在所谓二戴，非汉时的大、小戴，也不少离奇的话。《公羊》的记载，虽和事实相差很远，还没甚么可怪，但治《公羊》的今文家，却奇怪极了。胡毋生的学说，我们已不能见，即颜、严二家的主张也无从考出，但董仲舒的《春秋繁露》，却多怪话。汉末何休注《公羊》，不从颜、严二家之说，自以为是胡毋生嫡派，他的怪话最多，照他说来，直是孔子预知汉室将兴而作《春秋》，简直是为汉预制宪法，所以那时有“春秋为汉制法”的话。孔子无论是否为预言家，孔子何至和汉家有这么深厚的感情呢？

汉代学者以为古代既有“经”必有“纬”，于是托古作制，造出许多“纬”来，同时更造“谶”。当时“纬书”种类繁多，现在可查考的只有《易纬》八种。明孙瑴《古微书》中辑有纬书很多。《易纬》所讲的是时令节气，仅如月令之类；《春秋纬》载孔子著《春秋》《孝经》告成，跪告天，天生彩云，下赐一玉等话，便和耶稣《创世记》相类了。“谶”是“河图”一类的书，专讲神怪，说能先知未来，更近于宗教了。纬书西汉末年才出现，大概今文学家弟子迎合当时嗜好推衍出来的。

经有兼今古文的，也有无今文而有古文的，也有无古文而有今文的。汉代古文学家，可以列如下表：

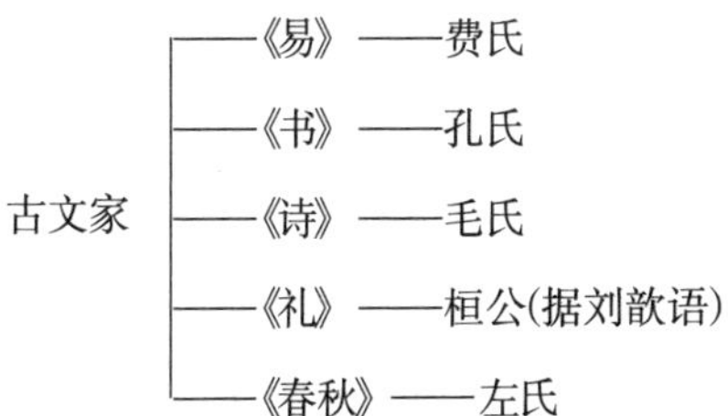

《仪礼》当时称为《士礼》，在古文今文，只为文字上的差别。《周礼》在汉初不以为经典，东汉始有杜子春和二郑替彼注释。此外今古文便各自为别了。今古文的区别，本来只在文字版本上。因为“六经”遭秦火，秦代遗老就所能记忆的，用当代语言记出，称为今文；后来从山崖屋壁发见古时原本，称为古文，也不过像近代今版古版的分别罢了。但今文所记忆，和古文所发现的篇幅的多少，已有不同；今文家所主张和古文家所说，根本上又有不同。因此分道扬镳。古文家异于今文家之点，在下文细说：

（一）《易》以费氏为古文家，是刘向定的。因为刘向校书时，就各家《易经》文字上看，只有费氏相同，所以推为古文家。以《易》而论，今古文也还只文字上的不同。

（二）鲁恭王发孔壁得《尚书》，《尚书》的篇数就发生问题。据《书传》太史公曰：“《书传》《礼记》自孔氏。”可见孔安国家藏《书传》，确自孔壁得来称《书序》有百篇，而据伏生所传只有二十九篇可分为三十四篇，壁中所得却有四十六篇可分为五十八篇，相差已十七篇。并且《书传》所载和今文更有许多不同的地方。孟子是当时善治《诗》《书》的学者，他所引的“葛伯仇饷”“象日以杀舜为事”等等，在今文确是没有的，可见事实上又不同了。

（三）《诗》因叶韵易于记忆，当时并未失传，本无今古文之分。毛氏所传诗三百十一篇，比三家所传多笙诗六篇，而所谓笙诗也只有名没有内容的。《毛诗》所以列于古文，是立说不同。他的立说，关于事实和《左传》相同，关于典章制度和《周礼》相同，关于训诂又和《尔雅》同的。

（四）郑康成注《仪礼》，并存古今文。大概高堂生传十七篇和古文无大出入。孔壁得《礼》五十六篇，比高堂生多三十九篇。这三十九篇和今文中有大不同之点：今文治《礼》，是“推士礼致于天子”，全属臆测的；此三十九篇却载士以上的礼很多。二戴的主张，原不可考，但晋人贺循引《礼》，是我们可据以为张本的。

（五）“左氏多古文古言”，《汉书·艺文志》说：《左氏传》是张苍所献。贾谊事张苍，习《左氏传》，所以《贾谊新书》引《左氏传》的地方很多。《左氏传》的事实，和《公羊》多不相同。《穀梁》中事实较《公羊》确实一些，也和《左氏》有出入。至经文本无不同，但《公羊》《穀梁》是十一篇，《左氏》有十二篇，因《公》《穀》是附闵于庄的。闵公只有三年，附于庄公，原无大异，但何休解《公羊》，却说出一番理由来，以为“孝子三年无改于父道”，故此附闵于庄了。

（六）《周礼》，汉时河间献王向民间抄来，马融说是“出自山崖屋壁”的。这书在战国时已和诸侯王的政策不对，差不多被毁弃掉，所以孟子说：“其详不可得闻也；诸侯恶其害己也，而皆去其籍。”《荀子》中和《周礼》相合的地方很多，或者他曾见过。孟子实未见过《周礼》，西汉人亦未见过。《礼记·王制》篇也和《周礼》不同。孟子答北宫锜说“公侯皆方百里，伯七十里，子男五十里”，《周礼》却说是“公五百里，侯四百里，伯三百里，子二百里，男一百里”。《王制》讲官制是“三公，九卿，二十七大夫，八十一元士”。但古代王畿千里，几和现在江苏一般大小，这一百二十个官员，恐怕不够吧！《周礼》称有三百六十官，此三百六十官亦为官名而非官缺，一官实不只一人，如就府吏胥徒合计，当时固有五万余员。

又有在汉时称为传记的，就是《论语》和《孝经》二书。《论语》有《古论》《齐论》《鲁论》之分，《古论》是出自孔氏壁中的。何晏治《论语》参取三家，不能分为古今文。不过王充《论衡》称《论语古论》有百多篇，文字也难解，删繁节要也有三十篇，而何晏说：“《鲁论语》二十篇；《齐论语》别有《问王》《知道》等，凡二十二篇；《古论》出孔氏壁中，分《尧曰》下章《子张问》以为一篇，凡二十一篇。”篇数上又有出入。《汉书·艺文志·论语家》，有《孔子家语》及《孔子徒人图法》二书，太史公述仲尼弟子，曾提及《弟子籍》一书，三十篇中或者有以上三书在内。《孝经》，在《汉书·艺文志》也说出自孔壁，汉代治《孝经》的已无可考，我们所见的是唐玄宗的注释。又有《论语谶》《孝经谶》二书，怪语很多，可存而不论。

宋代所称“十三经”，是合《易》《尚书》《周礼》《仪礼》《礼记》《诗》《左传》《公羊》《穀梁》《论语》《孝经》《孟子》《尔雅》而说的。这只是将诸书汇刻，本无什么深义，后人遂称为“十三经”了。《汉书·艺文志》扩充六艺为九种，除《易》《诗》《书》《礼》《乐》《春秋》为六艺外，是并《论语》《孝经》《小学》在内的。

汉代治经学，崇尚今文家的风气，到了汉末三国之间，渐趋销熄。汉末郑康成治经，已兼重古文和今文。王肃出，极端的相信古文。在汉代没曾立学官的，三国也都列入学官，因此今文家衰，古文家代兴。

三国时古文家的色采很鲜明，和汉代有不可混的鸿沟：

《诗》，汉用三家，三国时尚毛氏。

《春秋》，汉用《公羊》，三国时尚《左氏》。

《易》，汉有施、孟、梁丘、京四家，三国只崇尚郑康成和王弼的学说。

《仪礼》，没有大变更。

《周礼》，汉不列学官，三国列入学官。

学者习尚既变，在三国魏晋之间，所有古文家学说，都有人研究；就是从前用今文家的，到此时也改用古文学了。

二、南北之分

古文家盛行以后，自己又分派别：以《易》而论，王弼主费氏，郑康成也主费氏。各以己意注释，主张大有不同，因为费氏只是文字古体，并无他的学说的。治《毛诗》的，有郑康成、王肃，意见有许多相反。治《左传》的，汉末有服虔只解传不解经的，晋有杜预，两家虽非大不同，其中却也有抵触之处。原来汉人治《左氏》，多引《公羊》，并由《公羊》以释经，自己违背的地方很多。杜预《春秋释例》将汉人学说一一驳倒，在立论当中，又有和服虔的主张相反的。《尚书》郑康成有注，郑本称为古文的，但孔安国古本已失，郑本也未必是可靠。我们就和马融、郑康成师生间的立说不同，文字不同，也可明白了。东晋时梅颐的《伪古文尚书》出。托名孔安国，将《汉书·艺文志》所称正十八篇推衍出来，凡今文有的，文字稍有变更，今文所无的，就自己臆造，这书当时很有人信他。

南北朝时南北学者的倾向颇有不同：

《易》，北尊王弼，南尊郑康成。

《毛诗》，南北无十分异同。

《左传》，北尊服虔，南尊杜预。

《尚书》，北尊郑康成，南用《伪古文尚书》。

唐初，孔颖达、贾公彦出而作注疏，产生“五经”“七经”的名称。五经是孔颖达所主张的，贾公彦益以《周礼》《仪礼》就称七经，后更附以《公羊》《穀梁》《公羊》用何休，《穀梁》用范宁，就是唐人通称的“九经”。孔颖达曲阜人，当时北方人多以为北不如南，所以他作注疏多采用南方，因此《易》不用王而用郑，《左》不用服而用杜了。唐人本有“南学”“北学”之分，后来北并于南，所有王弼、服虔的学说，因此散失无遗。

唐代轻学校而重科举，取士用“明经”“进士”二科明经科讨论经典，进士科策论应试，学者对于孔氏的学说不许违背，因此拘束的弊病，和汉代立十四博士不相上下，并且思想不能自由，成就很少，孔贾而外，竟没有卓异的经学家了。

《仪礼·丧服》是当时所实用的，从汉末至唐，研究的人很多并且很精，立说也非贾《疏》所能包。这是特例。

三、宋学与汉学

宋代典章制度，多仍唐时之旧。宋人拘守唐人的注疏，更甚于唐人，就是诗赋以经命名的，也不许抵触孔、贾的主张。当时有人作“当仁不让于师赋”，将“师”训作“众”，就落第了。邢昺作《论语》《孝经》疏，拘守孔、贾所已引用的，已是简陋，那些追随他们的后尘的，更是陋极。宋代改“明经科”为“学究科”，这“学究”两字是他们无上的诨号。

在思想不能自由发展环境之下，时势所趋，不能不有大变动，因此宋代学者的主张就和以前趋于相反的方向了。揭反向旗帜的人，首推孙复。他山居读书，治《春秋》以为三传都不可靠。这种主张，在唐人已有赵匡、啖助创议于先，孙不过推衍成之。继孙复而起，是欧阳修，他改窜《诗经》的地方很多，并疑《易》的《系辞》非出自孔氏，立说之中很多荒谬，因为他本是文人，非能说经的。同时有刘敞字原甫说经颇多，著有《七经小记》，原本今虽不存，但从别书考见他的主张，虽和注疏背驰，却不是妄想臆测。神宗时王安石治经，著有《三经新义》，当时以为狂妄。原书已难考见，但从集中所引用的看来，也不见得比欧阳修更荒谬，想是宋人对于王安石行为上生怨恶，因此嫌弃他的学说。王的学说，传至弟子吕惠卿辈，真是荒谬绝伦，后来黄氏有《缃素杂记》，把《诗经》看作男女引诱的谈论，和《诗经》的本旨就相去千里了。

宋儒治经以意推测的很多。南宋朱文公凭他的臆测酿成很多谬误。朱氏治经，有些地方原有功于经，但是功不能掩过。现且分别指明：

（一）《易经》本为十二篇，郑、王合《彖辞》于经，已非本来面目，朱氏分而出之，是他的功。他取陈抟的《河图》《洛书》并入《易经》——《河图》《洛书》由陈抟传至邵康节，再传至朱文公，他就列入《易经》。有清王懋竑为朱文公强辩，谓《河图》《洛书》非朱文公所列，那就太无谓了。因为朱文公对于道士炼丹之术，很有些相信。他曾替《参同契》汉时道家书作注释，在书上署名“空同道士邹炘”，“邹”“朱”双声，“炘”“熹”通训，他的本名已隐在里面了。这是他的过。分《易》是还原，为功很小；增《河图》《洛书》是益迷信，过很大。可以说是功不掩过。

（二）朱文公从文章上怀疑《伪古文尚书》，开后人考据的端绪，是他的功夫；他怀疑《书序》今文所无古文所有也是伪托，他的弟子蔡沈作集传，就不信《书序》，是他的过。这可说是功过相当。

（三）古人作诗托男女以寓君臣，《离骚》以美人香草比拟，也同此意。朱文公对于《诗序》唐时《本事诗》相类解诗指为国事而作，很不满意，他径以为是男女酬答之诗，这是不可掩的过。当时陈傅良反对朱文公，有“城阙为偷期之所，彤管为行淫之具”等语不见于今《诗传》，想已删去。清人亦有指斥朱文公释《丘中有麻》诗为女人含妒意为不通者。

与朱文公同时有吕东莱，治毛诗很精当，却不为时人所重。元代，朱子学说大行，明代更甚。在这二代中，经学无足观，士子受拘束也达极点，就激成清代的大反动。

清初，毛奇龄号西河首出反对朱子的主张。毛为文人，于经没彻底的研究，学说颇近王阳明。他驳斥朱子的地方固精当，他自己的主张，和朱子一般荒谬。朱子注《四子书》，也有援引原注的，毛也一并指斥无余了。继起为胡渭朏明，他精研地理，讲《禹贡》甚精当，对于《河图》《洛书》有重大的抨击。在那时双方各无所根据，凭主观立论，都不能立在不败之地，汉学便应运而起。

阎若璩力攻古代书籍已和汉学接近，不过对于朱子，不十分叛离，有许多地方仍援用朱说的。后江慎修出，对于音韵有研究，也倾向到汉学，但未揭明汉学的旗帜。

揭汉学旗帜的首推惠栋定宇，苏州学派，他的父亲惠士奇著《礼说》《春秋说》已开其端，定宇更推扬之，汉学以定。他所谓汉学，是摈斥汉以下诸说而言。惠偏取北学，著有《九经古义》《周易述》《明堂大道录》等书，以《周易述》得名。后惠而起有戴震东原，他本是江永的弟子，和惠氏的学说不十分相同，他著有《诗经小传》等书，不甚卓异。

就惠、戴本身学问论，戴不如惠，但惠氏不再传而奄息，戴的弟子在清代放极大异彩，这也有二种原因：

（一）惠氏墨守汉人学说，不能让学者自由探求，留发展余地。戴氏从音韵上辟出新途径，发明“以声音合文字，以文字考训诂”的法则。手段已有高下。

（二）惠氏揭汉学的旗帜，所探求的只是汉学。戴氏并非自命为汉学，叫人从汉学上去求新的发见，态度上也大有不同。戴氏的四弟子，成就都很多，戴氏不过形似汉学，实际尚含朱子的臭味，他的弟子已是摈除净尽了。今将其四弟子分别说明如下：

（一）孔广森讲音韵极精，著有《诗声类》一书。

（二）任大椿著有《弁服释例》一书，很确实的。

（三）段玉裁以《六书音韵表》《说文解字注》闻名。

（四）王念孙本非戴的传经学生，戴在王家教授时，只不过教授些时文八股。王后来自有研究，所发明的比上列三家较多，《广雅疏证》一书，很为学者所重。

上列四家，孔、任尚近汉学，段已和汉学不同，王才高学精，用汉学以推翻汉学，诚如孟子所谓“逢蒙学射于羿，尽羿之道，于是杀羿”了。

王念孙及其子引之著《经义述闻》，引用汉代训诂，善于调换，于诸说中采其可通者，于是佶屈聱牙的古书，一变而为普通人所能懂得了。历来研究经学的，对于名词动词有人研究；关于助词，都不知讨论。王氏父子著《经传释词》，于古书助词之用法列举无遗，实于我们研究上有莫大的便利，如《孟子》中“然而无有乎尔，则亦无有乎尔”二句，本不易解，王氏训“乎尔”为“于此”“于彼”，便豁然可悟了。所以我们不看《经传释词》，也算是虚词不通。

上列二派，在清代称为“汉学”，和“宋学”对立，厥后崛起的为“常州派”，是今文学家。

四、今古文的复归与衰亡

常州派自庄存与崛起，他的外甥刘逢禄、宋翔凤承继他的学说。庄氏治《公羊》，却信东晋《古文尚书》，并习《周礼》。刘氏亦讲《公羊》，却有意弄奇，康有为的离奇主张，是从他的主张演绎出来的，但他一方面又信《书序》。这两人不能说纯粹的今文学家。朱氏以《公羊》治《论语》，极为离奇，“孔教”的促成，是由他们这一班人的。今文学家的后起，王闿运、廖平、康有为辈一无足取，今文学家因此大衰了。

今文学家既衰，古文学家又起。孙诒让是一代大宗，《周礼正义》一书，颇为学者所重。在他以外，考典章制度原有江永、惠士奇作《礼说》、金榜著《礼笺》、金鹗作《求古录》、黄以周著《礼书通古》等人，但和他终有上下床之别。自孙诒让以后，经典大衰。像他这样大有成就的古文学家，因为没有卓异的今文学家和他对抗，竟因此经典一落千丈，这是可叹的。我们更可知学术的进步，是靠着争辩，双方反对愈激烈，收效方愈增大。我在日本主《民报》笔政，梁启超主《新民丛报》笔政，双方为国体问题辩论得很激烈，很有色彩，后来《新民丛报》停版，我们也就搁笔，这是事同一例的。

自汉分古今文，一变而为南北学之分，再变而为汉宋学之分，最后复为今古文，差不多已是反原，经典的派别，也不过如此罢。

第二节　哲学的派别

“哲学”一名词，已为一般人所通用，其实不甚精当。“哲”训作“知”，“哲学”是求知的学问，未免太浅狭了。不过习惯相承，也难一时改换，并且也很难得一比此更精当的。南北朝号“哲学”为“玄学”，但当时“玄”“儒”“史”“文”四者并称，“玄学”别“儒”而独立，也未可用以代“哲学”。至宋人所谓“道学”和“理学”是当时专门名词，也不十分适用。今姑且用“哲学”二字罢。

一、先秦诸子

讨论哲学的，在国学以子部为最多，经部中虽有极少部分与哲学有关，但大部分是为别种目的而作的。以《易》而论，看起来像是讨论哲学的书，其实是古代社会学，只《系辞》中谈些哲理罢了。《论语》，后人称之为“经”，在当时也只

恒山悬空寺

悬空寺位于山西浑源县，是国内仅存的佛、道、儒三教合一的独特寺庙。

算是子书。此书半是“伦理道德学”，半是论哲理的。“九流”的成立，也不过适应当时需求，其中若“纵横家”是政客的技术，“阴阳家”是荒谬的迷信，“农家”是种植的技艺，“杂家”是杂乱的主张，都和哲学无关。至和哲学最有关系的，要算儒、道二家，其他要算“法家”“墨家”“名家”了。“道家”出于史官，和《易》相同。老、庄二子的主张，都和哲学有牵涉的。管子也是道家，也有小部分是和哲学有关的。儒家除《论语》一书外，还有《孟子》《荀子》都曾谈谈哲理。名家是治“正名定分之学”，就是现代的“论理学”，可算是哲学的一部分。尹文子、公孙龙子和庄子所称述的惠子，都是治这种学问的。惠子和公孙龙子主用奇怪的论调，务使人为我所驳倒，就是希腊所谓“诡辩学派”。《荀子·正名》篇研究“名学”也很精当。墨子本为宗教家，但《经上》《经下》二篇，是极好的名学。法家本为应用的，而韩非子治法家之学，自谓出于老子，他有《解老》《喻老》二篇，太史公也把他和老、庄合传，其中有一部分也有关哲理的。儒家、道家和法家的不同，就在出发点上。儒道二家是以哲理为基本而推衍到政治和道德的，法家是旁及哲理罢了。他如宋牼即宋钘,《汉书·艺文志》把他归在小说家，其实却有哲理的见解。庄子推宋牼为一家,《荀子·解蔽》篇驳宋牼的话很多，想宋牼的主张在当时很流行，他是主张非兵的。宋牼所以算作小说家，因为他和别家不同；别家是用高深的学理，和门人研究，他是逢人便说，陈义很浅的。

周秦诸子，道、儒两家所见独到。这两家本是同源，后来才分离的。《史记》载孔子受业于徵藏史，已可见孔子学说的渊源。老子道德的根本主张，是“上德不德”，就是无道德可见，才可谓之为真道德。孔子的道德主张，也和这种差不多。就是孟子所谓“由仁义行，非行仁义也”，也和老子主张一样的。道儒两家的政治主张，略有异同：道家范围大，对于一切破除净尽；儒家范围狭小，对于现行制度尚是虚与委蛇。也可以说是“其殊在量，非在质也”。老子为久远计，并且他没有一些名利观念，所以敢放胆说出；孔子急急要想做官，竟是“三月无君，则皇皇如也”，如何敢放胆说话呢！

儒家之学，在《韩非子·显学》篇说是“儒分为八”，有所谓颜氏之儒。颜回是孔子极得意门生，曾承孔子许多赞美，当然有特别造就。但孟子和荀子是儒家，记载颜子的话很少，并且很浅薄。庄子载孔子和颜回的谈论却很多。可见颜氏的学问，儒家没曾传，反传于道家了。庄子有极赞孔子处，也有极诽谤孔子处，对于颜回，只有赞无议，可见庄子对于颜回是极佩服的。庄子所以连孔子要加抨击，也因战国时学者托于孔子的很多，不如把孔子也驳斥，免得他们借孔子作护符。照这样看来，道家传于孔子为儒家；孔子传颜回，再传至庄子，又入道家了。至韩退之以庄子为子夏门人，因此说庄子也是儒家。这是“率尔之论，未尝订入录”。他因为庄子曾称田子方，遂谓子方是庄子的先生。那么，《让王》篇也曾举曾原、则阳、无鬼、庚桑诸子，也都列名在篇目，都可算作庄子的先生吗？

孟子，《史记》说他是“受业子思之门”。宋人说子思是出于曾子之门，这是臆测之词，古无此说。《中庸》中虽曾引曾子的话，也不能断定子思是出于曾子的。至谓《大学》是曾子所作，也是宋人杜撰，不可信的。子思在《中庸》所主张，确含神道设教的意味，颇近宗教；孟子却一些也没有。《荀子·非十二子》篇对于子思、孟子均有诽议，说他们是信仰五行的。孟子信五行之说，今已无证据可考，或者外篇已失，内篇原是没有这种论调的。子思在《礼记》中确已讲过五行的话。

荀子的学问，究源出何人，古无定论。他尝称仲尼、子弓。子弓是谁，我们无从考出。有人说：子弓就是子张。子张在孔子门人中不算卓异的人才，如何会是他呢？今人考出子弓就是仲弓，这也有理。仲弓的学问，也为孔子所赞许，造就当有可观。郑康成《六艺论》，说仲弓是编辑《论语》的。而《荀子》一书，体裁也是仿效《论语》的。《论语》以《学而》始，以《尧曰》终；《荀子》也以《劝学》始，以《尧问》终。其中岂非有蛛丝马迹可寻吗？荀子和孟子虽是都称儒家，而两人学问的来源大不同。荀子是精于制度典章之学，所以“隆礼仪而杀《诗》《书》”，他书中的《王制》《礼论》《乐论》等篇，可推独步。孟子通古今，长于《诗》《书》，而于礼甚疏；他讲王政，讲来讲去，只有“五亩之宅，树之以桑；鸡豚狗彘之畜，无失其时；百亩之田，勿夺其时”等话，简陋不堪，那能及荀子的博大！但孟子讲《诗》《书》，的确好极，他的小学也很精，他所说“庠者养也，洚水者洪水也，畜君者好君也”等等，真可冠绝当代！由他们两人根本学问的不同，所以产生“性善”“性恶”两大反对的主张。在荀子主礼仪，礼仪多由人为的，因此说人性本恶，经了人为，乃走上善的路。在孟子是主《诗》《书》，《诗》是陶淑性情的，《书》是养成才气的，感情和才气都自天然，所以认定人性本善的。两家的高下，原难以判定。韩退之以大醇小疵定之，可谓鄙陋之见。实在汉代治儒家之学，没有能及荀、孟两家了。

告子，庄子说他是兼学儒、墨，孟子和他有辩驳，墨子也排斥他的“仁内义外”的主张。墨孟去近百年，告子如何能并见？或者当时学问是世代相传的。告子的“生之为性，无善无不善”的主张，看起来比荀、孟都高一着。荀、孟是以所学定其主张，告子是超乎所学而出主张的。告子口才不及孟子，因此被孟子立刻驳倒。其实，孟子把“犬之性犹牛之性，牛之性犹人之性与”一语难告子，告子也何妨说“生之为性，犬之生犹牛之生，牛之生犹人之生”呢？考“性”亦可训作“生”，古人所谓“毁不灭性”的“性”字，就是“生”的意义。并且我们也常说“性命”一语呢！

道家的庄子以时代论，比荀子早些，和孟子同时，终没曾见过一面。庄子是宋人，宋和梁接近，庄子和惠子往来。惠子又为梁相，孟子在梁颇久，本有会面的机会，但孟子本性不欢喜和人家往来，彼此学问又不同，就不会见了。

庄子自以为和老子不同，《天下》篇是偏于孔子的。但庄子的根本学说，和老子相去不远。不过老子的主张，使人不容易捉摸，庄子的主张比较的容易明白些。庄子的根本主张，就是“自由”“平等”，自由平等的愿望，是人类所共同的，无论哪一种宗教，也都标出这四个字。自由平等见于佛经。“自由”，在佛经称为“自在”。庄子发明自由平等之义，在《逍遥游》《齐物论》二篇。“逍遥游”者自由也，“齐物论”者平等也。但庄子的自由平等，和近人所称的，又有些不同。近人所谓“自由”，是在人和人的当中发生的，我不应侵犯人的自由，人亦不应侵犯我的自由。《逍遥游》所谓“自由”，是归根结底到“无待”两字。他以为人与人之间的自由，不能算数；在饥来想吃、寒来想衣的时候，就不自由了。就是列子御风而行，大鹏自北冥徙南冥，皆有待于风，也不能算自由。真自由惟有“无待”才可以做到。近人所谓平等，是指人和人的平等，那人和禽兽草木之间，还是不平等的。佛法中所谓平等，已把人和禽兽平等。庄子却更进一步，与物都平等了。仅是平等，他还以为未足。他以为“是非之心存焉”，尚是不平等，必要去是非之心，才是平等。庄子临死有“以不平平，其平也不平”一语，是他平等的注脚。

庄子要求平等自由，既如上述。如何而能达到平等自由，他的话很多，差不多和佛法相近。《庄子·庚桑楚》篇，朱文公说他全是禅宋人凡关于佛法，皆称为“禅”，实在《庚桑楚》篇和禅尚有别，和佛法真很近了。庄子说“灵台者有持”，就是佛法的“阿陀那识”，“阿陀那”意即“持”。我们申而言之，可以说，眼目口鼻所以能运动自由，都有“持之者”，即谓“持生之本也”。庄子又有《德充符》篇，其中有王骀者，并由仲尼称述他的主张。是否有此人，原不可知，或是庄子所假托的。我们就常季所称述“彼为己，以其知得其心；以其心得其常心”等语，是和佛法又相同的。“知”就是“意识”，“心”就是“阿陀那识”，或称“阿赖耶识”，简单说起来就是“我”；“常心”就是“庵摩罗识”，或称“真如心”，就是“不生不灭之心”。佛家主张打破“阿赖耶识”，以求“庵摩那识”。因为“阿赖耶识”存在，人总有妄想苦恼，惟能打破生命之现象，那“不生不灭之心”才出现。庄子求常心，也是此理。他也以为常心是非寻常所能知道的。庄子“无我”的主张，也和佛法相同。庄子的“无我”和孔子的“毋我”、颜子的“克己复礼”也相同，即一己与万物同化，今人所谓融“小我”于“大我”之中。这种高深主张，孟、荀见不到此，原来孔子也只推许颜回是悟此道的。所以庄子面目上是道家，也可说是儒家。

自孔子至战国，其间学说纷起，都有精辟的见解，真是可以使我们景仰的。

二、汉至唐的演变

战国处士横议，秦始皇所最愤恨，就下焚书坑儒等凶辣手段。汉初虽有人治经学，对于“九流”，依旧怀恨，差不多和现在一般人切齿政客一般。汉武帝时，学校只许读经学，排斥诸子百家了。

汉初经学，一无可取，像董仲舒、公孙弘辈，在当时要算通博之儒，其他更何足论！西汉一代，对于哲理有精深研究的，只有扬雄一人。韩退之把荀、扬并称，推尊他已达极点。实在扬雄的学说，和荀、孟相差已多；秦汉以后的儒家，原没有及荀孟的。不过扬雄在当时自有相当的地位和价值。西汉学者迷信极重，扬雄能够不染积习，已是高人一着。他的《法言》，全仿《论语》，连句调都有些模拟，但终究不及《荀子》。宋人说"荀子才高，扬子才短"，可称定评。

东汉学者迷信渐除，而哲理方面的发见仍是很少，儒家在此时渐出，王符《潜夫论》、王充《论衡》，可称为卓异的著述。王符专讲政治，和哲理无关。王充也有归入杂家的在《论衡》中几于无迷不破，《龙虚》《雷虚》《福虚》等篇，真是独具只眼。他的思想锐敏已极，但未免过分，《问孔》《刺孟》等篇有些过当之处。他又因才高不遇，命运一端总看不破，也是遗恨。王充破迷信高出扬雄之上，扬雄新见解也出王充之上，这两人在两汉是前后辉映的。

汉人通经致用，最为曹操所不欢喜；他用移风易俗的方法，把学者都赶到吟咏一途，因此三国的诗歌，很有声色。这是曹操手段高出秦始皇处。

魏晋两朝，变乱很多，大家都感着痛苦，厌世主义因此产生。当时儒家迂腐为人所厌，魏文帝辈又欢喜援引尧、舜，竟要说"舜、禹之事，吾知之矣"。所以，"竹林七贤"便"非尧、舜，薄汤、武"了。七贤中嵇康、阮籍辈的主张和哲学没有关系，只何晏、王弼的主张含些哲学。何晏说"圣人无情"，王弼说"圣人茂于人者神明，同于人者五情"，这是两个重要的见解。郭象承何晏之说以解《庄子》，他说："子哭之恸，在孔子也不过人哭亦哭，并非有情的。"据他的见解，圣人竟是木头一般了。佛法中有"大乘"，"小乘"，习"小乘"成功，人也就麻木，习"大乘"未达到成佛的地位，依旧有七情的。

自魏晋至六朝，其间佛法入中国，当时治经者极少，远公是治经的大师。他非但有功佛法，并且讲《毛诗》讲《仪礼》极精，后来治经者差不多都是他的弟子。佛法入中国，所以为一般人所信仰，是有极大原因：学者对于儒家觉得太浅薄，因此弃儒习老、庄，而老、庄之学又太无礼法规则，彼此都感受不安。佛法合乎老、庄，又不猖狂，适合脾胃，大家认为非此无可求了。当时《弘明集》治佛法，多取佛法和老、庄相引证。才高的人，都归入此道，猖狂之风渐熄。

历观中国古代，在太平安宁之时，治哲学的极少，等到乱世，才有人研究。隋唐统一天下，讲哲理的只有和尚，并且门户之见很深，和儒家更不相容。唐代读书人极不愿意研究，才高的都出家做和尚去。我们在这一代中，只能在文人中指出三人，（一）韩昌黎，（二）柳子厚，（三）李翱。韩昌黎见道不明，《原道》一篇，对于释、老只有武断的驳斥。柳子厚较韩稍高，他以为天是无知的。李翱韩昌黎的侄婿是最有学识的文人，他著《复性》篇说，“斋戒其心，未离乎情；知本无所思，则动静皆离”，和禅宗很近了。李后来事药山，韩后来事大颠，李和药山是意气相投，韩贬潮州以后，意气颓唐，不得已而习佛法的。韩习佛法，外面还不肯直认，和朋友通信，还说佛法外形骸是他所同意的。儒家为自己的体面计，往往讳言韩事大颠，岂不可笑！实在韩自贬潮州以后，人格就堕落，上表请封禅，就是献媚之举，和扬雄献《符命》有什么区别呢？大颠对于韩请封禅一事，曾说：“疮痍未起，安请封禅！”韩的内幕又被揭穿，所以韩对于大颠从而不敢违。韩对于死生利禄之念，刻刻不忘：登华山大哭，作《送穷文》，是真正的证据。韩、柳、李而外，王维、白居易也信佛，但主张难以考见，因为他们不说出的。

三、宋明理学

七国、六朝之乱，是上流社会的争夺。五代之乱，是下流社会崛起，所以五代学术衰微极了。宋初，赵普、李沆辈也称知理之人，赵普并且自夸“半部《论语》治天下”，那时说不到哲理。后来周敦颐出，才辟出哲理的新境域。在周以前有僧契嵩，著有《镡津文集》，劝人读《中庸》《文中子》《扬子法言》等书，是宋学的渊源。周从僧寿崖，寿崖劝周只要改头换面，所以周所著《太极图说》《周子通书》，只皮相是儒家罢了。周的学说很圆滑，不易捉摸，和《老子》一般，他对二程只说“寻孔颜乐处”。他终身寡言，自己不曾标榜，也可以说是道学以外的人。

二程都是周的弟子，对于寻孔颜乐处一话，恐怕只有程明道能做到。明道对人和颜悦色，无事如泥木人，他所著《定性》篇《识仁》篇，和李翱相近。他说“不要方检穷索”，又说“与其是外而非内，不如内外两忘”，见解是很精辟的。伊川陈义虽高，但他自尊自大，很多自以为是之处，恐怕不见得能得孔颜乐处。邵康节以“生姜树头生”一语讥伊川，就是说他自信过甚。

程颐像

程颐，宋代理学家和教育家。字正叔，人称伊川先生，北宋洛阳人。为程颢之胞弟。历官汝州团练推官、西京国子监教授。

邵康节本为阴阳家，不能说是儒家，他的学问自陈抟传来，有几分近墨子。张横渠外守礼仪颇近儒，学问却同于伊斯兰教：佛家有“见病”一义，就是说一切所见都是眼病。张对此极力推翻，他是主张一切都是实有的。考回纥自唐代入中国，奉摩尼教，教义和伊斯兰教相近。景教在唐也已入中国，如清虚一大为天，也和伊斯兰教相同。张子或许是从伊斯兰教求得的。

北宋诸学者，周子浑然元气，邵子迷于五行，张子偏于执拗，二程以明道为精深，伊川殊欠涵养，这是我的判断。

南宋，永嘉派承二程之学，专讲政治，“金华派”吕东莱辈，专讲掌故，和哲理无关。朱文公师事延平，承“默坐证心，体认天理”八字的师训。我们在此先把“天理”下一定义。“天”就是“自然”，“天理”就是“自然之理”，朱文公终身对于天理，总没曾体认出来，生平的主张，晚年又悔悟了。陆象山和朱相反对，朱是揭“道问学”一义，陆是揭“尊德性”一义。比较起来，陆高于朱，陆“先立乎其大者”，谓“六经注我，我不注六经”，是主张一切皆出自心的。朱主张“无极太极”，陆则以为只有“太极”，并无“无极”的。两人通信辩论很多，虽未至诋毁的地步，但悻悻之气，已现于词句间。可见两人的修养，都没有功夫。陆象山评二程，谓“明道尚疏通，伊川锢蔽生”，实在朱、陆的锢蔽，比伊川更深咧。朱时守时变，陆是一生不变的。王荆公为宋人所最嫉恶，惟陆以与王同为江西人，所以极力称颂，也可见他的意气了。明王阳明之学，本高出陆象山之上，因为不敢自我作古，要攻诘朱文公，不得不攀附于陆象山了。

陆象山的学生杨慈湖简，见解也比陆高，他所著的《绝四记》《己易》二书，原无甚精采，《己易》中仍是陆氏的主张。但杨氏驳孟子“求放心”和《大学》“正心”的主张说：“心本不邪安用正，心不放安用求。”确是朱、陆所见不到的。黄佐广东人指杨氏的学说，是剽窃六祖惠能的主张，六祖的“菩提本非树，明镜亦非台，本来无一物，何处染尘埃”一偈，确是和杨氏的主张一样的。

宋代的哲学，总括说起来：北宋不露锋芒，南宋锋芒太露了。这或者和南北地方的性格有关。

南宋，朱、陆两派可称是旗鼓相当。陆后传至杨慈湖，学说是更高一步。在江西，陆的学说很流行，浙西也有信仰他的，朱的学说，在福建很流行，后来金华学派归附于他，浙东士子对朱很有信仰。

元朝，陆派的名儒要推吴澄草庐，但其见解不甚高。朱派仅有金华派传他的学说，金履祥仁山、王柏会之、许谦白云是这一派的巨擘。金履祥偶亦说经，立论却也平庸。许谦也不过如此。王柏和朱很接近，荒谬之处也很多，他竟自删《诗》了。

金华派传至明初，宋濂承其学，也只能说他是博览，于“经”于“理”，都没有什么表见。宋之弟子方孝孺正学对于理学很少说，灭族以后，金华派也就式微。明初，陆派很不流行，已散漫不能成派，这也因明太祖尊朱太过之故。明自永乐后，学者自有研究，和朱、陆都不相同，学说也各有建树。且下页列表以明之。

永乐时，薛、吴二人，颇有研究，立明代哲学之基。薛瑄敬轩，陕西人，立论很平正，和朱文公颇相近。明人因为于谦被杀时，他居宰辅地位，不能匡救，很有微词，并且因此轻视他。吴与弼康斋，家居躬耕，读书虽少，能主苦学力行，很为人所推重，后来他由石亨推荐出

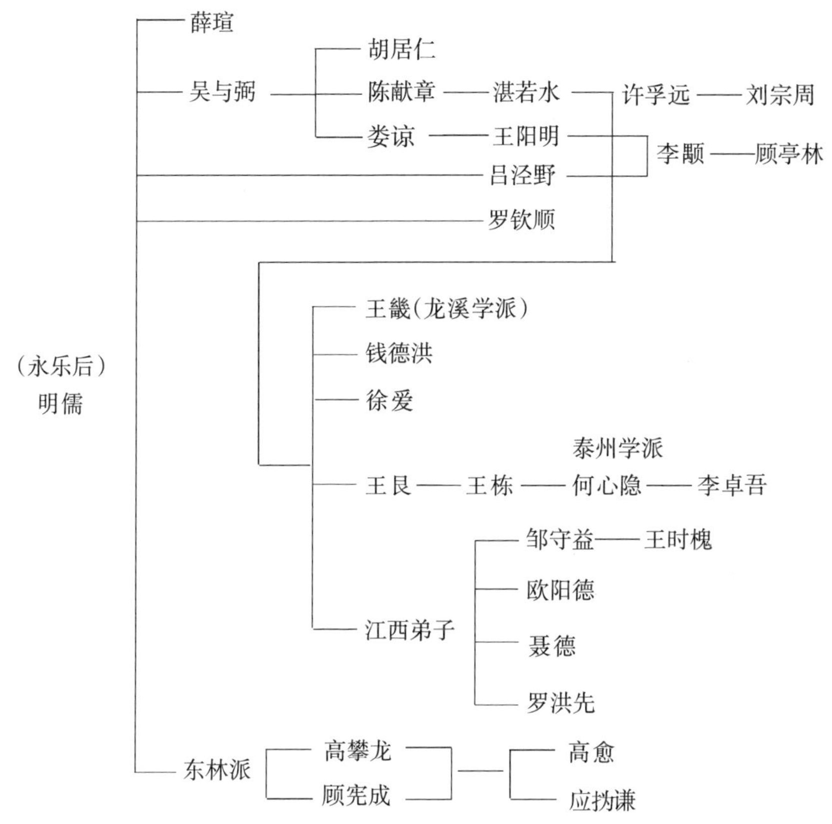

仕，对石亨称门下士，士流又引以为耻。

薛的学问很少流传，吴的学问流传较广，胡居仁、娄谅和陈献章三人，是他的学生。胡自己没有什么新的发明，明人对他也没有反对。娄的著作后来烧毁净尽，已无可考，不过王阳明是他的学生。陈在胡死后才著名，时人称为白沙先生。

明代学者和宋儒厘然独立，自成系统。自陈白沙始，宋人欢喜著书，并且有“语录”之类。陈白沙认著书为无谓，生平只有诗和序跋之类。他的性质，也和别人不同。初时在阳春坛静坐三年，后来只是游山赋诗，弟子从学也只有跟他游山。陈生平所最佩服的，只是“浴乎沂，风乎舞雩，咏而归……吾与点也”这些话。对于宋儒都不看重，就是明道也不甚推重。他自以为濂溪嫡派，终日无一时不乐的。白沙弟子湛若水，广东人，本“体认天理”一语，他以为无论何事，皆自然之规则。

王阳明成进士时，和他交游，那时他学问高出王之上。后来，王别有研究，和他意见不甚相合。他自己讲学，流传颇广，知名的却很少。

王守仁阳明本是欢喜研究道教的，曾延道士至家，再四拜求。后来从娄谅游，成进士后又和湛往来，见解遂有变更。贬龙场驿丞以后，阳明的学问大进。他看得世间别无可怕，只有死是可怕的，所以造石棺以尝死的况味，所主张的“致良知”，就在卧石棺时悟出。在贵州时有些苗民很崇拜他，从他讲求学问，阳明把知行合一和他们说。阳明的“知行合一”，和明道有些相同。明道以为曾经试行过，才算得“知”，没全试行过，不能称为“知”。譬如不知道虎之凶猛的人，见虎不怕；受了虎的损害的，就要谈虎色变了。这类主张，渐变而为阳明的主张。阳明以为知即是行，也可说“知的恳切处即行，行的精粹处即知”。不过阳明的“知行合一”主张，是在贵州时讲的。后来到南京，专讲静坐，归江西后又讲“致良知”了。《传习录》是他在贵州时的著作，和后来有些不合。

阳明自悟得“致良知”以后，和朱文公不能不处于反对地位，并非专和朱反对，才有这些主张的。有人谓“致良知”的主张，宋胡宏在“胡子知言”已有讲起。阳明是否本之于胡，抑自己悟出，这是不能臆断的。阳明讲“良知”，曾攀附到孟子。实在孟子的“良知”，和他的殊不相同。孟子说：“人之所不学而能者其良能也，所不虑而知者其良知也。孩提之童，无不知爱其亲者，及其长也，无不知敬其兄也。”可见他专就感情立论。阳明以为一念之生，是善是恶，自己便能知道，是溢出感情以外，范围较广了。孟子和阳明的不同，可用佛法来证明。《唯识论》里说：一念的发生，便夹着“相分”“见分”“自证分”“证自证分”四项。且把这四个名词下一解释：

（一）相分。“相分”就是“物色”，就是我们所念的。

（二）见分。“见分”就是“物色此物色”，也就是我们所能念的。

（三）自证分。一念时有别一念同时起来，便是“自证分”。譬如我讲了后一句话，自己决不至忘了前一句话。便是“自证分”在那里主之。

（四）证自证分。“自证分”的结果，便是“证自证分”。

再用例来说明：譬如，想到几年前的友朋，想到他姓张或姓李，后来忽然断定他是姓张，当时并不曾证诸记录或书籍的，这便是“相分、见分、自证分、证自证分”的连合了。依此来判良知，孟子所说是指“见分”，阳明是指“自证分、证自证分”的。可见阳明和孟子是不相关连的，阳明所以要攀附孟子，是儒家的积习：宋人最喜欢的是“喜怒哀乐之未发谓之中”，苏氏兄弟也常说这话。实在《中庸》所说是专指感情的，宋人以为一切未发都算是中，相去很远了。还有“鸢飞鱼跃，活泼泼地”一语，也为宋人所最爱用，陈白沙更用得多。在《诗经》原意，不过是写景，《中庸》中“鸢飞戾天，鱼跃于渊，言其上下察也”一节也不过引用诗文来表明“明”的意思。“察，明也”，鸢在上见鱼，很明白地想要攫取；鱼在下见鸢也很明白，立刻潜避了。就是照郑康成的注解，训“察”为“至”，也只说道之流行，虽愚夫愚妇都能明白，用鸢鱼来表示上下罢了，其中并没含快活的意思。宋人在“鸢飞鱼跃”下面，一定要加“活泼泼地”四字，和原意也不同了。这些和阳明攀附孟子是一样的。

阳明“致良知”的主张，以为人心中于是非善恶自能明白，不必靠什么典籍，也不必靠旁的话来证明，但是第二念不应念，有了第二念自己便不明了。人以为阳明的学说，很宜于用兵，如此便不至有什么疑虑和悔恨。

晚年阳明讲“天泉证道”，王畿龙溪和钱德洪绪山是从游的。钱以为“无善无恶心之体，有善有恶心之动，知善知恶为致知，存善去恶为格物”。王和他不同，以为一切都是无善无恶的。阳明对于这两种主张，也不加轩轾于其间。

阳明的弟子，徐爱早死，钱德洪的学问，人很少佩服他。继承阳明的学问，要推王艮和王畿。王艮，泰州人，本是烧盐的灶丁，名“银”，“艮”是阳明替他改的。他见阳明时，学问已博，初见时阳明和他所讲论，他尚不满意，以为阳明不足为之师，后来阳明再讲一段，他才佩服。他的学问，和程明道、陈白沙颇相近，有《学乐歌》：“学是乐之学，乐是学之乐。”从他游的颇多寻常人，间有上流人，自己真足自命不凡的。王畿是狂放的举人，很诽议阳明的，后来忽又师事阳明了。黄梨洲《明儒学案》对于二王都有微词。他佩服的是阳明的江西弟子。

阳明的江西弟子，以邹守益、欧阳德、聂德、罗洪先为最有造就。罗自有师承，非阳明弟子，心里很想从阳明游，不能如愿，后来阳明也死了。阳明弟子强罗附王，他也就承认。罗的学问比他弟子高深得多，自己静坐有得，也曾访了许多僧道。他说："极静之时，但觉此心本体如长空云气，大海鱼龙，天地古今，打成一片。"黄佐对于罗的论调，最不赞同，以为是参野狐禅，否则既谓无物，哪有鱼龙。实在，心虽无物而心常动。以佛经讲，"阿赖耶识"是恒转如瀑流，就是此意。罗所说"云气"和"鱼龙"是表示动的意思。罗洪先自己确是证到这个地步，前人没有及他的了。

王时槐的学问自邹守益传来，见解颇精深。他说："纯无念时，是为一念，非无念也，时之至微者也。"譬如吾人入睡，一无所梦，这时真可算无念，但和死却有分别的。就佛法讲"意根恒审思量"。意根念念所想的什么？就是"我"，"我"，就是"阿赖耶识"。我所以不忘这"我"，便因有了"意根"之故。"我"，寻常人多不疑，譬如自己说了一句话，决不会疑"这是谁说的"，至于其余对象，我们总要生一种疑虑的。念念想着，和无念竟是差不多，我们从早晨起来感到热，继续热下去，也就感不到了：所以纯无念时，仍有一念。

王艮弟子王栋说主张意与心有分，以为"意非心之所发，意为心之主者"。这种主张，和佛法说有些相同。佛法以"阿赖耶识"自己无作用，有了意根，才能起作用，也就是禅宗所谓"识得主人翁"的意思。刘宗周对于王栋的主张很多采取，栋自己看书不多，这种见解，的是证出的。

阳明、若水两派以外，有许多士子信仰吕泾野的主张。吕，陕西人，笃守礼教，和朱文公最相近，立言很平正，无过人处。当时所以能和湛、王并驾，这也因王的弟子太不守礼法，猖狂使人生厌，那些自检的子弟就倾向吕泾野了。原来何心隐习泰州之学差不多和政客一般，张居正恨而杀之。李卓吾师事何心隐，荒谬益甚，当时人所疾首痛心的。这守礼教和不守礼教，便是宋、明学者的大别。宋儒若陆象山见解之超妙，也仍对于礼教，拘守不敢离，既禁止故人子的挟妓，又责备吕东莱的丧中见客。明儒若陈白沙已看轻礼教，只对于名节还重视，他曾说

"名节乃士人之藩篱"。王阳明弟子猖狂已甚，二王为更甚，顾亭林痛骂"王学"即王阳明所创学派也是为此。

湛、王学问，晚年已不相同，但湛弟子许孚远，却合湛、王为一。再传至刘宗周蕺山，自己又别开生面，和湛、王都有些不同。刘主张"意非心之所发"，颇似王栋，"常惺惺"，也是他的主张，这主张虽是宋人已经讲过，但他的功夫是很深的。阳明附会朱文公《晚年定论》，很引起一般人的攻讦。同时有罗钦顺整庵和他是对抗的。罗的学问，有人说他是朱派，实在明代已无所谓纯粹朱派。罗的见解，又在朱之上，就说是朱派，也是朱派之杰出者。罗本参禅，后来归入理学，纠正宋儒之处很多。朱文公所谓"气质之性，义理之性"，罗表示反对，他说："义理乃在气质之中。"宋人于天理人欲，纠缠不清。罗说："欲当即理。"这种见解，和王不同，较朱又高一着，所以能与阳明相抗衡。清戴东原的主张，是师承罗的学说的。

明末，东林派高攀龙、顾宪成等也讲宋人学问，较阳明弟子能守规矩。他们有移风易俗的本意，所以借重礼法。不过党派的臭味太重，致招魏忠贤杀害的惨劫。清初，东林派还有流传，高愈、应㧑谦辈也只步武前人罢！

此外尚有李颙二曲也是名儒。李，陕西人，出身微贱，原是一个差役。他自己承认是吕派，实际是近王派的，所发见很不少。他每天坐三炷香，"初则以心观心，久之心亦无所观"，这是他的功夫。他尝说"一念万念"一句话。这话很像佛法，但是究竟的意思，他没有说出。我们也不知道他还是说"一念可以抵万念"呢，抑或是"万念就是一念"呢？在佛法中谓：念念相接则生时间；转念速，时间长，转念慢，时间短；一刹那可以经历劫。李的本意，或许是如此。李取佛法很多，但要保持礼教面目，终不肯说出。"体用"二字，本出于佛法，顾亭林以此问他，他也只可说"宝物出于异国，亦可采取"了。

清代，理学可以不论，治朱之学远不如朱。陆陇其稼书、汤斌等隶事两朝，也为士林所不齿，和吴澄事元有什么分别呢？江藩作《宋学渊源记》，凡能躬自力行的都采入，那在清廷做官的，都在摈弃之列。

颜元习斋、戴震东原，是清代大儒。颜力主"不骛虚声"，劝学子事礼、乐、射、御、书、数，和小学很相宜。戴别开学派，打倒宋学。他是主张“功利主义”，以为欲人之利于己，必先有利于人，并且反对宋人的遏情欲。

罗有高台山、彭绍升尺木研究王学的。罗有江湖游侠之气，很佩服李卓吾；彭信佛法，但好扶乩。两人都无足取。

四、哲学总括

哲学的派别，既如上述，我们在此且总括地比较一下：以哲学论，我们可分宋以来之哲学、古代的九流、印度的佛法和欧西的哲学四种。欧西的哲学，都是纸片上的文章，全是思想，并未实验。他们讲唯心论，看着的确很精，却只有比量，没有现量，不能如各科学用实地证明出来。这种只能说是精美的文章，并不是学问。禅宗说“猢狲离树，全无伎俩”，是欧西哲学绝佳比喻，他们离了名相，心便无可用了。宋、明诸儒，口头讲的原有，但能实地体认出来，却也很多，比欧西哲学专讲空论是不同了。

再就宋以来的理学和九流比较看来，却又相去一间了。黄梨洲说：“自阳明出，儒释疆界，邈若山河。”实在儒、释之界，宋已分明，不过儒、释有疆界，便是宋以后未达一间之遗憾。宋以后的理学，有所执着，专讲“生生不灭之机”，只能达到“阿赖耶恒动如瀑流”，和孔子“逝者如斯夫，不舍昼夜”地步，那“真如心”便非理学家所能见。孔子本身并非未尝执着，理学强以为道体如此，真太粗心了！

至于佛法所有奥妙之处，在九流却都有说及，可以并驾齐驱。佛法说“前后际断”，庄子的“无终无始，无几无时；见独而后，能无古今”，可说是同具一义的。佛法讲“无我”，和孔子的“毋我”“克己复礼”，庄子的“无己恶乎得有有”，又相同了。佛家的“唯识唯心说”：“心之外无一物，心有境无，山河大地，皆心所造”，九流中也曾说过。战国儒家公孙尼子说“物皆本乎心”，孟子说“万物皆备于我”，便是佛家的立意。佛家大乘断“所知障”，断“理障”；小乘断“烦恼障”，断“事障”。孔子说“我有知乎哉？无知也”，老子说“玄之又玄，众妙之门”，又说“涤除玄览”，便是断“所知”和“理”障的了。佛法说“不生不灭”，庄子说“无古今而后入于不死不生”，“不死不生”就是“不生不灭”。佛法说“无修无证，心不见心，无相可得”，孟子说“望道而未之见”道原是不可见，见道即非道，庄子说“斯身非吾有也，胡得有乎道”，又相同了。照这么看来，“九流”实远出宋、明诸儒之上，和佛法不相出入的。

我们研究哲学，从宋人入手，却也很好，因为晋人空谈之病，宋人所无，不过不要拘守宋学，才有高深的希望。至于直接研究佛法，容易流入猖狂。古来专讲佛而不讲儒学的，多不足取，如王维降安禄山，张商英和蔡京辈往来，都是可耻的。因为研究佛法的居士，只有五戒，在印度社会情形简单，或可维持，中国社会情形复杂，便不能维持了。历来研究儒家兼讲佛法的，如李习之、赵大洲口不讳佛，言行都有可观。可见研究佛法，非有儒学为之助不可。

第三节　文学的派别

什么是文学？据我看来，有文字著于竹帛叫做“文”，论彼的法式叫作“文学”。文学可分有韵无韵二种：有韵的今人称为“诗”，无韵的称为“文”。古人却和这种不同。《文心雕龙》说：“今之常言，有文有笔，有韵者文也，无韵者笔也。”范晔自述《后汉书》说：“文患其事尽于形，情急于藻，义牵其旨，韵移其意，政可类工巧图缋，竟无得也；手笔差易，文不拘韵故也。”可见有韵在古谓之“文”，无韵在古谓之“笔”了。不过做无韵的固是用笔，做有韵的也何尝不用笔，这种分别，觉得很勉强，还不如后人分为“诗”“文”二项的好。

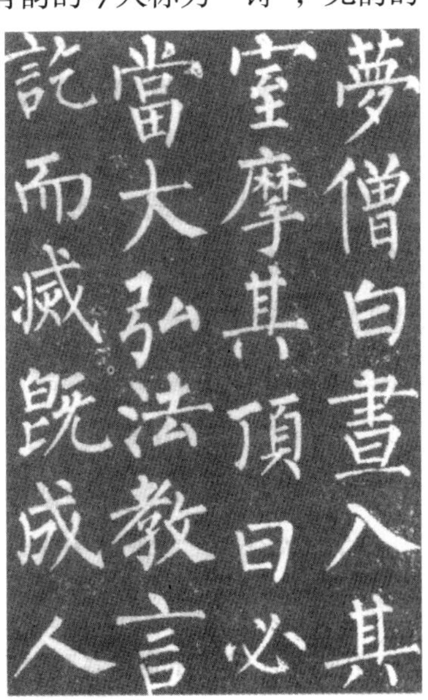

柳公权《玄秘塔铭》拓本

古时所谓文章，并非专指文学。孔子称“尧、舜焕乎其有文章”，是把“君臣朝廷尊卑贵贱之序，车舆衣服宫室饮食嫁娶丧祭之分”叫作“文”，“八风从律，百度得数”叫作“章”。换句话说：文章就是“礼”“乐”。后来范围缩小，文章专指文学而言。

一、无韵文

文学中有韵无韵二项，后者比前者多。我们现在先讨论无韵的文。在讨论文的派别之先，把文的分类讲一讲，并列表以清眉目：

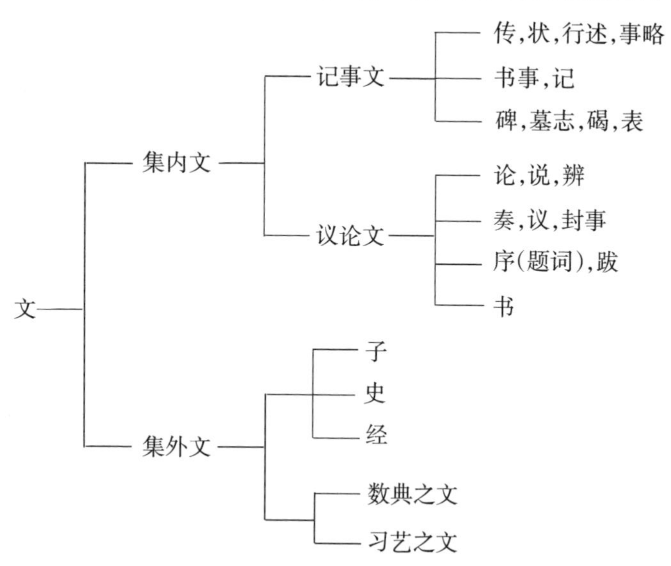

我们普通讲文，大概指集部而言，那经、史、子，文非不佳，而不以文称。但上表所列文的分类中，以“传”而论，“四史”中列传已在集部以外，“本纪”“世家”和“传”是同性质的，也非集部所有，集部只有“家传”。以“论”而论，除了文人单篇的论文，也有在集部以外的。譬如：庄子《齐物论》，荀子《礼论》《乐论》，贾谊《过秦论》都是子部所有的。以“序”而论，也只单篇的，集中所已备；那连合的序，若《四库提要》，就非集部所有。至如“编年史”中《左传》《资治通鉴》之类和“名人年谱”，都是记事文，也非集部所能包了。

“传”是记述某人的一生或一事，我们所普通见到的。明人以为没曾做过史官，不应替人做“传”，我以为太拘了。史官所做，是卿相名人的“传”。那普通人的“传”，文人当然可以做的。

“行述”“状”和“传”各不相同。“状”在古时只有几句考语，用以呈诸考功之官，凭之以定谥法。自唐李翱以为“状”仅凭考语不能定谥法，乃定“状”亦须叙事，就与“传”相同。“行述”须叙事，形式与“传”虽相同而用处不同。

“碑”原非为个人而作，若秦“峄山碑”是纪始皇的功绩，汉裴岑“纪功碑”是记破西域的事迹，差不多都是关于国家大事的。就以“庙碑”而论，虽为纪事，也不是纯为纪事的。只有墓上之碑，才是为个人而作。“碑”“碣”实质是一样的，只大小长短不同。唐五品以上可用“碑”，六品以下都用“碣”的。“表”和“碑”“碣”都不同，没有大小长短的区别，说到彼等的内质，“传”是纪事的，“状”是考语兼纪事的，“碑”是考语多，后附有韵的铭，间有纪事，也略而不详。宋以后“碑”和“传”只有首尾的不同了。“表”，宋后就没有“铭”，在汉时有“表记”“表颂”的不同，“表颂”是有“铭”的。汉以前没有“墓志”，西晋也很少，东晋以后才多起来。这也因汉人立碑过多，东晋下令禁碑，“墓志”藏在墓内，比较便当一些。北朝和唐并不禁碑，而墓志很流行：一、官品不及的，二、官品虽大曾经犯罪的，三、节省经费的，都以此为便。“墓志”的文章，大都敷衍交情，没有什么精采。至很小的事，记述大都用“书事”或“记”等。

单篇论文，在西汉很少，就是《过秦论》也见《贾子新书》中的。东汉渐有短论，延笃《仁孝先后论》可算是首创。晋人好谈名理，“论说”乃出。这种论文，须含陆士衡《文赋》所说“精微流畅”那四字的精神。

“奏”，秦时所无，有之自汉始。汉时奏外尚有“封事”，是奏密事用的。奏，有的为国家大事，有的为个人的事，没有定规的。“议”，若西汉《石渠议》《盐铁论》《白虎通》，都是合集许多人而成的。后来，凡议典礼，大都用“议”的。

“书”，在古时已有，差不多用在私人的往还，但古人有“上书”，则和“奏记”差不多，也就是现今的“说帖”和“票”。至如刘歆《移让太常博士书》，却又和“移文”一样了。

“序”也是古所已有，如《序卦》《书序》《诗序》都是的，刘向《别录》和《四库提要》也是这一类。后人大概自著自作，或注释古书附加一序的。古人的“题词”和“序”相同，赵岐注《孟子》，一“序”一“题词”，都用在前面。“跋”，大都在书后，体裁和序无不同之处。

纪事论议而外，尚有集部所无的，如：

（一）数典之文：

1.官制。如《周礼》《唐六典》《明清会典》之类。

2.仪注。《仪礼》《唐开元礼》等皆是。

3.刑法。如《汉律》《唐律》《明律》《清律》之类。

4.乐律。如宋《律吕正义》、清《燕乐考原》等。

5.书目。如刘向《别录》，刘歆《七略》，王俭、阮孝绪《七录》《七志》，宋《崇文书目》，清《四库提要》之类。

（二）习艺之文：

1.算术。如《九章算法》《圜法》之类。

2.工程。如《周礼·考工记》，徐光启的《龙骨车》《玉衡车》之类。

3.农事。如北魏《齐民要术》、元王桢《农书》、明徐光启《农政全书》之类。

4.医书。如《素问》《灵枢》《伤寒论》《千金要方》之类。

5.地志。如《禹贡》《周礼·职方志》《水经》《水道提纲》《乾隆府厅州县志》《方舆志略》之类。

以上各种，文都佳绝，也非集部所具的，所以我们目光不可专注在集部。

文学的分类既如上述，我们再进一步讨论文学的派别：

经典之作，原非为文，诸子皆不以文称。《汉书·贾谊传》称贾谊“善属文”，文乃出。西汉一代，贾谊、董仲舒、太史公、枚乘、邹阳、司马相如、扬雄、刘向，称为“文人”，但考《汉书》所载赵充国的奏疏，都卓绝千古，却又不以“文人”称，这是什么缘故呢？想是西汉所称为“文人”，并非专指行文而言，必其人学问渊博，为人所推重，才可算文人的。东汉班彪著《王命论》，班固著《两都赋》，以及蔡邕、傅毅之流，是当时著称的文人。但东汉讲政治若崔寔《政论》，仲长统《昌言》，说经若郑康成之流，行文高出诸文人上，又不以文名了。在西汉推尊文人，大概注目在淹博有学问一点，东汉推尊的文人，有些不能明白了。东西汉文人在当时并无派别，后人也没曾有人替他们分成派别的。

三国时曹家父子三人操、丕、植文名甚高。操以《诏令》名，丕以《典论》名，植以《求自试表》等称。人们所以推尊他们，还不以其文，大都是以诗推及其文的。徐幹诗不十分好，《中论》一书也不如仲长统所著而为当时所称。吴中以张昭文名为最高，我们读他所著，也无可取，或者以道德而推及其文的。陆家父子逊、抗、凯、云、机都以文名，而以陆机为尤，他是开晋代文学之先的。晋代潘、陆虽并称，但人之尊潘终不如陆，《抱朴子》中有赞陆语，《文中子》也极力推尊他，唐太宗御笔赞也只有陆机、王羲之二人，可见人们对他的景仰了。自陆出，文体大变：两汉壮美的风气，到了他变成优美了；他的文，平易有风致，使人生快感的。晋代文学和汉代文学，有大不同之点。汉代厚重典雅，晋代华妙清妍，差不多可以说一是刚的，一是柔的。东晋好谈论而无以文名者，骈文也自此产生了。南北朝时傅季友宋人骈体殊佳，但不能如陆机一般舒卷自如，后此任昉、沈约辈每况斯下了。到了徐、庾之流，去前人更远，对仗也日求精工，典故也堆叠起来，气象更是不雅淡了。至当时不以文名而文极佳的，如著《崇有论》的裴頠，著《神灭论》的范缜等，更如：孔琳宋、萧子良齐、袁翻北魏的奏疏，干宝、袁宏、孙盛、习凿齿、范晔的史论，我们实在景仰得很。在南北朝文家亦无派别，只北朝人好摹仿南朝，因此有推尊任昉的有推尊沈约的等不同。北朝至周，文化大衰，到了隋代，更是文不成文了。

唐初文也没有可取，但轻清之气尚存，若杨炯辈是以骈兼散的。中唐以后，文体大变，变化推张燕公、苏许公为最先，他们行文不同于庾也不同于陆，大有仿司马相如的气象。在他们以前，周时有苏绰，曾拟《大诰》，也可说是他们的滥觞。韩、柳的文，虽是别开生面，却也从燕、许出来，这是桐城派不肯说的。中唐萧颖士、李华的文，已渐趋于奇。德宗以后，独孤及的行文，和韩文公更相近了。后此韩文公、柳宗元、刘禹锡、吕温，都以文名。四人中以韩、柳二人最喜造词，他们是主张词必己出的。刘、吕也爱造词，不过不如韩、柳之甚。韩才气大，我们没见他的雕琢气；柳才小，就不能掩饰。韩之学生皇甫湜、张籍，也很欢喜造词。晚唐李翱别具气度，孙樵佶屈聱牙，和韩也有不同。骈体文，唐代推李义山，渐变为后代的“四六体”，我们把他和陆机一比，真有天壤之分。唐人常称孟子、荀卿，也推尊贾谊、太史公，把晋人柔曼气度扫除净尽，返于汉代的“刚”了。

宋苏轼称韩文公“文起八代之衰”，人们很不佩服。他所说八代，也费端详。有的自隋上推合南朝四代及晋、汉为八代，这当然不合的；有的自隋上推合北朝三代及晋、汉、秦为八代，那是更不合了。因为司马迁、贾谊是唐人所极尊的，东坡何至如此糊涂？有的自隋上推合南朝四代、北朝三代为八代，这恰是情理上所有的。

宋初承五代之乱，已无文可称；当时大都推重李义山，四六体渐盛，我们正可以说李义山是承前启后的人，以前是骈体，以后变成四六了。北宋初年，柳开得韩昌黎集读之，行文自以为学韩，考之实际，和韩全无关系，但宋代文学，他实开其源。以后穆修、尹洙辈也和四六离异，习当时的平文古文一名，当时所无，尹洙比较前人高一着。北宋文人以欧阳修、三苏、曾、王为最著。欧阳本习四六，后来才走入此途，同时和他敌对，首推宋祁。祁习韩文，著有《新唐书》，但才气不如韩。他和欧阳交情最深，而论文极不合。他的长兄宋郊，习燕、许之文，和他也不同。

明人称“唐宋八大家”，因此使一般人以为唐宋文体相同。实在唐文主刚，宋文主柔，极不相同。欧阳和韩，更格格不相入。韩喜造词，所以对于李观、樊宗师的文很同情。欧阳极反对造词，所以“天地轧，万物茁，圣人发”等句，要受他的“红勒帛”。并且“黈纩塞耳，前旒蔽明”二语，见于《大戴礼》，欧阳未曾读过，就不以为然，它无论矣。三苏以东坡为最博，洵、辙不过尔尔。王介甫才高，读书多，造就也较多。曾子固读书亦多，但所作《乐记》，只以大话笼罩，比《原道》还要空泛。有人把他比刘原甫，一浮一实，拟于无伦了。宋人更称曾有经术气，更堪一笑！

南宋文调甚俗，开科举文之端。这项文东坡已有雏形，只未十分显露，后来相沿而下，为明初宋濂辈的台阁体。中间在元代虽有姚燧、虞集辈尚有可观，但较诸北宋已是一落千丈。

宋代不以文名而文佳者，如刘敞、司马光辈谨严厚重，比欧阳高一等，但时人终未加以青目，这也是可惜的。

明有“前七子”“后七子”之分。“前七子”李梦阳等恨台阁体；“后七子”王世贞等自谓学秦、汉，也很庸俗。他们学问都差于韩、苏，摹拟不像，后人因此讥他们为伪体。归有光出，和后七子中王世贞相抗敌，王到底不能不拜他的下风。归所学的是欧、曾二家，确能入其门庭，因此居伪体之上。正如孟子所说，“五谷不熟，不如荑稗”的了！

桐城派，是以归有光为鼻祖，归本为昆山人，后来因为方、姚兴自桐城，乃自为一派，称文章正宗。归讲格律、气度甚精工，传到顾亭林有《救文》一篇，讲公式禁忌甚确，规模已定。清初汪琬学归氏甚精，可算是归氏的嫡传，但桐城派不引而入之，是纯为地域上的关系了。

方苞出，步趋归有光，声势甚大，桐城之名以出。方行文甚谨严，姚姬传承他的后，才气甚高，也可与方并驾。但桐城派所称刘大櫆，殊无足取，他们竟以他是姚的先生，并且是桐城人，就凭意气收容了，因此引起“阳湖”和他对抗。阳湖派以恽敬、张惠言为巨子。惠言本师事王灼，也是桐城派的弟子。他们嫉恶桐城派独建旗帜，所以分裂的，可惜这派传流不能如桐城派的远而多。姚姬传弟子甚多，以管同、梅曾亮为最。梅精工过于方、姚，体态也好，惜不甚大方，只可当作词曲看。曾国藩本非桐城人，因为声名煊赫，桐城派强引而入之。他的著作，比前人都高一着。归、汪、方、姚都只能学欧、曾。曾才有些和韩相仿佛，所以他自己也不肯说是桐城的。桐城派后裔吴汝纶的文，并非自桐城习来，乃自曾国藩处授得的。清代除桐城而外，汪中的文也卓异出众，他的叙事文与姚相同，骈体文又直追陆机了。

我们平心论之，文实在不可分派。言其形式，原有不同，以言性情才力，各各都不相同，派别从何分起呢？我们所以推重桐城派，也因为学习他们的气度格律，明白他们的公式禁忌，或者免除那台阁派和七子派的习气罢了。

他们所告诉我们的方式和禁忌，就是：

（一）官名地名应用现制。

（二）亲属名称应仍《仪礼·丧服》《尔雅·释亲》之旧。

（三）不俗——忌用科举滥调。

（四）不古。

（五）不枝。

二、有韵文

我们在此可以讨论有韵文了。有韵文是什么？就是“诗”。有韵文虽不全是诗，却可以归在这一类。在古代文学中，诗而外，若“箴”，全是有韵的；若“铭”，虽杂些无韵，大部分是有韵的；若“诔”，若“像赞”，若“史述赞”，若“祭文”，也有有韵的，也有无韵的。那无韵的，我们可归之于文；那有韵的可归之于诗了。至于《急就章》、《千字文》、《百家姓》、“医方歌诀”之类，也是有韵的，我们也不能不称之为诗。前次曾有人把《百家姓》可否算诗来问我，我可以这么答道：“诗只可论体裁，不可论工拙。《百家姓》既是有韵，当然是诗。”总之，我们要先确定有韵为诗、无韵为文的界限，才可以判断什么是诗。像《百家姓》之流，以工拙论，原不成诗，以形式论，我们不能不承认他是诗。

诗以广义论，凡有韵是诗；以狭义论，则惟有诗可称诗：什么可称诗？《周礼·春官》称六诗，就是风、赋、比、兴、雅、颂。但是后来赋与诗离，所谓比、兴也不见于《诗经》。究竟当日的赋、比、兴是怎样的，已不可考。后世有人以为赋、比、兴就在《风》《雅》《颂》之中，《郑志》张逸问：“何诗近于比、赋、兴？”答曰：“比、赋、兴，吴札观诗时，已不歌也。孔子录诗，已合《风》《雅》《颂》中，难复摘别，篇中义多兴，此谓比、赋、兴，各有篇什。自孔子淆杂第次而毛公独旌表兴，其比、赋俄空焉。圣者颠倒而乱形名，大师偏翳而失邻类。”郑康成《六艺论》也说：《风》《雅》《颂》中有赋、比、兴。《毛传》在《诗》的第一节偶有“兴也”二字，朱文公也就自我作古，把“比也”“赋也”均添起来了。我以为《诗》中只有《风》《雅》《颂》，没有赋、比、兴。左氏说：“《彤弓》《角弓》，其实《小雅》也；吉甫作诵，其风肆好，其实《大雅》也。”考毛公所附“兴也”的本义，也和赋、比、兴中的“兴”不同，只不过像乐府中的“引”“艳”一样。

“六诗”本义何在？我们除比、兴不可考而外，其余都可溯源而得之：

（一）风。《诗小序》：“风者上以风化下，下以风刺上。”我以为风的本义，还不是如此。风是空气的激荡，气出自口就是风，当时所谓风，只是口中所讴唱罢了。

（二）颂。“颂”在《说文》就是“容”字，《说文》中“容”只有纳受的意义，这“颂”字才有形容的意义。《诗小序》谓“颂者美盛德之形容”，我们于此可想见古人的颂是要“式歌式舞”的。

（三）赋。古代的赋，原不可见，但就战国以后诸赋看来都是排列铺张的。古代凡兵事所需，由民间供给的谓之“赋”，在收纳民赋时候，必须按件点过。赋体也和按件点过一样，因此得名了。

（四）雅。这项的本义，比较的难以明白。《诗小序》说：“雅者正也。”雅何以训作正？历来学者都没有明白说出，不免引起我们的疑惑。据我看来，“雅”在《说文》就是“鸦”，“鸦”和“乌”音本相近，古人读这两字也相同的，所以我们也可以说“雅”即“乌”。《史记·李斯传·谏逐客书》《汉书·杨恽传·报孙会宗书》均有“击缶而歌乌乌”之句，人们又都说“乌乌”秦音也。秦本周地，乌乌为秦声，也可以说乌乌为周声。又商有颂无雅，可见雅始于周。从这两方面看来，“雅”就是“乌乌”的秦声，后人因为他所歌咏的都是庙堂大事，因此说“雅”者正也。《说文》又训“雅”为“疋”，这两字音也相近。“疋”的本义，也无可解，《说文》训“疋”为“足”，又说：“疋，记也。”大概“疋”就是后人的“疏”，后世的“奏疏”，也就是记。《大雅》所以可说是“疋”，也就因为《大雅》是记事之诗。

我们明白这些本义，再去推求《诗经》，可以明白了许多。太史公在《孔子世家》说：“古者诗三千余篇，及至孔子，去其重，取可施于礼义，上采契、后稷，中述殷、周之盛，至幽、厉之缺，始于衽席。故曰《关雎》之乱以为《风》始，《鹿鸣》为《小雅》始，《文王》为《大雅》始，《清庙》为《颂》始，三百五篇，孔子皆弦歌之以求合韶、武、雅、颂之音。”可见古诗有三千余篇。有人对于三千余篇，有些怀疑，以为这是虚言。据我看来，这并非是虚言。《风》《雅》《颂》已有三百余篇，考他书所见逸诗，可得六百余篇；若赋、比、兴也有此数，就可得千二百篇了。《周礼》称九德六诗之歌，可见六诗以外，还有所谓九德之歌。在古代盛时，“官箴、占繇皆为诗，所以序《庭燎》称‘箴’，《沔水》称‘规’，《鹤鸣》称‘诲’，《祈父》称‘刺’，诗外更无所谓官箴，辛甲诸篇，也在三千之数”。我们以六诗为例，则九德也可得千八百篇：合之已有三千篇之数，更毋庸怀疑。至于这三千篇删而为三百篇，是孔子所删，还是孔子以前已有人删过呢？我们无从查考。不过孔子开口就说诵诗三百，恐怕在他以前，已有人把诗删过了！大概三千篇诗太复杂，其中也有诵世系以劝戒人君，若《急就章》之流，使学者厌于讽诵。至若比、赋、兴虽依情志，又复广博多华，不宜声乐，因此十五流中删取其三，到了孔子不过整齐彼的篇第不使凌乱罢了。

《诗经》只有《风》《雅》《颂》，赋不为当时所称，但是到了战国，赋就出来了。屈原、孙卿都以赋名：孙卿以《赋》《成相》分二篇题号已别。屈原《离骚》诸篇，更可称为卓立千古的赋。《七略》次赋为四家：一曰屈原赋，二曰陆贾赋，三曰孙卿赋，四曰杂赋。屈原的赋是道情的，孙卿的赋是咏物的，陆贾赋不可见，大概是“纵横”之变。后世言赋者，大都本诸屈原。汉代自从贾生《惜誓》上接《楚辞》，《鹏鸟》仿佛《卜居》，司马相如自《远游》流变而为《大人赋》，枚乘自《大招》《招魂》散而为《七发》，其后汉武帝《悼李夫人》、班婕妤《自悼》，以及淮南、东方朔、刘向辈大都自屈、宋脱胎来的。至摹拟孙卿的，也有之，如《鹦鹉》《焦鹩》诸赋都能时见一端的。

三百篇以后直至秦代，无诗可见。一到汉初，诗便出来了。汉高祖《大风歌》，项羽《虞兮歌》，可说是独创的诗。此后五言诗的始祖，当然要推《古诗十九首》。这十九首中据《玉台新咏》指定九首是枚乘作的，可见这诗是西汉的作品。至苏武、李陵赠答之诗，有人疑是东汉时托拟的。这种五言诗多言情，是继四言诗而起的，因为四言诗至三百篇而至矣尽矣，以后继作，都不能比美，汉时虽有四言诗，若韦孟之流，才气都不及，我们总觉得很淡泊。至碑铭之类峄山碑等又是和颂一般，非言情之作，其势非变不可，而五言代出。

汉代雅已不可见，《郊祀歌》之流，和颂实相类似，四言而外，也有三言的，也有七言的。此后颂为用甚滥，碑铭称“颂”，也是很多的。

汉代文人能为赋未必能以诗名，枚乘以诗长，他的赋却也不甚著称。东汉一代，也没有卓异的诗家，若班固等，我们只能说是平凡的诗家。

继十九首而振诗风，当然要推曹孟德父子。孟德的四言，上不摹拟《诗经》，独具气魄，其他五言七言诸诗，虽不能如十九首的冲淡，但色味深厚，读之令人生快。魏文帝和陈思王的诗，也各有所长，同时刘桢、王粲辈毕竟不能和他们并驾。钟嵘《诗品》评《古诗十九首》说是“一字千金”，我们对于曹氏父子的诗，也可以这样说他，真所谓：“其气可以抗浮云，其诚可以比金石。”

语曰：“在心为志，发言为诗。”可见诗是发于性情。三国以前的诗，都从真性情流出，我们不能指出某句某字是佳，他们的好处，是无句不佳无字不佳的。曹氏父子而后，就不能如此了。

曹氏父子而后，阮籍以《咏怀诗》闻于世。他本好清谈，但所作的诗，一些也没有这种气味。《诗品》称阮诗出于《离骚》，真是探源之论，不过陈思王的诗，也出自《离骚》，阮的诗还不能如他一般痛快。

晋初左思《咏史诗》《招隐诗》风格特高，与曹不同，可说是独开一派。在当时他的诗名不著，反而陆机、潘岳辈以诗称。我们平心考察：陆诗散漫，潘诗较整饬，毕竟不能及左思，他们也只可以说是作赋的能手罢了。当时所以不看重左思，也因他出身微贱，不能像潘、陆辈身居贵胄的缘故。《诗品》评诗，也不免于徇俗，把左思置在陆、潘之下，可为浩叹！其他若张华的诗，《诗品》中称他是“儿女情多，风云气少”。我们读他的诗意，只觉得是薄弱无力量，所谓儿女情多，也不知其何所见而云然，或者我们没曾看见他所著的全豹，那就未可臆断了！

东晋清谈过甚，他们的“清谈诗”，和宋时“理学诗”一般可厌。他们所作的诗，有时讲讲庄、老，有时谈谈佛理，像孙绰、许询辈都是如此。孙绰《天台山赋》有“太虚辽廓而无阂，运自然之妙有”等句，是前人所不肯用的。《诗品》说他们的诗，已是“风骚体尽”，很是不错。在东晋一代中无诗家可称，但刘琨《扶风歌》等篇，又是诗中佳品，以武人而能此，却也可喜！

陶渊明出，诗风一振，但他的诗终不能及古人，《诗品》评为“隐逸之诗”。他讲“田舍风味”，极自然有风致，也是独树一帜。在他以前，描写风景的诗很少，至他专以描写风景见长，如“采菊东篱下，悠然见南山”之句，真古人所不能道。渊明以后，谢灵运和颜延之二家继他而起。谢描摹风景的诗很多，句调精炼，《诗品》说他是“初出芙蓉”。颜诗不仅描风景，作品中也有雕刻气，所以推为诗家，或以颜学问淹博之故。《诗品》评颜谓为“镂金错彩”。陶诗脱口自然而出，并非揉作而成，虽有率尔之词，我们总觉得可爱。如谢诗就有十分聱牙之处，我们总可以觉得他是矫作的。小谢谢朓写风景很自然，和渊明不相上下，而当时学者终以小谢不及大谢，或者描写风景之诗，大家都爱工巧，所以这般评论。梁代诗家推沈约永明体自他出，律诗已有雏形了。古诗所以变为律诗，也因谢、颜诗不可讽诵，他因此故而定句调。沈约的律诗，和唐后律诗又不相同。《隋书·经籍志》载他的《四声谱》有一卷，可见谱中所载调是很多的，并不像唐后律诗这么简单。他的四声谱，我们虽不能见，但读他的诗，比谢、颜是调和些，和陶、小谢却没有什么分别呢。

宋鲍照、齐江淹，也以诗名。鲍有汉人气味，以出身微贱，在当时不甚著称。江善于拟古，自己的创作却不十分高明。

南北朝中，我们只能知道南朝的作品。北朝究竟有无诗家，久已无从考得，但《木兰诗》传自北朝，何等高超，恐怕有些被淹没了呢！

梁末诗又大变，如何逊、阴铿的作品，只有一二句佳绝了。在此时，古今诗辟下一大界限，全篇好是古诗的特色，一二句好是此后的定评。隋杨素诗绝佳，和刘琨可仿佛。此时文人习于南北朝的诗风，爱用典故，并喜雕琢。杨素武人不爱雕琢，亦不能雕琢，所以诗独能过人。当时文人专着眼在一二句好处，对于杨素不甚看重。所以隋炀帝为了忌嫉“空梁落燕泥”“庭草无人随意绿”二佳句，就杀两诗人了。

唐初，律诗未出，唐太宗和魏徵的诗，和南北朝相去不远。自四杰骆宾王、王勃、杨炯、卢照邻出，作品渐含律诗的气味，不过当时只有五言律，并未有七言律。四杰之文很卑微，他们的诗，却有气魄。成就五言的是沈佺期、宋之问，他们的诗，气魄也大，虽有对仗，但不甚拘束。

五言古诗到此时也已穷极，五律七古不能不产生了。唐以前七古虽有，但不完备，至唐始备全。七古初出，若李太白、崔颢的诗，都苍苍茫茫，信笔写去，无所拘忌。李诗更含复古的气味，和同时陈子昂同一步骤。

盛唐诗家以王维、孟浩然、张九龄为最。张多古诗，和李、陈同有复古的倾向。王、孟诗与陶相近，作品中有古诗有律诗，以描写风景为最多，都平淡有意趣。

李、陈、张，三家都是复古诗家，三人中自然推李为才最高。他生平目空古人，自以为在古人之上，在我们看来，他的气自然盛于前人，说他是高于前人恐怕未必。王、孟两家是在古今之间，到了杜甫，才开今派的诗。

杜甫的诗，元稹说他高于李，因为杜立排律之体为李所不及的。据我看来，李诗是成线的，杜诗是成面的，杜诗可说是和赋有些相像，必要说杜胜于李，却仍不敢赞同。并且自杜诗开今，流于典故的堆叠，自然的气度也渐渐遗失，为功为罪，未可定论！至于杜的古诗，和古人也相去不远，只排律一体，是由他首创，“子美别开新世界”，就是这么一个世界吧！在杜以前诸诗家，除颜延之而外，没有一个以多用书为贵的，自杜以后，才非用典故，不能夸示于人。或者后人才不如古，以典故文饰，可掩了自己的短处！正如天然体态很美的女子，不要借力于脂粉，那些体态不甚美的，非藉此不可了。昌黎的诗，习杜之遗风，更爱用典故，并爱用难识的字，每况愈下了，但自然之风尚存，所以得列于诗林。

韦应物、柳宗元两家，和昌黎虽同时，而作品大不相同。他们有王、孟气味，很自然平淡的。我们竟可以说柳的文和诗截不相同。同时有元微之、白居易二家，又和别家不同。他们随便下笔，说几句民情，有《小雅》的风趣，他们所以见称也以此。

晚唐温庭筠、李义山两家爱讲对仗，和杜甫爱典故是一样的结合，便成宋代的诗风。“西昆体”染此风甚深，所以宋代诗话，专在这些地方留意。

宋初欧阳修、梅圣俞对于西昆体很反对，但欧阳修爱奇异的诗句，如“水泥行郭索这句是咏蟹，‘郭索’两字见扬子《太玄经》，云木叫钩辀这句是咏鸠，‘钩辀’两字见陆玑《毛诗草木鸟兽虫鱼疏》”二句，已不可解，他却大加赞赏，和他的论文，大相抵触的。梅圣俞的诗，开考古之源，和古人咏古的诗，又大不相同了。总之，宋人的诗，是合“好对仗，引奇字，考据”三点而成，以此病入膏肓。苏轼的诗，更打破唐诗的规模，有时用些佛典之法理，太随便了。王荆公爱讲诗律，但他的诗律，忽其大者而注重小者，竟说：“上句用汉书，下句也要用汉书的。”按原话为：“用汉人语，止可以汉人语对。”见《石林诗话》自此大方气象全失。我们读宋祁“何言汉朴学见《汉书》，正似楚枝官见《史记·吴起传》”之句，再看王维“白法调狂象见佛法，玄言问老龙见《庄子》”之句，真有天壤之判呢！有宋一代，诗话很多，无一不深中此病。惟《沧浪诗话》和众不同，他说“诗有别才，不关学也；诗有别趣，不关理也”。此种卓见，可扫宋人的习气了。

南宋陆放翁含北宋习气也很深，惟有范石湖按即范成大、刘复村按疑为刘克庄，号后村之误自有气度，与众不同。黄山谷按即黄庭坚出，开江西诗派之源。黄上学老杜，开场两句必对仗，是他们的规律，这一派诗无足取。

元、明、清三代诗甚衰，一无足取。高青邱按明诗人高启，号青邱子的诗失之靡靡，七子的诗失之空门面，王渔洋、朱彝尊的诗失之典泽过浓，到了翁方纲以考据入诗，洪亮吉爱对仗，更不成诗。其间稍可人意的，要推查初白按即查慎行的，但也不能望古人之项背。洪亮吉最赏识“足以乌孙涂上茧，头儿黄祖座中枭”二句，我们读了只作三日呕！

诗至清末，穷极矣。穷则变，变则通；我们在此若不向上努力，便要向下堕落。所谓向上努力就是直追汉、晋，所谓向下堕落就是近代的白话诗，诸君将何去何从？提倡白话诗人自以为从西洋传来，我以为中国古代也曾有过，他们如要访祖，我可请出来。唐代史思明夷狄的儿子史朝义，称怀王，有一天他高兴起来，也咏一首樱桃的诗：“樱桃一篮子，一半青，一半黄；一半与怀王，一半与周贽。”那时有人劝他，把末两句上下对掉，作为“一半与周贽，一半与怀王”，便与“一半青，一半黄”押韵。他怫然道：“周贽是我的臣，怎能在怀王之上呢？”如在今日，照白话诗的主张，他也何妨说：“何必用韵呢？”这也可算白话诗的始祖吧。一笑！

第三讲　诸子流别

讲论诸子，当先分疏诸子流别。论诸子流别者，《庄子·天下》篇、《淮南·要略训》、太史公《论六家要旨》及《汉书·艺文志》是已。此四篇中，《艺文志》所述最备，而《庄子》所论多与后三家不同。今且比较而说明之。

《天下》篇论儒家，但云"其在于《诗》《书》《礼》《乐》者，邹鲁之士，缙绅先生多能明之"，而不加批判。其论墨家，列宋钘尹文，而《艺文志》以宋钘入小说家，以尹文入名家。盖宋钘以禁攻寝兵以外，以情欲寡浅为内，周行天下，上说下教，故近于小说。而尹文之名学，不尚坚白同异之辨，觭偶不仵之辞，故与相里勤、五侯之徒、南方之墨异趣。其次论彭蒙、田骈、慎到，都近法家。《艺文志》则以慎到入法家，以田骈入道家，是道家、法家合流也。田骈当时号为"天口骈"，今《尹文子》又有彭蒙语，是道家、名家合流也。道家所以流为法家者，即老子、韩非同传，可以知之。《老子》云："鱼不可脱于渊，国之利器不可以示人。"此二语是法家之根本。惟韩非子能解老、喻老，故成其为法家矣。其次论老聃、关尹，同为道家，而已之道术又与异趣。盖老子之言，鲜有超过人格者，而庄子则上与造物者游，下与外死生、无终始者为友，故有别矣。惠施本与庄周相善，而庄子讥之曰："由天地之道，观惠施之能，其犹一蚊一虻之劳，与物何庸!"即此可知尹文、惠施同属名家，而庄子别论之故。盖尹文之"名"，不过正名之大体，循名责实，可施于为政，与荀子正名之旨相同。若惠施、公孙龙之诡辩，与别墨一派，都无关于政治也。然则庄子之论名家，视《艺文志》为精审矣。其时荀子未出，故不见著录。若邓析者，变乱是非，民献襦祷而学讼，殆与后世讼师一流，故庄子不屑论及之欤？

《要略》首论太公之媒为道家，次论周、孔之训为儒家，又次论墨家，又次论管子之书为道家，晏子之谏为儒家，又次论申子刑名之书、商鞅之法为法家。比于《天下》篇，独少名家一流。

太史公《论六家要旨》，于阴阳、儒、墨、名、法五家，各有短长，而以黄老之术为依归。此由身为史官，明于成败利钝之效，故独有取于虚无因循之说也。昔老聃著五千言，为道家之大宗，固尝为柱下史矣，故曰："道家者流，出于史官。"

《艺文志》列九流，其实十家。其纵横家在七国力政之际，应运而起，统一之后，其学自废。农家播百谷，勤耕桑，则《吕览》亦载其说，至于君臣并耕，如孟子所称许行之学，殆为后出，然其说亦不能见之实事。杂家集他人之长，以为己有，《吕览》是已。此在后代，即《群书治要》之比，再扩充之，则《图书集成》亦是也。小说家街谈巷议，道听途说，固不可尽信，然宋钘之流，亦自有其主张，虞初九百，则后来方志之滥觞。是故纵横、农、杂、小说四家，自史公以前，都不数也。

虽然，"纵横"之名，起于七国。外交专对，自春秋已重之。又氾胜之区田之法，本自伊尹，是伊尹即农家之发端。田蚡所学盘盂书，出自孔甲，是孔甲即杂家之发端。方志者，《周官》土训、诵训之事。今更就《艺文志》所言九流所从出而推论之。

《艺文志》云："儒家出于司徒之官。"此特以《周官》司徒掌邦教，而儒者主于明教化，故知其源流如此。又云"道家出于史官"者，老子固尝为柱下史，伊尹、太公、管子，则皆非史也。惟管子下令如流水之原。令顺民心，论卑而易行，此诚合于道家南面之术耳。又云"墨家出于清庙之守"者，墨家祖尹佚，《洛诰》言："蒸祭文王、武王，逸祝册。"逸，固清庙之守也。又《吕览》云："鲁惠公使宰让请郊庙之礼于天子，桓王使史角往，惠公止之。其后在于鲁，墨子学焉。"是尤为墨学出于清庙之确证。又云"名家出于礼官"，此特就名位礼数推论而知之。又云"法家出于理官"者，理官莫尚于皋陶。皋陶曰："余未有知，思曰赞赞襄哉。"此颇近道家言矣，"赞"者，老子所称"辅万物之自然而不敢为也”。“襄”者，因也，即老子所称“圣人无常心，以百姓心为心”也。庄子称“慎到无用贤圣、块不失道”，此即理官引律断案之法矣。然《艺文志》法家首列李悝，以悝作《法经》，为后来法律之根本。自昔夏刑三千，周刑二千五百，皆当有其书。子产亦铸刑书，今悉不可见。独《法经》六篇，萧何广之为九章，遂为历代刑法所祖述。后世律书，有名例，本于曹魏之刑名法例，其原即《法经》九章之具律也。持法最重名例，故法家必与名家相依。又云：“阴阳家出于羲和之官。”今案《管子》称述阴阳之言颇多，《左传》载苌弘之语，亦阴阳家言也。又云：“农家出于农稷之官。”此自不足深论。又云“纵横家出于行人之官”者，此非必行人著书传之后代，特外交成案，有可稽考者尔。《张仪传》称仪与苏秦俱事鬼谷先生学术。《风俗通》云：“鬼谷先生，六国时纵横家。”更不知鬼谷之学何从受之。又云“杂家出于议官”者，汉官有议郎，即所谓“议官”也，于古无征。又云“小说家出于稗官”者，如淳曰：“王者欲知闾巷风俗，故立稗官，使称说之。”是稗官为小官近民者。

诸子之起，孰先孰后，史公、刘、班都未论及，《淮南》所叙，先后倒置，亦不足以考时代。今但以战国诸家为次，则儒家宗师仲尼，道家传于老子，此为最先。墨子或曰并孔子时，或曰在其后。案墨子亟说鲁阳文子，当楚惠王时，惠王之卒，在鲁悼公时，盖墨子去孔子亦四五十年矣。观墨子之论辩，大抵质朴迟钝，独经说为异。意者，经说别墨所传，又出墨子之后。法家李悝，当魏文侯时。名家尹文，当齐宣王时。阴阳家邹衍，当齐湣王、燕昭王时。皆稍稍晚出。纵横家苏秦，当周显王时，小说家淳于髡，当梁惠王时。此皆与孟子并世者。杂家当以《吕览》为大宗，《吕览》集诸书而成，备论天地万物古今之事。盖前此无吕氏之权势者，亦无由办此。

然更上征之春秋之世，则儒家有晏子，道家有管子，墨家则鲁之臧氏近之。观于哀伯之谏，首称“清庙”，已似墨道。及文仲纵逆祀、祀爰居，则明鬼之效也。妾织蒲，则节用之法也。武仲见称圣人，盖以钜子自任矣。至如师服之论名，即名家之发端。子产之铸刑书，得法家之大本，其存郑于晋楚之间，则亦尽纵横之能事。若烛之武之退秦师，是纯为纵横家。梓慎、裨灶，皆知天道，是纯为阴阳家。蔡墨之述畜龙，盖近于小说矣。惟农家、杂家，不见于春秋。

以上论九流大旨。今复分别论之，先论儒家。

第一节 儒 家

《汉书·艺文志》谓儒家出于司徒之官，大旨是也。《周礼·大司徒》:“以乡三物教万民六德、六行、六艺。”“六德”者，智、仁、圣、义、中、和，此为普遍之德，无对象。“六行”者，孝、友、睦、姻、任、恤，此为各别之行，有对象。“六艺”者，礼、乐、射、御、书、数。礼乐不可斯须去身，射御为体育之事，书数则寻常日用之要，于是智育、德育、体育俱备。又师氏以“三德”教国子，曰:“至德以为道本，敏德以为行本，孝德以知逆恶。”盖以六德、六行概括言之也。又《大司徒》:“以五礼防万民之伪而教之中，以六乐防万民之情而教之和。”《大司乐》:“以乐德教国子，中和祇庸孝友。”《大宗伯》亦称“中礼和乐”。可知古人教士，以礼乐为重。后人推而广之，或云“中和”，或云“中庸”。孔子曰:“中庸之为德，其至矣乎!民鲜能久矣!”“中庸”联称，不始于子思，至子思乃谓“喜怒哀乐之未发谓之中，发而皆中节谓之和”，其始殆由“中和祇庸孝友”一语出也。

儒者之书，《大学》是“至德以为道本”，《儒行》是“敏德以为行本”，《孝经》是“孝德以知逆恶”。此三书实儒家之总持。刘、班言儒家出于司徒之官，固然，然亦有出于大司乐者，“中庸”二字是也。以儒家主教化，故谓其源出于教官。

《荀子·儒效》称周公为大儒，然则儒以周公为首。《周礼》云:“师以贤得民，儒以道得氏。”师之与儒，殆如后世所称经师人师。“师以贤得民”者，郑注谓以道行教民。“儒以道得民”者，郑注谓以六艺教民。此盖互言之也。

儒之含义綦广。《说文》:“儒，柔也。术士之称。”“术士”之义亦广矣，草昧初开，人性强暴，施以教育，渐渐摧刚为柔。“柔”者，受教育而驯扰之谓，非谓儒以柔为美也。受教育而驯扰，不惟儒家为然，道家、墨家未尝不然，等而下之，凡宗教家莫不皆然，非可以专称儒也。又《庄子·说剑》：“先生必儒服而见王，事必大逆。”庄子道家，亦服儒服。司马相如《大人赋》：“列仙之儒，居山泽间，形容甚臞。”仙亦可称为儒。而《宏明集》复有“九流皆儒”之说，则宗教家亦可称儒矣。今所论者，出于司徒之儒家，非广义之术士也。

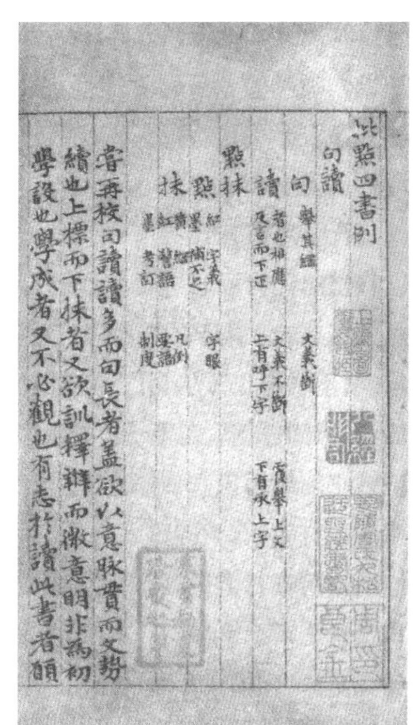

批點四書例

句讀

句 舉其綱 文義斷

讀

點抹

點

抹

嘗再校句讀讀多而句長者蓋欲以意脉貫而文勢續也上標而下抹者又欲訓釋辯而徽意明非為初學設也學成者又不必觀也有志於讀此書者頗

《四书章句集注》（三十卷 〔明〕魏校批校）

周公、孔子之间有儒家乎？曰：有，晏子是也。柳子厚称晏子为墨家，余谓晏子一狐裘三十年，尚俭与墨子同，此外皆不同墨道。春秋之末，尚俭之心，人人共有。孔子云：“礼，与其奢也，宁俭。”老子有三宝，二曰俭。盖春秋时繁文缛礼，流于奢华，故老、墨、儒三家，皆以俭为美，不得谓尚俭即为墨家也。且晏子祀其先人，豚肩不掩豆。墨家明鬼，而晏子轻视祭祀如此，使墨子见之，必颦蹙而去。墨子节葬，改三年服为三月服，而晏子丧亲尽礼，亦与墨子相反。可见晏子非墨家也。又儒家“慎独”之言，晏子先发之。所谓“独立不惭于影，独寝不惭于魂”是也。当时晏子与管子并称，晏子功不如管，而人顾并称之，非晏以重儒学而何？故孔子以前，周公之后，惟晏子为儒家。蘧伯玉虽似儒家，而不见有书，无可称也。

孔子之道，所包者广，非晏子之比矣。夫儒者之业，本不过大司徒之言，专以修己治人为务。《大学》《儒行》《孝经》三书，可见其大概。然《论语》之言，与此三书有异。孔子平居教人，多修己治人之言，及自道所得，则不限于此。修己治人，不求超出人格，孔子自得之言，盖有超出人格之外者矣。“子绝四：毋意、毋必、毋固、毋我。”“毋意”者，意非意识之意，乃佛法之“意根”也。有生之本，佛说谓之阿赖耶识。阿赖耶无分彼我，意根执之以为我，而其作用在恒审思量。有意根即有我，有我即堕入生死。颠狂之人，事事不记，惟不忘我。常人作止语默，绝不自问谁行谁说，此即意根之力。欲除我见，必先断意根。“毋必”者，必即恒审思量之审。“毋固”者，固即意根之念念执着。无恒审思量，无念念执着。斯无我见矣。然则绝四，即是超出三界之说。六朝僧人好以佛、老、孔比量，谓老、孔远不如佛，玄奘亦云。皆非知言之论也。

儒者之业，在修己治人，以此教人，而不以此为至。孔门弟子，独颜子闻克己之说。“克己”者，破我执之谓。孔子以四科设教，德行：颜渊、闵子骞、冉伯牛、仲弓。然孔子语仲弓，仅言“出门如见大宾，使民如承大祭”而已，可知超出人格之语，不轻告人也。颜子之事不甚著，独《庄子》所称“心斋坐忘”，能传其意。然《论语》记颜子之语曰：“仰之弥高，钻之弥深。瞻之在前，忽焉在后。”盖颜子始犹以为如有物焉，卓然而立。经孔子之教，乃谓“如有所立卓尔。虽欲从之，末由也已”。此即本来无物，无修无得之意。然老子亦见到此，故云“上德不德，是以有德。下德不失德，是以无德”。“德”者，得也。有所得非也，有所见亦非也。扬子云则见不到此，故云“颜苦孔子卓”。实则孔、颜自道之语，皆超出人格也。孟子亦能见到，故有“望道而未之见”语。既不见则不必望，而犹曰望者，行文不得不尔也。孔子曰：“吾有知乎哉？无知也。”此亦非谦辞。张横渠谓“洪钟无声，待叩乃有声。圣人无知，待问乃有知”。其实答问者有依他心，无自依心。待问而知之知，非真知也，依他而为知耳。佛法谓“一念不起”，此即等于无知。人来问我，我以彼心照我之心，据彼心而为答，乌得谓之有知哉！横渠“待问有知”之语，犹未谛也。佛法立人我、法我二执，觉自己有主宰，即为人我执；信佛而执着佛，信圣人而执着圣人，即为法我执。推而至于信道而执着道，亦法我执也。“绝四”之说，人我、法我俱尽，“如有所立卓尔，虽欲从之，末由也已”者，亦除法我执矣。此等自得之语，孔、颜之后，无第三人能道。

子思之学，于佛法入天趣一流。超出人格而不能断灭，此之谓天趣。其书发端即曰“天命之谓性”，结尾亦曰“与天地参，上天之载，无声无臭”。佛法未入中土时，人皆以天为绝顶。佛法既入，乃知天尚非其至者。谢灵运言：成佛生天，居然有高下。如佛法衡量，子思乃中国之婆罗门。“婆罗门”者，崇拜梵天王者也。然犹视基督教为进。观基督教述玛利亚生耶稣事，可知基督教之上帝，乃欲界天，与汉儒所称感生帝无别。而子思所称之“无声无臭”，相当于佛法之色界天，适与印度婆罗门相等。子思之后有孟子，孟子之学，高于子思。孟子不言天，以我为最高，故曰“万物皆备于我”。孟子觉一切万物，皆由我出。如一转而入佛法，即三界皆由心造之说，而孟子只是数论，数论立神我为最高。一切万物，皆由神我流出。孟子之语，与之相契。又曰“反身而诚，乐莫大焉”者，反观身心，觉万物确然皆备于我，故为可乐。孟子虽不言天，然仍入天界。盖由色界而入无色界天。较之子思，高出一层耳。夫有神我之见者，以我为最尊，易起我慢。孟子生平夸大，说大人则藐之。又云“我善养吾浩然之气，至大至刚，以直养而无害，塞乎天地之间”。其我慢如此。何者，有神我之见在，不自觉其夸大耳，以故孟子之学，较孔、颜为不逮。要之，子思、孟子均超出人格，而不能超出天界，其所得与婆罗门、数论相等。然二家于修己治人之道，并不抛弃，则异于婆罗门、数论诸家。子思作《中庸》，孟子作七篇，皆论学而及政治者也。子思、孟子既入天趣，若不转身，必不能到孔、颜之地。惟庄子为得颜子之意耳。

荀子语语平实，但务修己治人，不求高远。论至极之道，固非荀子所及。荀子最反对言天者。《天论》云：“圣人不求知天。”又云：“星坠木鸣，日月有蚀，怪星常见，牛马相生，六畜为妖，怪之可也，畏之非也。”揆荀子之意，盖反对当时阴阳家一流，其意以为天与人实不相关。

《非十二子》云：“案往旧造说，谓之五行，子思唱之，孟轲和之。”今案孟子书不见“五行”语，《中庸》亦无之。惟《表记》《坊记》《中庸》《缁衣》皆子思作。有“水尊而不亲，土亲而不尊，天尊而不亲，命亲而不尊，鬼尊而不亲”诸语。子思五行之说，殆即指此。孟子有“外书”，今不可见，或亦有五行语。荀子反对思、孟，即以五行之说为其的。盖荀子专以人事为重，怪诞之语，非驳尽不可也。汉儒孟、荀并尊，余谓如但尊荀子，则《五行传》、纬书一流，不致嚣张。今人但知阴阳家以邹衍为首。察荀子所云，则阴阳家乃儒家之别流也。墨子时，子思已生，邹衍未出。《墨经》有“五行无常胜，说在宜”一语。而邹衍之言，以五胜为主。“五胜”者，五行相胜，水胜火，火胜金，金胜木，木胜土，土胜水也。然水火间承之以釜，火何尝不能胜水。水大则怀山襄陵，土又何尝能胜水！墨子已言五行无常胜，而孟子、邹衍仍有五行之说，后乃流为谶纬。如荀子不斥五行，墨家必起而斥之。要之荀子反对思、孟，非反对思、孟根本之学，特专务人事，不及天命，即不主超出人格也。

荀子复言隆《礼》《乐》，杀《诗》《书》。此其故由于孟子长于《诗》《书》，而不长于《礼》。《墨子》时引《诗》《书》，而反对《礼》《乐》。荀子偏矫，纯与墨家相反，此其所以隆《礼》《乐》、杀《诗》《书》也。其所以反对子思、孟子者，子思、孟子皆有超出人格处，荀子所不道也。

若以政治规模立论，荀子较孟子为高。荀子明施政之术，孟子仅言“五亩之宅，树之以桑，使民养生送死无憾”而已。由孟子此说，乃与龚遂之法相似，为郡太守固有余，治国家则不足。以其不知大体，仅有农家之术尔。又《孟子》云：“尧舜性之也、汤武反之也、五霸假之也。”又谓：“仲尼之门，无道桓文之事者。”于五霸甚为轻蔑。荀子则不然，谓“义立而王、信立而霸、权谋立而亡”，于五霸能知其长处。又《议兵》云：“齐之技击，不可以遇魏氏之武卒；魏氏之武卒，不可以遇秦之锐士；秦之锐士，不可以当桓文之节制；桓文之节制，不可以敌汤武之仁义。”看来层次分明，不如《孟子》一笔抹杀。余谓《议兵》一篇，非孟子所能及。

至于性善、性恶之辩，以二人为学入门不同，故立论各异。荀子隆《礼》《乐》而杀《诗》《书》。孟子则长于《诗》《书》。孟子由《诗》入，荀子由《礼》入。《诗》以道性情，故云人性本善。《礼》以立节制，故云人性本恶。又孟子邹人，邹鲁之间，儒者所居，人习礼让，所见无非善人，故云“性善”。荀子赵人，燕赵之俗，杯酒失意，白刃相雠，人习凶暴，所见无非恶人，故云“性恶”。且孟母知胎教，教子三迁，孟子习于善，遂推之人性以为皆善。荀子幼时教育殆不如孟子，自见性恶，故推之人性以为尽恶。

孟子论性有四端：恻隐为仁之端，羞恶为义之端，辞让为礼之端，是非为智之端。然四端中独“辞让之心”为孩提之童所不具，野蛮人亦无之。荀子隆礼，有见于辞让之心，性所不具，故云性恶。以此攻击孟子，孟子当无以自解。然荀子谓礼义辞让，圣人所为。圣人亦人耳，圣人之性亦本恶，试问何以能化性起伪，此荀子不能自圆其说者也。反观孟子既云性善，亦何必重视教育，即政治亦何所用之。是故二家之说俱偏，惟孔子“性相近、习相远”之语，为中道也。

扬子云迂腐，不如孟、荀甚远，然论性谓“善恶混”，则有独到处。于此亦须采佛法解之。若纯依儒家，不能判也。佛法阿赖耶识本无善恶，意根执着阿赖耶为我，乃生根本四烦恼，我见、我痴、我爱、我慢是也。我见与我痴相长，我爱与我慢相制。由我爱而生恻隐之心，由我慢而生好胜之心。孟子有见于我爱，故云性善，荀子有见于我慢，故云性恶，扬子有见于我爱我慢交至为用，故云善恶混也。

孟、荀、扬三家，由情见性，此乃佛法之四烦恼。佛家之所谓性，混沌无形，则告子所见无善无不善者是矣。扬子生孟、荀之后，其前尚有董仲舒。仲舒谓人性犹谷，谷中有米，米外亦有糠。是善恶混之说，仲舒已见到，子云始明言之耳。子云之学，不如孟、荀，惟此一点，可称后来居上。

然则论自得之处，孟子最优，子思次之，而皆在天趣。荀子专主人事，不务超出人格，则但有人趣。若论政治，则荀子高于思、孟。子云投阁，其自得者可知。韩昌黎谓孟子醇乎醇，荀与扬子大醇而小疵。其实扬不如荀远甚。孟疏于礼，我慢最重，亦未见其醇乎醇也。司马温公注《太玄》《法言》，欲跻扬子于孟、荀之上。夫孟、荀著书，不事摹拟，扬则摹拟泰甚，绝无卓然自立之处，若无善恶混一言，乌可与孟、荀同年而语哉！温公所云，未免阿其所好。至于孔、颜一路，非惟汉儒不能及，即子思、孟子亦未能步趋，盖逖乎远矣。以上略论汉以前之儒者。

论汉以后之儒家，不应从宋儒讲起，六朝隋唐亦有儒家也。概而言之，须分两派：一则专务修己治人，不求高远，一则顾亭林所讥“明心见性”之儒是矣。修己治人之儒，不求超出人格，明心见性，则超出人格矣。

汉以后专论修己治人者，隋唐间有文中子王通，宋有范文正、胡安定、徐仲车，南宋有永嘉派之薛士龙、陈止斋、叶水心，金华派之吕东莱，明有吴康斋、罗一峰，清有顾亭林、陆桴亭、颜习斋、戴东原。此数子者，学问途径虽不同，要皆以修己治人为归，不喜高谈心性。此派盖出自荀子，推而上之，则曾子是其先师。

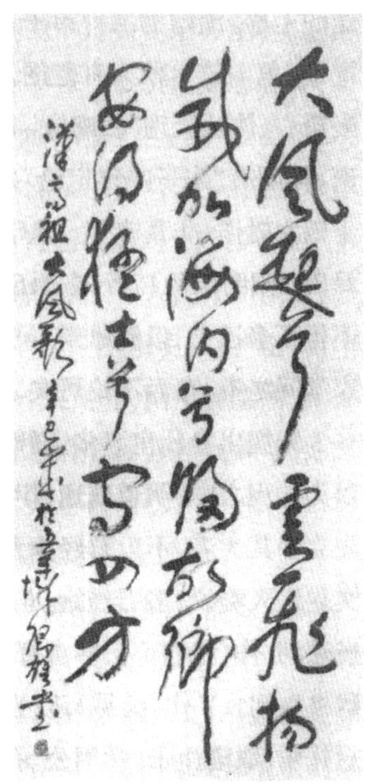

汉高祖《大风歌》

明心见性之儒，首推子思、孟子。唐有李习之，作《复性书》，大旨一依《中庸》。习之曾研习禅宗。一日，问僧某：“黑风吹堕鬼国，此语何谓？”僧呵曰：“李翱小子，问此何为！”习之不觉怒形于色。僧曰：“此即是‘黑风吹堕鬼国’。”今观《复性书》虽依《中庸》立论，其实阴袭释家之旨。宋则周濂溪开其端。濂溪之学本于寿涯。濂溪以为儒者之教，不应羼杂释理。寿涯教以改头换面，又授以一偈云：“有物先天地，无形本寂寥。能为万象主，不逐四时凋。”后濂溪为《太极图说》《通书》，更玄之又玄矣。张横渠《正蒙》之意，近于伊斯兰教。横渠陕西人，唐时景教已入中土，陕西有大秦寺，唐时立，至宋嘉祐时尚在，故横渠之言，或有取于彼。其云“清虚一大之谓天”，似伊斯兰教语。其云“民吾同胞，物吾与也”，则似景教。人谓《正蒙》之旨，与《墨子》“兼爱”相同，墨子本与基督教相近也。然横渠颇重礼教，在乡拟兴井田，虽杂景教、伊斯兰教意味，仍不失修己治人一派之旨。此后有明道、伊川、世所称“二程子”者。伊川天资不如明道。明道平居燕坐，如泥塑木雕，受濂溪之教，专寻孔、颜乐处，一生得力，从无忧虑，实已超出人格，著《定性书》，谓不须防检力索，自能从容中道。以佛法衡之，明道殆入四禅八定矣。杨龟山、李延平传之，数传而为朱晦庵。龟山取佛法处多，天资高于伊川，然犹不逮谢上蔡。上蔡为二程弟子天资最高者。后晦庵一派，不敢采取其说，以其近乎禅也。龟山较上蔡为有范围，延平范围渐小，迨晦庵出，争论乃起。时廷平以“默坐澄心、体认天理”教晦庵。晦庵读书既多，言论自富，故陆象山、王阳明讥为支离。阳明有“朱子晚年定论”之说，据《与何叔京》一书。由今考之，此书乃庵晦三十四岁时作，非真晚年。晚年定论，乃阳明不得已之语。而东原非之，以为堕入释氏。阳明以为高者，东原反以为歧。实则晦庵恪守师训，惟好胜之心不自克，不得不多读书，以资雄辩，虽心知其故，而情不自禁也。至无极、太极之争，非二家学问之本，存而不论可矣。

宋儒出身仕宦者多，微贱起家者少。惟象山非簪缨之家，其学亦无师承。常以为二程之学，明道疏通，伊川多障。晦庵行辈，高出象山，论学则不逮。象山主先立乎其大者，不以解经为重，谓“六经”注我，我不注“六经”。顾经籍烂熟，行文如汉人奏议，多引经籍。虽不如晦庵之尽力注经，亦非弃经籍而不读也。其徒杨慈湖，作《绝四记》，多参释氏之言。然以意为意识，不悟其为意根，则于佛法犹去一间。又作《己易》，以为《易》之消息，不在物而在己，己即是《易》。又谓衣冠礼乐、娶妻生子，学周公、孔子。知其余不学周孔矣。既没，弟子称之曰圆明祖师。宋儒至慈湖，不讳佛如此，然犹重视礼教，无明人猖狂之行。盖儒之有礼教，亦犹释之有戒律。禅家呵佛骂祖，猖狂之极，终不失僧人戒律。象山重视礼教，弟子饭次交足，讽以有过。慈湖虽语言开展，亦守礼惟谨，故其流派所衍，不至如李卓吾辈之披猖也。

明儒多无师承，吴康斋与薛敬轩同时，敬轩达官，言语谨守矩矱，然犹不足谓为修己治人一流。英宗复辟，于谦凌迟处死，敬轩被召入议，但谓三阳发生，不可用重刑。诏减一等。凌迟与斩，相去几何？敬轩于此固当力争，不可则去，乌得依违其间如此哉！康斋父溥，与解缙、王艮、胡广比舍居，燕兵薄京城，城陷前一夕皆集溥舍，缙陈说大义，广亦奋激慷慨，艮独流涕不言。三人去，康斋尚幼，叹曰："胡叔能死是大佳事。"溥曰："不然，独王叔死耳。"语未毕，隔墙闻广呼："外喧甚，谨视豚。"溥顾曰："一豚尚不能舍，肯舍生乎？"然己亦未尝死节。康斋之躬耕不仕，殆以此故。敬轩之学不甚传，而康斋之传甚广。康斋安贫乐道，无超过人格语。白沙讲学，不作语录，不解经，亦无论道之文。惟偶与人书，或托之于诗，常称曾点浴沂风雩之美，而自道功夫，则谓"静中养出端倪"。亦复时时静坐，然犹不足以拟佛法，盖与四禅八定近耳。弟子湛甘泉，与阳明同时。阳明成进士，与甘泉讲学甚相得，时阳明学未成也。阳明幼时，尝与铁柱宫道士交契。三十服官之后，入九华山，又从道士蔡蓬头问道。乃为龙阳驿丞，忧患困苦之余，忽悟"知行合一"之理。谓宋儒先知后行，于事未当。所谓如恶恶臭、如好好色，即知即行，非知为好色而后好之，知为恶臭而后恶之也。其"致良知"之说，在返自龙场之后。以为昔人之解"致知格物"，非惟朱子无当，司马温公辈亦未当，朱子以穷知事物之理为格物，阳明初信之，格竹三日而病，于是斥朱子为非是。朱子之语，包含一切事物之理。一切事物之理，原非一人之知所能尽，即格竹不病，亦与诚意何关，以此知阳明之斥朱子为不误。然阳明以为"格"当作"正"字解。"格物"者，致良知以正物。物即心中之念，致良知，则一转念间，知其孰善孰恶，去其恶，存其善，斯意无不诚。余谓阳明之语虽踔，顾与《大学》原文相反。《大学》谓物格而后致知，非谓致知而后物格。朱子改窜《大学》，阳明以为应从古本。至解格物致知，乃颠倒原文，又岂足以服朱之心哉。

格物致知之说，王心斋最优。心斋为阳明弟子。读书不多，反能以经解经，义较明白。谓《大学》有"物有本末，事有始终，知所先后，则近道矣"语。"致知"者，知事有终始也，"格物"者，知物有本末也。格物致知，原系空文，不必强为穿凿。是故诚意是始，平天下是终，诚意是本，平天下是末。知此即致知矣。刘蕺山等崇其说，称之曰"淮南格物论"，谓是致知格物之定论。盖阳明读书多，不免拖沓，心斋读书少，故能直截了当，斩除葛藤也。心斋解"在止于至善"，谓"身名俱泰，乃为至善，杀身成仁，便非至善"，其语有似老子。而弟子颜山农、何心隐辈，猖狂无度，自取戮辱之祸，乃与师说相反。清人反对王学，即以此故。颜山农颇似游侠，后生来见，必先享以三拳，能受乃可为弟子。心隐本名梁汝元，从山农时，亦曾受三拳而终不服。知山农狎妓，乃伺门外。山农出，以三拳报之。此诚非名教所能羁络矣。山农笃老而下狱遣戍，心隐卒为张江陵所杀。盖王学末流至颜、何辈，而使人怖畏矣。

阳明破宸濠，弟子邹东廓助之，而欧阳南野、聂双江辈，则无事功可见。双江主兵部，《明史》赞之曰："豹也碌碌，弥不足观。"盖皆明心见性，持位保宠，不以政事为意。湛甘泉为南京吏部尚书亦然。罗念庵辞官后，入山习静，日以晏坐为事，谓理学家辟佛乃门面语，周濂溪何尝辟佛哉！阳明再传弟子万思默、王塘南、胡正甫、邓定宇官位非卑，亦无事功可见。思默语不甚奇，日以晏坐为乐。塘南初曾学佛，亦事晏坐，然所见皆高于阳明。塘南以为一念不动，而念念相续，此即生生之机不可断之意。思默自云静坐之功，若思若无思，则与佛法中"非想非非想"契合，即四空天中之非想非非想天耳。定宇语王龙溪曰："天也不做他，地也不做他，圣人也不做他。"张阳和谓此言骇听。定宇曰："毕竟天地也多动了一下。此是不向如来行处行手段。"正甫谓，天地万物，皆由心造，独契释氏旨趣。前此，理学家谓天地万物与我同体，语涉含混，不知天地万物与我孰为宾主，《孟子》"万物皆备于我"之说亦然，皆不及正甫之明白了当。梨洲驳之，反为支离矣。甘泉与阳明并称。甘泉好谈体认天理，人有不成寐者，问于甘泉。甘泉曰："君恐未能体认天理耳。"阳明讥甘泉务外，甘泉不服，谓心体万物而无遗，何外之有？后两派并传至许敬庵，再传而为刘蕺山。蕺山绍甘泉之绪，而不甚心服。三传而为黄梨洲。梨洲余姚人，蕺山山阴人。梨洲服膺阳明而不甚以蕺山为然，盖犹存乡土之见。蕺山以常惺惺为教。"常惺惺"者，无昏聩时之谓也，语本禅宗，非儒家所有。又蕺山所以不同于阳明者，自阳明之徒王心斋以致知为空文，与心、意二者无关，而心、意之别未明也。心斋之徒王一庵，以为意乃心之主宰，于是意与心始别。蕺山取之，谓诚意者，诚其意根，此为阳明不同者也。然蕺山此语，与《大学》不合。《大学》语语平实，不外修己治人。明儒强以明心见性之语附会，失之远矣。诚其意根者，即堕入数论之神我，意根愈诚，则我见愈深也。余谓《中庸》“诚者物之终始，不诚无物”二语甚确。盖诚即迷信之谓，迷信自己为有，迷信世界万物为有，均迷信也。“诚”之为言，无异佛法所称“无明”。信我至于极端，则执一切为实有。无无明则无物，故曰不诚无物。《中庸》此言，实与释氏之旨符合。惟下文足一句曰“是故君子诚之为贵”，即与释氏大相径庭。盖《中庸》之言，比于婆罗门教，所谓“参天地、赞化育”者，是其极致，乃入摩醯首罗天王一流也。儒、释不同之处在此，儒家虽采佛法，而不肯放弃政治社会者亦在此。若全依释氏，必至超出时间，与中土素重世间法者违反，是故明心见性之儒，谓之为禅，未尝不可。惟此所谓禅，乃一禅八定，佛家与外道共有之禅，不肯打破意根者也。昔欧阳永叔谓“孔子罕言性，性非圣人所重”，此言甚是。儒者若但求修己治人，不务谈天说性，则譬之食肉不食马肝，亦未为不知味也。

儒者修己之道，《儒行》言之甚详，《论语》亦有之，曰“行己有耻”，曰“见利思义，见危授命”。修己之大端，不过尔尔。范文正开宋学之端，不务明心见性而专尚气节，首斥冯道之贪恋。《新五代史》之语，永叔袭文正耳。其后学者渐失其宗旨，以气节为傲慢而不足尚也，故群以极深研几为务。于是风气一变，国势之弱，职此之由。宋之亡，降臣甚多，其明证也。明人之视气节，较宋人为重。亭林虽诮明心见性之儒，然入清不仕，布衣终身，信可为百世师表。夫不贵气节，渐至一国人民都无豪迈之气，奄奄苟活，其亡岂可救哉？清代理学家甚多，然在官者不可以理学论。汤斌、杨名时、陆陇其辈，江郑堂《宋学渊源记》所不收，其意良是。何者？炎黄之胄，服官异族，大节已亏，尚得以理称哉？若在野而走入王派者，则有李二曲、黄梨洲。其反对王派者，今举顾亭林、王船山、陆桴亭、颜习斋、戴东原五家论之。此五家皆与王派无关，而又非拘牵朱派者也。梨洲、二曲虽同祖阳明，而学不甚同。梨洲议论精致，修养不足，二曲教人以悔过为始基，以静坐为入手，李天生之友欲从二曲学，中途折回，天生问故。曰：“人谓二曲王学之徒也。”二曲闻之叹曰：“某岂王学乎哉？”盖二曲虽静坐观心，然其经济之志，未曾放弃。其徒王心敬，即以讲求区田著称。此其所以自异于王学也。梨洲弟子万季野治史学，查初白为诗人，并不传其理学。后来全谢山亦治史学，而于理学独推重慈湖，盖有乡土之见焉。

阳明末流，一味猖狂，故清初儒者皆不愿以王派自居。顾亭林首以“明心见性”为诟病。亭林之学，与宋儒永嘉派不甚同，论其大旨，亦以修己治人为归。亭林研治经史最深，又讲音韵、地理之学，清人推为汉学之祖。其实后之为汉学者仅推广其《音学五书》以讲小学耳，其学之大体，则未有步趋者也。惟汪容甫颇有绍述之意，而目力未及。观容甫《述学》，但考大体，不及琐碎，此即亭林矩矱。然亭林之学，枝叶蔚为大国，而根本不传者，亦因种族之间，言议违禁，故为人所忌耳。种族之见，亭林胜于梨洲。梨洲曾奉鲁王命乞师日本，后遂无闻焉。亭林则始终不渝。今通行之《日知录》，本潘次耕所刻，其中“胡”字、“虏”字，或改作“外国”，或改作“异域”。“我朝”二字，亦被窜易，“素夷狄行乎夷狄”一条，仅存其目。近人发现雍正时抄本，始见其文，约二千余言。大旨谓，孔子云“居处恭、执事敬，与人忠，虽之夷狄不可弃也”，此之谓“素夷狄行乎夷狄”，非谓臣事之也。又言，管仲大节有亏而孔子许之者，以管仲攘夷，过小而功大耳。以君臣之义，较夷夏之防，则君臣之义轻，而夷夏之防重，孔子所以亟称之也。又“胡服”一条，刻本并去其目。忌讳之深如此，所以其学不传。亭林于夷夏之防，不仅腾为口说，且欲实行其志，一生奔驰南北，不遑宁居，到处开垦，隐结贤豪。凡为此故也，山东、陕西、山西等处，皆有其屯垦之迹。观其意殆欲于此作发展计。汉末田子泰躬耕徐无山，百姓归之者五千余家。子泰为定法律、制礼仪、兴学校，众皆便之。乌丸、鲜卑，并遣译致贡。常忿乌丸贼杀冠盖，有欲讨之意，而曹操北征，子泰为向导，遂大斩获，追奔逐本。使当时无曹操，则子泰必亲自攘夷矣。亭林之意，殆亦犹是。船山反对王学，宗旨与横渠相近，曾为《正蒙》作注。盖当时王学猖狂，若以程朱之学矫之，反滋纠纷，惟横渠之重礼教乃足以惩之。船山之书，自说经外，只有钞本，得之者什袭珍藏，故《黄书》流传甚广，而免于禁网也。船山论夷夏之防，较亭林更为透澈，以为六朝国势不如北魏远甚，中间又屡革命，而能支持三百年之久者，以南朝有其自立精神故也。南宋不及百六十年，未经革命，而亡于异族，即由无自立精神故也。此说最中肯綮，然有鉴于南宋之亡，而谓封建藩镇，可以抵抗外侮，此则稍为迂阔。特与六朝人主封建者异趣。六朝人偏重王室，其意不过封建亲戚以为藩屏而已。船山之主封建，乃从诸夏夷狄着想，不论同姓异姓，但以抵抗外侮为主，此其目光远大处也。要之，船山之学，以政治为主，其理学亦不过修己治人之术，谓之骈枝可也。

陆桴亭《思辨录》，亦无过修己治人之语，而气魄较小。其论农田水利，亦尚有用，顾足迹未出江苏一省，故其说但就江苏立论，恐不足以致远。

北方之学者，颜、李、王、刘并称，而李行辈略后。习斋之意，以为程、朱、陆、王都无甚用处，于是首举《周礼》“乡三物”以为教，谓《大学》“格物”之物，即“乡三物”之物，其学颇见切实。盖亭林、船山但论社会政治，却未及个人体育。不讲体育，不能自理其身，虽有经世之学，亦无可施。习斋有见于此，于礼乐射御书数中，特重射御，身能盘马弯弓，抽矢命中，虽无反抗清室之语，而微意则可见也。崑绳、刚主，亦是习斋一流，惟主张井田，未免迂腐。继庄精舆地之学。《读史方舆纪要》之作，继庄周游四方，观察形势，顾景范考索典籍，援古证今，二人联作，乃能成此巨著。此后徐乾学修《一统志》，开馆洞庭山，招继庄纂修。继庄首言郡县宜记经纬度，故《一统志》每府必记北极测地若干度。此事今虽习见，在当时实为创获。

大概亭林、船山，才兼文武。桴亭近文，习斋近武，桴亭可使为地方官，如省长之属，习斋可使为卫戍司令。二人之才不同，各有偏至，要皆专务修己治人，无明心见性之谈也。

东原不甘以上列诸儒为限，作《原善》《孟子字义疏证》。其大旨有二：一者，以为程、朱、陆、王均近禅，与儒异趣。一者，以为宋儒以理杀人，甚于以法杀人。盖雍、乾间，文字之狱，牵累无辜，于法无可杀之道，则假借理学以杀之。东原有感于此，而不敢正言，故发愤为此说耳。至其目程、朱、陆、王均近禅，未免太过。象山谓“‘六经’注我，我不注‘六经’”，乃扫除文字障之谓，不可谓之近禅。至其驳斥“以意见为理”，及以理为“如有物焉得于天而具于心”之说，只可以攻宋儒，不足以攻明儒。阳明谓理不在心外，则非如有物焉，凑拍附著于气之谓也。罗整庵作《困知记》，与阳明力争“理气”之说，谓宋人以为理之外有气，理善，气有善有不善。夫天地生物，惟气而已，人心亦气耳。所谓理者，气之流行而有秩序者也，非气之外更有理也。理与气不能对立。东原之说，盖有取于整庵。然“天理”“人欲”，语见《乐记》。《乐记》本谓穷人欲则天理灭，不言人欲背于天理也，而宋儒则谓理与欲不能并立。于是东原谓天理即人欲之有节文者，无欲则亦无理，此言良是，亦与整庵相近。惟谓理在事物而不在心，则矫枉太过，易生流弊。夫能分析事物之理者，非心而何？安得谓理在事物哉！依东原之说，则人心当受物之支配，丧其所以为我，此大谬矣。至《孟子》“性善”之说，宋儒实未全用其旨。程伊川、张横渠皆谓，人有义理之性，有气质之性。义理之性善，气质之性不善。东原不取此论，谓《孟子》亦以气质之性为善，以人与禽兽相较而知人之性善，禽兽之性不善。余谓此实东原之误。古人论性，未必以人与禽兽比较。详玩《孟子》之文，但以五官与心对待立论。《孟子》云：“从其大体为大人，从其小体为小人。耳目之官不思而蔽于物，物交物，则引人而已矣。心之官则思，思则得之，不思则不得也。”其意殆谓耳目之官不纯善，心则纯善。心纵耳目之欲，是养其小体也。耳目之欲受制于心，是养其大体也。今依生理学言之，有中枢神经，有五官神经。五官不能谓之无知，然仅有欲而不知义理，惟中枢神经能制五官之欲，斯所以为善耳。《孟子》又云：“口之于味，目之于色，耳之于声，鼻之于臭，四肢之于安佚，性也，有命焉，君子不谓性也。”是五官之欲固可谓之性，以有心为之主宰，故不以五官之欲为性，而以心为性耳。由此可知，《孟子》亦不谓性为纯善，惟心乃纯善。东原于此不甚明白，故不取伊川、横渠之言，而亦无以解《孟子》之义。由今观之，孟、荀、扬三家论性虽各不同，其实可通。《孟子》不以五官之欲为性，此乃不得已之论。如合五官之欲与心而为言，亦犹扬子所云善恶混矣。《孟子》谓恻隐、羞恶、辞让、是非四端，性所具有。《荀子》则谓“人生而有好利焉，顺是则争夺生而辞让亡矣”。是荀子以辞让之心非性所本有，故人性虽具恻隐、羞恶、是非三端，不失其为恶。然即此可知《荀子》但云性不具辞让之心，而不能谓性不具恻隐、羞恶、是非之心，是其论亦同于善恶混也。且《荀子》云："途之人皆可以为禹。"《孟子》云："人皆可以为尧舜。"是性恶、性善之说，殊途同归也。《荀子》云："人皆有可以知仁义法正之质，皆有可以能仁义法正之具。"《孟子》云："乃若其情则可以为善矣，乃所谓善也。"此其语趣尤相合。虽然，《孟子》曰："仁义礼知，非由外铄我也，我固有之也。"荀子则谓礼义法度，圣人所生，必待圣人之教，而后能化性起伪。此即外铄之义，所不同者在此。

韩退之《原性》有上中下三品说。前此，王仲任《论衡》记周人世硕之言，谓人性有善有恶。举人之善性，养而致之则善长，举人之恶性，养而致之则恶长，故作《养书》一篇。又言宓子贱、漆雕开、公孙尼子之徒，亦论情性，与世子相出入。又孔子已有"生而知之者上，学而知之者次，困而学之又其次，困而不学民斯为下"语。如以性三品说衡荀子之说，则谓人性皆恶可也。不然，荀子既称人性皆恶，则所称圣人者，必如宗教家所称之圣人，然后能化性起伪尔。是故荀子虽云性恶，当兼有"三品"之义也。

告子谓"性无善无不善"，语本不谬。阳明亦以为然。又谓"生之谓性"，亦合古训。此所谓性，即阿赖耶识。佛法释阿赖耶为无记性，而阿赖耶之义即生理也。古人常借"生"为"性"字，《孝经》"毁不灭性"，《左传》"民力凋尽，莫保其性"皆是。《庄子》云："性者，生之质也。"则明言"生"即"性"矣。故生之谓性一语，实无可驳。而孟子强词相夺，驳之曰："犬之性犹牛之性，牛之性犹人之性欤？"若循其本，性即生理。则犬之生与

儒家五大圣人像

牛之生，牛之生与人之生，有何异哉？至杞柳桮棬之辨，孟子之意谓戕贼杞柳以为桮棬可，戕贼人以为仁义不可。此因告子不善措辞，致受此难。如易其语云，性犹金铁也，义犹刀剑也，以人性为仁义，犹以金铁为刀剑，则孟子不能谓之戕贼矣。

东原以孟子举犬性、牛性、人性驳告子，故谓孟子“性善”之说，据人与禽兽比较而为言。余谓此非孟子本旨，但一时口给耳。后人视告子如外道，或曰异端，或曰异学。其实儒家论性，各有不同。赵邠卿注《孟子》，言告子兼治儒、墨之学。邠卿见《墨子》书亦载告子，故为是言。不知《墨子》书中之告子，本与墨子异趣，不得云兼治儒、墨之学也。宋儒以告子为异端，东原亦目之为异端，此其疏也。

《孟子字义疏证》一书，惟说“理气”语不谬，论理与欲亦当。至阐发“性善”之言，均属难信。其后承东原之学者，皆善小学、说经、地理诸学，惟焦里堂作《孟子正义》，不得不采《字义疏证》之说。要之东原之说，在清儒中自可卓然成家，若谓可以推倒宋儒，则未敢信也。

道咸间方植之作《汉学商兑》，纠弹东原最力。近胡适尊信东原之说，假之以申唯物主义。然“理在事物而不在心”一语，实东原之大谬也。

第二节　道　家

数道家当以老子为首。《汉书·艺文志》“道家”首举伊尹、太公。然其书真伪不可知，或出后人依托。《管子》之书，可以征信，惟其词意繁富，杂糅儒家、道家，难寻其指归。太史公言其善因祸而为福，转败而为功，盖《管子》之大用在此。黄、老并称，始于周末，盛行于汉初。如史称环渊学黄老道德之术，陈丞相少时，好黄帝、老子之术，胶西有盖公善治黄老言，窦太后好黄帝、老子言，王生处士善为黄老言。然黄帝论道之书，今不可见。《儒林传》：“黄生与辕固争论汤武革命，曰，冠虽敝必加于首，履虽新必贯于足。”其语见《太公六韬》。然今所传《六韬》不可信，故数道家当以老子为首。

《庄子·天下》篇，自言与老聃、关尹不同道。老子多政治语，庄子无之。庄子多超人语，老子则罕言。虽大旨相同，而各有偏重，所以异也。《老子》书八十一章，或论政治，或出政治之外，前后似无系统。今先论其关于政治之语。

老子论政，不出“因”字。所谓“圣人无常心，以百姓心为心”是也。严几道附会其说，以为老子倡民主政治。以余观之，老子亦有极端专制语，其云“鱼不可脱于渊，国之利器不可以示人”，非极端专制而何？凡尚论古人，必审其时世。老子生春秋之世，其时政权操于贵族，不但民主政治未易言，即专制政治亦未易言。故其书有民主语，亦有专制语。即孔子亦然。在贵族用事之时，惟恐国君之不能专制耳。国君苟能专制，其必有愈于世卿专政之局，故曰：“鱼不可脱于渊，国之利器不可以示人。”然此二语，法家所以为根本。

太史公以老子、韩非同传，于学术源流最为明了。韩非解老、喻老而成法家，然则法家者，道家之别子耳。余谓老子譬之大医，医方众品并列，指事施用，都可疗病。五千言所包亦广矣，得其一术，即可以君人南面矣。

汉文帝真得老子之术者，故太史公既称孝文好道家之学，以为繁礼饰貌无益于治，又称孝文帝本好刑名之言。盖文帝貌为玄默躬化，其实最擅权制。观夫平、勃诛诸吕，使使迎文帝。文帝入，即夕拜宋昌为卫将军，领南北军，以张武为郎中令、行殿中。其收揽兵权，如此其急也。其后贾谊陈《治安策》，主以众建诸侯而少其力。文帝依其议，分封诸王子为列侯。吴太子入见，侍皇太子饮博，皇太子引博局提杀之。吴王怨望不朝，而文帝赐之几杖，盖自度能制之也。且崩时，诫景帝：“即有缓急，周亚夫真可任将兵。”盖知崩后，吴楚之必反也，盖文帝以老、庄、申、韩之术合而为一，故能及此。然谓周云成康，汉言文景，则又未然。成康之世，诸侯宗周。文帝之世，诸侯王已有谋反者。非用权谋，乌足以制之。知人论世，不可同年而语矣。

后人往往以宋仁宗拟文帝。由今观之，仁宗不如文帝远甚。虽仁厚相似，而政术则非所及也。仁宗时无吴王叛逆之事，又文帝之于匈奴，与仁宗之于辽、西夏不同。仁宗一让之后，即议和纳币，无法应付。文帝则否，目前虽似让步，却能养精蓄锐，以备大举征讨，故后世有武帝之武功。周末什一而税，以致颂声。然汉初但十五而取一，文帝出，常免天下田租，或取其半，则三十而税一矣。又以缇萦上书，而废肉刑。此二事可谓仁厚。然文帝有得于老子之术。老子之术，平时和易，遇大事则一发而不可当，自来学老子而至者，惟文帝一人耳。

《老子》书中有权谋语，“将欲歙之，必固张之；将欲弱之，必固强之；将欲废之，必固兴之；将欲夺之，必固与之”是也。凡用权谋，必不明白告人。而老子笔之于书者，以此种权谋，人所易知故尔。亦有中人权谋而不悟者，故书之以为戒也。

历来承平之世，儒家之术，足以守成。戡乱之时，即须道家，以儒家权谋不足也。凡戡乱之傅佐，如越之范蠡，汉初之张良、陈平，唐肃宗时之李泌，皆有得于老子之道。盖拨乱反正非用权谋不可，老子之真实本领在此。然即“无为而无不为”一语观之，恐老子于承平政事亦优为之，不至如陈平之但说大话。承平而用老子之术者，文帝之前曹参曾用盖公，日夜饮酒而不治事。以为法令既明，君上垂拱而臣下守职，此所谓无为而无不为也。至于晋人清淡，不切实用，盖但知“无为”，而不知“无不为”矣。

至于老子之道最高之处，第一看出“常”字，第二看出“无”字，第三发明“无我”之义，第四倡立“无所得”三字，为道德之极则。《老子》首章云：“道可道，非常道，名可名，非常名。”常道、常名，王注不甚明白，韩非《解老》则言之了然，谓“物之一存一亡，乍死乍生，初盛而后衰者，不可谓常。惟与天地之剖判也俱生，至天地之消散也不死不衰者谓常”。盖常道者，不变者也。《庄子·天下》篇称“老聃建之以常无有，主之以太一”。“常无有”者，“常无常有”之简语也。老子曰：“常无欲以观其妙，常有欲以观其徼。”又云：“无名天地之始，有名万物之母。”无名，故为常。有名，故非常。“徼”者边际界限之意。夫名必有实，实非名不彰。撤去界限，则名不能立，故云“常有欲以观其徼也”。圣人内契天则，故常无以观其妙。外施于事，故常有以观其徼。“建之以常无有”者，此之谓也。

《老子》云：“天下万物生于有，有生于无。”后之言佛法者，往往以此斥老子为外道，谓无何能生有。然非外道也。《说文》：“无，奇字无也，通于元者。虚无，道也。”《尔雅》：“元，始也。”夫万物实无所始。《易》曰：“大哉乾元，首出庶物。”是有始也。又曰：“见群龙无首，天德不可为首。”则无始也。所谓“有始”者，毕竟无始也。《庄子》论此更为明白，云：“有始也者，有未始有始也者，有未始有夫未始有始也者。”《说文系传》云：“无通于元者，即未始有始之谓也。”又佛法有“缘起”之说，唯识宗以阿赖耶识为缘起，《起信论》以如来藏为缘起。二者均有始。而《华严》则称“无尽缘起”，是无始也。其实缘起本求之不尽，无可奈何，乃立此名耳。本无始，无可奈何称之曰“始”，未必纯是，无可奈何又称之曰“无始”，故曰“无通于元”。儒家无极、太极之说，意亦类是。故《老子》曰：“天下万物生于有，有生于无。”语本了然，非外道也。

“无我”之言，《老子》书中所无，而《庄子》详言之。太史公《孔子世家》：“老子送孔子曰：‘为人臣者毋以有己，为人子者毋以有己。’”二语看似浅露，实则含义宏深。盖空谈无我，不如指切事状以为言，其意若曰一切无我，固不仅言为人臣、为人子而已。所以举臣与子者，就事说理《华严》所谓“事理无碍”矣，于是孔子退而有“犹龙”之叹。夫惟圣人为能知圣、孔子耳顺心通，故闻一即能知十。其后发为“毋意、毋必、毋固、毋我”之论，颜回得之而克己。此如禅宗之传授心法，不待繁词，但用片言只语，而明者自喻。然非孔子之聪明睿智，老子亦何从语之哉。

《德经》以上德、下德开端，云：“上德不德，是以有德。下德不失德，是以无德。”“德者”，得也。“不德”者，无所得也，无所得乃为德。其旨与佛法归结于“无所得”相同，亦与文王“视民如伤”，“望道而未之见”符合。盖道不可见，可见即非道。“望道而未之见”者，实无有道也。所以望之者，立文不得不如此耳，其实何尝望也。佛家以有所见为所知障，又称“理障”。有一点智识，即有一点“所知障”。纵令理想极高，望去如有物在，即所知障也。今世讲哲学者不知此义，无论剖析若何精微，总是所知障也。老子谓“玄之又玄，众妙之门”，“玄”之一字，于老子自当重视。然老子又曰“涤除玄览”，玄且非扫除不可，况其他哉!亦有极高极深之理，自觉丝毫无谬，而念念不舍，心存目想，即有所得，即所谓所知障，即不失德之“下德”也。孔子云:“吾有知乎哉？无知也。”无知故所知障尽。颜子语孔子曰:“回益矣，忘仁义矣。”孔子曰:“可矣，犹未也。”它日复见曰:“回益矣，忘礼乐矣。”孔子曰:“可矣，犹未也。”它日复见曰:“回益矣，坐忘矣。”孔子乃称“而果其贤乎!丘请从而后。”盖“坐忘”者，一切皆忘之谓，即无所得之“上德”也。此种议论,《老子》书所不详，达者观之立喻，不达者语之而不能明，非如佛书之反复申明，强聒而不舍。盖儒以修己治人为本，道家君人南面之术，亦有用世之心。如专讲此等玄谈，则超出范围，有决江救涸之嫌。政略示其微而不肯详说。否则其流弊即是清淡，非惟祸及国家，抑且有伤风俗，故孔、老不为也。印度地处热带，衣食之忧，非其所急。不重财产，故室庐亦多无用处，自非男女之欲，社会无甚争端。政治一事，可有可无，故得走入清淡一路而无害。中土不然，衣食居处，必赖勤力以得之，于是有生存竞争之事。团体不得不结，社会不得不立，政治不得不讲。目前之急，不在乎有我、无我，乃在衣食之足不足耳。故儒家、道家，但务目前之急，超出世间之理，不欲过于讲论，非智识已到、修养已足者，不轻为之语。此儒、道与释家根本虽同而方法各异之故也。

六朝人多以老、庄附佛法，而玄奘以为孔、老两家，去佛甚远，至不肯译《老子》，恐为印度人所笑。盖玄奘在佛法中为大改革家，崇拜西土，以为语语皆是，而中国人语都非了义。以玄奘之智慧，未必不能解孔子、老子之语，特以前人注解未能了然，虽或浏览，不足启悟也。南齐顾欢谓孔、老与佛法无异，中国人只须依孔、老之法、不必追随佛法。虽所引不甚切当，而大意则是至“老子化胡”，乃悠谬之语。人各有所得，奚必定由传授!

道士与老子无关，司马温公已见及此。道士以登仙为极则，而《庄子》有齐死生之说，又记老聃之死，正与道士不死之说相反也。汉武帝信少翁、栾大、李少君之属，以求神仙，当时尚未牵合神仙、老子为一。《汉书·艺文志》以神仙、医经、经方同入“方技”，可证也。汉末张道陵注《老子》，其孙鲁亦注《老子》，以老子牵入彼教，殆自此始。后世道士，乃张道陵一派也。然少翁辈志在求仙，道陵亦不然，仅事祈祷，或用符箓捉鬼，谓之“劾禁”。盖道士须分两派：一为神仙家，以求长生觊登仙为务；一为劾禁家，则巫之余裔也。北魏寇谦之出，道士之说大行。近代天师打醮、画符、降妖而不求仙，即是劾禁一派。前年，余寓沪上，张真人过访。余问炼丹否？真人曰：“炼丹须清心寡欲。”盖自以不能也。梁陶弘景为《本草》作注，又作《百一方》，而专务神仙。医家本与神仙家相近。后世称陶氏一派曰“茅山派”，张氏一派曰“龙虎山派”。二派既不同，而炼丹又分内丹、外丹二派。《抱朴子》载炼丹之法，唐人信之，服“大还”而致命者不少。后变而为内丹之说，《悟真篇》即其代表。然于古有汉人所作《参同契》，亦著此意。元邱处机亦与内丹相近，白云观道士即此派也，此派又称“龙门派”。是故今之道士，有此三派，而皆与老子无关者也。

神仙家，道家，《隋志》犹不相混，清修《四库》，始混而为一。其实炼丹一派，于古只称神仙家，与道家毫无关系。宋元间人集《道藏》，凡诸子书，自儒家之外，皆被收录。余谓求仙一派，本属神仙家，前已言之。劾禁一派，非但与老子无关，亦与神仙家无关。求之载籍，盖与《墨子》为近。自汉末至唐，相传墨子有《枕中五行记》。《后汉书·刘根传》：“根隐居嵩山，诸好事者就根学道。太守史祈以根为妖妄，收而数之曰：‘汝有何术，而诬惑百姓。’根曰：‘实无他异，颇能令人见鬼耳。’于是左顾而啸，祈之亡父祖及近亲数十人皆反缚在前，向根叩头。祈惊惧，顿首流血。根默然，忽俱去不知所在。”余按，其术与《墨子·明鬼》相近。刘根得之何人不可知，张道陵之术与刘根近似，必有所受之也。盖劾禁一派虽于《老子》无关，要非纯出黄巾米贼。故能使晋世士大夫若王羲之、殷仲堪辈皆崇信之也。

庄子自言与老聃之道术不同，“死与生与，天地并与，神明往与”，此老子所不谈，而庄子闻其风而悦之。盖庄子有近乎佛家轮回之说，而老子无之。《庄子》云：“若人之形者，万化而未始有极也，其为乐可胜计邪？”此谓虽有轮回而不足惧，较之“精气为物，游魂为变”二语，益为明白。《老子》但论“摄生”，而不及“不死不生”，《庄子》则有“不死不生”之说。《大宗师》篇：南伯子葵问乎女偊，女偊称卜梁倚守其道三日，而后能外天下，又守之七日，而后能外物，又守之九日，而后能外生。已外生矣，而后能朝彻。朝彻，而后能见独。见独，而后能无古今。无古今，而后能入于不死不生。天下者，空间也。外天下则无空间观念。物者，实体也，外物即一切物体不足撄其心。先外天下，然后外物者，天下即佛法所谓地水火风之器世间，物即佛法所谓有情世间也。已破空间观念，乃可破有情世间，看得一切物体与已无关，然后能外生。外生者犹未能证到不死不生，必须朝彻而见独。朝彻犹言顿悟，见独则人所不见，已独能见，故先朝彻而后能见独。人为时间所转，乃成生死之念。无古今者，无时间观念，死生之念因之灭绝，故能证知不死不生矣。佛家最重现量，阳明亦称留得此心常现在。《庄子》云无古今而后能入于不死不生者，亦此意也。南伯子葵、女偊、卜梁倚，其人有无不可知。然其言如此，前人所未道，而庄子盛称之，此即与老聃异趣。老子讲求卫生，《庚桑楚》篇，老聃为南荣趎论卫生之经可见。用世涉务必先能卫生。近代曾国藩见部属有病者辄痛诃之，即是此意。《史记·老子列传》称老子寿一百六十余，卫生之效，于此可见。然庄子所以好言"不死不生"，以彭祖、殇子等量齐观者，殆亦有故。《庄子》书中，自老子而外最推重颜子，于孔子尚有微辞，于颜子则从无贬语。颜子之道，去老子不远，而不幸短命，是以庄子不信卫生而有"一死生、齐彭殇"之说也。

内篇以《逍遥》《齐物》开端，浅言之，"逍遥"者，自由之义，"齐物"者，平等之旨。然有所待而逍遥，非真逍遥也。大鹏自北冥徙于南冥，经时六月，方得高飞，又须天空之广大，扶摇、羊角之势，方能鼓翼。如无六月之时间，九万里之空间，斯不能逍遥矣。列子御风，似可以逍遥矣，然非风则不得行，犹有所待，非真逍遥也。禅家载黄龙禅师说法，吕洞宾往听，师问道服者谁，洞宾称云水道人。师曰："云干水涸，汝从何处安身？"此袭《庄子》语也。无待，今所谓"绝对"。惟绝对乃得真自由，故"逍遥"云者，非今通称之"自由"也。如云法律之内有自由，固不为真自由。即无政府，亦未为真自由。在外有种种动物为人害者，在内有饮食男女之欲，喜怒哀乐之情，时时困其身心。亦不得自由。必也一切都空，才得真自由。故后文有外天下、外物之论，此乃自由之极至也。

“齐物论”三字，或谓“齐物之论”，或谓“齐观物论”。二义俱通。《庄子》此篇，殆为战国初期，学派纷歧，是非蜂起而作。彼亦一是非，此亦一是非，庄子则以为一切本无是非。不论人物，均各是其所是，非其所非，惟至人乃无是非。必也思想断灭，然后是非之见泯也。其论与寻常论平等者不同，寻常论平等者仅言人人平等，或一切有情平等而已。是非之间，仍不能平等也。庄子以为至乎其极，必也泯绝是非，方可谓之平等耳。

揆庄子之意，以为凡事不能穷究其理由，故云恶乎然，然于然，恶乎不然，不然于不然。然之理即在于然，不然之理即在于不然。若推寻根源，至无穷，而然、不然之理终不可得，故云“然于然”“不然于不然”，不必穷究是非之来源也。《逍遥》《齐物》之旨，大略如是。

《养生主》为常人说法，然于学者亦有关系。其云“生也有涯，知也无涯，以有涯随无涯殆已”。斯言良是。夫境界无穷，生命有限，以有限求无穷，是夸父逐日也。《养生主》命意浅显，颇似老子卫生之谈。然不以之为七篇之首，而次于第三，可知庄子之意，卫生非所重也。世间惟愚人不求知，稍有智慧，无不竭力求知。然所谓“一物不知，儒者之耻”，天下安有此事。如此求知，所谓殆已。其末云：“指穷于为薪，火传也，不知其尽也。”以薪喻形骸，以火喻神识，薪尽而火传至别物。薪有尽，而火无穷，喻形体有尽，而神识无尽，此佛家轮回之说也。

《人世间》论处世之道，颜子将之卫、叶公问仲尼二段可见，其中尤以心斋一语为精。宋儒亦多以晏坐为务。余谓心斋犹坐也。古者以《诗》《书》《礼》《乐》教士，《诗》《书》属于智识，《礼》《乐》属于行为。古人守礼，故能安定。后人无礼可守，心常扰扰。《曲礼》云：“坐如尸，立如斋。”此与晏坐之功无大异。常人闲居无事，非昏沉，即掉举。欲救此弊，惟有晏坐一法。古人礼乐不可斯须去身，非礼勿动，非礼勿言，自不必别学晏坐。“子之燕居，申申如也，夭夭如也。”申申，挺直之意。夭夭，屈申之意。申申、夭夭并举，非崛强，亦非伛偻，盖在不申、不屈之间矣。古有礼以范围，不必晏坐，自然合度。此须观其会通，非谓佛法未入之时，中土绝无晏坐法也。心斋之说，与

“四勿”语相近。故其境界，亦与晏坐无异。向来注《庄子》者，于“瞻彼阕者，虚室生白，吉祥止止”十二字多不了然，谓“室”比喻心，心能空虚，则纯白独生，然“阕”字终不可解。按《说文》，“事已闭门”为阕，此盖言晏坐闭门，人从门隙望之，不见有人，但见一室白光而已。此种语，佛书所恒道，而中土无之，故非郭子玄所知也。

《德充符》言形骸之不足宝，故以兀者王骀发论，至谓王骀之徒与孔子中分鲁国，则其事有无不可知矣。中有二语，含意最深，自来不得其解，曰：“以其知得其心，以其心得其常心。”余谓此王骀之绝诣也。“知”者，佛法所谓意识。“心”者，佛法所谓阿赖耶。阿赖耶恒转如瀑流，而真如心则无变动。“常心”者，真如心之谓。以止观求阿赖耶，所得犹假，直接以阿赖耶求真如心，所得乃真。此等语与佛法无丝毫之异。世间最高之语，尽于此矣。

《大宗师》篇有不可解处，“如真人之息以踵，众人之息以喉”。喉、踵对文，自当训为实字，疑参神仙家言矣。至乎其极，即为卜梁倚之不死不生，如此方得谓之大宗师。

《应帝王》言变化不测之妙。列子遇季咸而心醉，归告其师壶子。季咸善相人，壶子使之相，示之以地文，示之以天壤，示之以太冲，最后示之以虚而委蛇，季咸无从窥测，自失而走。此如《传灯录》所载忠国师事，有西僧能知人心事。师往问之，僧曰：“汝何以在天津桥上看猢狲耶？”师再问之，僧又云云。最后一无所念而问之，僧无从作答，此即壶子对季咸之法矣。

要之，内篇七首，佛家精义俱在。外篇、杂篇与内篇稍异。盖《庄子》一书有各种言说，外篇、杂篇，颇有佛法所谓天乘一派。《让王》篇主人事，而推重高隐一流。盖庄子生于乱世，用世之心，不如老子之切，故有此论。郭子玄注反薄高隐而重仕宦。此子玄之私臆，未可轻信。子玄仕于东海王越，招权纳贿，素论去之，故其语如此，亦其所也，惟大致不谬耳。外篇、杂篇为数二十六，更有佚篇，郭氏删去不注，以为非庄子本旨。杂篇有孔子见盗跖及渔父事，东坡以为此二篇当删。其实《渔父》篇未为揶揄之言，《盗跖》篇亦有微意在也。七国儒者，皆托孔子之说以糊口，庄子欲骂倒此辈，不得不毁及孔子，此与禅宗呵佛骂祖相似。禅宗虽呵佛骂祖，于本师则无不敬之言。庄子虽揶揄孔子，然不及颜子，其事正同。禅宗所以呵佛骂祖者，各派持论，均有根据，非根据佛，即根据祖，如用寻常驳辨，未必有取胜之道，不得已而呵佛骂祖耳。孔子之徒，颜子最高，一生从未服官，无七国游说之风。自子贡开游说之端，子路、冉有皆以从政终其身。于是七国时仕宦游说之士，多以孔子为依归，却不能依傍颜子，故庄子独称之也。东坡生于宋代，已见佛家呵佛骂祖之风，不知何以不明此理，而谓此二篇当删去也。

太史公谓庄子著书十余万言，剽剥儒、墨。今观《天下》篇开端即反对墨子之道。谓墨子虽独能任，奈天下何？则史公之言信矣。惟所谓儒者乃当时之儒，非周公、孔子也。其讥弹孔子者，凡以便取持论，非出本意，犹禅宗之呵佛骂祖耳。

老子一派，传者甚众，而《庄子》书，西汉人见者寥寥。史公而外，刘向校书，当曾见之。桓谭号为博览，顾独未见《庄子》。班嗣家有赐书，谭乞借《庄子》，而嗣不许。《法言》曾引《庄子》，殆扬子云校书天禄阁时所曾见者。班孟坚始有解《庄子》语，今见《经典释文》。外此则无有称者。至魏晋间，《庄子》始见重于世，其书亦渐流传。自《庄子》流传，而清谈之风乃盛。由清谈而引进佛法，魏晋间讲佛法者，皆先究《庄子》。《宏明集》所录，皆庄、佛并讲者也。汉儒与佛法扞格，无沟通之理。明帝时佛经虽入中土，当时视之，不过一种神教而已。自《庄子》之说流行，不啻为研究佛法作一阶梯，此亦犹利玛窦入中国，传其天算之学，而中国人即能了悟。所以然

屈子行吟图

者，利玛窦未入之前，天元、四元之术，已研究有素，故易于接引也。

清儒谓汉称黄老，不及老庄。黄老可以致治，老庄惟以致乱。然史公以老、庄、申、韩同传，老子有治天下语。汉文兼参申韩，故政治修明。庄子政治语少，似乎遗弃世务。其实，庄在老后，政治之论，老子已足，高深之论，则犹有未逮，故庄子偏重于此也。漆园小吏，不过比今公安局长耳，而庄子任之。官愈小，事愈繁剧，岂庄子纯然不涉世务哉！清谈之士，皆是贵族，但借庄子以自高，故独申其无为之旨。然不但清谈足以乱天下，讲理学太过，亦足以乱天下。亭林谓今之心学，即昔之清谈，比喻至切。此非理学之根本足以乱天下，讲理学而一切不问，斯足以乱天下耳。以故，黄老治天下、老庄乱天下之语，未为通论也。

第三节　墨　家

墨子，据高诱《吕览注》谓为鲁人。《史记·孟荀列传》“或曰并孔子时，或曰在其后”。盖墨子去孔子不远，与公输般同时。据《礼记·檀弓》，季康子之母死，公输般请以机封，事在哀公之末，或悼公之初。墨子见楚惠王时，盖已三四十岁，是时公输般已老，则墨子行辈，略后于般也。《亲士》篇言吴起之裂。考吴起车裂，在周安王二十一年，上去孔子卒已逾百年。墨子虽寿考，当不及见。至《所染》篇言宋康染于唐鞅、田不礼。宋康之灭，在周赧王二十九年，去吴起之裂又九十余年，则决非墨子所及见矣。是知《墨子》书有非墨子自著而后人附益之者。《韩非·显学》篇称：“孔子墨之后，儒分为八，墨离为三。有相里氏之墨、相夫氏之墨、邓陵氏之墨。”《庄子·天下》篇亦云：“相里勤之弟子五侯之徒，南方之墨者，苦获、己齿、邓陵子之属，俱诵《墨经》，而倍谲不同，相谓别墨。”今观墨子《尚贤》《尚同》《兼爱》《非攻》《节用》《节葬》《天志》《明鬼》《非乐》《非命》，皆有上中下三篇，文字虽小异，而大体则同。一人所著，决不如此重沓，此即“墨离为三”之证。三家所传不同，而集录者兼采之耳。《汉书》称《墨子》

七十一篇，今存五十三篇。

墨子之学，以兼爱、尚同为本。兼爱、尚同，则不得不尚贤。至于节用，其旨专在俭约，则所以达兼爱之路也。节葬、非乐，皆由节用来。要之，皆尚俭之法耳。明鬼之道，自古有之，墨子传之，以为神道设教之助，亦有所不得已。依墨子之道，强本节用，亦有用处，而孟子、荀子非之。孟子斥其兼爱，荀子斥其尚俭。夫兼爱之道，乃人君所有事，墨子无其位而有其行，故孟子斥为无父。汪容甫谓孟子厚诬墨子，实非知言。近世治墨学者，喜言《经上》《经下》，不知墨子本旨在兼爱、尚同，而尚贤、节用、节葬、非乐是其办法，明鬼则其作用也。

明鬼自是迷信。春秋战国之间，民智渐启，孔子无迷信之语，老子语更玄妙，何以墨子犹有尊天明鬼之说？近人以此致疑老子不应在墨子之前，谓与思想顺序不合。不知老子著书，关尹所请，关尹自当传习其书。《庄子·达生》篇有列子问关尹事，则老子传之关尹，关尹传之列子矣。今《列子》书虽是伪托，《庄子》记列子事则可信。《让王》篇言郑子阳遗粟于列子，据《史记·六国表》《郑世家》，子阳之死在周安王四年，是时上去孔子之卒八十一年。列子与子阳同时，遗粟之时，盖已年老，问关尹事当在其前，关尹受老子之书又在其前，如此上推，则老、孔同时，列子与墨子同时。然老子著书传关尹，关尹传列子，此外有无弟子不可知。齐稷下先生盛言老子，则在墨子之后五六十年。近人以为思想进步必须有顺序，然必须一国之中交通方便，著书易于流布，方足言此。何者？一书之出，人人共见，思想自不致却退也。若春秋之末，各国严分疆界，交通不便。著书则传诸其人，不若后世之流行，安得以此为论。且墨子足迹，未出鲁、宋、齐、楚四国。宋国以北，墨子所未至。老子著书在函谷关，去宋辽远，列子郑人，与宋亦尚异处，故谓墨子未见老子之书可也。墨子与孔子同为鲁人，见闻所及，故有“非儒”之说。然《论语》一书，恐墨子亦未之见。《论语》云：“曾子有疾，孟敬子问之。”而《礼记》：“悼公之丧，孟敬子食食。”可见《论语》之成，在鲁悼之后，当楚简王之世。是时墨子已老，其说早已流行，故《论语》虽记孔子“天何言哉”之言，而墨子犹言天志也。

又学派不同，师承各别，墨子即见老孔之书，亦未必遽然随之而变。今按儒家著书在后，道、墨著书在前。《伊尹》《太公》之书，《艺文志》所不信，《辛甲》二十九篇则可信也。墨家以《尹佚》二篇开端，尹佚即史佚也。《艺文志》所称某家者流出于某官，多推想之辞。惟道家之出史官，墨家之出清庙之守，确为事实。道家辛甲为周之太史，墨家不但史角为清庙之守，尹佚亦清庙之守。《洛诰》逸祝册可证也。师承之远，历五百余载，学派自不肯轻易改变。故公孟以无鬼之论驳墨子，墨子无论如何不肯信也。春秋之前，道家有辛甲，墨家有尹佚。《左传》引尹佚之语五，《国语》引之者一，而辛甲则鲜见称引。可见尹佚之学流传甚广，而辛甲之学则不甚传。老子本之辛甲，墨子本之尹佚，二家原本不同。以故墨子即亲见老子之书，亦不肯随之而变也。

〔西汉〕彩漆折叠式几

《礼记》孔子语不尽可信，而《论语》及《三朝记》，汉儒皆以为孔子之语，可信。《三朝记·千乘》篇云："下无用则国家富，上有义则国家治，长有礼则民不争，立有神则国家敬。兼而爱之，则民无怨心，以为无命，则民不偷。昔者先王立此六者，而树之德，此国家所以茂也。"今按孔子所言，与墨子相同者五。"无用"即不奢侈之意，墨子所谓"节用"也。"上有义"即墨子所谓"尚同"也。"立有神"即墨子所谓"明鬼"也。"以为无命"，即墨子所谓"非命"也。盖尹佚有此言，而孔子引之。其中不及节葬、非乐者，据《礼记·曾子问》："下殇，土周，葬于园，遂舆机而往。史佚有子而殇，棺敛于宫中。"于此可见史佚不主节葬。周用六代之乐，史佚王官，亦断不能非之。节葬、非乐，乃墨子量时度势之言。尹佚当太平时，本无须乎此。墨子经春秋之乱，目睹厚葬以致发冢，故主节葬。春秋之初，乐有等级，及季氏僭用八佾，三家以雍彻，后又为女乐所乱，有不得不非之势。盖节葬、非乐二者，本非尹佚所有，乃墨子以意增加者也。其余兼爱、尚同、明鬼、节用，自尹佚以来已有之。尚贤老子所非，其名固不始于墨子。墨子明鬼，但能称引典籍而不能明言其理，盖亦远承家法，非己意所发明也。

孔老之于鬼神，措辞含蓄，不绝对主张其有，亦不绝对主张其无。老子曰："以道莅天下，其鬼不神。"韩非解之曰："夫内无痤疽瘅痔之害，而外无刑罚法诛之祸者，其轻恬鬼也甚，故曰以道莅天下，其鬼不神。"盖天下有道，祸福有常，则鬼神不足畏矣。孔子曰："敬鬼神而远之。"然《中庸》曰："鬼神之为德，视之而弗见，听之而弗闻，体物而不可遗，洋洋乎如在其上，如在其左右。"如此旁皇周浃，又焉能远？盖孔、老之言，皆谓鬼神之有无，全视人之信不信耳。至公孟乃昌言无鬼之论，此殆由孔、老皆有用世之志，不肯完全摧破迷信，正所谓"不信者吾亦信之"也。公孟在野之儒，无关政治，故公然论无鬼矣。凡人类思想，固由闭塞而渐进于开明，然有时亦未见其然，竟有先进步而后却退者。如鬼神之说，政治衰则迷信甚，信如老子之言。然魏有王弼、何晏崇尚清谈，西晋则乐广、王衍大扇玄风，于是迷信几于绝矣。至东晋而葛洪著《抱朴子》内、外篇，外篇语近儒家，内篇则专论炼丹。尔时老庄"一生死、齐彭殇"之论已成常识，而《抱朴子》犹信炼丹，以续神仙家之绪。又如阳明学派，盛行于江西，而袁了凡亦江西人，独倡为"功过格"，以承道教之风。夫清谈在前，而后有葛洪，阳明在前，而后有袁黄。皆先进步而后却退也。一人之思想，决不至进而复退。至于学说兴替，师承不同，则进退无常。以故老子之言玄妙，孔子之言洒落，而墨子终不之信也。且墨子明鬼，亦有其不得已者在。墨子之学，主于兼爱、尚同，欲万民生活皆善，故以"节用"为第一法。节用则家给人足，然后可成其兼爱之事实，以节用故反对厚葬，排斥音乐。然人由俭入奢易，由奢反俭难。《庄子》云："以裘褐为衣，以跂跻为服，墨子虽独能任，奈天下何？"墨子亦知其然，故用宗教迷信之言诱之，使人乐从，凡人能迷信，即处苦而甘。苦行头陀，不惮赤脚露顶，正以其心中有佛耳。南宋有邪教，曰“吃菜事魔”，其始盖以民之穷困，故教之吃菜，然恐人之不乐从也，故又教之事魔，事魔则人乐吃菜矣。于是从之者，皆渐饶益，论者或谓家道之丰，乃吃菜之功，非事魔之报，当禁事魔，不禁吃菜，其言似有理，实可笑也。夫不事魔，焉肯吃菜？墨子之明鬼，犹此志矣。人疑墨子能作机械，又《经上》《经下》辨析精微，明鬼之说，与此不类。不知其有深意存焉。

“节用”之说，孔、老皆同。老子以俭为宝，孔子曰“宁俭”。事俭有程度。孔子饭疏饮水，而又“割不正不食”，固以时为转移也。墨子无论有无，壹以自苦为极。其徒未必人人穷困，岂肯尽听其说哉？故以尊天明鬼教之，使之起信。此与吃菜事魔，雅无二致。若然，则公孟之论，宜乎不入耳矣。

《墨经》上、下所载，即“坚白同异”之发端。坚白同异，《艺文志》称为“名家”。名家之前，孔子有“正名”之语，《荀子》有《正名》之篇，皆论大体，不及琐细。其后《尹文子》亦然。独《墨子》有坚白同异之说，惠施、公孙龙辈承之，流为诡辩，与孔子、荀子不同。鲁哀公欲学小辩，孔子云：“弈固十棋之变，由不可既也，而况天下之言乎？”小辩，盖即坚白同异之流。小事诡辩，人以为乐。如云“火不热”“犬可为羊”，语异恒常，耸人听闻，无怪哀公乐之也。

《经》上下又近于后世科学之语，如：“平，同高也”，“圜，一中同长也。”解释皆极精到。然物之形体，有勾股者，有三角者，有六觚者，但讲平、圜二种，一鳞一爪，偏而不全，总不如几何学事事俱备。且其书庞杂，无系统可寻。今人徒以其保存古代思想，故乐于研讨耳。其实不成片段，去《正名》篇远矣。

墨子数称“道禹”，禹似为其教祖。《周髀算经》释“矩”字云：“禹之所以治天下者，此数之所生也。”赵注云：“禹治洪水，望山川之形，定高下之势，乃勾股之所由生。”《考工记》：“有虞氏上陶，夏后氏上匠。”禹明于勾股测量之术，匠人世守其法以营造宫室，通利沟洫。墨子既以禹为祖，故亦尚匠，亦擅勾股测量之术。公输般与之同时，世为巧匠。公输子削竹木以为鹊，成而飞之，三日不下。而墨子亦能做飞鸢。惟墨子由股术进求其理，故有“平，同高也”“圜，一中同长也”“端，体之无序而最前者也”诸语，此皆近于几何。所与远西不同者，远西先有原理，然后以之应用，中国反之，先应用然后求其理耳。

墨子、公输般皆生于鲁，皆能造机械，备攻守。其后楚欲攻宋，二人解带为城，以牒为械，试于惠王之前。般九设攻城之机变，墨子九距之。般之攻械尽，墨子之守圉有余。此虽墨子夸饰之辞，亦足征二人之功力相敌矣。

第四节 法 家

《艺文志》称“法家者流，盖出于理官”，余谓此语仅及其半。法家有两派：一派以法为主，商鞅是也；一派以术为主，申不害、慎到是也。惟韩非兼擅两者，而亦偏重于术。出于理官者，任法一派则然，而非所可语于任术一流。《晋书·刑法志》：“魏文侯师李悝，撰次诸国法，著《法经》六篇，商君受之以相秦。”此语必有所本。今案，商鞅本事魏相公叔痤，为中庶子。秦孝公下令求贤，乃去魏之秦。《秦本纪》载其事在孝公元年，当梁惠王十年，上距魏文侯之卒，仅二十六年，故商鞅得与李悝相接。商鞅不务术，刻意任法，真所谓出于理官者。其余申不害、慎到，本子黄老而主刑名，不纯以法为主。韩非作《解老》《喻老》，亦法与术兼用者也。太史公以老、庄、申、韩同传，而商君别为之传，最为卓识。大概用法而不用术者，能制百姓小吏之奸，而不能制大臣之擅权，商鞅所短即在于是。主术者用意最深，其原出于道家，与出于理官者异。春秋时世卿执政，国君往往屈服。反对世卿者，辛伯谏周桓公云：“并后匹嫡，两政耦国，乱之本也。”辛伯者，辛甲之后，是道家渐变而为法家矣。管子亦由道家而入法家，《法法》篇谓：“人君之势，能杀人、生人，富人、贫人，贵人、贱人。人主操此六者以畜其臣，人臣亦望此六者以事其君。六者在臣期年，臣不忠，君不能夺。在子期年，子不孝，父不能夺。故《春秋》之记，臣有弑其君，子有弑其父者。”其惧大权之旁落如此。《老子》则云：“鱼不可脱于渊，国之利器不可以示人。”语虽简单，实最扼要。盖老子乃道家、法家之枢转矣。

其后慎到论“势”，申不害亦言术。势即权也，重权即不得不重术，术所以保其权者也。至韩非，渐以“法”与“术”并论，然仍重术。《奸劫弑臣》篇所论，仅防大臣之篡夺，而不忧百姓之不从令，其意与商鞅不同。夫大臣者，法在其手，徒法不足以为防，必辅之以术，此其所以重术也。《春秋》讥世卿，意亦相同。春秋之后，大臣篡弑者多。故其时论政者，多主专制。主专制者，非徒法家为然，管子、老子皆然，即儒家亦未尝不然。盖贵族用事，最易篡夺，君不专制，则臣必擅主。是故孔子有“不可以政假人”之论。而孟子对梁惠王之言，先及弑君。惟孟子不主用术，主用仁义以消弭乱原，此其与术家不同处耳。庄子以法术、仁义都不足为治，故云“窃钩者诛，窃国者侯”，“绝圣弃知，大盗乃止”。然其时犹无易专制为民主之说，非必古人未见及此，亦知即变民主，无益于治耳。试观民国以来，选举大总统，无非籍兵力贿赂以得之。古人深知其弊，故或主执术以防奸，或主仁义以弭乱。要使势位尊于上，觊觎绝于下，天下国家何为而不治哉！

后世学管、老、申、慎而至者，惟汉文帝。学商鞅而至者，惟诸葛武侯。文帝阳为谦让，而最能执术以制权臣，其视陈平、周勃，盖如骨在口矣。初即位，即令宋昌、张武收其兵权，然后以微词免勃，而平亦旋死。《史》《汉》皆称文帝明申、韩之学，可知其不甚重法以防百姓。武侯信赏必罚，一意于法，适与文帝相反，虽自比管仲，实则取法商鞅。惟《商君书》列六虱，曰礼乐，曰诗书，曰修善，曰孝弟，曰诚信，曰贞廉，曰仁义，曰非兵，曰羞战。名为“六虱”，实有九事。商鞅以为六虱成群，则民不用，去其六虱，则兵民竞劝。而武侯《出师表》称“郭攸之、费祎、董允等，此皆良实，志虑忠纯”，可见武侯尚诚信贞廉为重，非如商鞅之极端用法，不须亲贤臣远小人也。《商君书》云：“善治者使跖可信，而况伯夷乎？不能治者使伯夷可疑，而况盗跖乎？势不能为奸，虽跖可信也。势得为奸，虽伯夷可疑也。”独不念躬揽大柄、势得犯上，足以致人主之疑乎？夫教人以可疑之道，而欲人之不疑之也，难矣。作法自毙，正坐此论。及关下求舍，见拒而叹，不已晚乎？《韩非·定法》云：“申不害言术，公孙鞅为法。二者不可相无。然申不害徒术而无法。韩者，晋之别国也，晋之故法未息，而韩之新法又生。先君之令未收，而后君之令又下。申不害不擅其法，不一其宪令，则奸多。故利在故法前令则道之，利在新法后令则道之，利在故新相反、前后相悖，则申不害虽十使昭侯用术，而奸臣犹有所谲其辞矣。故托万乘之劲韩，七十年而不至于霸王者，虽用术于上，法不勤饰于官之患也。公孙鞅徒法而无术，其治秦也，设告相坐而责其实，连什伍而同其罪，赏厚而信，刑重而必。是以其民用力劳而不休，逐敌危而不却，故其国富而兵强。然而无术以知奸，则以其富强资人臣而已矣。及孝公、商鞅死，惠王即位，秦法未败也，而张仪以秦殉韩、魏。惠王死，武王即位，甘茂以秦殉周。武王死，昭襄王即位，穰侯越韩、魏而东攻齐，五年而秦不益尺土之地，乃成其陶邑之封。应侯攻韩八年，成其汝南之封。”“故战胜则大臣尊，益地则私封立，主无术以知奸也。商君虽十饰其法，人臣反用其资，故乘强秦之资，数十年而不至于帝王者，法不勤饰于官，主无术于上之患也。”其言甚是。以三国之事证之，魏文帝时兵力尚不足，明帝时兵力足矣，末年破公孙渊，后竟灭蜀，而齐王被废、高贵乡公被弑。魏室之强，适以成司马氏奸劫弑臣之祸，其故亦在无术以制大臣也。是故韩非以术与法二者并重。申不害之术，能控制大臣，而无整齐百姓之法，故相韩不能致富强。商鞅之法，能致富强，而不能防大臣之擅权。然商鞅之法，亦惟可施于秦国耳。何者？春秋时，秦久不列诸侯之会盟，故

秦始皇兵马俑

秦始皇兵马俑坑位于西安市临潼区城东6公里的西杨村南，西距秦始皇帝陵1225米，是秦始皇陵园中最大的一组陪葬坑，坑中所埋藏的浩大俑群是秦王朝强大军队的缩影。

《史记·六国表》云："秦始小国僻远，诸夏宾之，比于戎翟。"商君曰："始秦戎翟之教，父子无别，同室而居。今我更制其教，而为其男女之别，大筑冀阙，营如鲁卫。"可见商鞅未至之时，秦民之无化甚矣。惟其无化，故可不用六虱，而专任以法。如以商君之法施之关东，正恐未必有效。公叔痤将死，语惠王曰："公孙鞅年虽少，有奇才，愿王举国而听之。即不听用，必杀之，无令出境。"假令惠王用公叔之言，使商鞅行法于魏，魏人被文侯教化之后，宜非徒法之所能制矣。是故武侯治蜀，虽主于法，犹有"亲贤臣、远小人"之论。盖知国情时势不同，未可纯用商君之法也。其后学商鞅者，唐有宋璟，明有张居正。宋璟行法，百官各称其职，刑赏无私，然不以整齐百姓。张居正之持法，务课吏职，信赏罚，一号令，然其督责所及，官吏而外，则士人也，犹不普及氓庶。于时阳明学派，盛行天下，士大夫竞讲学议政，居正恶之，尽毁天下书院为公廨。又主沙汰生员，向时童子每年入学者，一县多则二十，少亦十人，沙汰之后，大县不过三四人，小县有仅录一人者，此与商鞅之法相似。然于小民，犹不如商君持法之峻也。盖商君、武侯所治，同是小国，以秦民无化，蜀人柔弱，持法尚不得不异。江陵当天下一统之朝，法令之行，不如秦蜀之易。其治百姓，不敢十分严厉，固其所也。

商鞅不重孝悌诚信贞廉，老子有"不尚贤，使民不争"之语，慎到亦谓"块不失道，无用贤圣"。后人持论与之相近而意不同者，梨洲《明夷待访录》所云"有治法无治人"是也。慎到语本老子。老子目睹世卿执政，主权下逮，推原篡夺之祸，始于尚贤。《吕氏春秋·长见》篇云："太公望封于齐，周公旦封于鲁，二君甚相善也，相谓曰：'何以治国？'太公望曰：'尊贤尚功。'周公旦曰：'亲亲上恩。'太公望曰：'鲁自此削矣。'周公旦曰：'鲁虽削，有齐者亦必非吕氏也。'其后齐日以大，至于霸，二十四世而田成子有齐国。鲁日以削，至于觐存，三十四世而亡。"盖"尊贤上功"，国威外达，主权亦必旁落，不能免篡弑之祸。"亲亲尚恩"，以相忍为国，虽无篡弑之祸，亦不能致富强也。老子不尚贤，意在防篡弑之祸，而慎到之意又不同。汉之曹参、宋之李沆，皆所谓"块不失道"者。曹参日夜饮醇酒，来者欲有言，辄饮以醇酒，莫得开说。李沆接宾客，常寡言，致有“无口匏”之诮。而沆自称，居重位，实无补，惟中外所陈利害，一切报罢之，少以此报国尔。盖曹、李之时，天下初平，只须与民休息，庸人扰之，则百姓不得休息矣。慎到之言，不但与老子相近，抑亦与曹、李相近。庄子学老子之术，而评田骈、慎到为“不知道”。慎到明明出于老子，而庄子诋之者，庄子卓识，异于术法二家，以为有政府在，虽不尚贤，犹有古来圣知之法，可资假借。王莽一流，假周、孔子道，行篡弑之事，固已为庄子所逆料。班孟坚曰：“秦燔《诗》《书》，以立私议，莽诵六艺，以文奸言。殊途同归。”是故《诗》《礼》可以发冢，仁义适以资盗。必也绝圣弃知，大盗乃止。

有国者欲永免篡弑之祸，恐事势有所不能。日本侈言天皇万世一系，然试问大将军用事时，天皇之权何在？假令大将军不自取其咎，即可取天皇而代之，安见所谓万世一系耶？辛伯忧两政耦国，《公羊》讥世卿擅主，即如其说，遏绝祸乱之本，亦岂是久安长治之道？老子以为不尚贤则不争，然曹操、司马懿、刘裕有大勋劳于王室，终于篡夺，固为尚贤之过。若王莽无功，起自外戚，亦竟篡汉，不尚贤亦何救于争哉！若民主政体，选贤与能，即尚贤之谓。尚贤而争宜矣。

是故论政治者，无论法家、术家，要是苟安一时之计，断无一成不变之法。至于绝圣弃知，又不能见之实事。是故政治比于医药，医家处方，不过使人苟活一时，不能使人永免于死亡也。

第五节　名　家

《汉书·艺文志》：“名家者流，出于礼官。古者名位不同，礼亦异数。”余谓此乃局于一部之言，非可以概论名家也。《荀子·正名》篇举刑名、爵名、文名、散名四项。刑名、爵名、文名，皆有关于政治，而散名则普及社会一切事务，与政治无大关系。《艺文志》之说，仅及爵名，而名家多以散名为主。荀子因孔子“正名”之言，作《正名》篇，然言散名者多，言刑名、爵名者少。《墨子·经》上、下以及惠施、公孙龙辈，皆论散名，故名家不全出于礼官也。

名家最得大体者荀子，次则尹文。尹文之语虽简，绝无诡辩之风。惠施、公孙龙以及《墨子·经》上、下皆近诡辩一派，而以公孙龙为最。《法言》称公孙龙诡辞数万以为法，而不及尹文、惠施。《荀子》讥“惠施蔽于辞而不知实”，其实惠施尚少诡辩之习也。名家本出孔子“正名”一语，其后途径各别，遂至南辕北辙。

孔子“正名”之言有所本乎？曰：有。《礼记·祭法》云：“黄帝正名百物，以明民共财。”《国语》作“成命百物”。韦注：“命，名也。”郑注《论语》：“正名，谓正书字也。古者曰名，今世曰字。”《礼记》曰：“百名以上则书之于策。”然则黄帝“正名”，即仓颉造字矣。《易》曰：“上古结绳而治，后世圣人易之以书契。”项籍云：“书足以记姓名。”造字之初，本以记姓名，造契约。故曰“明民共财”。《易》曰“理财正辞”，其意亦同。《管子·心术》篇曰：“物固有形，形固有名。此言不得过实，实不得延名。姑形以形，以形务名，督言正名。”延，即“延长”之意，过也。形不能定形，故须以名定之。此谓名与实不可相爽。然则“正名”之说，由来已久，孔子特采古人之说尔。

名家主形名，形名，犹言“名实”。孔子之后，名家首推尹文。尹文谓“名有三科：一曰命物之名，方圆白黑是也；二曰毁誉之名，善恶贵贱是也；三曰况谓之名，贤愚爱憎是也”。其语简单肤廓，不甚切当。又云：“有形者必有名，有名者未必有形。形而不名，未必失其方圆白黑之实。名而不可寻名，以检其差，故亦有名以检形。形以定名，名以定事，事以检名。察其所以然，则形名之与事物，无所隐其理矣。”盖尹文是循名责实一派，无荒诞琐屑之病，惟失之泰简，大体不足耳。《荀子·正名》，颇得大体。其时惠施、公孙龙辈已出，故取当时诸家之说而破之。惠施、公孙龙二人之术，自来以为一派，其实亦不同。《庄子·天下》篇载惠施之说十条，其他辩者之说二十二条。今观惠施之说，尚少诡辩，与其他辩者之说卵有毛、鸡三足者不同。盖公孙龙辈未服官政，故得以诡辩欺人。而惠施身为卿相，且庄子称其“多方”。“多方”者，方法多也，知其不但为名家而已。黄缭问天地所以不坠不陷、风雨雷霆之故，惠施不辞而应，不虑而对，遍为万物说，说而不休，多而无已，犹以为寡，益之以怪。惠施之博学于此可见。叶水心尝称惠施之才高于孟子。今案，梁惠王东败于齐，长子死焉，西丧地于秦七百里，南辱于楚。意欲报齐，以问孟子。孟子不愿魏之攻齐，故但言可使制梃以挞秦楚之坚甲利兵。于是惠王问之惠施。惠施对以王若欲报齐，不如因变服折节而朝齐，楚王必怒。王游人而合其斗。则楚必伐齐。以休楚而伐疲齐，则必为楚禽，是王以楚毁齐也。惠王从之，楚果伐齐，大败于徐州。于此知惠施之有权谋，信如水心之言矣。今就《庄子》所载惠施之说而条辨之，无非形名家言也。一曰“至大无外谓之大一，至小无内谓之小一”，“小一”即几何学之点，点无大小长短可言，是其“小无内”也。“大一”即几何学之体，引点而为线，则有长短，引线而为面，则有方圆，引面而为体，是其大可以“无外”也。点为无内，故曰至小。体可无外，故曰至大。二曰“无厚不可积也，其大千里”。无厚者，空间也，故“不可积”。空间无穷，“千里”甚言其大耳。三曰“天与地卑、山与泽平”。“卑”当作“比”。《周髀算经》云：“天象盖笠，地法覆槃。”如其说，则天与地必有比连之处矣。《大戴礼记·曾子天圆》篇云：“如诚天圆而地方，则是四角之不掩也。”曾子之意，殆与惠施同。山高泽下，人所知也。山上有泽，《咸》之象也。黄河大江，皆出昆仑之巅，松花江亦自长白山下注，故云“山与泽平”也。四曰“日方中方睨，物方生方死”。今之常言，时间有过去、现在、未来三者，其实无现在之时间，方见日中，而日已睨矣。生理学者谓人体新陈代谢，七年而血肉骸骨都非故我之物，此与佛法刹那、无常之说符合。故曰“物方生方死”，生死，犹佛言“生灭”尔。五曰“大同而与小同异，此之谓小同异。万物毕同毕异，此之谓大同异”。此义亦见《荀子·正名》篇。同者，荀子谓之“共”。异者，荀子谓之“别”。其言曰：“万物虽众，有时而欲偏举之，故谓之物。物也者，大共名也。推而共之，共则有共，至于无共然后止。有时而欲别举之，故谓之鸟兽。鸟兽也者，大别名也。推而别之，别则有别，至于无别然后止。”鸟兽，皆物也，别称之曰鸟兽，此之谓“小同异”。动物、植物、矿物同称之曰物，是“毕同”也。物与心为对待，由心观物，是“毕异”也，此之谓“大同异”。六曰“南方无穷而有穷”。此言太虚之无穷，而就地上言之则有穷也。四方皆然，言“南方”者，举一隅耳。七曰“今日适越而昔来”。谓之“今日”，其为时有断限。谓之“昔”，其为时无断限。就适越一日之程言之，自昧旦至于日入，无非今日也。就既至于“越”言之，可云“昔至”也。八曰“连环可解也”。案《国策》秦昭王尝遣使者遗君王后连环，曰：“齐多智，解此环不？”君王后以示群臣，群臣不知解。君王后引椎椎破之，谢秦使曰：“谨以解矣。”杨升庵《丹铅录》尝论此事，以为连环必有解法，非椎破之也。今湖南四川颇有习解连环者。然惠施之意，但谓既能贯之，自能解之而已，其时有无解连环之法则不可知。九曰“我知天下之中央，燕之北、越之南是也”。此依旧注固可通，然依实事亦可通。据《周髀算经》，以北极为中央，则燕之北至北极，越之南亦至南极，非天之中央而何？十曰“泛爱万物，天地一体也”。此系实理，不待繁辞。综上十条观之，无一诡辩。其下二十二条，虽有可通者，然用意缴绕，不可不谓之诡辩。惠施与庄子相善，而公孙龙闻庄子之言，口呿而不合，舌举而不下。盖公孙龙纯为诡辩，故庄子不屑与为伍也。

惠施遗书，《汉志》仅列一篇。今欲考其遗事，《庄子》之外，《吕览》《国策》皆可资采摭。庄子盛称惠施，惠施既殁，庄子过其墓，顾谓从者曰：“自夫子之死，吾无以为质，吾无与言之。”其推重之如此。然又诋之曰：“由天地之道，观惠施之能，犹一蚊一虻之劳，则自道术之大处言之尔。”至于惠子相梁，庄子往见之。或谓惠子曰：“庄子来，欲代之相。”于是惠子恐，搜于国中三日三夜。此事可疑。案《史记·魏世家》称惠王卑礼厚币以招贤者，其时惠施为相，令自己出，宜无拒绝庄子之事。意者鹓雏、腐鼠之喻，但为寓言，以自明其高尚而已。《吕览·不屈》篇云：“魏惠王谓惠子曰：‘寡人不若先生，愿得传国。’惠子辞。”以子之受燕于子哙度之，《吕览》之言可信。以此可知惠施之为名家，非后世清谈废事者比。要而论之，尹文简单，而不玄远。惠施玄远矣，尚非诡辩。《墨经》上、下以及公孙龙辈，斯纯为诡辩矣。自此辈出，而荀子有《正名》之作。

《荀子·正名》，本以刑名、爵名、文名、散名并举，而下文则专论散名。其故由于刑名随时可变，爵名易代则变。文名从礼，如《仪礼》之名物，后世改变者亦多矣。惟散名不易变。古今语言，虽有不同，然其变以渐，无突造新名以易旧名之事，不似刑名、爵名、文名之随政治而变也。有昔无而今有，昔微而今著者，自当增作新名。故荀子云："若有王者起，必有循于旧名，有作于新名。"散名之在人者，荀子举性、情、虑、伪、事、行、智、能、病、命十项。名何缘而有同异？荀子曰："缘天官。"此语甚是。人之五官，感觉相近，故言语可通，喜怒哀乐之情亦相近，故论制名之缘由曰"缘天官"也。其云"单足以喻则单，单不足以喻则兼"，此可以破"白马非马"之论。盖总而名之曰"马"，以色别之曰"白马"。"白马非马"之论，本无由成立也。至"坚白同异"之论，坚中无白，白中无坚。白由眼识，坚由身识。眼识有白而无坚，身识有坚而无白。由眼知白，由身知坚，由心综合而知其为石，于是名之曰石。故坚白同异之论，无可争也。如此则诡辩之说可破。大概草昧之民，思想不能综合，但知牛之为牛，马之为马，不知马与牛之俱为兽。知鸡之为鸡，鹜之为鹜，不知鸡与鹜之俱为鸟。稍稍进步，而有鸟兽之观念，再进步而有物之观念。有物之观念，斯人类开化矣。荀子又曰："名无固宜，约之以命，约定俗成谓之宜，异于约则谓之不宜。"盖物之命名，可彼可此。犬不必定谓之犬，羊不必定谓之羊，惟既呼之为犬、为羊，则约定俗成，犬即不可以为羊也。制名之理，本无甚高深。然一经制定，则不可以变乱。孔子谓"名不正则言不顺，言不顺则事不成，事不成则礼乐不兴，礼乐不兴则刑罚不中，刑罚不中则民无所措手足"，此推论至极之说。施于政治、文牍最要。若指鹿为马，则循名不能责实，其弊至于无所措手足矣。

要之，形与名，务须切合，儒家正名之旨在此。为名家者，即此已定。惠施虽非诡辩，然其玄远之语，犹非为政所急，以之讲学则可，以之施于政治则无所可用。至其他缴绕之论，适足乱名实耳。

第四讲　诸子

第一节　晏子

一、传略

《史记·晏子列传》云：

> 晏平仲婴者，莱之夷维人也，事齐灵公、庄公、景公，以节俭力行重于齐；既相齐，食不重肉，妾不衣帛；其在朝，君语及之，即危言，语不及之，即危行；国有道即顺命，无道即衡命。以此三世显名于诸侯。

又云：

> 吾读管氏《牧民》《山高》《乘马》《轻重》《九府》及《晏子春秋》，详哉其言之也。

晏子生卒年月已不可考。史称历事齐灵公、庄公、景公，则当在公历纪元前五五七年至前四九四年左右。

二、书本

《汉书·艺文志》云：

《晏子》八篇。

《史记·晏子列传·索隐》曰：

婴所著书，名《晏子春秋》，今其书有七篇。

《史记正义》曰：

《七略》云：《晏子春秋》七篇，在儒家。

孙星衍云：

《晏子》八篇，见《艺文志》，后人以篇为卷，又合《杂》上下二篇为一，则为七卷，见《七略》，及《隋志》。宋时析为十四卷，见《崇文总目》，实是刘向校本，非伪书也。《晏子》文最质古，疑出于齐之春秋，即《墨子·明鬼》篇所引。婴死，其客哀之，集其行事成书，虽无年月，尚仍旧名。凡称子者，多非自著，无足怪者。柳宗元文人无学，谓墨氏之徒为之，可谓无识。

陈直云：

案列国以来，春秋名书之义有三：有纪一人之事者，《晏子春秋》是也；有成一家之言者，《虞氏春秋》《吕氏春秋》是也；有纪一时之事者，《楚汉春秋》《吴越春秋》是也。名虽同而派别微异，此书即后代别传之胚胎，实为子部支流。纪昀《四库全书提要》入于史部，未免循名而失实矣。

观以上二说，则《晏子春秋》既非晏子自著，亦非后世伪书，其所以名为“春秋”，则由其为纪晏子一人之事，而所以列于子家不入史家，则又以其所记重在乎学说也。

《晏子春秋》内外篇之目如下：

《内篇谏上》第一凡二十五章
《内篇谏下》第二凡二十五章
《内篇问上》第三凡三十章
《内篇问下》第四凡三十章
《内篇杂上》第五凡三十章
《内篇杂下》第六凡三十章
《外篇重而异者》第七凡二十七章
《外篇不合经术者》第八凡十八章

今欲研究晏子，下列各书可供参考：

黄以周校《晏子春秋》
苏与集校《晏子春秋》
刘师培《晏子春秋补释》

三、学说

《汉书·艺文志》儒家类首列《晏子》八篇，而《晏子》书多毁孔子之言，故后之学者，以谓晏子不当入于儒家，当入于墨家。如柳宗元则以为墨子之徒之所为是也。不知在孔子以前，儒家非孔子所专有，犹道家非老庄所专有也。儒家非孔子所专有，则孔、晏二子同为儒家，而晏子非孔，正犹孟、荀二子同尊孔子而荀子非孟子耳，曷足怪耶？然孔、晏同时，孔子亟称晏平仲，孟子虽不屑称管仲、晏子之功，然亦甚称道晏子之言，则晏子书之毁孔子者，必为晏之徒称其师之说以为之，其说尚当在孟子之后，不然，恐孟子之攻晏子，当不亚于攻杨、墨矣。

然则晏子之为儒为墨，殆不能以其是否毁孔而定，而当细究其立说之宗旨，然后明耳。今细绎《晏子》全书之要旨如下：

爱民：晏子之言，几可谓无一不本于爱民，今述一二则，以见其概。

景公之时，雨雪三日而不霁。公被狐白之裘，坐于堂侧陛。晏子入见，立有间，公曰："怪哉！雨雪三日而天不寒。"晏子对曰："天不寒乎？"公笑。晏子曰："婴闻古之贤君，饱而知人之饥，温而知人之寒，逸而知人之劳。今君不知也。"公曰："善。寡人闻命矣。"乃令出裘发粟以与饥寒者，令所睹于涂者无问其乡，所睹于里者无问其家；循国计数，无言其名；士既事者兼月，疾者兼岁。孔子闻之曰："晏子能明其所欲，景公能行其所善也。"《内篇谏上》第二十

此消极的赈济之法也。

景公问晏子曰："古之盛君，其行何如？"晏子对曰："薄于身而厚于民，约于身而广于世；其处上也，足以明政行教，不以威天下；其取财也，权有无，均贫富；……尽智导民而不伐焉；劳力岁事而不责焉；为政尚相利，故下不以相害；行教尚相爱，故民不以相恶为名。"《内篇问上》第十一

此积极的爱民政策，在于权有无，均贫富，而又使之能相利，教之以识相爱也。

非战：晏子之主义，既以爱民为本，故对于战攻之反对，自属当然之事。

庄公问晏子曰："威当世而服天下，时邪？"晏子对曰："行也。"公曰："何行？"对曰："能爱邦内之民者，能服境外之不善；重士民之死力者，能禁暴国之邪逆；听赁贤者，能威诸侯；安仁义而乐世利者，能服天下。不能爱邦内之民者，不能服境外之不善；轻士民之死力者，不能禁暴国之邪

逆；愎谏傲贤者之言，不能威诸侯；倍仁义而贪名实者，不能威当世而服天下。此其道也已。”而公不用，晏子退而穷处，公任勇力之士而轻臣仆之死，用兵无休，国罢民害，期年，百姓大乱，而身及崔氏之祸。《内篇问上》第一

此庄公欲以兵服天下，而晏子非之之说也。

景公举兵欲伐鲁，以问晏子，晏子对曰：“不可。鲁公好义而民戴之。好义者安，见戴者和。伯禽之治存焉，故不可攻。攻义者不祥，危安者必困。且婴闻之：伐人者，德足以安其国，政足以和其民。国安民和，然后可以举兵而征暴。今君好酒而辟，德无以安国；厚藉敛，意使令，无以和民。德无以安之则危，政无以和之则乱。未免乎危乱之理，而欲伐安和之国，不可。”《内篇问土》第三

此景公问伐国而晏子非之之说也。其义盖不外以爱民为本。

尚贤：晏子尚贤之论亦甚多，盖欲政治之良，未有不始于得人者也。

景公问晏子曰：“……寡人今欲从夫子而善齐国之政，可乎？”对曰：“婴闻国有具官，然后其政可善。”公作色不说，曰：“齐国虽小，则可谓官不具。”对曰：“此非臣之所复也。昔吾先君桓公，身体惰懈，辞令不给，则隰朋昵侍；左右多过，狱谳不中，则弦宁昵侍；田野不修，民氓不安，则宁戚昵侍；军吏怠，戎士偷，则王子成甫昵侍；居处佚怠，左右慑畏，繁乎乐，省乎治，则东郭牙昵侍；德义不中，信行衰微，则管子昵侍。先君以人之长续其短，以人之厚补其薄，是以辞令穷远而不逆，兵加于有罪而不顿。是故诸侯朝其德，而天子致其胙。今君之过失多矣，未有一士以闻也。”《内篇问上》第六

此所谓具官，即得贤人之谓。盖不得其贤，则如无官矣。

尚俭：《史记·晏子列传》称晏子以节俭力行重于齐，既相齐，食不重味，妾不衣帛，则晏子之尚俭可知。

> 景公问晏子曰："贤君之治国若何？"晏子对曰："其政任贤，其行爱民，其取下节，其自养俭。"《内篇问上》第十七

此数语实已表明晏子对政治之大主张，即尚贤、爱民、尚俭是矣。盖爱民则未有不尚俭者。夫不俭则奢，奢则不足，不足则取于民者必滥，则必有害民之政矣。然晏子之俭，乃俭于自奉而已，非吝于与人也。

> 叔向问晏子曰："啬、吝、爱之于行何如？"晏子对曰："啬者君子之道；吝、爱者，小人之行也。"叔向曰："何谓也？"晏子曰："称财多寡而节用之，富无金藏，贫不假贷，谓之啬；积多不能分人，而厚自养，谓之吝；不能分人，又不能自养，谓之爱。"《内篇问下》第二十三

然则晏子之俭，乃节之于己而将以之厚分于人者也。

或曰：爱民也，非战也，尚贤也，尚俭也，与墨子之兼爱、非攻、尚贤、节用，宁有二致乎？然则谓晏子为墨，又奚不可者？曰：是不然。凡论学当究其根本，否则儒家亦何尝不泛爱？何尝不非战？何尝不尚贤？何尝不尚俭？若以是而论，则儒家又何异于墨家？则不将如韩退之所谓孔子必用墨子，墨子必用孔子，不相用不足为孔墨者邪？

以余论之：晏子儒家，非墨家也。何也？以其根本与儒同也。其根本与儒同者何？一曰：崇礼；二曰：非鬼。今略述之如下：

崇礼说。晏子言礼之处甚多，兹略录一二如下：

> 景公饮酒酣曰："今日愿与诸大夫为乐饮，请为无礼。"晏子蹴然改容曰："君之言过矣。群臣固欲君之无礼也。力多足以胜其长，勇多足以弑君，而礼不使也。禽兽以力为政，

强者犯弱，故曰易主。令君去礼，则是禽兽也。群臣以力为政，强者犯弱，而曰易主。君将安立矣？凡人所以贵于禽兽者，以有礼也。”《内篇谏上》第二

晏子侍于景公，朝寒，公曰：“请进暖食。”晏子对曰：“婴非君奉馈之臣也。敢辞。”公曰：“请进服裘。”对曰：“婴非君茵席之臣也。敢辞。”公曰：“然则夫子之于寡人何为者也？”对曰：“婴社稷之臣也。”曰：“何谓社稷之臣？”对曰：“夫社稷之臣，能立社稷，别上下之义，使当其理；制百官之序，使得其宜；作为辞令，可分布于四方。”自是之后，君不以礼不见晏子。《内篇杂上》第十三

晏子之重礼如此，其根本盖与儒家同。墨家虽不非礼，而以非乐之故，礼亦非其所重。故《庄子·天下》篇称墨子云毁古之礼乐也。墨之后流而为侠，韩非子谓儒以文乱法，而侠以武犯禁。则晏子之非墨，而《汉志》以之列于儒家，当矣。

非鬼说。孔子言：“未知生，焉知死？未能事人，焉能事鬼？”则鬼固非儒家所迷信也。墨子书有《明鬼》篇，有《天志》篇，皆信天神人鬼者也。晏子则不然，其言曰：

祝直言情，则谤吾君也；隐匿过，则欺上帝也。上帝神，则不可欺；上帝不神，祝亦无益。《内篇谏上》第十二

晏子此言虽分神与不神为说，而意则在明上帝之不神，而止景公之祝也。与墨子《明鬼》篇所言祝鬼者大异矣。

齐大旱逾时。景公召群臣问曰：“天不雨久矣，民且有饥色，吾使人卜，云：祟在高山广水。寡人欲少赋敛以祠灵山，可乎？”群臣莫对。晏子进曰：“不可。祠此无益也。夫灵山固以石为身，以草木为发，天久不雨，发将焦，身将热，彼独不欲雨乎？祠之无益。”公曰：“不然，吾欲祠河伯，可

乎？”晏子曰：“不可。河伯以水为国，以鱼鳖为民，天久不雨，泉将下，百川竭，国将亡，民将灭矣，彼独不欲雨乎？祠之何益。”《内篇谏上》第十五

晏子盖以山河皆无鬼神，故祠之无益也。与墨子重祭天祠鬼者大异矣。然晏子虽不信鬼神，而亦常欲藉鬼神以匡君。

景公……西面望，睹彗星，召伯常骞使禳去之。晏子曰：“不可，此天教也。日月之气，风雨不时，彗星之出，天为民之乱见之，故诏之妖祥，以戒不敬。今君若设文而受谏，谒圣贤人，虽不去彗，星将自亡。”《内篇谏上》第十八

晏子既不信鬼神，而又欲因灾异以匡君，正与孔子言天何言，而后儒亦言喜灾异，同一辙焉。然则晏子之为儒家而非墨家也审矣。

第二节　孟子

一、传略

《史记·孟子列传》云：

孟轲，邹人也，受业子思之门人。道既通，游事齐宣王，宣王不能用；适梁，梁惠王不果所言，则见以为迂远而阔于事情。当是之时，秦用商君，富国强兵，楚魏用吴起，战胜弱敌，齐威王、宣王用孙子田忌之徒，而诸侯东面朝齐。天下方务于合纵连横，以攻伐为贤，而孟轲乃述唐、虞三代之德；是以所如者不合，退而与万章之徒序《诗》《书》，述仲尼之意，作《孟子》七篇。

孔子像

孔子，字仲尼，春秋后期鲁国人。晚年在鲁国编订古代文化典籍《诗》《尚书》《春秋》等，教授门徒。孔子的弟子曾将他的谈话和他与门徒的问答辑成《论语》一书，这是研究孔子思想的主要资料。

《史记》谓孟子受业子思之门人，而赵岐《孟子题辞》则谓其师孔子之孙子思。清末吴汝纶谓汉人皆称孟子受业子思，皆本《史记》，故《史记》本文当如王邵说，门下衍人字。则《史记》亦与赵岐合，要之，孟子之学本于子思，书中屡称之。子思作《中庸》，言天命之谓性，而孟子道性善，实深受其影响无疑也。

孟子生卒年月无可考，后儒纷纷争辩，均难确信。吴汝纶据《史记》本传称其先游齐，后适梁；《六国表》魏惠王三十五年，大书“孟子来”，梁惠王以魏文侯二十五年生，生三十而即位，即位三十五年，年六十五矣。孟子初至梁，梁惠王谓之曰叟，其年当长于惠王，则游梁时年且七十，则孟子之生当在周威烈王十六年，约在公历前四一〇年也。

二、书本

《汉书·艺文志》云：

> 《孟子》十一篇。

《史记·孟子列传》云：

孟轲……退而与万章之徒，序《诗》《书》，述仲尼之意，作《孟子》七篇。

赵岐《孟子题辞》云：

退而论集所与高第弟子公孙丑、万章之徒，难疑答问，又自撰其法度之言，著书七篇，二百六十一章，三万四千六百八十五文。……又有外书四篇，《性善辩》《文说》《孝经》《为政》，其文不能宏深，似非孟子本真也。

然则《艺文志》十一篇，乃连外书四篇而言。今外书已亡，止存七篇。其七篇之目如下：

《梁惠王》
《公孙丑》
《滕文公》
《离娄》
《万章》
《告子》
《尽心》

今欲研究《孟子》，下列各书可供参考：

赵岐《孟子章句》
朱熹《孟子集注》
戴震《孟子字义疏证》
焦循《孟子正义》
高步瀛《孟子文法读本》
唐蔚芝先生《孟子大义》

三、学说

性善论。孔子曰："性相近也，习相远也。"孔子盖以谓人性本相近，维习于善则为善人，习于恶为恶人。当其未习，盖如阴阳二电，未经摩擦，浑然如一，不分阴阳，不别善恶，则性固无善无恶也。至孟子乃标性善之旨，其书七篇，言政言教，莫非本于性善之说。而《告子》一篇，论之尤精详。

> 公都子曰："告子曰：'性无善无不善也。'或曰：'性可以为善，可以为不善。是故文、武兴，则民好善；幽、厉兴，则民好暴。'或曰：'有性善，有性不善，是故以尧为君而有象，以瞽瞍为父而有舜，以纣为兄之子且以为君，而有微子启、王子比干。'今曰性善，则彼皆非与？"孟子曰："乃若其情，则可以为善矣，乃所谓善也。若夫为不善，非才之罪也，恻隐之心，人皆有之；羞恶之心，人皆有之；恭敬之心，人皆有之；是非之心，人皆有之。恻隐之心，仁也；羞恶之心，义也；恭敬之心，礼也；是非之心，智也。仁义礼智，非由外铄我也，我固有之也，弗思耳矣。故曰：求则得之，舍则失之。或相倍蓰，而无算者，不能尽其才者也。"《告子篇》

孟子之意，盖以为仁义礼智，皆人性本有，换言之：仁义礼智即人之性。仁义礼智为善，故曰性善。而人所以有善有恶者，则视乎此性之得失，非此性之有善恶也。孟子既主性善，故由是推之，而立其教育论、政治论。

教育论。孟子既主性善，故其教育，

第一步主存性，

第二步主扩性。

所谓存性者，以人本有此善性，换言之，即本有此仁义礼智之性，惟当存而勿失耳。

人之所以异于禽兽者几希，庶民去之，君子存之。《离娄》篇

此盖谓人之所以与禽兽异者，惟此善性。惟小人则本有而去之，君子则本有而存之耳。

善性既须保存，则当禁外来之侵伐。

牛山之木尝美矣，以其郊于大国也，斧斤伐之，可以为美乎？……虽存乎人者，岂无仁义之心哉？其所以放其良心者，亦犹斧斤之于木也，旦旦而伐之，可以为美乎？《告子》篇

然则人之为恶者，伐去其善性而已，非其性之本恶也。善性既能存，故又当扩而充之。

凡有四端于我者，皆知扩而充之矣，若火之始然，泉之始达。苟能充之，足以保四海；苟不充之，不足以事父母。《公孙丑》篇

此扩性之说也。或言扩，或言充，其在他文，或言推，或言达，均一义也。虽然，所谓扩之云者，亦须顺其自然，不过严防外物之侵伐，而使其得遂自然生长，如树木者焉。

故苟得其养，无物不长；苟失其养，无物不消。《告子》篇

此“养”字最含有自然之义。如鱼之于水，人之于空气，失之则死，而得之亦极自然。反之若加以强力，则反足以害之。

必有事焉而勿正，心勿忘，勿助长也。无若宋人然。宋人有悯其苗之不长而揠之者，芒芒然归，谓其人曰：“今日病矣，予助苗长矣。”其子趋而往视之，苗则槁矣。天下之不助

苗长者寡矣。以为无益而舍之者，不耘苗者也；助之长者，揠苗者也。非徒无益，而又害之。《公孙丑》篇

此文“正心”二字，当是“忘”之误，分为“亡心”，“亡”又误为“正”，后人遂读为“必有事焉而勿正”句，“心勿忘”句。其文义遂难通矣。古文忘与妄通，详见拙著《墨子间诂补正》。必有事焉而勿妄，勿妄勿助长也。如此，则文甚明白。孟子盖以助长为妄；不耘苗为无事。无事则外物足以伐性，犹不耘则莠可以伤苗。妄则伤其本性，犹助苗适以害苗也。故其教育最重学者之自得。

孟子像

孟子，名轲。战国时期的思想家、政治家、教育家。孔子之后的儒学大师，后世将其与孔子并称为“孔孟”，且称其为“亚圣”。

君子深造之以道，欲其自得之也。自得之，则居之安；居之安，则资之深；资之深，则取之左右逢其源。故君子欲其自得之也。《离娄》篇

故孟子之教育学说，可谓主张自然主义，发展个性主义者，皆基本于性善之说者也。夫惟其善乃可以任自然，乃可以任发展也。

政治论。孟子之教育论，既本于性善之说，而贵扩充，其对于政治立论亦同。

人皆有不忍人之心，先王有不忍人之心，斯有不忍人之政矣。《公孙丑》篇

故推恩足以保四海，不推恩无以保妻子。古之人所以大过人者无他焉，善推其所为而已矣。《梁惠王》篇

以不忍人之心扩而充之为不忍人之政，所谓推恩也。其推之之道奈何？

老吾老，以及人之老；幼吾幼，以及人之幼：天下可运诸掌。《梁惠王》篇

盖谓吾爱吾亲，要当推其爱于他人之亲，使他人亦得各爱其亲；吾爱吾子，当推其爱于他人之子，使他人亦得各爱其子。然则推之法当如何乎？

是故明君制民之产，必使仰足以事父母，俯足以畜妻子，乐岁终身饱，凶年免于死亡，然后驱而之善，故民之从之也轻。今也制民之产，仰不足以事父母，俯不足以畜妻子，乐岁终身苦，凶年不免于死亡，此惟救死而恐不赡，奚暇治礼义哉？王欲行之，则盍反其本矣。五亩之宅，树之以桑，五十者可以衣帛矣；鸡豚狗彘之畜，无失其时，七十者可以食肉矣；百亩之田，勿夺其时，八口之家可以无饥矣；谨庠序之教，申之以孝悌之义，颁白者不负戴于道路矣。老者衣帛食肉，黎民不饥不寒，然而不王者，未之有也。《梁惠王》篇

此段实可谓孟子政治学说之总论，所谓王道仁政者也。其大旨实在乎先富而后教。一言以蔽之，皆扩充爱己之爱，以及人者也。皆不失孔子忠恕之义焉。

第三节　荀子

一、传略

《史记·荀卿列传》云：

荀卿，赵人，年五十，始来游学于齐。……田骈之属，皆已死齐襄王时，而荀卿最为老师。齐尚修列大夫之缺，而荀卿三为祭酒焉。齐人或谗荀卿，荀卿乃适楚，而春申君以为兰陵令。春申君死，而荀卿废，因家兰陵。李斯尝为弟子，已而相秦。荀卿嫉浊世之政，亡国乱君相属，不遂大道，而营于巫祝，信机祥，鄙儒小拘，如庄周等又滑稽乱俗，于是推儒、墨道德之行事兴坏，序列著数万言而卒。

《史记》不载荀卿名，《索隐》云："名况，卿者，时人相尊而号为卿也。"荀、孙古音近，故又称孙卿。其生卒年月，以胡适《中国哲学史大纲》所订年表较为可信，兹录之如下：

西历前（二六五至二六〇）荀卿年五十游齐
同（二六〇至二五五）入秦见秦昭王及应侯
同（二六〇至二五〇）游赵见孝成王
同（二五〇至二三八）游楚为兰陵令
同（二三〇左右）死于兰陵

二、书本

《汉书·艺文志》云：

《孙卿子》三十三篇。

陈直《周秦诸子述略》云：

刘向《别录》云：《孙卿书》凡三百二十三篇，以相校除重复二百九十篇，定著三十三篇，为十二卷。夫以三百余篇重复者多至二百九十篇。刘向校书屡言去其重复，殆庄子所谓重言十七者乎？王应麟《艺文志考证》谓当作三十二篇。案《后汉书·荀淑传》，荀卿子著书三十二篇，与王说合。

《荀子》三十二篇之目如下：

《劝学》篇第一

《修身》篇第二

《不苟》篇第三

《荣辱》篇第四

《非相》篇第五

《非十二子》篇第六

《仲尼》篇第七

《儒效》篇第八

《王制》篇第九

《富贵》篇第十

《王霸》篇第十一

《君道》篇第十二

《臣道》篇第十三

《致仕》篇第十四

《议兵》篇第十五

《强国》篇第十六

《天论》篇第十七

《正论》篇第十八

《礼论》篇第十九

《乐论》篇第二十

《解蔽》篇第二十一

《正名》篇第二十二

《性恶》篇第二十三

《君子》篇第二十四

《成相》篇第二十五

《赋》篇第二十六

《大略》篇第二十七

《宥坐》篇第二十八

《子道》篇第二十九

《法行》篇第三十

《哀公》篇第三十一

《尧问》篇第三十二

今欲研究《荀子》，下列诸书可供参考：

王先谦《荀子集解》

刘师培《荀子补释》

　　　《荀子词例》

陶鸿庆《荀子札记》

三、学说

性恶论。荀子之性恶论，盖专为反对孟子之性善论而作。其《性恶》篇云：

人之性恶，其善者伪也。今人之性，生而有好利焉，顺是，故争夺生而辞让亡焉；生而疾恶焉，顺是，故残贼生而忠信亡焉；生而有耳目之欲，有好声色焉，顺是，故淫乱生而礼义文理亡焉。然则从人之性，顺人之情，必出于争夺，合于犯分乱理，而归于暴，故必将有师法之化，礼义之道，然后出于辞让，合于文理，而归于治。用此观之，然则人之性恶明矣，其善者伪也。故枸木必将待檃栝烝矫然后直，钝金必将待砻厉然后利，今人之性恶必将待师法然后正，得礼义然后治。……古者圣王以人之性恶，以为偏险而不正，悖乱而不治，是以为之起礼义，制法度，以矫饰人之情性而正之，以扰化人之情性而导之也，使皆出于治合于道者也。……孟子曰：人之学者其性善。曰：是不然，是不及知人之性，而不察乎人之性伪之分者也。凡性者，天之就也，不可学，不可事。礼义者，圣人之所生也，人之所学而能，所事而成者也。不可学，不可事，而在人者谓之性，可学而能，可事而成之在人者，谓之伪。是性伪之分也。

荀子所持性恶之理由，大略如此。盖孟子以恻隐、是非、辞让、羞恶，皆出于人之本性；而荀子则以好利、疾恶等等，皆生于人之本性。盖各持一端，以立论者也。然则孰为是邪？曰：孟子云：

故凡同类者举相似也，何独至于人而疑之？圣人与我同类者。《告子》篇

而荀子则云：

问者曰：礼义积伪者，是人之性，故圣人能生之也。应之曰：是不然。夫陶人埏埴而生瓦，然则瓦埴岂陶人之性也哉？工人斫木而生器，然则器木岂工人之性也哉？夫圣人之于礼义也，辟则陶埏而生之也。然则礼义积伪者，岂人之本性也哉？

合孟、荀二子之言观之，则孟子以圣人为同类，而荀子则以陶人埏土为瓦，以比圣人化性而为仁义。夫陶人非土，土非陶人，由荀子之说推之，则荀卿必将谓圣人为非人而后可。然则孟子之论固当优于荀子矣。

荀子既以人性恶，故须积善去恶。其政治学说与教育学说，均不外乎此。

教育论。荀子既以为人性恶，故教育之目的在使人：

积善以去恶。

而其教育之方法，则在乎使人：

博学以知积。

今特分别述之：

天非私曾骞、孝己而外众人也。然曾骞、孝己独厚于孝之实，而全于孝之名者，何也？以綦于礼义故也。天非私齐、鲁之民而外秦人也。然而于父子之义，夫妇之别，不如齐、鲁之孝具敬父者，何也？以秦人之从情性，安恣睢，慢于礼义故也。岂其性异矣哉？《性恶》篇

此盖以能积礼义则恶可去，无礼义则安情性，而恶不可去也。人之或为君子或为小人，全视其能积与否。

今使涂之人伏术为学，专心一志，思索熟察，加日悬久，积善而不息，则通于神明，参于天地矣。故圣人者，人之所积而致也。《性恶》篇

然则将何术可以使人知积善乎？荀子又云：

今使人生而未尝睹刍豢稻粱也，惟菽藿糟糠之为睹，则以至足为在此也；俄而粲然有秉刍豢稻粱而至者，则瞲然视之曰："此何怪也？"彼臭之而无嗛于鼻，尝之而甘于口，食之而安于体，则莫不弃此而取彼矣。今以夫先王之道，仁义之统，以相群居，以相持养，以相藩饰，以相安固邪？以夫桀、跖之道，是其为相悬也，几直夫刍豢稻粱之悬糟糠耳哉？然而人力为此而寡为彼，何也？曰：陋也。陋也者，天下之公患也，人之大殃大害也。《荣辱》篇

既知人之所以不知积善者在乎陋，则治陋之方，厥惟博学。

> 故木就绳则直，金就砺则利，君子博学而参省乎己，则知明而行无过矣。《劝学》篇

其所博学者为何乎？荀子曰：

> 学恶乎始？恶乎终？曰：其数则始乎诵经，终乎读礼；其义则始乎为士，终乎为圣人。真积力久则入，学至乎没而后止也。故学数有终，若其义则不可须臾舍也。……故《书》者，政事之纪也，《诗》者，中声之所止也，《礼》者，法之大分，类之纲纪也。故学至乎礼而止矣。《劝学》篇

故荀子之教育，其要在使人明礼。

政治论。荀子教育以礼为要，其对政治亦持礼治主义。

> 礼起于何也？曰：人生而有欲，欲而不得，则不能无求，求而无度量分界，则不能不争，争则乱，乱则穷。先王恶其乱也，故制礼义以分之，以养人之欲，给人之求，使欲必不穷乎物，物必不屈于欲，两者相持而长，是礼之所起也。故礼者养也，刍豢稻粱，五味调香，所以养口也；椒兰芬苾，所以养鼻也；雕琢刻镂，黼黻文章，所以养目也；钟鼓管磬，琴瑟竽笙，所以养耳也；疏房檖貌，越席床第几筵，所以养体也。君子既得其养，又好其别，曷谓别？曰：贵贱有等，长幼有差，贫富轻重，皆有称者也。《礼论》篇

荀子之意，盖以人生而有欲，人之欲望无穷，而物之供给有限，故不能不以礼节欲。然其所以节欲，则与后儒之主绝欲者绝殊。盖荀子之节欲，乃所以达欲，故曰：养人之欲，给人之求也。节欲之道有二：一为属于修身者，二为属于社会与政治者。属于修身者，譬如节饮食，则合卫生而不伤身，乃能长享饮食之乐，荀子所谓“食饮衣服，居处动静，由礼则和节，不由礼则触陷生疾”《修身》篇者也。属于社会与政治

者则贵乎分，使各安本分，不能逾越，则物力可以供给，而不至于争，盖儒家之理想，常以贤则必贵，愚则必贱，国家必量能受职，量能给禄，则其享受亦当量入以为出，故有贵贱贫富长幼之分也。故曰：

荀子像

荀子，名况。先秦儒家的最后代表人物。

> 夫贵为天子，富有天下，是人情之所同欲也。然则从人之欲，则势不能容，物不能赡也。故先王案为之制礼义以分之，使之有贵贱之等，长幼之差，知愚能不能之分，皆使人载其事而各得其宜。然后使谷禄多少厚薄之称。是夫群居和一之道也。《荣辱》篇

推荀子之意，盖以为彼之礼治主义，在社会国家，则为至阶级而至平等者，在个人则为至限制而至自由者也。盖有礼以限制之，则人人皆不侵犯人之自由，而我乃可以得自由矣。人人皆因其才而享受，则人人得其平而不至于争，则虽不平乃大平矣。此儒家之理想政治也。而无如天下之人，贤者未必贵，贵者未必贤何？

第四节　老子

一、传略

《史记·老子列传》云：

老子者，楚苦县厉乡曲仁里人也，名耳，字聃，姓李氏，原文作“姓李氏，名耳，字伯阳，谥曰聃”。今据王念孙说改正。周守藏室之史也。孔子适周，将问礼于老子，老子曰：“子所言者，其人与骨皆已朽矣，独其言在耳。且君子得其时则驾，不得其时则蓬累而行。吾闻之：良贾深藏若虚，君子盛德，容貌若愚，去子之骄气与多欲，态色与淫志，是皆无益于子之身。吾所以告子者，若是而已。”孔子去，谓弟子曰：“鸟，吾知其能飞；鱼，吾知其能游；兽，吾知其能走。走者可以为罔；游者可以为纶；飞者可以为矰；至于龙，吾不能知，其乘风云而上天。吾今日见老子，其犹龙邪？”老子修道德，其学以自隐无名为务。居周久之，见周之衰，乃遂去。至关，关令尹喜曰：“子将隐矣，强为我著书。”于是老子乃著书上下篇，言道德之意五千余言而去，莫知其所终。

老子像

我国古代伟大的哲学家和思想家，道家学派创始人，世界文化名人。老子的思想主张是“无为”，老子的理想政治境界是“邻国相望，鸡犬之声相闻，民至老死不相往来”。（老子）以“道”解释宇宙万物的演变，“道”为客观自然规律，同时又具有“独立而不改，周行而不殆”的永恒意义。

老子之生卒年月，已不可考。胡适《中国哲学史大纲》云：孔子适周总在他三十四岁以后，当西历纪元前五一八年以后，大概孔子见老子在三十四岁与四十一岁之间，老子比孔子至多不过大二十岁，当生于周灵王初年，当西历前五七零年左右。至老子之死，则更无法推测。胡适谓为至多不过九十多岁，未免武断。古今人寿百数十岁者甚多，老子即不如《史记》所谓二百余岁之老，而所谓百六十余岁，则非绝无之事也。

二、书本

《汉书·艺文志》云：

> 《老子邻氏经传》四篇。
> 《老子傅氏经说》三十七篇。
> 《老子徐氏经说》六篇。
> 《刘向说老子》四篇。

今汉时诸家传说均已亡，而所传《老子》不能详其为何本矣。韩非书中有《喻老》《解老》，当为注《老》最古之书矣。此外惟王弼注本为最古，河上公本则伪书也。《七略》曰："刘向定著二篇，八十一章，上经三十四章，下经四十七章。"然则今本分八十一章，尚是刘向之旧。惟分上经三十七章，下经四十四章，则又后人改易也。陆游云："晁以道谓王辅嗣本《老子》曰《道德经》，不析乎道德之而上下之，犹近于古。今此本久已离析。"则王本之失真，亦久矣。伪河上公本更于每章而加之以题目，尤为近俗。又老子书古只称《老子》，分上下篇，《史记》谓其言道德之意而已，非谓名为道德经也。《汉志》虽有《老子邻氏经传》《老子傅氏经说》《老子徐氏经说》等之名，亦以对传说而称经耳，不名为道德经也。而后人乃更从而析之，以上篇为道经，下篇为德经，则不经之甚者矣。

今欲研究《老子》，则下列之书可供参考：

> 顾欢《道德经疏》
> 王弼《老子注》
> 焦竑《老子翼》
> 魏源《老子本义》
> 毕沅《老子考异》
> 罗振玉《老子考异》

陶鸿庆《读老子札记》
刘师培《老子韵表》
刘师培《老子斠补》
陈柱《老子学八篇》
陈柱《老子集训》
陈柱《老子注》商务印书馆《学生国学丛书本》
陈柱《老子韩氏学》
武内义雄《老子原始》
武内义雄《老子之研究》

三、学说

宇宙说：古代民智未启，对于宇宙，如天地日月等，莫不以为有神，尤以天为神秘，以谓有上帝为之主宰，创造万有，指挥一切。至孔子而后有怀疑，老子而后生反对。盖老子者以宇宙为不可思议之物。不可思议者无对待，无比较，不可以言语形容者也。故其言曰：

道可道，非常道；名可名，非常名。一章

其所以不可道不可名者何？以其为无对待之大也。

天下皆谓我道大似不肖。夫唯大，故似不肖；若肖，久矣，其细也夫！六十七章

夫道尚不可道，名尚不可名，岂有神焉能为之创造邪？若有神能为之创造，则其大当有对待矣。有对待则有穷矣。则有穷之外复为何物？此则虽巧历不能言其数，其结果非至于无对待不止也。且神能创造物，则创造神者又谁邪？是故知宇宙之为无对待，则知无天神以创造宇宙矣。故天上无神，天亦非神，神亦非魈。

有物混成，先天地生，寂兮寥兮，独立而不改，周行而

不殆，可以为天下母，吾不知其名，字之曰道，强为之名曰大。二十五章

然则生天地万物者非神，乃混然之物耳。

道生一，一生二，二生三，三生万物。四十二章

此言道生万物，换言则为：

天下万物生于有，有生于无。四十章

然则万物于无，既名之曰无，岂得有神邪？故生天地者非神，而天上无神。

天地所以能长且久者，以其不自生，故能长生。七章

夫天地不自生，则天地之非神可知。

然而老子常称“谷神不死”，又云“神得一以灵”者，何也？曰：此《说文》所谓天神引出万物之神，谓自然引生万物耳，非鬼神之神也。故老子曰：

以道莅天下者，其鬼不神。六十章

此神字则假借为鬼神之神者也。鬼神之神，其本字当为魁，许氏《说文解字》犹能别之。故老子之所谓谷神亦非鬼神之神也。故曰：神亦非魁。

然则老子之于宇宙，盖主张无神论者。

教育说。老子云：

绝圣弃智，民利百倍；绝仁弃义，民复孝慈；绝巧弃利，

盗贼无有。十九章

古之善为道者，非以明民，将以愚之；民之难治，以其智多。故以智治国，国之贼；不以智治国，国之福。六十五章

学者据此，遂以谓老子根本反对教育。赞成老子者以老子为救世之清凉散，而反对老子者则以老子为开倒车之专家。然老子不常云乎？

明道若昧。四十一章

大巧若拙。四十五章

然则老子之所谓“绝圣弃智”“非以明民”“将以愚之”者，亦“明道若昧”之说耳。绝巧弃利者，亦“大巧若拙”之说耳。若之云者，本明而自以为昧，本巧而自以为拙，不以此陵人，以起争端而已，非真愚真昧真拙也。民之难治，以其智多者，人人自以为智，不肯相下，则争端必起，故使若拙若愚也。然则老子非不讲教育也，然则其教育之主旨何如乎？

是以圣人处无为之事，行不言之教。二章

何谓不言之教？盖因个性之自然，不烦勉强，不待烦说之谓也。

善行无辙迹，善言无瑕谪。二十七章

此所谓善行，即无为之注解。善言即不言之注解。唯其能顺个性之自然而为教，故无不可教之人，亦犹因物之本性而为用，故无不可用之物也。故云：

是以圣人常善救人，故无弃人；常善救物，故无弃物。二十七章

其为教所以崇尚自然者，亦基本于其宇宙论。

人法地，地法天，天法道，道法自然。二十五章

政治说。老子之教，既尚自然，而为不言之教，故其政治亦尚自然，而为无为之治。

不言之教，无为之益，天下希及之。四十三章

其所谓无为者，非真无为也，为于自然，而人不知其为也。故曰：

为无为，则无不治。三章

而世之学者，乃竟以老子为无所事事，则亦浅之乎视老子矣。为既为于无为，而使人不知，则德亦德于不德，而使人不识，故曰：

上德不德，是以有德。三十八章

反之，则为德而使人知其德者，则为不德，故曰：

下德不失德，是以无德。三十八章

盖既使人知德，则必欲人报德；欲人报德，则功成而居，己身居之不足，则传之于子孙，此封建制度之基本观念也。故老子于此，大加掊击，所以反对政府，反对封建也。

老子既法天，法自然，天地生物乃本无意志，无仁恩，而为自然之进化，故老子之于政治，亦主进化而不主法古。其言曰：

天地不仁，以万物为刍狗；圣人不仁，以百姓为刍狗。五章

此谓天地之于万物，其新陈代谢，一任其自然，而无所仁爱；圣人法之，亦任百姓之新陈代谢，不能强其法古也。刍狗者祭时之用品，庄子所谓未陈则盛以箧衍，巾以文绣，已陈则行者践其首脊，苏者取而爨之者也。

以是之故，攻击旧礼教，

> 夫礼者忠信之薄，而乱之首。三十八章

又攻击当时法令，

> 天下多忌讳，而民弥贫。五十七章
> 法令滋彰，盗贼多有。五十七章

又攻击当时政府，

> 民之饥，以其上食税之多，是以饥；民之难治，以其上之有为，是以难治；民之轻死，以其上求生之厚，是以轻死。七十五章

此以民之穷而走险，皆当时政府驱之然也。

> 朝甚除，田甚无，仓甚虚，服文彩，带利剑，厌饮食，财货有余，是谓盗竽。五十三章

竽，各本作夸，今从《韩非子》作竽。竽者乐之先导，此以朝为盗竽，盖以当时政府为盗贼之先导矣。

第五节 庄子

一、传略

《史记·庄子列传》云：

庄子者，蒙人也，名周。周尝为蒙漆园吏，与梁惠王、齐宣王同时。其学无所不窥，然其要本归于老子之言，故著书十余万言，大抵率寓言也。作《渔父》《盗跖》《胠箧》以诋訾孔子之徒，以明老子之术，《畏累虚》《亢桑子》之属，皆空语无事实。然善书离辞，指事类情，用剽剥儒、墨，虽当世宿学，不能自解免也。其言汪洋自恣以适己，故自王公大人不能器之。楚威王闻庄周贤，使使厚币迎之，许以为相。庄周笑谓楚使者曰："千金，重利；卿相，尊位也。子独不见郊祭之牺牛乎？养食之数岁，衣以文绣，以入太庙。当是之时，虽欲为孤豚，岂可得乎？子亟去，无污我。我宁游戏污渎之中自快，无为有国者所羁，终身不仕，以快吾志焉。"

庄子生卒年月，已不可考。马叙伦《庄子年表》，以谓周生于梁惠王之初年，至赵惠文之初年已八九十岁。则当在周烈王六年至周赧王十七年，当在公历前三七〇年至前二九八年之间。

二、书本

《汉书·艺文志》云：

《庄子》五十二篇。

陆德明云："《汉志》《庄子》五十二篇，即司马彪、孟氏所注是也。言多诡诞，或似《山海经》，或类占梦书，故注者以意去取。其内篇众家并同。自余或有外而无杂，惟郭子玄所注特会庄生之旨：故为世所责。”今司马、孟氏注已亡，惟郭子玄注传耳。虽分内、外、杂三篇，而书止三十三篇，亦已非旧本矣。今本三十三篇目如下：

内篇

《逍遥游》
《齐物论》
《养生主》
《人间世》
《德充符》
《大宗师》
《应帝王》

外篇

《骈拇》
《马蹄》
《胠箧》
《在宥》
《天地》
《天道》
《天运》
《刻意》
《缮性》
《秋水》
《至乐》
《达生》
《山木》

庄子像

庄子，名周，字子休（一说子沐），后人称之为“南华真人”，著名的思想家、哲学家、文学家，是道家学派的代表人物，老子哲学思想的继承者和发展者，先秦庄子学派的创始人。

《田子方》
《知北游》

杂篇

《庚桑楚》
《徐无鬼》
《则阳》
《外物》
《寓言》
《让王》
《盗跖》
《说剑》
《渔父》
《列御寇》
《天下》

王树楠云:“其书内篇即内圣之道,外篇即外王之道,所谓静而圣,动而王也。杂篇者杂述内圣外王之事,篇各为章,犹今人之杂记也。”今按此三十三篇,固不尽庄子自著,然古子多如此,不特《庄子》也。故论古子,与其必谓为某子一人之言,不如目为某子一家之言也。

今欲研究《庄子》,下列各书可供参考:

郭象《庄子注》
成玄英《庄子疏》
郭庆藩《庄子集释》
王先谦《庄子集解》
杨慎《庄子阙误》
章炳麟《庄子解故》
章炳麟《齐物论释》

陶鸿庆《读庄子札记》
顾实《庄子天下篇讲疏》
陈柱《庄子内篇学》
陈柱《庄子之老学》此下二种见《老学八篇》
陈柱《庄韩两家老学之比较》
陈柱《庄子通论》
武内义雄《庄子考》

三、学说

庄子书末有《天下》篇，或以为庄子自作，或以为不然，今莫能定其是非。然恐非庄子之博学，或深知庄子者，不能道也。其评庄子之学云：

> 芴漠无形，变化无常，死与生与？天地并与？神明往与？芒乎何之？忽乎何适？万物毕罗，莫足以归。古之道术，有在于是者，庄周闻其风而悦之。以谬悠之说，荒唐之言，无端崖之辞，时恣纵而不傥，不以觭见之也。以天下为沉浊，不可与庄语；以卮言为曼衍；以重言为真；以寓言为广。独与天地精神往来，而不敖倪于万物，不谴是非，以与世俗处。其书虽瑰玮，而连犿无伤也；其辞虽参差，而諔诡可观。彼其充实，不可以已。上与造物者游，而下与外死生无终始者为友。其于本也，宏大而辟，深闳而肆；其于宗也，可谓稠适而上遂矣。虽然，其应于化，而解于物也，其理不竭，其来不蜕，芒乎昧乎，未之尽者！

此评庄子之学，其最要者为“芴漠无形，变化无常，死与生与？天地并与”及“独与天地精神往来……上与造物者游，而下与外死生无终始者为友”数句，一言以蔽之，则与天为徒而已。与天为徒，故一切皆任天。故庄子之人生观，实可谓为任天主义，其所以然者，则基本于其宇宙论。

宇宙论。老子于宇宙以为不可名状，超出于对待，而非有神以为主宰。庄子本之，益为透切。

天其运乎？地其处乎？日月其争于所乎？孰主张是？孰维纲是？孰居无事推而行是？意者其有机械而不得已邪？意者其运转而不能自止邪？云者为雨乎？雨者为云乎？孰隆施是？孰居无事淫乐而劝是？风起北方，一西一东，有上彷徨，孰嘘吸是？孰居无事而披拂是？敢问其故？巫咸祒曰："天有六极五常。"《天运》篇

此虽为疑问之辞，而其意则实以为无物以为主张，无物以为维纲，无物以为机械，无物以为运转，无物为劝，无物嘘吸，无物为披拂，而皆自然者也。故假巫咸之答曰：天有六极五常。郭象解之云：

夫物事之近，或知其故，然寻其原以至乎极，则无故而自尔也。

郭氏解"六极五常"，虽不甚明，然其于庄子对于天地日月风雨皆为自然所生，而非有神为之创造，则大旨不谬也。

宇宙既无神创造，则宇宙万物从何而出邪？

有实而无乎处者宇也；有长而无本剽者宙也；有乎生，有乎死，有乎出，有乎入，入出而无见其形，是谓天门。天门者，无有也。万物出乎无有，有不能以有为有，必出乎无有。而无有一无有。《庚桑楚》篇

此则以万物出于无有也。所谓无有者，无有为之因者也，无有为之创造者也，即自然而有也。若有创造者，则创造者又有创造者，如此上推，将无终极，则创造者卒非创造者，故曰：有不能以有为有，必出乎无有也。

生物进化论：信宇宙有创造之神者，莫不视神之于物各有厚薄，而所最厚莫如人。老子、庄子则不然，以为天地生物，一任自然，绝无意思，故老子曰：

天地不仁，以万物为刍狗。

而庄子亦云：

吾师乎吾师乎！韲万物而不为戾，泽及万世而不为仁，长于上古而不为寿，覆载天地刻雕众形而不为巧。此之谓天乐。《天道》篇

其旨盖与老子不仁之说相同。然而万物之种类卒有不同，则又因乎天演进化之故。

种有几？得水则为㡭，得水土之际则为蛙蠙之衣，生于陵屯则为陵舄，陵舄得郁栖则为乌足，乌足之根为蛴螬，其叶为胡蝶，胡蝶胥也化而为虫，生于灶下，其状若脱，其名为鸲掇，鸲掇千日为鸟，其名为乾余骨，乾余骨之沫为斯弥，斯弥为食醯，颐辂生乎食醯，黄軦生乎九猷，瞀芮生乎腐蠸，羊奚比乎不箰。久竹生青宁，青宁生程，程生马，马生人，人又反入于机，万物皆出于机，皆入于机。《至乐》篇

此段所言物名不能尽识，然大意谓生物之种甚多，得水则继续变化，生于水土之际者为蛙蠙之衣，生于丘陵者为陵舄之草，各因水陆之殊而为植物也异。由是植物演进而为虫，而为鸟，再经许多变化而为马，而为人。皆天演之自然进化者，其说甚合于今日之物种由来论与天演论。

然今之所谓天演者，有天择物竞之说。天择者，生物偶受天然之适合，如洪水之时，同是海中之物，而洪水忽退，其留于陆者有偶然之

适合，遂能生长于陆，而不能者即因以死灭是也。物竞者，则由生物自动努力，以战胜天然，而求生存，如人类之种种制作是也。其在于人则亦可谓之人为矣。

庄子则止赞成天然，而不赞成人为。以天然为自然，以人为不自然，故一切皆以任天为本。

齐物论。庄子既主张任天，故一切人为所起之是非成毁寿夭美恶，均当齐之于一，故其书有《齐物论》，实为庄子哲学之中坚学说。

> 是亦彼也，彼亦是也；彼亦一是非，此亦一是非；果且有彼是乎哉？果且无彼是乎哉？彼是莫得其偶，谓之道枢。枢始得其环中，以应无穷。是亦一无穷，非亦一无穷也。

此《齐物论》中齐是非之说也。

> 其分也，成也；其成也，毁也，凡物无成与毁，复通为一。唯达者知通为一，为是不用而寓诸庸。

此《齐物论》中齐成毁之说也。

> 天下莫大于秋毫之末，而太山为小；莫寿于殇子，而彭祖为夭；天地与我并生，而万物与我为一。

此《齐物论》齐大小寿夭物我之说也。

> 民食刍豢；麋鹿食荐；蝍蛆甘带；鸱鸦耆鼠。四者孰知正味？猨猵狙以为雌；麋与鹿交；鳅与鱼游；毛嫱丽姬，人之所美也，鱼见之深入，鸟见之高飞，麋鹿见之决骤。四者孰知天下之正色哉？

此《齐物论》中齐美恶之说也。

盖庄子“与天为徒”，其视一切也均以天目视之，则宜其无不齐者矣。

政治论。庄子既任天，故对于人为之政府，人为之礼乐，极力掊击，而欲打倒礼教，以实行其无政府主义。

夫至德之世，同与禽兽居，族与万物并，恶乎知君子小人哉？同乎无知，其德不离；同乎无欲，是谓素朴。素朴而民性得矣。及至圣人，蹩躠为仁，踶跂为义，而天下始疑矣。澶漫为乐，摘僻为礼，而天下始分矣。《马蹄》篇

此欲打倒知识，打倒礼教，如泰古无政府之时，不特无君民之分，且人与万物禽兽亦皆平等也。

其对于君主政府，有时竟视同盗贼。

彼窃钩者诛，窃国者为诸侯，诸侯之门，而仁义存焉。《胠箧》篇

其疾之也如此。

教育说。梁启超《先秦政治思想史》，谓道家自表面上观之，似根本反对教育，然老子著五千言，庄子著三十三篇，又奚为者？故道家亦非彻底的排斥教育，故为杜撰一徽号曰：主张“愚的教育”云云。梁氏统论道家，以老子庄子混为一谈，而不知老子与庄子虽同在道家，而流派已不同也。

老子之愚民，本非愚民，不过使之若愚而已。庄子则以任天之故，而欲为天的教育，教人与天为徒。其长处在教人不以所得智识为满足。

吾生也有涯，而知也无涯，以有涯随无涯，殆已；已而为知者殆而已矣。《养生主》篇

此盖谓宇宙乃无涯之大，故知亦无涯之大。而吾人寿命有涯，比

于宇宙，等于无物，则吾今日之知，又乌足以为知。而世人竟以己为真知，固执不变，以与人争，则其为知也不亦殆乎?

其对于被教者则顺其个性之自然。

> 马，蹄可以践霜雪；毛可以御风寒；龁草饮水，翘足而陆，此马之真性也；虽有义台、路寝，无所用之。及至伯乐，曰:“我善治马。”烧之剔之，刻之雒之；连之以羁絷，编之以皂栈；马之死者十二三矣。饥之渴之；驰之骤之；整之齐之；前有橛饰之患，而后有鞭策之威；而马之死者已过半矣。陶者曰:“我善治埴，圆者中规，方者中矩。”匠人曰:“我善治木，曲者中钩，直者应绳。”夫埴木之性，岂欲中规矩钩绳哉?然且世世称之曰：伯乐善治马，而陶匠善治埴木，此亦治天下者之过也。《马蹄》篇

此以治马、治埴、治木以喻教人治人之失其个性自然之过也。夫不伤残被教者之个性，因其自然而为教，岂不甚善。而无如庄子持之太过，竟欲打倒知识，以同于泰古，以与天为徒，则是短也。

第六节　韩非子

一、传略

《史记·韩非列传》云:

> 韩非者，韩之诸公子也，喜刑名法术之学，而其归本于黄老。非为人口吃，不能道说，而善著书，与李斯俱事荀卿，斯自以为不如非。非见韩之削弱，数以书谏韩王，韩王不能用。于是韩非疾治国不务修明其法制，执势以御其臣下，富国强兵，而以求人任贤，反举浮淫之蠹而加之于功实之上；以为儒者用文以乱法，而侠者以武犯禁；宽则宠名誉之人，

急则用介胄之士；今者所养非所用，所用非所养；悲廉直不容于邪枉之臣，观往者得失之变。故作《孤愤》《五蠹》《内外储》《说林》《说难》十余万言。然韩非知说之难，为《说难》，书甚具，终死于秦不能自脱。……人或传其书至秦，秦王见《孤愤》《五蠹》之书，曰：嗟乎！寡人得见此人，与之游，死不恨矣！李斯曰：此韩非之所著书也。秦因急攻韩，韩王始不用非，及急，乃遣非使秦。秦王悦之，未信用。李斯、姚贾害之，毁之曰："韩非，韩之诸公子也，今王欲并诸侯，非终为韩，不为秦，此人之情也。今王不用，久留而归之，此自遗患也，不如以过法诛之。"秦王以为然，下吏治非，李斯使人遗非药，使自杀。韩非欲自陈，不得见。秦王后悔之，使人赦之，非已死矣。

韩非生年已不可考，其死年约在公历前二三三年。

二、书本

《汉书·艺文志》云：

《韩非子》五十五篇。

顾实云：司马迁曰："韩非喜刑名法术之学，而其归本于黄老，作《孤愤》《五蠹》《内外储》《说林》《说难》十余万言。"人或传其书至秦，秦王见《孤愤》《五蠹》之书。然又曰：韩非囚秦，《说难》《孤愤》，则似非之书作于入秦之后，盖当以前说为胜也。王应麟曰："非书有《存韩》篇，故李斯言非终为韩不为秦也。

韩非子像

韩非子，是中国战国时期著名的哲学家、法家学说集大成者。

后人误以范雎书厕于其书之间，乃有举韩之论。《通鉴》谓非欲覆宗国，则非也。”然亦非范雎书，乃张仪说秦书，第一篇《初见秦》，是也。误冠非书之首，则非书久已不完欤？

今《韩非子》五十五篇目如下：

《初见秦》第一
《存韩》第二
《难言》第三
《爱臣》第四
《主道》第五
《有度》第六
《二柄》第七
《扬权》第八
《八奸》第九
《十过》第十
《孤愤》第十一
《说难》第十二
《和氏》第十三
《奸劫弑臣》第十四
《亡征》第十五
《三守》第十六
《备内》第十七
《南面》第十八
《饰邪》第十九
《解老》第二十
《喻老》第二十一
《说林上》第二十二
《说林下》第二十三
《观行》第二十四
《安危》第二十五

《守道》第二十六
《用人》第二十七
《功名》第二十八
《大体》第二十九
《内储说上七术》第三十
《内储说下六微》第三十一
《外储说左上》第三十二
《外储说左下》第三十三
《外储说右上》第三十四
《外储说右下》第三十五
《难一》第三十六
《难二》第三十七
《难三》第三十八
《难四》第三十九
《难势》第四十
《问辩》第四十一
《问田》第四十二
《定法》第四十三
《说疑》第四十四
《诡使》第四十五
《六反》第四十六
《八说》第四十七
《八经》第四十八
《五蠹》第四十九
《显学》第五十
《忠孝》第五十一
《人主》第五十二
《饬令》第五十三
《心度》第五十四
《制分》第五十五

今欲研究《韩非子》，下列各书可供参考：

顾千里《校韩非子》
陈柱《韩非子札记》
松泽圆《韩非子纂闻》
太田方《韩非子翼毳》
冈本保孝《韩非子疏证》
依田利用《韩非子校注》

三、学说

总论：韩非之学，最为博杂，其与李斯同事荀卿，斯自以为不如非，则非之学其先本于儒家；又所著书有《解老》《喻老》，则其学又本于道家；而卒乃入于法家。今人刘咸炘著《子疏》论韩非学问之变，颇为有见。其言曰：

> 非之术盖多变矣。初学于荀卿，必不如是也。观《外储》引孔子盂圆水圆之说，是荀卿所述《君道》，而非闻之者也。乃以孔为不知，其背师明矣。继而学于黄老，故书常称引道家郑长者说《外储说右上》，《解老》一篇，义颇纯正，与后世误解而诋老者大殊，虽亦有浅陋误解，固不害也。其言宁有与其所谓法术相合者邪？此其所学而非所执也。又继乃为管、慎、申之说，故《主道》二篇，纯为申义，《观行》以下诸篇，杂慎、申之说，其说皆与其后之说相反，如《安危》言有信无诈，而《外储说左下》则言恃势恃术而不恃信矣。《难三》篇驳管子赏罚信于所见，不求所不见之说，以为好说在所见，则群下必饰奸罔君矣。《用人》篇详申子治不逾官之说，《难三》篇亦申之，而《定法》篇则谓治不逾官为非矣。是皆后益深刻之验也。且不独于前人之说也。《内储说》戒两用，而《难一》篇则言有术不患两用；《难四》篇皆自难而自驳，则其自为之说亦驳之矣。大氐其初杂申、慎语，尚有纯

者，如《功名》篇称尧舜，《有度》篇言先王，皆管、慎、申之所同；其后之自为说者，大氐宗商而兼慎，用申之术而去其无为自然法之说，纯为严刑立法密术察奸矣。极诋私行私意，以尊公功，尊主威，则商鞅之本旨也。故韩非子之于商极近，而于申稍远焉。

此文论韩非学术之变，颇足以窥见韩非学术之真。且一人之学，随时而变，故一书往往有矛盾之说。后之学者，见其矛盾，遂决为他人之作，斯实不能无谬也。

政治说。法家有五派：一为尚实派，如李悝、商鞅是；二为尚法派，如商鞅是；三为尚术派，如申不害是；四为尚势派，如慎到是；五为大成派，如韩非是。盖所谓大成者，集以上诸法家之大成也。今试略述之：

1. 尚实：此韩非受实业派之影响也。《显学》篇云：

今有人于此，义不入危城，不处军旅，不以天下大利易其胫一毛，世主必从而礼之，贵其智而高其行，以为轻物重生之士也。夫上所陈良田大宅，设爵禄，所以易民死命也。今上尊贵轻物重生之士，而索民之出死而重殉上事，不可得也。藏书策，习谈论，聚徒役，服文学，尚议说，世主必从而礼之，曰：敬贤士，先王之道也。夫吏之所税，耕者也；而上之所养，学士也。耕者则重税，学士则重赏，索民之疾作而少言谈，不可得也。

然则韩非所重，盖在于轻死而尚功，疾作而力耕之人可知。

2. 尚法：此为韩非学术之中坚，受商鞅之影响至深。

3. 尚术：此盖受申不害之影响，《定法》篇云：

问者曰：“申不害，公孙鞅，此二家之言孰急于国？”应之曰：是不可程也。人不食十日则必死，大寒之隆不衣亦死，

> 谓之衣食孰急于人，则是不可一无也。皆养生之具也。今申不害言术，而公孙鞅为法，术者因任以受官，循名而责实，操杀生之柄，课群臣之能者也。此人主之所执也。法者宪令著于官府，刑罚必于民心，赏存乎慎法，而罚加乎奸令者也。此臣之所师也。君无术则弊于上，臣无法则乱于下，此不可一无，皆帝王之具也。

然则韩非之于法与术，盖主张并用而不可偏废者也。故于申子之有术无法，与商君之有法无术，两者交讥焉。《定法》篇又云：

> 问者曰："徒术而无法，徒法而无术，其不可何哉？"对曰：申不害，韩昭侯之佐也。韩者，晋之别国也，晋之故法未息，而韩之新法又生；先君之令未收，而后君之令又下；申不害不擅其法，不一其宪令，则奸多：故利在故法前令则道之，利在新法后令则道之，故新相反，前后相悖，则申不害虽十使昭侯用术，而奸臣犹有所谲其辞矣。故托万乘之劲韩，七十年而不至于霸王者，虽用术于上，法不勤饰于官之患也。公孙鞅之治秦也，设告相坐，而责其实，连什伍而同其罪，赏厚而信，刑重而必。是以其民用力劳而不休，逐敌危而不却。故其国富而兵强。然而无术以知奸，则以其富强也资人臣而已矣。及孝公、商君死，惠王即位，秦法未败也，而张仪以秦殉韩、魏。惠王死，武王即位，甘茂以秦殉周。武王死，昭襄王即位，穰侯越韩、魏而东攻齐，五年而秦不益一尺之地，乃成其陶邑之封。应侯攻韩八年，成其汝南之封。自是以来，诸侯用秦者皆应穰之类也。故战胜则大臣尊，益地则私封立，主无术以知奸也。商君虽十饰其法，人臣反用其资。故乘强秦之资，数十年而不至于帝王者，法不勤饰于官，主无术于上之患也。

其对于执一废一者之反对如此。且韩非又不以申子之术为足以尽术，商君之法为足以尽法也。《定法》篇又曰：

问者曰："主用申子之术，官行商君之法，可乎？"对曰：申子未尽于术，商君未尽于法也。据顾广圻校本申子言治不逾官，虽知弗言。治不逾官，谓之守职也可。知而弗言，是谓过也。人主以一国目视，故视莫明焉；以一国耳听，故听莫聪焉。今知而弗言，则人主尚安假借矣？商君之法曰：斩一首者爵一级，欲为官者为五十石之官；斩二首者爵二级，欲为官者为百石之官。官爵之迁与斩首之功相称也。今有法曰：斩首者令为医匠，则屋不成而病不已。夫匠者，手巧也，而医者，齐药也。而以斩首之功为之，则不当其能。今治官者，智能也。今斩首者，勇力之所加也。以勇力之所加，而治智能之官，是以斩首之功为医匠也。故曰：二子之于法术，皆未尽善也。

其以申、商于术与法为未尽善也如此。

4.尚势：此韩非受慎子之影响者也。《难势》篇首言慎子言势之要，次设客以难之，末则以己意申明慎子之说而益之以法。其言曰：

夫贤势之不相容亦明矣。且夫尧、舜、桀、纣，千世而一出，非原作是，校改比肩随踵而生也。世之治者，不绝于中，吾所以为言势者中也。中者上不及尧、舜，而下亦不为桀、纣。抱法处势则治，背法去势则乱。今废势背法而待尧、舜，尧、舜至乃治，是千世乱而一治也。抱法处势而待桀、纣，桀、纣至乃乱，是千世治而一乱也。……夫弃隳栝之法，去度量之数，使奚仲为车，不能成一轮；无庆赏之劝，刑罚之威，释势委法，尧、舜户说而人辩之，不能治三家。夫势之足用亦明矣。

韩非之尚势如此。然则韩非者，固集法家诸派之大成者也。而梁启超《先秦政治思想史》论法家，竟谓术为阴谋操纵，而置韩非所谓“术者因名以受官，循名以责实”之说于不顾，而引韩非《有度》篇“奉公法，废私术”之语，以为韩非反对术治之证。而不知韩非所废者私术，而所用者公术也。梁氏又谓韩非反对势治，引《难势》篇为证。夫《难势》篇分三大段，前已言之矣。第一段引慎子论势之说，第二段设客难慎子之说，第三段为韩非驳客难而申明慎子之说。段落最为明白，而梁氏《先秦政治思想史》乃以客难为韩非之言，连第二段与第三段为一段，即合两家反对之论以为一人之言，而不知其矛盾不通。梁氏读书之草率，于此可见，其大谬乃至于此。

韩非虽集诸派之大成，而实以法为中坚，彼其学本于老子，老子曰：

> 上德无为而无不为。《韩非子·解老》篇所引，与今本《老子》不同。

此老子最重要之教义也。老子以谓为于自然，则人莫知其为，故曰无为。既为于自然，民咸乐之，故为无不成，故曰无不为。韩非得之，则以一切纳之于法，为无为而无不为矣。

韩非之于法，重必，重严，重一。《五蠹》篇云：

> 故十仞之城，楼季弗能逾者，峭也；千仞之山，跛牂易牧者，夷也。故明王峭其法而严其刑也。布帛寻常，庸人弗释；铄金百溢，盗跖不掇。不必害，则不释寻常；必害手则不掇百溢。故明主必其诛也。是以赏莫如厚而信，使民利之；罚莫如重而必，使民畏之；法莫如一而固，使民知之。

此所谓赏罚刑法，虽分别言之，实则统纳于法之内者也。

盖韩非生于战国之世，法律不公，刑罚不中，故矫当时之弊而专尚法治焉。

反教说：韩非既崇尚法治，其心目中则唯有法字而已。其对于教育可谓极端反对。《显学》篇云：

夫圣人之治国，不恃人之为吾善也，而用其不得为非也。恃人之为吾善也，境内不什数，用人不得为非，一国可使齐。

其意盖欲以法禁人之为非，而反对教育之教人为善。所以然者，则能为善者少，而为非者多也。彼以为多者乃必然之事，少为适然之事。故又曰：

故有术之君，不随适然之善，而行必然之道。今或谓人曰："使子必智而寿。"则世必以为狂。夫智，性也；寿，命也。性命者非所学于人也。而人之所不能为，说人；此世之所以谓之为狂也。……以仁义教人，是以智与寿说人也。《显学》篇

彼以教人之善为等教人之寿，则其反对教育也固宜。虽然，教人之善，岂真如教人之寿乎？且寿亦有可以人力增加者，况为善乎？其《五蠹》篇又云：

今有不才之子，父母怒之弗为改；乡人谯之弗为动；师长教之弗为变。夫以父母之爱，乡人之行，师长之智，三美加焉，而终不动，其胫毛不改；州部之吏，操官兵，推公法，而求索奸人，然后恐惧，变其节，易其行矣。故父母之爱不足以教子，必待州部之严刑者，民固骄于爱，听于威矣。

然则韩非子者，盖只见不才之子，而不见夫才之子者也。彼盖以天下人尽为不才者也。虽然，彼又只见州部之吏，操官兵，推公法，而求索奸人，然后变节易行者，而不见夫其不变易者也。韩非又云：

且民者固服于世，寡能怀于义。仲尼天下圣人也，修行明道以游海内，海内说其仁，美其义，而为服役者七十人，盖贵仁者寡，能义者难也。故以天下之大，而为服役者七十

人，而仁义者一人。鲁哀公，下主也，南面君国，境内之民，莫敢不臣。《五蠹》篇

盖韩非者徒见孔子之为匹夫，而不知倘孔子南面而君鲁，将可以王天下也；徒知鲁公南面君鲁之能臣其境内之民，而不知倘鲁公生而为匹夫，将饿死于沟壑也。其说亦可谓蔽之甚者矣。虽然，韩非者，盖亦有所矫者也。其言曰：

今境内之民，皆言治，藏商、管之法者家有之，而国愈贫，言耕者众，执耒者寡也。境内皆言兵，藏孙、吴之书者家有之，而兵愈弱，言战者多，被甲者少也。故明主用其力，不听其言；赏其功，必禁无用。《五蠹》篇

盖目睹当世游说空谈者之误国，故欲一切矫之也。然去空谈，是也；而并教育亦弃之，岂知执耒被甲，亦非生而知之，必将有待于教者邪？且吾不知韩非之著书，又何为者也？

第七节 惠子

一、传略

惠施，司马彪云：姓惠名施，为梁相。高诱云：宋人也。《汉书·艺文志》云：与庄子并时。胡适云：惠施曾相梁惠王，惠王死时，惠施还在。惠王死在西历纪元前三一九年。又据《吕氏春秋》，齐、梁会于徐州，相推为王，乃是惠施的政策。徐州之会，在纪元前三三四年，据此看来，惠施的时代，大约在前三八〇年与前三〇〇年之间。

二、书本

《汉书·艺文志》云：

《惠子》一篇。

《庄子·天下篇》云：

惠施多方，其书五车。

柱案：据庄子之言，则惠施著书之多可知。《汉志》云："一篇"，则在汉时亡失者已多矣。盖几已尽亡之矣。今《汉志》一篇亦已亡。马国翰有辑本。

今欲研究惠施学说，下列各书，可供参考。

胡适《惠施公孙龙之哲学》（《东方杂志》第十五卷第五六期）
顾实《庄子天下篇讲疏》
陈柱《庄子天下篇新注》
陈柱《惠子学案》

三、学说

惠施之书，今已亡佚，其说散见于《庄子》为最多，而尤以《庄子·天下》篇所述者最有价值。《庄子·天下》篇云：

惠施多方，其书五车，其道舛驳，其言也不中。历物之意，曰：至大无外，谓之大一；至小无内，谓之小一。无厚不可积也，其大千里。天与地卑，山与泽平。日方中方睨，物方生方死。大同而与小同异，此之谓小同异；万物毕同毕异，此之谓大同异。南方无穷而有穷。今日适越而昔来。连环可解也。我知天下之中央，燕之北，越之南，是也。氾爱万物，天地一体也。惠施以此为大观于天下，而晓辩者。天下之辩者，相与乐之。卵有毛。鸡三足。郢有天下。犬可以为羊。马有卵。丁子有尾。火不热。山出口。轮不蹍地。目不见。指不至，至不绝。龟长于蛇。矩不方，规不可以为圆。凿不围枘。飞鸟之景，未尝动也。镞矢之疾，而有不行不止之时。狗非犬。黄马骊牛三。白狗黑。孤驹未尝有母。一尺之捶，日取其半，万世不竭。辩者以此与惠施相应，终身无穷。桓团、公孙龙，辩者之徒，饰人之心，易人之意，能胜人之口，不能服人之心，辩者之囿也。惠施日以其知与人辩，特与天下之辩者为怪，此其柢也。然惠施之口谈，自以为最贤。曰：天地其壮乎？施存雄而无术。南方有倚人焉，曰黄缭，问天地所以不坠不陷，风雨雷霆之故。惠施不辞而应，不虑而对，遍为万物说，说而不休，多而无已，犹以为寡，益之以怪。以反人为实，而欲以胜人为名，是以与众不适也。

观庄子此文，则惠施之书所以不传，盖以与众不适之故。而惠施之徒，其学大抵以反人为要，则可断然无疑者也。

惠施历物之意，可分为十事，如下：

（一）至大无外，谓之大一；至小无内，谓之小一。

（二）无厚不可积也，其大千里。

（三）天与地卑，山与泽平。

（四）日方中方睨，物方生方死。

（五）大同而与小同异，此之谓小同异；万物毕同毕异，此之谓大同异。

（六）南方无穷而有穷。

（七）今日适越而昔来。

（八）连环可解也。

（九）我知天下之中央，燕之北，越之南，是也。

（十）氾爱万物，天地一体也。

此十事，胡适《中国哲学史大纲》上卷第八篇第四章，以第十事"氾爱万物，天地一体也"为一个大主义。前九条是九种辩证，后一条是全篇之断案。前九条略依章太炎《明见篇》，分为三组：

第一组论一切空间的分割区别都非实有。（一）、（二）、（三）、

（六）、（七）、（八）、（九）。

第二组论一切时间的分割区别都非实有。（四）。

第三组论一切同异都非绝对的。（五）。

三组的断案天地一体也。

辩者之徒，与惠施相应者，可分为二十一事，如下：

（一）卵有毛。

（二）鸡三足。

（三）郢有天下。

（四）犬可以为羊。

（五）马有卵。

（六）丁子有尾。

（七）火不热。

（八）山出口。

（九）轮不蹍地。

（十）目不见。

（十一）指不至，至不绝。

（十二）龟长于蛇。

（十三）矩不方，规不可以为圆。

（十四）凿不围枘。

（十五）飞鸟之影，未尝动也。

（十六）镞矢之疾，而有不行不止之时。

（十七）狗非犬。

（十八）黄马骊牛三。

（十九）白狗黑。

（二十）孤驹未尝有母。

（二十一）一尺之捶，日取其半，万世不竭。

此二十一事，胡适《中国哲学史大纲》归之于第五章《公孙龙》，并分为四组如下：

第一论空间时间区别都非实有。（三）、（九）、（十五）、（十六）、（二十一）。

第二论一切同异都非绝对的。这一组又分两层：

（甲）从自相上看来万物毕异。（十三）、（十四）、（十七）。

（乙）从共相上看来万物毕同。（一）、（五）、（六）、（八）、（十二）。

第三论知识。（二）、（七）、（十）、（十一）、（十八）。

第四论名。（四）、（十九）、（二十）。

余以为此二十一事，乃惠施所晓之辩者之说，公孙龙固辩者之一，然未必即为公孙龙之说，故为便利于研究计，仍以附于惠施为宜。

以上惠施十事，辩者之徒二十一事，合而观之，则此辈之说，专以与常识相反甚明。兹略述之如下：

有引常识之说为例，以证常识之说之非者，如常识以中国或四海之内为天下，而此辈则云："郢有天下。"以见倘中国可以称为天下，则郢亦有天下之一部，亦可称为天下。如郢而不可为天下，则中国亦不可以为天下。常识言时间谓之长，空间亦谓之长。彼辈之意，则为不分别则言易乱。若有人问曰：龟与蛇孰长？常人则答云：蛇长于龟，而我则答云：龟长于蛇，未尝不可也。何也？常人指其身体而言，而我则指其寿命而言也。斯可以见空间之长，与时间之长，当别其称谓矣。

其他则或据地圆之理以见常识所称方向之不定，常识以南便是南，北便是北。而此辈则以地为圆物，燕南越北，固可以为中央；燕北越南，又奚不可以为中央乎？故曰："我知天下之中央，燕之南，越之北，是也。""南方无穷而有穷"，当作"南方有穷而无穷"。谓常识以地为方形，故南方是有穷者；而不知地为圆形，而南方未始有穷也。常识以地为方，故无今日适越而昔已来之理；不知地形本圆，在西方日中，在东方则为夜半；故在东方之人言今夜到越，而在西方之人，便是昔日已至越矣。（此略本胡适说。）

又据分析之理以见常识大小之无定。一尺之捶，世所谓小也。而日取其半，万世不竭。则以万世所取之一半，以比一尺之捶，则一尺之捶，便是无穷之大。小既不足为小，则大亦不足为大，则常识大小之见除矣。

又有据物之本体以见常识之非者，如人言火热，而不知火本不自热，只人觉火热耳。只可谓之人觉火热，而不可径云火热，故曰"火不热”也。

此外各条虽所据之理不同，而专与常识反对，欲打倒常识，其旨则一而已。

此等学说，最足以提起学者之研究心，而排除人类之惰怠性。其精神似亦受老子反义之影响，唯老子用反以应世，惠施之徒，则用反以历物，是其异也。庄子之反世，亦与老子同，然老子由有对待而求至无对待，庄子以分析比较而见大小之无常，大不足为大，而小亦不足为小，故大小之见无。此庄子之学，与老子异者。而其起于分析比较则与惠子同。唯庄子则因分析而忘大小，本之而为忘言的人生观之哲学。惠子则不然，以分析而明常识之大不足为大，常识之小不足为小，专以反人胜人为事，而为好辩之名家。此庄惠之所以异也。知乎此，庄惠两人之相非可以明，而庄惠之相知，亦可以见矣。

第八节　墨子

一、传略

司马迁《史记》以墨子附于《孟荀列传》之后，而其文有脱简。见拙著《墨学十论·墨子之大略》墨子之事迹遂不传。今据孙诒让《墨子间诂》《墨子后语上》《墨子传略》，略著其要如下：

> 墨子名翟，姓墨氏，鲁人，或曰宋人。盖生于周定王时。鲁惠公使宰让请郊庙之礼于天子，桓王使史角往，惠公止之，其后在于鲁，墨子学焉。其学务不侈于后世，不靡于万物，不晖于数度，以绳墨自矫，而备世之急，作为《非乐》，命之曰《节用》，生不歌，死无服，氾爱兼利而非斗，好学而博不异，又曰：兼爱尚贤，右鬼非命。以为儒者礼烦扰而不说，厚葬靡财而贫民，久服伤生而害事。故背周道而用夏政。亦道尧舜，又善守御，为世显学。徒属弟子充满天下。
>
> 其居鲁，劝鲁君尊天事鬼，爱利百姓，法尧、舜、禹、

汤、文、武，以百里取天下，暂卑辞厚币以事齐。

楚人常与越人舟战于江。楚惠王时，公输般自鲁南游楚焉，始为舟战之器，作为钩拒之备。楚人以此亟败越人，公输般善其巧，以语墨子。墨子曰："我义之钩拒，贤于子舟战之钩拒。"因说以之交相爱之义。

公输般为楚造云梯之械成，将以攻宋。墨子闻之，起于鲁，行十日十夜而至于郢，见公输般，劝以不攻宋。公输般曰："不可。吾已言之王矣。"墨子见王。王曰："公输般为我为云梯，必取宋。"于是见公输般。墨子解带为城，以谍为械。公输般九设攻城之机变，墨子九距之。公输般之攻械尽，墨子之守围有余。公输般诎，而曰："吾知所以距子矣。吾不言。"墨子亦曰："吾知子之所以距我，吾不言。"楚王问其故。墨子曰："公输子之意，不过欲杀臣；杀臣，宋莫能守，乃可攻也。然臣之弟子禽滑厘等三百人，已持臣守围之器，在宋城上而待楚寇矣。虽杀臣不能绝也。"楚王曰："善哉！吾请无攻宋矣。"

楚惠王五十年，墨子至郢，献书惠王。惠王欲养之，墨子辞。鲁阳文君言于王，谓为北方圣贤人，王乃封墨子以书社五百里，不受而去。

宋昭公时，尝为大夫，又尝南游于卫。昭公末年，司城皇喜专政劫君，而囚墨子。

老而至齐，见大王田和，劝以非攻。齐将伐鲁，墨子复欲劝止之。卒，盖在周安王末年，所著书，汉刘向校录之，为七十一篇。

以上据孙氏传略删改者也。墨子生卒之年，则以梁启超所考似为较确，梁氏云：

墨子生于周定王初年，元年至十年之间，西纪前四六八至四五九。约当孔子卒后十余年。孔子卒于前四七九

墨子卒于周安王中叶，十二年至二十年之间，西纪前三九〇至三八二约当孟子生前十余年。孟子生于前三七二

二、书本

《汉书·艺文志》云：

《墨子》七十一篇。

毕沅《墨子注叙》云：

《墨子》七十一篇，见《汉书·艺文志》，隋以来为十五卷，目一卷，见《隋书·经籍志》。宋亡九篇，为六十一篇，见《中兴馆阁书目》。实六十三篇。后又亡十篇，为五十三篇，即今本也。书存道藏中，缺宋讳字，知即宋本。

今将十五卷之目列后：

（一）《亲士》《修身》《所染》《法议》《七患》《辞过》《三辩》

（二）《尚贤上》《尚贤中》《尚贤下》

（三）《尚同上》《尚同中》《尚同下》

（四）《兼爱上》《兼爱中》《兼爱下》

（五）《非攻上》《非攻中》《非攻下》

（六）《节用上》《节用中》《节葬下》

（七）《天志上》《天志中》《天志下》

（八）《明鬼下》《非乐上》

（九）《非命上》《非命中》《非命下》《非儒下》

（十）《经上》《经下》《经说上》《经说下》

（十一）《大取》《小取》《耕柱》

（十二）《贵义》《公孟》

（十三）《鲁问》《公输》

（十四）《备城门》《备高临》《备梯》《备水》《备穴》《备突》《备蛾傅》

（十五）《迎敌祠》《旗帜》《号令》《杂守》

今欲研究墨子，下列各本，可供参考：

毕沅《墨子注》

苏时学《墨子刊误》

张皋文《墨子经说解》

孙诒让《墨子间诂》

陶鸿庆《读墨子札记》

刘师培《墨子斠补》

王闿运《墨子注》

张纯一《墨子间诂笺并补校》

梁启超《墨子学案》

梁启超《墨子经校释》

胡适《小取篇新诂》

尹桐阳《墨子新释》

李笠《墨子间诂校补》

陈柱《定本墨子间诂补正》

陈柱《墨学十论》

三、学说

天志说。墨子与儒、道各家所最显著最特异者，莫如以天为有人格，有意志。儒家虽亦言天意，然不如墨家之俨然如有人格者之在上，君临于人，而一一司其赏罚也。道家如老子则以天为自然，为无意志，与墨子益异矣。《墨子·天志上》篇云：

顺天意者，兼相爱，交相利，必得赏；反天意者，别相

墨子像

墨子，名翟。中国古代思想家、墨家创始人。墨子出身低贱，一生中除著书立说和教授门徒外，还参加过一些政治活动。

恶，交相贼，必得罚。然则是谁顺天意而得赏者？谁反天意而得罚者？子墨子言曰：昔三代圣王禹、汤、文、武，此顺天意而得赏者也。昔三代之暴王桀、纣、幽、厉，此反天意而得罚者也。然则禹、汤、文、武，其得赏何以也？子墨子言曰：其事上尊天，中事鬼神，下爱人，故天意曰：此之之，同知我之所爱，兼而爱之；我所利，兼而利之；爱人者，此为博焉；利人者，此为厚焉。故使贵为天子，富有天下，业万世子孙，传称其善，方施天下，至今称之，谓之圣王。然而桀、纣、幽、厉，得其罚何以也？子墨子言曰：其事上诟天，中诟鬼，下贼人，故天意曰：此之之，同知我所爱别而恶之；我所利交而贼之，恶人者，此为之博也；贼人者，此为之厚焉。故使不得终其寿，不殁其世，至今毁之，谓之暴王。然则何以知天之爱天下之百姓？以其兼而明之。何以知其兼而明之？以其兼而有之。何以知其兼而有之？以其兼而食焉。何以知其兼而食焉？四海之内，粒食之民，莫不犓牛羊，豢犬彘，洁为粢盛酒醴，以祭祀于上帝鬼神。

观此，则墨子盖以天为天子之上司，能施赏罚于天子，而不差爽，且天亦如人然，能饮食者也。

且墨子既以天为有人格，有意志，而天之于物，又特偏爱于人者。何以言之？盖墨子对人则主兼爱，而于物则否，何也？其言曰：

四海之内，粒食之民，莫不犓牛羊，豢犬彘，洁为粢盛酒醴，以祭祀于上帝鬼神。

于此可见墨子之意，盖以为天生万物，乃专所以养人，与祀上帝鬼神者也。故不妨杀牛羊犬彘以养人，祀上帝鬼神。若一视同仁，则牛羊犬彘，亦当兼相爱，交相利矣。

政治说。墨子既以天为有意志，而兼爱天下之人，故本天志而提倡兼爱。兼爱者，兼相爱，交相利之谓。《兼爱上》篇云：

使天下兼相爱，爱人若爱其身。犹有不孝者乎？视父兄与君若其身，恶施不孝？犹有不慈者乎？视弟子与臣若其身，恶施不慈？故不孝不慈亡有。犹有盗贼乎？故视人之室若其室，谁窃？视人身若其身，谁贼？故盗贼亡有。犹有大夫之相乱家，诸侯之相攻国者乎？视人家若其家，谁乱？视人国若其国，谁攻？故大夫之相乱家，诸侯之相攻国者，亡有。……若此，则天下治，故圣人以治天下为事者，恶得不禁恶而劝爱！

然则墨子之兼爱，乃爱其身如人身，爱人室如己室，爱人家如己家，爱人国如己国者也。其欲达此兼爱之目的，则有其方法焉。

其于政治上之组织，则为尚同。尚同者谓下皆同于上也。其上同之方法，则以先以：

天子发政于天下之百姓，言曰：……上之所是，必皆是之；上之所非，必皆非之。……上同而不下比者，此上之所赏，而下之所誉也。……上之所是，弗能是；上之所非，弗能非。……下比不能上同者，此上之所罚，而百姓所毁也。

既发此令，则由下层次而上，故第一步以：

里长发政里之百姓，言曰：……乡长之所是，必皆是之；乡长之所非，必皆非之。……乡长唯能一同乡之义，是以乡治也。

第二步以：

乡长发政乡之百姓，言曰：……国君之所是，必皆是之；国君之所非，必皆非之。……国君唯能一同国之义，是以国治也。

第三步以：

国君发政国之百姓，言曰：……天子之所是，皆是之；天子之所非，皆非之。……天子唯能一同天下之义，是以天下治也。

第四步则天子亦当上同于天，故曰：

天下之百姓，皆上同于天子，而不上同于天，则菑犹未去也。

其组织先由天子发令以为标准，于是由下而上，以至于天子，其组织方法，诚甚为严密矣。《尚同下》篇所言，虽大同小异，而足以益见同之之法，兹更节录如下：

试用家君发宪布令其家，曰：……则家必治矣。……国之为家数也甚多，……故又使家君总其家之义，以尚同于国君。

国君亦为发宪布令于国之众，曰：……则国必治矣。……天下之为国数也甚多，……故又使国君选选与总义同其国之义，以尚同于天子。

天子亦为发宪布令于天下之众，曰：……天下必治矣。天下既已治，天子又总天下之义，以尚同于天。

此墨子尚同之法也。周、诸子言政治之组织，殆无如此之备者也。然此组织之法而已，徒法不能以为政，故又当尚贤。《尚贤上》篇云：

古者圣王之为政也，言曰：不义不富，不义不贵，不义不亲，不义不近。是以国之富贵人闻之，皆退而谋曰：始我所恃者，富贵也。今上举义不避贫贱，然则我不可不为义。亲者闻之，亦退而谋曰：始我所恃者，亲也。今上举义不避疏，然则我不可不为义。近者闻之，亦退而谋曰：始我所恃者，近也。今上举义不避远，然则我不可不为义。远者闻之，亦退而曰：我始以远为无恃，今上举义不避远，然则我不可不为义。

此墨子尚贤之道也。盖不尚贤则不能上同也。然天下之人固不能尽贤，不可尽使之同然也。故明天志，明鬼神以戒惧之，《天志》《明鬼》诸篇所言是也。勤教育以开导之，《贵义》《公孟》各篇所记是也。

既主兼爱，爱人者首在能分人以财。故消极方面，则提倡节用，节葬，非乐，以省消耗之费。积极方面，则以形劳天下，日夜不休，以自苦为极，以从事工作。亦《贵义》《公孟》诸篇所记者是也。

且攻战者，兼爱之敌也。既主兼爱，则不能不非攻。此《非攻》篇所由作也。然我非之而人犹攻之，则如何？则结徒众，精器械，工守圉，以距之。此《贵义》以下至《杂守》诸篇所记是也。

教育说。墨子既以天为有意志，而主兼爱，故其教育亦以法天为标准。《法仪》篇云：

然则奚以为治法而可？当皆法其父母奚若？天下之为父母者众，而仁者寡。若皆法其父母，此法不仁也。法不仁，不可以为法。

当皆法其学奚若？天下之为学者众，而仁者寡。若皆法其学，此法不仁也。法不仁，不可以为法。

当皆法其君奚若？天下之为君者众，而仁者寡。若皆法其君，此法不仁也。法不仁，不可以为法。

故父母学君三者，莫足以为治法。然则奚以为治法而可？故曰：莫若法天。

此虽非专言教育，而其教育之宗旨，则以法天为标准，盖明甚。然何为以法天为标准？则亦兼爱而已。故《法仪》篇云：

天之行广而无私，其施厚而不德，其明久而不衰。故圣王法之。既以天为法，动作有为，必度于天。天之所欲则为之，天之所不欲则止。然而天何欲何恶者也？天必欲人之相爱相利，而不欲人之相恶相贼也。奚以知天之欲人相爱相利，而不欲人之相恶相贼也？以其兼而爱之，兼而利之也。

然则墨子之教育以兼爱为主旨可知。既以兼爱为主，则积极方面，欲以己说胜人，故重论辩之学，此《经》上、下及大、小《取》等篇所记是也。消极方面，恐己说之不足以服人，而人来攻我，故不能不精器械，讲守圉，故其教育又尚创作，故《非儒》篇载有反对儒者“君子循而不作”之语。此皆墨子教育学说之荦荦大者也。其余详拙著《墨学十论·墨子之教育主旨》中，兹不详焉。

第五讲　儒学

第一节　儒术真论

昔韩非《显学》，胪列八儒，而传者独有孟、荀，其他种别，未易寻也。西京贾傅，为荀子再传，而董、刘诸公，已不能以一家名。且弘、汤之法盛行，而儒杂刀笔；参以灾祥鬼神，而儒杂墨术。自东京以来，盖相率如是。《荀子·儒效》云：其言议谈说，已无以异于墨子矣。然而明不能分别，是俗儒者也。然则七国之季，已有杂糅无师法者，后此何足论。今以《墨子·公孟》篇公孟子、程子与墨子相问难者，记其大略。此足以得儒术之真。其于八儒虽无可专属，要之微言故训，有上通于内圣外王之道，与夫混淆失真者，固大有殊矣。由斯推衍，其说可以卢牟六合，经纬冯生。盖圣道之大，无能出其范者。抑括囊无辩，谓之腐儒。今既摭拾诸子，旁采远西，用相研究，以明微旨，其诸君子亦有乐乎此欤？

惠定宇谓公孟子即公明子，为孔子之徒。近人孙诒让仲容则云：《潜夫论》志《氏姓》篇：卫公族有公孟氏，《左传·定十二年》疏谓公孟絷之后，以字为氏，则自有公孟氏，非公明氏也。《说苑·修文》篇有公孟子高见颛孙子莫及曾子，此公孟子疑即子高，盖七十子之弟子也。余谓子莫告公孟子高之言曰："去尔外厉，与尔内色胜，而心自取之，去三者而可矣。"今公孟子谓墨子曰："君子共己以待，问焉则言，不问焉则止。"又曰："实为善人孰不知？今子遍从人而说之，何其劳也。"即本子莫去外厉之意，则公孟子即公孟子高明甚。然即此愈知公孟即公明。《孟子·万章》篇有长息问公明高，即为公孟子高。且孟子言舜之怨慕，而举公明高之言以为证。又言：“人少则慕父母，五十而慕者，独有大舜。”今公孟子则曰：“三年之丧，学吾之慕父母。”墨子驳之则曰：“夫婴儿子之知，独慕父母而已，父母不可得也。然号而不止，此其故何也？即愚之至也。然则儒者之知，岂有以贤于婴儿子哉！”是公孟子之言，与孟子所述慕父母义，若合镮印。则知公孟子、公孟子高、公明高为一人明甚。公孟、公明虽异族，然同声相借，亦有施之姓氏者。今夫司徒、申屠、胜屠，本一语也。而因其字异，遂为三族。荀与孙、虢与郭，本异族也，而因其声同，遂相假借。今公孟、公明，亦犹荀孙、虢郭，虽种胄有殊，而文字相贸，亦无不可。然既严事曾子，其不得为孔子之徒明矣。惠说亦未合也。今观其立说，亦醇疵互见，而宣尼微旨，于此可睹。捃摭秘逸，灼然如晦之见明者，凡数大端。呜呼！可不谓卓欤？

公孟子谓子墨子曰：“昔者圣王之列也，上圣立为天子，其次立为卿大夫。今孔子博于诗书，察于礼乐，详于万物。若使孔子当圣王，则岂不以孔子为天子哉！”

按玄圣素王，本见《庄子》。今观此义，则知始元终麟，实以自王，而河图不出，文王既丧，其言皆以共主自任，非图谶妄言也。门人为臣，孔子以为行诈，诸侯卿尹之尊，非所以处上圣，进退失据，故斥言其欺。不然，子弓南面，任为天子。尚无所讳，而辞此区区乎？知此者独有梅子真尔？

公孟子曰：“无鬼神。”又曰：“君子必学祭祀。”子墨子曰：“执无鬼而学祭礼，是犹无客而学客礼也，是犹无鱼而为鱼罟也。”子墨子谓程子曰：“儒以天为不明，以鬼为不神，天鬼不说，此足以丧天下。”

按仲尼所以凌驾千圣，迈尧、舜轹公旦者，独在以天为不明及无鬼神二事。《荀子》曰：道者，非天之道，非地之道，人之所以道也，君子之所道也。此儒者穷高极远测深厚之义。若夫天体，余尝谓苍苍之天，非有形质，亦非有大圜之气。盖日与恒星，皆有地球，其阿屯以太，上薄无际，其间空气复厚，而人视之苍然，皆众日之余气，固非有天也。王育说，天诎西北为无，其说稍诞。盖天本无物，故无字从天诎之以指事，因下民所见，不得无所指斥，故强以颠义引申之而曰天。六经言天言帝，有周公以前之书，而仲尼删述，未或革更，若曰道曰自然而已矣。郊祭大报天而主日，万物之主，皆赖日之光热，而非有赖于天。故假言曰帝，其真即日。或以北极为耀瑰宝，北极又大于日九十三倍，故亦尊之，此则恒星万数，上帝亦可云万数。六帝之说，不遍不赅，要非虚增，然恒星各帝其地球而已，于此地球何与？明堂宗祀，盖自外至者也。且太微五星，固玄远矣，即至昵之日，虽昭昭大明，而非有恩威生杀之志，因上帝而有福善祸淫之说，其害犹细，其识已愚，因是以及鬼神，则诬妄日出，而人伦殆废。

盖太古民俗，无不尊严鬼神，五洲一也。感生帝之说，中国之羲、农，日本之诺、册二神，印度之日朝、月朝，犹太之耶稣，无不相类。以此致无人伦者，中外亦复不异。惟其感生，故有炎、黄异德兄弟婚媾之说，盖曰各出一帝，虽为夫妇，不为黩也。尧之厘降，不避近属，实萻于是。其后以为成俗，则夏、商以来，六世而通婚姻，皆感生之说撼之矣。周道始隆，百世远别，此公旦所以什伯于尧、舜、汤、武，然依违两可，攻其支流，而未堙其源窟。《生民》之诗，犹曰履敏，则犷俗虽革，而精意未宣，小家珍说，反得以攻其阙。惟仲尼明于庶物，察于人伦，知天为不明，知鬼神为无，遂以此为拔本塞原之义，而万物之情状大著。由是感生帝之说拙，而禽兽行绝矣。此所以冠生民横大陆也。

周公旦像

文王之子，亦称叔旦，史称周公旦，在巩固和发展周王朝的统治上起了关键性作用。

何以知无鬼神？曰：斫

卉木，磔羊彘，未闻其有鬼神，彼人固不得独有也。人所以有知者，分于父母，精虫胚珠是也。二者又摄引各点以为我有，使成官骸，而七情益扩，故成此知识，由于两精相搏，以生神明也。斯如两水相触，即便生浪。两味相和，乃生隽永，及精气相离而死，则神亦无存。譬之水既淤堙，浪即无有，两味化分，寻索隽永。了不可得。故精离则死，死则无知，其流定各质，久则合于他物，或入草木，或入胎卵，未有不化者。化之可见者，茅蒐是已。苌弘之血为碧，郑缓之精为秋柏之实，然已与他物合，则其质既杂，自有柏与碧之知，而非弘、缓之知矣。此精气为物也。气弗聚者，散而从于空气，涣然飘泊，此游魂为变也。夫焉有精化既离，而神识能独立者乎？《圆觉经》云：我今此身，四大和合，所谓发毛爪齿，皮肉筋骨，髓脑垢色，皆归于地。唾涕脓血，津液涎沫，淡泪精气，大小便利，皆归于水。暖气归火，动转归风。四大各离，今者妄身，当在何处？《宝积经》云：此身生时，与其父母，四大种性，一类歌罗逻身。若唯地大。无水界者，譬如有人，握干麨灰，终不和合。若唯水界。无地界者，譬如油水，无有坚实，即便流散。若唯地水。无火界者，譬如夏月，阴处肉团，无日光照，即便烂坏。若唯地水火。无风界者，即不增长。《庵提遮女了义经》云：若能明知地水火风四缘，毕竟未曾自得，有所和合，以为生义。若知地水火风毕竟不自得，有所散，是为死义。是佛家亦以各质相磨而生，各质相离而死，而必言即合即离，生死一致，则黄马骊牛之遁辞矣。然死后六道，不尽为鬼，则亦与精气为物之义相近。其终不决言无鬼者，盖既言真者离身而有如来藏，则不得不言妄者离身而为鬼。然又言饿鬼有胎生化生，则所谓鬼者，亦物魅之类，而与人死者有殊。然则释家盖能识此旨，而故为不了以自圆其说也。

难曰：若以知识为分于父母，则父母安始，追溯无尽，非如来藏而何？然如来藏者，彼岂能道其有始耶？于如来藏亦言无始，而必责万物以有始，亦惑矣。难曰：知识果分于父母，则瞽舜、鲧禹，易为相反？曰：夫岂独神识然，形亦然矣。张苍之父，长不满五尺，苍长八尺余，苍子复长八尺，及孙类长六尺余。可得云形体非分于父母耶？要之形之短长，知之顽圣，此高下之分，非相反也。以神识言，又岂独父子然。虽一身亦有善恶是非先后相贸者。颜涿聚，梁父之大盗也，学于孔子；段干木，晋国之大驵也，学于子夏；高何县子石，齐国之暴者也，指于乡曲，学于子墨子；索卢参，东方之巨狡也，学于禽滑黎。并为名士显人，如是者多矣。或有诹政虑事，一念之间，而筹画顿异，至于疚心自讼者。子夏投杖，汉高销印，斯类亦众，夫岂得谓有两身与两心耶？父母与子，何以异是？原夫二气相凝，非亲莫效，及脂膏既就，即有染习，贾生《胎教》，明著其义。是时材性高下，又由其亲一时之行迹而成，斯则得于其亲者，与初凝又少殊矣。及夫免乳以后，则见闻之习，师友之导，情状万端，尟非殊族，其异于亲也固宜。荀子有言：涂之人可以为禹。此则君师牧民，由斯以作。然具此可以为禹之材，非父母授之乎？大抵形体智识，一成不移，而形之肥瘠，识之优劣，则外感相因，可入熔冶，不移者由于胚珠，可移者由于所染。夫鲁鸡之伏鹄卵，其雏犹鹄；而桑枝之续桃本，则其实非桑。非物之形性，一可变更，一不可变更也。卵中之胚，是鹄非鸡，故鹄不以鸡伏而易。树木之胚，是桃非桑，故桃能以桑体为己，此胚珠不移之说也。啮蹄在辔，驯良从御，駃騠无牧，泛驾不习，此因染致移之说也。乃若时代逾久，则物之形体，亦有因智识优劣而渐变者。要之，改良则分剂增多，退化则分剂减少，上古之颠木，迹层之枯鱼，皆吾郊宗石室，惟其求明趋化，以有吾侪之今日。昊天罔极，如何可酬？抑亲亲之杀，既具斯形，则知爱类而已。

难曰：人见厉魃，经籍多有，近世民俗，亦有传言。宁得自守单辞，谓鬼神为诬惑？曰：以佛家言，六道之中，饿鬼居一，一在地下五百由旬，一在人天之间。是则畛域区处，与人隔绝，人未尝有至饿鬼处者，而饿鬼独能至人处乎？且以阿修罗之强悍，诸天之智力，不至人处，而饿鬼以羸劣之质，独能至人处乎？是岂得以所见证其必有也。然则见者云何？曰：耳目有愆，齐襄之见彭生是也；心惑若寐，狐突之遇共君是也。二者皆一时假相，非有真形，乃其真者，则亦有之。太史公曰：学者多言无鬼神，然言有物。此最为豁然墑斯者。山精物魅，如龙夔魍魉者，固未尝无也，以其体不恒见，诡出都市，而人遂以鬼神目之，斯亦惑之甚矣。太古顽民，见锯惊鬼，有熊蚩尤，惑乱不异，见彼焄蒿，遂崇巫祝。清庙之守，后为墨家，敬天尊鬼，遂与儒术相訾。夫岂非先圣哲王之法，而以难儒术，则犹以金椎攻太山矣。无鬼而祭者，亦知其未尝食，而因是以致思慕。至胙肉必餍饫之者，亦以形体神识，分于二人，己在则亲之神识所分，犹在吾体，故食胙无异亲之食之也。然则祭为其名，而胙致其实，何无客学礼无鱼作罟之可比乎？若夫天神地祇，则因是而准则之，苟有圣王，且当厘汰焉。呜呼！如太史公言，则秦汉间儒者，犹知无鬼神义。然武、昭以后，儒者说经，已勿能守。独王仲任有《论死》篇，晋人无鬼神论，而儒者又群哗焉。然则荀子谓言议谈说，无以异于墨子者，汉后诸儒，顾不然欤？

公孟子谓子墨子曰："有义不义，无祥不祥。"公孟子曰："贫富寿夭，齰然在天，不可损益。"子墨子曰："儒以命为有贫富寿夭治乱安危有极矣，不可损益也。"

宋朝科举考试图

宋朝科举沿唐之旧，更为完备。以儒学为主，以进士考试为重，增加殿试。考试从神宗起改以经义为主。考试规则在唐"糊名"（密封考卷上姓名）基础上，进一步实行"誊录"，即另派抄书手将试卷用正楷誊录，使考官无法辨认考生笔迹，以保证公正阅卷。

按墨子背周而从夏，《洪范》五行之说，以义不义，推祥不祥。禹陈九畴，而墨子畅之，皆天鬼之说所流行也。惟墨子于五行，信其德而不信其方位。阴阳家之言，则所必绝，故其答日者曰："帝以甲乙杀青龙于东方，以丙丁杀赤龙于南方，以庚辛杀白龙于西方，以壬癸杀黑龙于北方。若用子之言，则是禁天下之行者也。”《洪范》之言，则因五行以施五德，而顺之者吉，逆之者凶，故墨子独所尊信。汉初伏生，可谓大儒，然《五行传》犹拘牵天道。西京尊尚此学，实墨者之余烬也。荀子曰：夫日月之有蚀，风雨之不时，怪星之尝见，是无世而不常有之，上明而政平，则是虽并世起无伤也。上暗而政险，则是虽无一至者无益也。是则于五行感应之说，儒者已显斥之。而仲尼删《书》犹登《洪范》者，明夷六五，赵宾以为阴阳气亡箕子。箕子者，万物方荄兹也。盖《易》与箕子，若为两途。《彖传》于明夷，一曰文王以之，一曰箕子以之，独以二人并称。缘伏羲以河图为《周易》，而文王衍其词；禹以洛书为《洪范》，而箕子畅其义。文王之说，当行于域中；而箕子之说，可被于营州玄菟之境，与中国之教殊矣。录之者见施政要服，有与京周异术者也。若夫督宗之教，于五福六极，固非所信焉尔。

虽然，禹与箕子之陈《洪范》，亦草创之初得其粗义耳！其精者则固异于祸福感应之说，而知各质散点相吸相离之自然。此其说在《庄子·天运》。其言曰：天其运乎？地其处乎？日月其争于所乎？孰主张是？孰维纲是？孰居无事推而行是？意者其有机缄而不得已耶？意者其运转而不能自止耶？云者为雨乎？雨者为云乎？孰隆施是？孰居无事淫乐而劝是？风起北方，一西一东，有上徬徨，孰嘘吸是？孰居无事而披拂是？敢问何故？巫咸祒曰：来！吾语女，天有六极五常，帝王顺之则治，逆之则凶，九洛之事，治成德备，监照下土，天下载之，此谓上皇。九洛即洛书九畴；六极五常，即六极五福。而其事由于帝王之自取，非由上皇为主宰，亦滲无眚符瑞以为劝戒，其成败治乱，应其行政而致。若天运地处，竟无主张维纲也，此则非墨子所知矣。

命之为说，公孟只言贫富寿夭，而墨子后增以治乱安危，盖诬儒者矣。治乱安危，惟人所措。至于贫富寿夭，则固有说，如伯夷之夭，原思之贫，此其志愿，又不可言命也。若夫单豹之遇虎，则夭有命矣；邓通之寄死，则贫有命矣。所谓命者，词穷语绝，不得已之借名，其所自出，则佛氏亦以为因果，是又以祸福感应与定命合而为一，其论巧矣。然师子尊者受挥刀断首之祸，而佛亦罹木枪马麦之患，虽至成道，尚不能免难，是则其所谓因果者，乃恩怨之报酬，而非善恶之赏罚矣。余谓报酬之义，异于《洪范》。盖非自主宰，而在私相予夺，此固理之必然者。悬土囊而击之，则土囊亦反触人，物莫不有跃力，况有知者乎？《吕览·诬徒》云：草木鸡狗牛马，不可谯诟遇之，谯诟遇之，则亦谯诟报人。然则命固有偶遇者，而亦有由于报酬者，然非如佛家所谓前生事也。自吾始祖以往，鱼鸟兽猿之祖，不知其更数百世，吾岂能知其恩怨所在哉？德几无小，灭宗无大，九世之仇，百年之德，至于今而始报之子孙，即报者亦不知其所以。盖先人之神识伏藏体中也是。故《易》说余庆余殃，必以家言，明其报复在种胄也。凡言命者，斯亦一端。至夫禄命推验，则非可凭矣。故古之言知命者，谓知其不可如何，而非谓其禨祥算数也。要之一人际遇，非能自主，合群图事，则成败视其所措。故一人有命，而国家无命。荀子曰：人之命在天，国之命在礼，君人者隆礼尊贤而王，重法爱民而霸，好利多诈而危，权谋倾覆幽险而尽亡矣。此以见一人之命有定限，而一国之命无定限也。又曰：从天而颂之，孰与制天命而用之。是则以天为不足称颂，而国命可自己制，其何有天哉？曰：天者自然而已。曰：命者遭遇而已。从俗之言，则曰天命，夫岂以苍苍者布令于下哉？嗟乎！愚者之颂天，宋偃之射天，上官安之骂天，其敬慢不同，而其以天为有知，或则哀吁，或则怨望，其愚一也。汉世之儒，匆信祸福感应而独言命者，惟王仲任耳！然执泥小数，至谓项羽用兵，实过高祖，其兴亡亦由天命。若国之安危，亦不能不出于此者，是亦固矣。若夫大儒之说，天无威庆而人有报施，一人则成亏前定，而合群则得丧在我，斯所以异于阴骘下民之说也。

右三事，儒术所以深根宁极，无出其范者。神怪之教，婴之自溃，昧此而言儒，汉后所以无统纪也。非儒有抵诬孔子语，则所举儒说，亦必不可尽信。其驳昏丧诸礼，又皆小节，故勿论。

第二节 清儒

古之言虚，以为两纑之间，当其无纑。六艺者，古《诗》积三千余篇，其他益繁，觚触无协；仲尼剟其什九，而弗能专施于一术。故曰：

达于九流，非儒家擅之也。

六艺，史也。上古史官，司国命，而记注义法未备，其书卓绝不循。《易》最恢奇，《诗》《书》亦时有盈辞；《礼》《春秋》者，其言径直易见观，故荀子为之，隆礼义，杀《诗》《书》。礼义隆，则《士礼》《周官》与夫公冠、奔丧之典，杂沓并出，而偕列于经。《诗》《书》杀，则伏生删百篇而为二十九；《齐诗》之说五际六情，庋《颂》与《国风》，而举二《雅》。

虽然，治经恒以诵法讨论为剂。诵法者，以其义束身，而有隆杀；讨论者，以其事观世，有其隆之，无或杀也。西京之儒，其诵法既狭隘，事不周浃而比次之，是故齵差失实，犹以师说效用于王官，制法决事，兹益害也。杜、贾、马、郑之伦作，即知“抟国不在敦古”；博其别记，稽其法度，核其名实，论其群众以观世，而六艺复返于史，秘祝之病不渍于今。其源流清浊之所处，风化芳臭气泽之所及，则昭然察矣。变于魏、晋，定于唐，及宋、明始荡。继汉有作，而次清儒。

清世理学之言，竭而无余华；多忌，故歌诗文史楛；愚民，故经世先王之志衰。家有智慧，大凑于说经，亦以纾死，而其术近工眇踔善矣。

始故明职方郎昆山顾炎武为《唐韵正》《易诗本音》，古韵始明，其后言声音训诂者禀焉；太原阎若璩撰《古文尚书疏证》，定东晋晚书为作伪，学者宗之；济阳张尔岐始明《仪礼》；而德清胡渭审察地望，系之《禹贡》，皆为硕儒，然草创未精博，时糅杂元、明谰言。其成学著系统者，自乾隆朝始：一自吴，一自皖南。吴始惠栋，其学好博而尊闻。皖南始江永、戴震，综形名，任裁断。此其所异也。

先栋时有何焯、陈景云、沈德潜，皆尚洽通，杂治经史文辞。至栋，承其父士奇学，揖志经术，撰《九经古义》《周易述》《明堂大道录》《古文尚书考》《左传补注》，始精眇，不惑于谀闻；然亦汜滥百家，尝注《后汉书》及王士祯诗，其余笔语尤众。栋弟子有江声、余萧客。声为《尚书集注音疏》，萧客为《古经解钩沉》，大共笃于尊信，缀次古义，鲜下己见。而王鸣盛、钱大昕亦被其风，稍益发舒。教于扬州，则汪中、刘台拱、李惇、贾田祖，以次兴起，萧客弟子甘泉江藩，复缵续

《周易述》，皆陈义尔雅，渊乎古训是则者也。

震生休宁，受学婺源江永，治小学、礼经、算术、舆地，皆深通。其乡里同学有金榜、程瑶田，后有凌廷堪、三胡。三胡者，匡衷、承珙、培翚也，皆善治《礼》，而瑶田兼通水地、声律、工艺、谷食之学。震又教于京师，任大椿、卢文弨、孔广森皆从问业，弟子最知名者，金坛段玉裁、高邮王念孙。玉裁为《六书音均表》以解《说文》，《说文》明。念孙疏《广雅》，以经传诸子转相证明，诸古书文义诘诎者毕理解；授子引之，为《经传释词》，明三古辞气，汉儒所不能理绎，其小学训诂，自魏以来，未尝有也。近世德清俞樾、瑞安孙诒让，皆承念孙之学。樾为《古书疑义举例》，辨古人称名抵牾者，各从条例，使人无所疑眩，尤微至。世多以段、王、俞、孙为经儒，卒最精者乃在小学，往往得名家支流，非汉世《凡将》《急就》之侪也。凡戴学数家，分析条理，皆参密严瑮，上溯古义，而断以己之律令，与苏州诸学殊矣。

然自明末有浙东之学。万斯大、斯同兄弟，皆鄞人，师事余姚黄宗羲，称说《礼经》，杂陈汉、宋，而斯同独尊史法。其后余姚邵晋涵、鄞全祖望继之，尤善言明末遗事。会稽章学诚为文史、校雠诸《通义》，以复歆、固之学，其卓约近《史通》。而说《礼》者羁縻不绝。定海黄式三传浙东学，始与皖南交通。其子以周作《礼书通故》，三代度制大定。唯浙江上下诸学说，亦至是完集云。

初，太湖之滨，苏、常、松江、太仓诸邑，其民佚丽。自晚明以来，喜为文辞比兴，饮食会同，以博依相问难，故好浏览而无纪纲，其流风遍江之南北。惠栋兴，犹尚该洽百氏，乐文采者相与依违之。及江永、戴震起徽州，徽州于江南为高原，其民勤苦善治生，故求学深邃，言直核而无温藉，不便文士。震始入四库馆，诸儒皆震竦之，愿敛衽为弟子。天下视文士渐轻，文士与经儒始交恶。而江淮间治文辞者，故有方苞、姚范、刘大櫆，皆产桐城，以效法曾巩、归有光相高，亦愿尸程、朱为后世，谓之桐城义法。震为《孟子字义疏证》，以明材性，学者自是疑程、朱。桐城诸家，本未得程、朱要领，徒援引肤末，大言自壮，故尤被轻蔑。从子姚鼐欲从震学，震谢之，犹亟以微言匡饬。鼐不平，数持论诋朴学残碎。其后方东树为《汉学商兑》，徽识益分。阳湖恽敬、陆继辂，亦阴自桐城受义法。其余为俪辞者众，或阳奉戴氏，实不与其学相容。夫经说尚朴质，而文辞贵优衍，其分涂自然也。

文士既以媐荡自喜，又耻不习经典，于是有常州今文之学，务为瑰意眇辞，以便文士。今文者：《春秋》，公羊；《诗》，齐；《尚书》，伏生。而排摈《周官》，《左氏春秋》，《毛诗》，马、郑《尚书》。然皆以公羊为宗。始武进庄存与，与戴震同时，独喜治公羊氏，作《春秋正辞》，犹称说《周官》。其徒阳湖刘逢禄，始专主董生、李育，为《公羊释例》，属辞比事，类列彰较，亦不欲苟为恢诡。然其辞义温厚，能使览者说绎。及长洲宋翔凤，最善傅会，牵引饰说，或采翼奉诸家，而杂以谶纬神秘之辞。翔凤尝语人曰："《说文》始一而终亥，即古之《归臧》也。"其义瑰玮，而文特华妙，与治朴学者异术，故文士尤利之。道光末，邵阳魏源夸诞好言经世，尝以术奸说贵人，不遇；晚官高邮知州，益牢落，乃思治今文为名高。然素不知师法略例，又不识字，作诗、书《古微》，凡《诗》今文有齐、鲁、韩，《书》今文有欧阳、大小夏侯，故不一致，而齐、鲁、大小夏侯，尤相攻击如仇雠，源一切掍合之，所不能通，即归之古文，尤乱越无条理。仁和龚自珍，段玉裁外孙也，稍知书，亦治《公羊》，与魏源相称誉。而仁和邵懿辰为《尚书通义》《礼经通论》，指《逸书》十六篇、《逸礼》三十九篇为刘歆矫造，顾反信东晋古文，称诵不衰，斯所谓倒植者。要之，三子皆好姚易卓荦之辞，欲以前汉经术助其文采，不素习绳墨，故所论支离自陷，乃往往如谵语。惟德清戴望述《公羊》以赞《论语》，为有师法。而湘潭王闿运遍注五经。闿运弟子，有井研廖平，自名其学，时有新义，以庄周为儒术，《左氏》为六经总传，说虽不根，然犹愈魏源辈绝无伦类者。

大抵清世经儒，自今文而外，大体与汉儒绝异。不以经术明治乱，故短于风议；不以阴阳断人事，故长于求是。短长虽异，要之皆征其通雅。何者？传记、通论，阔远难用，固不周于治乱；建议而不雠，夸诬何益？魑鬼、象纬、五行、占卦之术，以神教蔽六艺，怪妄。孰与断之人道，夷六艺于古史，徒料简事类，不曰吐言为律，则上世人事污隆之迹，犹大略可知。以此综贯，则可以明流变，以此裂分，则可以审因革。故惟惠栋、张惠言诸家，其治《周易》，不能无掊摭阴阳，其他几于屏阁。虽或琐碎识小，庶将远于巫祝者矣。

晚有番禺陈澧，善治声律、《切韵》，为一家言。当惠、戴学衰，今文家又守章句，不调洽于他书，始鸠合汉、宋，为《通义》及《读书记》，以郑玄、朱熹遗说最多，故弃其大体绝异者，独取小小翕盍，以为比类。此犹揃豪于千马，必有其分刌色理同者。澧亦絜行，善教授，诸显贵务名者多张之。弟子不能传其声律韵书，稍尚记诵，以言谈剿说取人。及翁同龢、潘祖荫用事，专以谀闻召诸小儒；学者务得宋元雕椠，而昧经记常事，清学始大衰。仲长子曰："天下学士有三奸焉。实不知，详不言，一也；窃他人之说，以成己说，二也；受无名者，移知者，三也。"

自古今文师法散绝，则唐有《五经》《周礼》《仪礼》诸疏，宋人继之，命曰《十三经注疏》。然《书》用枚颐，《左氏春秋》用杜预，《孝经》用唐玄宗，皆不厌人望。《周易》家王弼者，费氏之宗子，道大而似不肖，常见笑世儒，《正义》又疏略。枚颐伪为古文，仍世以为壁藏于宣父，其当刊正久矣。《毛诗传》最笃雅，《笺》失其宗，而《诗谱》能知远。郑氏《三礼》无间也，疏人或未通故言旧事，多违其本。

至清世为疏者，《易》有惠栋《述》，江藩、李林松《述补》，张惠言《虞氏义》虽拘滞，趣以识古；《书》有江声《集注音疏》，孙星衍《古今文注疏》；《诗》有陈奂《传疏》；《周礼》有孙诒让《正义》；《仪礼》有胡培翚《正义》；《春秋左传》有刘文淇《正义》；《公羊传》有陈立《义疏》；《论语》有刘宝楠《正义》；《孝经》有皮锡瑞《郑注疏》；《尔雅》有邵晋涵《正义》，郝懿行《义疏》；《孟子》有焦循《正义》。诸《易》义不足言，而《诗》疏稍胶固，其他皆过旧释。用物精多，时使之也。惟《礼记》《穀梁传》独阙，将孔疏翔实，后儒弗能加；而穀梁氏淡泊鲜味，治之者稀，前无所袭，非一人所能就故？他《易》有姚配中，《书》有刘逢禄，《诗》有马瑞辰、胡承珙，探啧达旨，或高出新疏上。若惠士奇、段玉裁之于《周礼》，段玉裁、王鸣盛之于《尚书》，刘逢禄、凌曙、包慎言之于《公羊》，惠栋之于《左氏》，皆新疏所采也。焦循为《易通释》，取诸卦爻中文字声类相比者，从其方部，触类而长，所到冰释，或以天元术通之，虽陈义屈奇，诡更师法，亦足以名其家。黄式三为《论语后案》，时有善言，异于先师，信美而不离其枢者也。《穀梁传》惟侯康为可观，其余大抵疏阔。《礼记》在《三礼》间独寡训说。朱彬为《训纂》，义不师古；陈乔枞、俞樾并为《郑读考》，江永有《训义择言》，皆短促，不能具大体。其他《礼笺》《礼说》《礼书通故》诸书，博综《三礼》，则四十九篇在其中矣。而秦蕙田《五礼通考》，穷尽二千余年度法，欲自比《通典》，喜以世俗正古礼，虽博识，固不知量也。

然流俗言十三经，《孟子》故儒家，宜出；唯《孝经》《论语》《七略》入之六艺，使专为一种，亦以尊圣泰甚，徇其时俗。六艺者官书，异于口说。礼堂六经之策，皆长二尺四寸。《孝经》谦半之；《论语》八寸策者，三分居一，又谦焉，以是知二书故不为经，宜隶《论语》儒家，出《孝经》，使傅《礼记》通论。即十三经者，当财减也。独段玉裁少之，谓宜增《大戴礼记》《国语》《史记》《汉书》《资治通鉴》及《说文解字》《周髀算经》《九章算术》，皆保氏书数之遗，集是八家，为二十一经。其言闳达，为雅儒所不能论。

至于古之六艺，唐、宋注疏所不存者，《逸周书》则校释于朱右曾，《尚书》欧阳、夏侯遗说则考于陈乔枞，三家《诗》遗说考于陈乔枞，《齐诗》翼氏学疏证于陈乔枞，《大戴礼记》补注于孔广森，《国语》疏于龚丽正、董增龄。其扶微辅弱，亦足多云。及夫单篇通论，醇美确固者，不可胜数。一言一事，必求其征，虽时有穿凿，弗能越其绳尺，宁若计簿善承展视而不惟其道，以俟后之咨于故实而考迹上世污隆者，举而措之，则质文蕃变，较然如丹墨可别也。然故明故训者，多说诸子，唯古史亦以度制事状征验，其务观世知化，不欲以经术致用，灼然矣！

若康熙、雍正、乾隆三世，纂修七经，辞义往往鄙倍，虽蔡沈、陈澔为之臣仆而不敢辞；时援古义，又椎钝弗能理解，譬如薰粪杂糅，徒睹其污点耳。而徇俗贱儒，如朱彝尊、顾栋高、任启运之徒，瞢学冥行，奋笔无作，所谓乡曲之学，深可忿疾，譬之斗筲，何足选也！

第三节 原儒

儒有三科，关达、类、私之名。达名为儒，儒者，术士也。太史公《儒林列传》曰："秦之季世坑术士，而世谓之坑儒。"司马相如言："列仙之儒，居山泽间，形容甚臞。"赵太子悝亦语庄子曰："夫子必儒服而见王，事必大逆。"此虽道家方士言儒也。《盐铁论》曰："齐宣王褒儒尊学，孟轲、淳于髡之徒，受上大夫之禄，不任职而论国事。盖齐稷下先生千有余人，湣王矜功不休，诸儒谏不从，各分散，慎到、捷子亡去，田骈如薛，而孙卿适楚。"王充《儒增》《道虚》《谈天》《说日》是应，举儒书所称者，有鲁般刻鸢；由基中杨；李广射寝石，矢没羽；荆轲以匕首擿秦王，中铜柱入尺；女娲炼石；共工触柱；觟䚦治狱；屈轶指佞；黄帝骑龙；淮南王犬吠天上，鸡鸣云中；日中有三足乌，月中有兔蟾蜍。是诸名籍，道、墨、刑法、阴阳、神仙之伦，旁有杂家所记，列传所录，一谓之儒，明其皆公族。

儒之名盖出于需。需者，云上于天，而儒亦知天文、识旱潦。何以明之？鸟知天将雨者曰鹬，舞旱暵者以为衣冠。鹬冠者，亦曰术氏冠，又曰圜冠。庄周言儒者冠圜冠者知天时，履句屦者知地形，缓佩玦者事至而断，明灵星舞子吁嗟以求雨者谓之儒，故曾皙之狂而志舞雩，原宪之狷而服华冠，皆以忿世为巫，辟易放志于鬼道。古之儒知天文占候，谓其多技，故号遍施于九能，诸有术者，悉晐之矣。

类名为儒，儒者，知礼乐射御书数。《天官》曰儒以道得民，说曰：儒，诸侯保氏，有六艺以教民者。《地官》曰联师儒，说曰：师儒，乡里教以道艺者。此则躬备德行为师，效其材艺为儒。养由基射白猿，应矢而下；尹需学御三年，受秋驾。《吕氏》曰："皆六艺之人也。明二子皆儒者，儒者则足以为桢干矣。"

私名为儒。《七略》曰："儒家者流，盖出于司徒之官，助人君顺阴阳明教化者也。游文于六经之中，留意于仁义之际，祖述尧、舜，宪章文、武，宗师仲尼，以重其言，于道为最高。"周之衰，保氏失其守，史籀之书，商高之算，蠭门之射，范氏之御，皆不自儒者传。故孔子曰："吾犹及史之阙文也，有马者借人乘之，今亡矣夫。"盖名契乱，执辔调御之术，亦浸不正，自诡鄙事，言君子不多能，为当世名士显人隐讳。及《儒行》称十五儒，《七略》疏《晏子》以下五十二家，皆粗明德行政教之趣而已，未及六艺也。其科于《周官》为师，儒绝而师假摄其名。然自孟子、孙卿，多自拟以天子三公，智效一官，德征一国则劣矣。而末流亦弥以哗世取宠，及郦生、陆贾、平原君之徒，铺歠不廉，德行亦败，乃不如刀笔吏。

是三科者，皆不见五经家。往者商瞿、伏胜、穀梁赤、公羊高、浮丘伯、高堂生诸老，《七略》格之，名不登于儒籍。儒者游文，而五经家专致，五经家骨鲠守节过儒者，其辩智弗如。此其所以为异。自太史公始以儒林题齐、鲁诸生，徒以润色孔氏遗业，又尚习礼乐弦歌之音，乡饮大射，事不违艺，故比而次之。及汉有董仲舒、夏侯始昌、京房、翼奉之流，多推五胜，又占天官风角，与鹬冠同流。草窃三科之间，往往相乱。晚有古文家出，实事求是，征于文不征于献，诸在口说，虽游、夏犹黜之，斯盖史官支流，与儒家益绝矣。

冒之达名，道、墨、名、法、阴阳、小说、诗赋、经方、本草、蓍龟、形法，此皆术士，何遽不言儒。局之类名，蹴鞠弋道近射，历谱近数，调律近乐，犹虎门之儒所事也。今独以传经为儒，以私名则异，以达名类名则偏，要之题号由古今异。儒犹道矣，儒之名于古通为术士，于今专为师氏之守；道之名于古通为德行道艺，于今专为老聃之徒。道家之名，不以题诸方技者，嫌与老氏掍也。传经者复称儒，即与私名之儒淆乱。孔子曰：今世命儒亡常，以儒相诟病，谓自师氏之守以外，皆宜去儒名便，非独经师也。以三科悉称儒，名实不足以相检，则儒常相伐，故有理情性陈王道，而不丽保氏，身不跨马，射不穿札，即与驳者，则以啙窳诟之，以多艺匡之，是以类名宰私名也。有审方圆正书名，而不经品庶，不念烝民疾疢，即与驳者，则以他技诟之，以致远匡之，是以私名宰类名也。有综九流齑万物，而不一孔父，不蹩躠为仁义，即与驳者，则以左道诟之，以尊师匡之，是以私名宰达名也。今令术士艺人闳眇之学，皆弃捐儒名，避师氏贤者路，名喻则争自息。不然，儒家称师，艺人称儒，其余各名其家，泛言曰学者，旁及诗赋，而泛言曰文学，亦可以无相鏖矣。礼乐世变易，射御于今粗，无参连白矢交衢和鸾之技，独书数仍世益精博。凡为学者，未有能舍是者也。三科虽殊，要之以书数为本。

第四节 《儒行》要旨

“儒”之一字，古人解作“柔”字。草昧之初，残杀以为常。教化渐兴，暴戾之气亦渐祛。所谓“柔”者，驯扰之意也。然周初儒字，未必与此同义。《周礼》“师以贤得民，儒以道得民”。贤者道德之谓，道者学问之谓，固非“柔”字之意。司马相如《大人赋》序“列仙之儒”，列仙而可称儒，可见儒为有道术者之通称。利玛窦入中国，人以“西僧”呼之，利曰：“我儒也，非僧也。”此非有道术者得名为儒之证乎？

“儒”之一字，春秋时尚不甚见于称谓，只《论语》有“女为君子儒，毋为小人儒”之语。盖当时九流未兴，不必特别表明。降及七国，九流朋兴，孟子首蒙儒者之名。《庄子·说剑》赵太子请庄周论剑，谓“先生必儒服而见王，事必大逆”。庄周非儒，赵太子称之曰儒。盖古之九流，学术有别，衣服无异。《儒行》孔子见哀公，哀公问：“夫子之服，其儒服与？”孔子对：“丘不知儒服。”以衣服为辨别学术之标准，无意义极矣！此殆孔子不肯承认儒服之故乎？《儒行》所说十五儒，大抵坚苦卓绝，奋厉慷慨。儒专守柔，即生许多弊病。汉张禹、孔光，阉然媚世，均由此故。然此非孔子意也。奇节伟行之提倡，《儒行》一篇，触处皆是。是则有学问而无志节者，亦未得袭取“儒”之名也。

人性本刚，一经教化，便尔驯扰。宗教之作用，即在驯扰人性，以故宗教无不柔者。沙门势利，是佛教之柔；天主、基督教徒，亦带势利，是天主、耶稣之柔。其后之趣于柔固非，其前之主于柔则是。试观南洋婆罗洲人，向无教化，以杀人为当然，男女结婚，聘以人头。人类本性刚暴如此，则不能相养以生，势不得不以教化柔之。然太柔而失其天性，则将并其生存之力而亦失之。以故，国家形成而后，人民不可不保留刚气，以相撑拄。近人病儒者之柔，欲以墨子之道矫之，孙仲容先生首撰《墨子间诂》以为倡，初意欲施之于用，养成风气，补救萎靡。不意后人专注力于《经》上下、《经说》上下论理学上之研究，致孙氏辈一番救世之心，淹没不彰。然使墨子之说果行，尊天明鬼，使人迷信，充其极，造成宗教上之强国，一如摩哈默德之于天方，则宗教之争，必难幸免。欧洲十字军之祸，行且见之东方。且近人智过往昔，天志压人，未必乐从。以故孙氏辈救世之心，固可敬佩，而揭橥号召，亦未尽善也。窃以为与其提倡墨子，不如提倡《儒行》。《儒行》讲解明白，养成惯习，六国任侠之风，两汉高尚之行，不难见之于今。转弱为强，当可立致。即有流弊，亦不过造成几个为害不甚重大之暴人，较之宗教战争，相去固不可以道里计也。

宋人多反对《儒行》，高闶即其代表。宋人柔退，与《儒行》本非同道。至于近人，以文字上之关系，斥《儒行》为伪，谓非孔子之言。其理由：鲁昭公讳“宋”，凡“宋”皆代以“商”，《儒行》孔子对哀公：“丘少居鲁，长居宋。”孔子不应在哀公前公然言“宋”。殊不知《儒行》一篇，非孔子自著，由于弟子笔录。当时孔子言“宋”言“商”，无蓄音机留以为证，笔记之人，容有出入，安可据以为非？常人读《论语》子路初见孔子，孔子有“君子有勇无义为乱，小人有勇无义为盗”二语，以为孔子不尚武力，以此致疑《儒行》“鸷虫攫搏，不程勇者，引重鼎不程其力”二语。不知卞庄子刺虎，孔子亦称其勇，而弟子澹台灭明曾有斩蛟之举，不过孔子不为而已。《儒行》中复有“其过失可微辨而不可面数也”一语，与“子路人告之以有过则喜”意相反，亦为读者所疑。不知在古人中此等行为，屡有记载。淳于髡讥孟子“在三卿之中，名实未加于上下”。又云“是故，无贤者也，有则髡必识之”。而孟子则对以“贤者之所为，众人固不识也”。以“众人”二字，反唇相讥，可知孟子确系“可微辨而不可面数”者。宋世理学诸公，朱晦庵主张无极而太极，陆象山反之。二人因起争论，彼此信札，有面红耳赤，声色俱厉之概。二人学问之根本，本不在此，为一二枝叶问题，双方即妄加意气，各不相下，更甚于《儒行》之“可微辨而不可面数”矣。降至清代，毛西河、李天生讨论音韵，西河厉声对天生，天生拔刀向之。二人意气，岂不更甚于晦翁、象山乎？盖儒者本有此一类人，孔子并未加以轻视。十五儒中，有其一种，即可尊贵，非谓十五儒个个须与孔子类也。如此，吾人之疑可解，而但举“宋”字一端。固不足推倒《儒行》矣。

《儒行》十五儒中，亦有以和平为尚者，然不敌坚苦卓绝奋厉慷慨者之多。有一派表面似有可疑，如云“毁方而瓦合”。细绎其意，几与明哲保身，混俗和光相同。然太史公传季布、栾布，二人性质相近，行义亦同，栾布拚命干去，季布卖身为奴。太史公称季布“摧刚为柔”。“摧刚为柔”，即“毁方瓦合”之意。试观张禹、孔光，终身无刚果之事，至于季布一流，前后皆不屈不挠，不过暂时为权宜之计，有谦柔之表示耳。所谓“毁方瓦合”者，谓此也。

细读《儒行》一篇，坚苦奋厉之行，不外高隐、任侠二种。上不臣天子，下不臣诸侯，当孔子时，即有子臧、季札一流人物。至汉，更有严子陵、梁伯鸾等。汉人多让爵，此高隐一流也。至于任侠，在昔与儒似不相容，太史公《游侠列传》有“儒墨皆摈不载”之语，然《周礼·六行》“孝友睦姻任恤”，“任”即任侠之任，可知任侠本不为儒家所废。太史公传信陵、孟尝，颇有微词。于朱家、郭解，即极口称道。良以凭藉势位，易于为力，民间仗义，难于通行，为可实贵耳。《儒行》“合志同方，营道同术，久不相见，闻流言不信”。此即任侠之本。近世毁誉无常，一入政界，更为混淆。报纸所载，类皆不根之谈，于此轻加信从，小则朋友破裂，大则团体分散。人人敦任侠之行，庶几朋友团体，均可保全。此今日之要务也。又有要者，《儒行》所谓“谗谄之民，有比党而危之者，身可危也，而志不可夺也”。又谓“劫之以众，临之以兵。见死不更其守”。此种守道不阿、强毅不屈之精神，今日亦当提倡。诸君试思！当今之世，情况何似？何者为“谗谄之民”？何方欲“比党危之”？吾人鉴于今日之情况，更觉《儒行》之言为有味矣！

十五儒中，类别綦多。以上所举，不过最切要于今日者耳。高隐一层，非所宜于今日；任侠一层，则与民族存亡，非常相关。虽小团体，非此亦不能存在。不可不三致意也！

试以《论语》相较，《论语》载“子路问成人，子曰：若臧武仲之知，公绰之不欲，卞庄子之勇，冉求之艺，文之以礼乐，亦可以为成人矣”。继而曰：“今之成人者何必然？见利思义，见危授命，久要不忘平生之言，亦可以为成人矣。”以今日通行之语言之，所谓成人，即人格完善之意。所谓儒者，亦即人格完善之谓也。“闻流言不信”，非即“久要不忘平生之言”乎？“见死不更其守”，“身可危也而志不可夺也”，非即“见危授命”乎？《论语》《儒行》，本相符合，惟《论语》简约，《儒行》铺张，文字上稍有异趣，然守道之士，乌可以文害辞者？不知宋人何以排斥之也？

东汉人之行为，与《儒行》甚近，宋人去之便远。《后汉书·党锢传》中人物，微嫌标榜太过，不能使吾人俯首，至《独行传》中人，则邈乎远矣！如田子泰之居乡，整饬一方，俨然有后世团练之风。曹操征乌桓，迷不得路，赖子泰指导，得获大胜。操回，欲以关内侯爵之，子泰坚辞不受。此与严子陵不同科，虽不受爵，依然干事，宋人乌能如此！周濂溪、程明道开宋朝一代学风，《儒林》《道学》二传，鲜有奇节伟行之士，一遇危难，亦不能尽力抵抗，较之东汉，相去甚远。大概《儒行》一篇，无高深玄奥之语，其精神汉人均能做到。高隐一流，非所宜于今日，而任侠之风，非提倡不可也。

曩讲《孝经》《大学》，诸君均已听过。鄙意若缺少刚气，即《孝经》《大学》所说，完全做到，犹不足以自立。诸君于此诸书，皆曾读过，窃愿深长思之。

第六讲 原 道

孔父受业于征藏史，韩非传其书，儒家、道家、法家异也，有其同；庄周述儒、墨、名、法之变，已与老聃分流，尽道家也，有其异。是樊然者，我乃知之矣。老聃据人事嬗变，议不逾方。庄周者，旁罗死生之变、神明之运，是以钜细有校。儒法者流，削小老氏以为省，终之其殊在量，非在质也。然自伊尹、太公有拨乱之材，未尝不以道家言为急，迹其行事，以间谍欺诈取人，异于儒、法，今可见者犹在《逸周书》。故周公诋齐国之政；而仲尼不称伊、吕，管子者祖述太公，谓之小器，有由也。

〔北魏〕九色鹿图

老聃为周征藏史，多识故事，约《金版》《六弢》之旨，著五千言以极其情，则伊、吕亡所用。亡所用故归于朴，若墨翟守城矣，巧过于公输般，故能坏其攻具矣。谈者多以老聃为任权数，其流为范蠡、张良。今以庄周《胠箧》《马蹄》相角，深黜圣知；为其助大盗，岂遽与老聃异哉？老聃所以言术，将以擿前王之隐慝，取之玉版，布之短书，使人人户知其术则术败。会前世简毕重滞，力不行远，故二三奸人得因自利。及今世有赫蹄雕镂之技，其书遍行，虽权数亦几无施矣。老聃称"古之善为道者，非以明民，将以愚之"，"民之难治，以其智多"。愚之何道哉？以其明之，所以愚之。今是驵侩则欺罔人，然不敢欺罔其类，交知其术也，故耿介甚。以是知去民之诈，在使民户知诈，故曰："以智治国国之贼，不以智治国国之福。"知此二者亦稽式。何谓稽式？谓人有发奸擿伏之具矣。粤无镈，燕无函，秦无卢，胡无弓车，夫人而能之，则工巧废矣。常知稽式，是谓玄德。玄德深远，而与物反。伊尹、太公、管仲虽知道，其道盗也。得盗之情，以网捕者，莫若老聃，故老聃反于王伯之辅，同于庄周，嬗及儒家，痟矣！若其开物成务，以前民用，玄家弗能知，儒者扬雄之徒亦莫识也。知此者韩非最贤。非之言曰："先物行先理动之谓前识，前识者，无缘而妄意度也。""以詹何之察，苦心伤神，而后与五尺之愚童子同功，故曰：'前识者'道之华也，而愚之首也。"夫不事前识，则卜筮废，图谶断，建除、堪舆、相人之道黜矣。巫守既绝，智术穿凿，亦因以废，其事尽于征表。此为道艺之根，政令之原。是故私智不效则问人，问人不效则求图书，图书不效则以身按验。故曰绝圣弃智者，事有未来，物有未睹，不以小慧隐度也。绝学无忧者，方策足以识梗概，古今异、方国异、详略异，则方策不独任也。不上贤使民不争者，以事观功，将率必出于介胄，宰相必起于州部，不贵豪杰，不以流誉用人也。

名其为简，繁则如牛毛。夫繁故足以为简矣，剧故足以为整暇矣。庄周因之以号《齐物》。齐物者，吹万不同，使其自已。官天下者以是为北斗招摇，不慕往古，不师异域，清问下民，以制其中，故相地以衰征、因俗以定契自此始。韩非又重申束之曰："凡物之有形者，易裁割也。何以论之？有形则有短长，有短长则有小大，有小大则有方圆，有方圆则有坚脆，有坚脆则有轻重，有轻重则有黑白。短长、小大、方圆、坚脆、轻重、黑白之谓理，理定而物易割，故议于大庭而后言则立，权议之士知之矣。故欲成方圆而随其规矩，则万物之功形矣。万物莫不有规矩，议言之士，计会规矩也。圣人尽随于万物之规矩，故曰：‘不敢为天下先。’”推此以观，其用至孅悉也。

玄家或佚荡为简，犹高山之与深渊、黑漆之与白垩也。玄家之为老，息废事服，吟啸以忘治乱。韩非论之曰：“随时以举事，因资而立功，用万物之能而获利其上，故曰：‘不为而成。’”明不为在于任官，非旷务也。又曰：“法令滋章，盗贼多有。”玄家以为老聃无所事法，韩非论之曰：“一人之作，日亡半日，十日亡五人功；万人之作，日亡半日，十日亡五万人功矣。然则数变业者，其人弥众，其亏弥大。”明官府征令不可亟易，非废法也。综是数者，其要在废私智、绝县娱，不身质疑事，而因众以参伍，非出史官周于国闻者，谁与领此！然故去古之宥，成今之别，其名当，其辞辩，小家珍说无所容其迂，诸以伪抵谰者无所阅其奸欺。老聃之言，则可以保傅人天矣。大匠不斫，大庖不豆，故《春秋》宝书之文，任之孔、左。断神事而公孟言无鬼，尚裁制而公孙论坚白，贵期验而王充作《论衡》，明齐物而儒、名、法不道天志。

老子之道，任于汉文，而太史公《儒林列传》言孝文帝本好刑名之言，是老氏固与名法相倚也。然孝文假借便佞，令邓通铸钱布天下，既悖刑名之术；信任爰盎，淮南之狱，不自责躬，而迁怒县传不发封者，枉杀不辜，戾法已甚，岂老氏所以莅政哉！若其责岁计于平、勃；听处当于释之；贾生虽贤，非历试则不任以卿相；亚夫虽杰，非劳军则不属以吴楚，斯中老氏之绳尺矣。盖公、汲黯以清净不扰为治，特其一端。世人云汉治本于黄老，然未足尽什一也。诸葛治蜀，庶有冥符。夫其开诚心，布公道，尽忠益时者虽仇必赏，犯法怠慢者虽亲必罚，服罪输情者虽重必释，游辞巧饰者虽轻必戮，庶事精练，物理其本，循名责实，虚伪不齿，声教遗言，经事综物，文采不艳，而过于丁宁周至，公诚之心，形于文墨，老氏所经，盖尽于此。汉世学者数言救僿以忠，终其所尚，乃在正朔、服色、徽识之间，不悟礼为忠信之薄。外炫仪容，适与忠反，不有诸葛，谁知其所底哉？杜预为黜陟课，云：使名不越功而独美，功不后名而独隐。亦有不上贤遗意。韩延寿治郡，谢安柄国，并得老氏绪言。而延寿以奢僭致戮，谢安不综名实，皆非其至。其在下者，谈、迁父子其著也。道家出于史官，故史官亦贵道家。然太史持论，过在上贤，不察功实。李广数败而见称，晁错立效而被黜，多与道家背驰。要其贵忠任质则是也。黄生以汤、武弑君，此不明庄子意者。七国齐晋之主，多由强臣盗位，故庄生言之则为抗；汉世天位已定，君能恣行，故黄生言之则为谄。要与伊、吕殊旨，则犹老氏意也。杨王孙之流，徒有一节，未足多尚。晋世嵇康愤世之流，近于庄氏；李充亦称老子，而好刑名之学，深抑虚浮之士；阮裕谓人不须广学，应以礼让为先，皆往往得其微旨。葛洪虽抵拒老庄，然持论必与前识上贤相反，故其言曰："叔向之母，申氏之子，非不一得，然不能常也。陶唐稽古而失任，姬公钦明而谬授，尼父远得崇替于未兆，近失澹台于形骸，延州审清浊于千载之外，而蔽奇士于咫尺之内，知人之难，如此其甚。郭泰所论，皆为此人过上圣乎？但其所得者显而易识，其失者人不能纪。"是亦可谓崇实者矣。

若夫扇虚言以流闻望，借玄辞以文膏粱，适与老子尚朴之义相戾。然则晋之乱端，远起汉末，林宗、子将，实惟国蠹，祸始于前王，而衅彰于叔季。若厉上贤之戒，知前识之非，浮民夸士，何由至哉！《中论·考伪》篇曰：今之为名者，巧人之雄，伪夫之杰，"然中才之徒，咸拜手而赞之，扬声以和之，被死而后论其遗烈，被害而犹恨己不逮"。《谴交》篇曰：世之衰也，"取士不由于乡党，考行不本于伐阅，多助者为贤才，寡助者为不肖，序爵听无证之论，班录采方国之谣。民见其如此者，知富贵可以从众为也，知名誉可以虚哗获也，乃离其父兄，去其邑里，不修道义，不治德行，讲偶时之说，结比周之党，汲汲皇皇，无日以处，更相叹扬，迭为表里，梼杌生华，憔悴布衣，以欺人主、惑宰相、窃选举、盗荣宠者，不可胜数。桓灵之世，其甚者也。自公卿大夫，州牧郡守，王事不恤，宾客为务，冠盖填门，儒服塞道，饥不暇餐，倦不获已。殷殷沄沄，俾夜作昼，下及小司，列城墨绶，莫不相商以得人，自矜以下士。星言夙驾，送往迎来，亭传常满，吏卒传问，炬火夜行，阍寺不闭，把臂捩腕，扣矢矢誓，推托恩好，不较轻重，文书委于官曹，系囚积于囹圄，而不皇省也。详察其为，非欲忧国恤民、谋道讲德也，徒营己治私、求执逐利而已。有策名于朝而称门生于富贵之家者，比屋有之。为之师而无以教，弟子亦不受业。或奉货行赂，以自固结，求志属托，规图仕进，然掷目指掌，高谈大语，若此之类，言之独可羞，而行之者不知耻。”是则林宗、子将之伦，所务可知。儒士为之，诚不足异；而魏氏中世道家猝起，不矫其失，弥益增华。庄生所云上诚好知，使民接迹诸侯之境，结轨千里之外，矫言伪行以求富贵者，眢乎如不闻也。王粹尝图庄周于室，欲令嵇含为赞。含援笔为吊文曰：“帝婿王弘远，华池丰屋，广延贤彦，图庄生垂纶之象，记先达辞聘之事，画真人于刻桷之室，载退士于进趣之堂，可谓托非其所，可吊不可赞也。”斯足以扬榷诚伪、平章白黑矣！

老聃不尚贤，墨家以尚贤为极，何其言之反也？循名异，审分同矣。老之言贤者，谓名誉、谈说、才气也；墨之言贤者，谓材力、技能、功伐也。不尚名誉，故无朋党；不尊谈说，故无游士；不贵才气，故无骤官，然则材力、技能、功伐举矣。

墨者曰：“以德就列，以官服事，以劳殿赏。”世之言贤，侈大而不可斠试。朝市之地，菆井之间，扬徽题褚，以衒其名氏，选者尚曰任众。众之所与，不繇质情，徒一二人眩之也。会在战国，奸人又因缘外交，自暴其声，以舆马瑞节之间，而得淫名者众。既不校练，功楛未可知；就有桢材，其能又不与官适。夫茹黄之骏，而不可以负重；橐佗之强，而不可以从猎。不检其材，猥以贤遍授之官，违分职之道，则管仲、乐毅交困。是故古之能官人者，不由令名。问其师学，试之以其事，事就则有劳，不就则无劳，举措之分以此。故韩非曰：“视锻锡而察青黄，区冶不能以必剑；水击鹄雁，陆断驹马，则臧获不疑钝利。发齿吻形容，伯乐不能以必马；授车就驾而观其末涂，则臧获不疑驽良。观容服、听辞言，仲尼不能以必士；试之官职，课其功伐，则庸人不疑于愚智。”此夫所谓不尚贤者也。尚贤者非舍功实而用人，不尚贤者非投钩而用人，其所谓贤不同，故其名异。不征其所谓而征其名，犹以鼠为璞矣。慎子蔽于执，故曰夫块不失道，无用贤圣；汲黯蔽于世卿，故愤用人如积薪，使后来者居上。诚若二子言，则是名宗大族世为政也。

夫老聃曰："三十辐共一谷，当其无，有车之用；挺埴以为器，当其无，有器之用；凿户牖以为室，当其无，有室之用。故有之以为利，无之以为用。"今处中者已无能矣，其左右又益罢，是重尪也。重尪者安赖有君吏？明其所以任使者，皆股肱毕强，技术辐凑，明刑辟而治官职者也。则此言不尚贤者，非慎、汲之所守也。

君之不能，势所踧矣。何者？辩自己成、艺自己出、器自己造之谓能，待辈群而成者非能。往古黔首僻陋侗愚，小慧之士得前民造作，是故庖牺作结绳，神农尝百药，黄帝制衣裳，少康为秫酒，皆以其能登用为长。后世官器既备，凡学道立方者，必有微妙之辩，巧竘之技，非绝人事苦心焦形以就则不至。人君者，在黄屋羽葆之中，有料民听事之劳矣，心不两役，欲与畴人百工比巧犹不得，况其至展察者！君之能尽乎南面之术矣。其道简易，不名一器，下不比于瓦缶，上又不足当玉卮。又其成事，皆待众人，故虽斥地万里，破敌巨亿，分之即一人斩一级矣；大施钩梯，凿山通道，分之即一人治一坡矣。其事至微浅，而筹策者犹在将吏。故夫处大官载神器者，佻人之功，则剽劫之类也。

己无半技，则奄尹之伦也。然不竞废黜者，非谓天命所属与其祖宗之功足以垂远也，老子固曰无之以为用。君人者既不觉悟，以是自庶侈，谓名实皆在己，为民主者又弥自喜，是故《齐物》之论作，而达尊之位成。一国之中，有力不辩官府，而俗以之功、民以之慧、国以之华者，其行高世，其学钜子，其艺大匠，其辞瑰称。有其一者，权藉虽薄也，其尊当比人主而已矣。凡学术分科至博，而治官者多出于习政令。汉尝黜九流，独任吏，次即贤良文学。贤良文学既褊陋，而吏识王度、通故事，又有八体之技，能窥古始，自优于贤良文学也。今即习政令最易，其他皆刳心。习易者擅其威，习难者承流以仰咳唾。不平，是故名家有去尊，凡在官者名曰仆役，仆役则服囚徒之服，当其在官，不与齐民齿。

人君者，剽劫之类，奄尹之伦。老聃明君术，是同于剽劫奄尹也。曰：异是。道者，内以尊生，外以极人事，笢析之以尽学术，非独君守矣。故韩非曰："道者，万物之所然，万理之所稽也。理者，成物之文。道者，万物之所以成。物有理不可以相簿，而道尽稽万物之理，故不得不化。不得不化，故无常操。无常操，是以死生气禀焉，万智斟酌焉，万事废兴焉。天得之以高，地得之以臧，维斗得之以成其威，日月得之以恒其光，五常得之以常其位，列星得之以端其行，四时得之以御其变气，轩辕得之以擅四方，赤松得之与天地统，圣人得之以成文章。道与尧舜俱智，与接舆俱狂，与桀纣俱灭，与汤武俱昌。譬诸饮水，溺者多饮之即死，渴者适饮之即生；譬若剑戟，愚人以行忿则祸生，圣人以诛暴则福成。故得之以死，得之以生，得之以败，得之以成。”此其言道，犹浮屠之言“如”邪？有差别此谓理，无差别此谓道。死生成败皆道也，虽得之犹无所得，《齐物》之论由此作矣。韩非虽解老，然他篇娓娓以临政为齐，反于政必黜，故有《六反》之训，《五蠹》之诟。夫曰：“斩敌者受赏，而高慈惠之行；拔城者受爵禄，而信廉爱之说；坚甲厉兵以备难，而美荐绅之饰；富国以农，距敌恃卒，而贵文学之士，废敬上畏法之民，而养游侠私剑之属，举行如此，治强不可得也。”

然不悟政之所行与俗之所贵，道固相乏，所赏者当在彼，所贵者当在此。今无慈惠廉爱，则民为虎狼也；无文学，则士为牛马也。有虎狼之民、牛马之士，国虽治，政虽理，其民不人。世之有人也，固先于国，且建国以为人乎？将人者为国之虚名役也？韩非有见于国，无见于人；有见于群，无见于孑。政之弊以众暴寡，诛岩穴之士；法之弊以愚割智，无书简之文。以法为教，无先王之语，以吏为师。今是有形之类，大必起于小；行久之物，族必起于少。韩非之所知也。众所不类，其终足以立烝民，蓬艾之间，有陶铸尧舜者，故众暴寡非也。其有回遹乱常、与众不适者，法令所不能治，治之益甚，民以情伪相攻即自败。故老子曰：“常有司杀者杀，夫代司杀者杀，是谓代大匠斫。”韩非虽贤，犹不悟。且韩非言大体，固曰不引绳之外，不推绳之内，不急法之外，不缓法之内矣。明行法不足具得奸邪，贞廉之行可贱邪？不逆天理，不伤情性，人之求智慧辩察者，情性也，文学之业可绝邪？荣辱之责，在于己不在于人，匹夫之行可抑邪？

庄周明老聃意，而和之以齐物，推万类之异情，以为无正味正色，以其相伐，使并行而不害，其道在分异政俗，无令干位，故曰得其环中，以应无穷者，各适其欲以流解说，各修其行以为工宰，各致其心以效微妙而已矣。政之所具不过经令，法之所禁不过奸害，能说诸心，能研诸虑，以成天下之亹亹者，非政之所与也。采药以为食，凿山以为宫，身无室家农圃之役、升斗之税，不上于王府，虽不臣天子，不耦群众，非法之所禁，版法格令，不得剟一字也。操奇说者能非之，不以非之剟其法，不以尊法罪其非，君臣上下，六亲之际，雅俗所守，治眇论者所驳也，守之者不为变，驳之者无所刑。国有群职，王公以出治，师以式民，儒以通古今会文理，百工以审曲面执立均出度，其权异，其尊不异。地有九州，赋不齐上下，音不齐清浊，用不齐器械，居不齐宫室，其枢同，其取予不同，皆无使相干也。夫是之谓大清明，夫是之谓天下之至柔，驰骋天下之至坚。法家者，削小老氏以为省，能令其国称娖，而不能与之为人。党得庄生绪言以自饬省，赏罚不厌一，好恶不厌歧，一者以为群众，歧者以优匹士，因道全法，则君子乐而大奸止。

其后独王弼能推庄生意，为《易略例》，明一以彖曰："自统而寻之，物虽众，则知可以执一御也；由本以观之，义虽博，则知可以一名举也。处旋机以观大运，则天地之动，未足怪也；据会要以观方来，则六合辐凑，未足多也。故举卦之名，义有主矣；观其彖辞，则思过半矣。夫古今虽殊，军国异容，中之为用，故未可远也。品制万变，宗主存焉。"明歧以爻曰："情伪之动，非数之所求也。故合散屈伸，与体相乖。形躁好静，质柔爱刚，体与情反，质与愿违。巧历不能定其算数，圣明不能为之典要，法制所不能齐，度量所不能均也。召云者龙，命吕者律，二女相违，而刚柔合体。隆坻永叹，远壑必盈。投戈散地，则六亲不能相保；同舟而济，则胡越何患乎异心。故苟识其情，不忧乖违；苟明其趣，不烦强武。"推而极之，大象准诸此，宁独人事之云云哉！道若无歧，宇宙至今如抟炭，大地至今如孰乳已！

第七讲　原墨

周末文敝，百家皆欲变周之文，从夏之忠，自墨子初言法禹悦也。彼汉世五经家，不法其意，而法其度，牵三正往复，沾沾损益于丧祭、车服、官曹名号之间，日崇其彫。忠者固为是邪？墨子者，善法意。尊天敬鬼，失犹同汉儒。其戾于王度者，非乐为大。彼苦身劳形以忧天下，以若自觳，终以自堕者，亦非乐为大。何者？喜怒生杀之气，作之者声也。故湩然击鼓，士忾怒矣。铓然撞錞于，继以吹箫，而人人知惨悼。儒者之颂舞，熊经猿攫，以廉制其筋骨，使行不愆步，战不愆伐，惟以乐倡之，故人乐习也。无乐则无舞，无舞则苶多疾疫，不能处憔悴。将使苦身劳形以忧天下，是何异于腾驾蹇驴，而责其登大行之阪矣！嗟乎！钜子之传，至秦汉间而斩。非其道之不逮申、韩、商、慎，惟不自为计，故距之百年而堕。

夫文始五行之舞，遭秦未灭。今五经粗可见，《乐》书独亡，其亦昉于六国之季，墨者昌言号呼以非乐，虽儒者亦鲜诵习焉。故灰烬之余，虽有窦公、制氏，而不能记其尺札也。呜呼！佚、翟之祸，至自弊以弊人，斯亦酷矣。诋其“兼爱”而谓之“无父”，则末流之吻言，有以取讥于君子，顾非其本也。张载之言曰：“凡天下疲癃残疾鳏寡茕独，皆吾兄弟之颠连而无告者。”或曰：其理一，其分殊。庸渠知墨氏兼爱之旨，将不一理而殊分乎？夫墨家宗祀严父，以孝视天下，孰曰无父？至于陵谷之葬，三月之服，制始于禹。禹之世，奔命世也。墨翟亦奔命世也。伯禽三年而报政，曰革其故俗，丧三年乃除。太公反之，五月而报政。然则短丧之制，前倡于禹，后继踵于尚父。惟晏婴镌之，庐杖衰麻，皆过其职。墨子以短丧法禹，于晏婴则师其孅啬，而不能师其居丧，斯已左矣。且夫兼爱者，人主之道，非士民所当务也。而夏固不能兼爱。诚能兼爱，夏启不当私其奸子。

向作《原墨》，逾数年，得长沙曹耀湘《墨子笺》，其说曰：“古者士大夫居丧，皆有其实，而不徒务其文。虽魏晋之间，风尚旷达，而凡纵情越礼者，犹见讥于时。墨子之为丧也，近以三日，久以三月，为时极少。而观其书中《节用》《非乐》诸篇所陈，则墨家平日所以自奉养其耳目口体者，盖无以甚殊于居丧之时，虽以三月为期，谓之终身之忧可也。今士大夫为丧，徒有其文，而无其实。妾御未尝偶离于室，膏粱未尝暂辍于口，衣冠之色稍异，而轻暖未尝有变，则墨子所讥久丧，今日为已陈刍狗，不足置辩矣！”其说最为通达。因念夏、殷之世，丧期短促，皆以服食起居未致其美耳。周世文物大盛，故丧期必限以三年。短丧之法，亦惟墨家食粝羹藿、服屦衣褐者，可以行之，非他人所得借口。

第八讲　原名

《七略》记名家者流出于礼官。古者名位不同，礼亦异数。孙卿为《正名》篇，道后王之成名，“刑名从商，爵名从周，文名从礼，散名之加于万物者，则从诸夏之成俗曲期”。即礼官所守者，名之一端，所谓爵名也。庄周曰《春秋》以道名分，盖颇有刑爵文，其散名犹不辩，五石六鹢之尽其辞，已榷略矣。且古之名家考伐阅，程爵位，至于尹文，作为华山之冠，表上下平，而惠施之学去尊，此犹老庄之为道，与伊尹、太公相塞。诚守若言，则名号替，徽识绝，朝仪不作，绵蕝不布。民所以察书契者，独有万物之散名而已。曲学以徇世，欲王齐王以寿黔首之命，免民之死，是施自方其命，岂不悖哉！自吕氏患刑名异充，声实异谓，既以若术别贤不肖矣；其次刘劭次《人物志》、姚信述《士纬》、魏文帝著《士操》、卢毓论《九州人士》，皆本文王官人之术，又几反于爵名。

然自州建中正，而世谓之奸府，浸以见薄。刑名有邓析传之，李悝以作具律，杜预又革为《晋名例》，其言曰：法者，盖绳墨之断例，非穷理尽性之书也，故文约而例直，听直而禁简。例直易见，禁简难犯。易见则人知所避，难犯则几于刑厝。厝刑之本，在于简直，故必审名分。审名分者，必忍小理。古之刑书，铭之钟鼎，铸之金石，所以远塞异端，使无淫巧。今所注皆网罗法意，格之以名分，使用之者执名例以审趣舍，伸绳墨之直，去析薪之理。其条六百二十，其字二万七千六百五十七，而可以左右百姓，下民称便。惟其审刑名，尽而不污，过爵名远矣，然皆名之一隅，不为纲纪。老子曰：“名可名，非常名。”名者，庄周以为化声。孙卿亦云名无固宜，故无常也，然约定俗成则不易，可以期命。万物者，惟散名为要，其他乃与法制推移。自惠施、公孙龙，名家之杰，务在求胜，其言不能无放纷，尹文尤短。察之儒墨，墨有《经》上下，儒有孙卿《正名》，皆不为造次辩论，务穷其柢。鲁胜有言，取辩乎一物，而原极天下之污隆，名之至也。墨翟、孙卿近之矣。

凡领录散名者，论名之所以成、与其所以存长者、与所以为辩者也。名之成，始于受，中于想，终于思。领纳之谓受，受非爱憎不著；取像之谓想，想非呼召不征；造作之谓思，思非动变不形。名言者，自取像生。故孙卿曰："缘天官。凡同类同情者，其天官之意物也同。故比方之疑似而通，是所以共其约名以相期也。"此谓想随于受，名役于想矣。又曰："心有征知。征知则缘耳而知声可也，缘目而知形可也。然而征知必将待天官之当簿其类然后可也。"接于五官曰受，受者谓之当簿；传于心曰想，想者谓之征知。一接焉一传焉曰缘。凡缘有四。增上缘者，谓之缘耳知声，缘目知形，此名之所以成也。名虽成，藏于胸中，久而不渝，浮屠谓之法。《墨经》曰："知而不以五路，说在久。"《说》曰："智者若疟病之之于疟也。智以目见，而目以火见，而火不见，惟以五路知。久，不当以目见。若以火。"此谓疟不自知，病疟者知之；火不自见，用火者见之。是受、想之始也。受、想不能无五路，及其形谢，识笼其象，而思能造作。见无待于天官，天官之用，亦若火矣。

五路者，若浮屠所谓九缘：一曰空缘，二曰明缘，三曰根缘，四曰境缘，五曰作意缘，六曰分别依，七曰染净依，八曰根本依，九曰种子依。自作意而下，诸夏之学者不亟辩，泛号曰智。目之见必有空明根境与智，耳不资明，鼻舌身不资空，独目为具五路。既见物已，虽越百旬，其像在，于是取之，谓之独影。独影者，知声不缘耳，知形不缘目，故曰不当。不当者，不直也，是故赖名。曩令所受者逝，其想亦逝，即无所仰于名矣，此名之所以存也。泰始之名，有私名足也；思以综之，名益多，故《墨经》曰"名，达、类、私"。孙卿曰："万物虽众，有时而欲遍举之，故谓之物，物也者，大共名也。有时而欲遍举之，故谓之鸟兽，鸟兽也者，大别名也。"若则骐骝騧骊为私，马为类，畜为达，兽为别，物为共也。有时而欲摄举之，丛马曰驷，丛人曰师，从木曰林，从绳曰网，浮屠以为众法聚集言论。孙卿曰："单足以喻则单，单不足以喻则兼。"人马木绳，单矣；师驷林网，兼矣。有时而欲辨异举之，以药为丸，其名异，自和合起；以瓶为败瓦，其名异，自碎坏起；以谷为便利，其名异，自转变起；以金带钩为指环，俄以指环为金带钩，其名异，自加功起，浮屠以为非常言论。孙卿曰：物有同状而异所者，虽可合，谓之二实。有异状而同所者，谓之化。有化而无别，谓之一实。此名之所以长也。诸同类同情者，谓之众同分。其受想同，其思同，是以有辩。辩所依隐有三。《墨经》曰："知，闻、说、亲。名、实、合、为。"《说》曰："知：传受之，闻也；方不瘴，说也；身观焉，亲也。所以谓，名也；所谓，实也；名实偶，合也。志行，为也。"亲者，因明以为现量；说者，因明以为比量；闻者，因明以为声量。

赤白者，所谓显色也；方圆者，所谓形色也；宫徵者，所谓声也；薰殠者，所谓香也；甘苦者，所谓味也；坚柔燥湿轻重者，所谓触也。遇而可知，历而可识，虽圣狂弗能易也，以为名种。以身观为极，阻于方域，蔽于昏冥，县于今昔，非可以究省也。而以其所省者善隐度其未所省者，是故身有五官，官簿之而不谛审，则检之以率。从高山下望冢上，木芊芊若著。日中视日，才比三寸盂，旦暮乃如径尺铜盘，校以句股重差，近得其真也。官簿之而不遍，则齐之以例，故审堂下之阴，而知日月之行、阴阳之变；见瓶水之冰，而知天下之寒、鱼鳖之臧也；尝一味肉，而知一镬之味、一鼎之调。官簿之而不具，则仪之以物，故见角帷墙之端，察其有牛；飘风堕曲尘庭中、知其里有酿酒者，其形虽隔，其性行不可隔，以方不障为极。有言仓颉隶首者，我以此其有也，彼以此其无也。仓颉隶首之形不可见，又无端兆足以拟有无，虽发冢得其骴骨，人尽有骨，何遽为仓颉隶首？亲与说皆穷，征之史官故记，以传受之为极。今辩者所持说尔，违亲与闻，其辩亦不立，此所以为辩者也。

辩说之道，先见其旨，次明其柢，取譬相成，物故可形，因明所谓宗、因、喻也。印度之辩，初宗，次因，次喻。大秦之辩，初喻体，次因，次宗。其为三支比量一矣。《墨经》以因为故，其立量次第，初因，次喻体，次宗，悉异印度、大秦。《经》曰："故，所得而后成也。"《说》曰："故，小故，有之不必然，无之必不然。体也，若有端。大故，有之必无然，若见之成见也。"夫分于兼之谓体，无序而最前之谓端。特举为体，分二为节之谓见。今设为量曰，声是所作，凡所作者皆无常，故声无常。初以因，因局，故谓之小故；无序而最前，故拟之以端。次以喻体，喻体通，故谓之大故，此凡所作，体也；彼声所作，节也，故拟以见之成见。因不与宗相剀切，故曰有之不必然。无因者，宗必不立，故曰无之必不然。喻体次因，以相要束，其宗必成，故曰有之必然。验《墨子》之为量，固有喻体无喻依矣。何者？万物无虑有同品，而奇觚者或无同品，以无同品则无喻。《墨经》曰："不可偏去而二，说在见与俱、一与二、广与修。"诸有形者，广必有修，修亦必有广矣。云线有长无广者，形学之乱。

《墨子》知其不偏去，说也，固有有修无广者矣。骋而往，不彭亨而及，招摇无尽，不以针镂鸟翮之宽据方分，此之谓时。今欲成时之有修无广也，即无同品。虽然，若是者，岂直无喻依，固无喻体。喻依者，以检喻体而制其款言，因足以摄喻依，谓之同品定有性。负其喻依者，必无以因为也，谓之异品遍无性。大秦与《墨子》者，其量皆先喻体后宗。先喻体者，无所容喻依，斯其短于因明。立量者，常则也，有时不可用三支，若《墨经》之驳仁内义外曰："仁，爱也。义，利也。爱利，此也；所爱所利，彼也。爱利不相为外内，所爱利亦不相为外内。其为仁内也，义外也；举爱，则所利也，是狂举也。若左目出，右目入。"此以三支则不可说也。破人者，有违宗，有同彼，有胜彼，亦无所用三支。何谓违宗？彼以物有如种极微也，而忌言人有庵摩罗识，因言无相者无有。诘之曰：如种极微有相不？则解矣。何谓同彼？彼以异域之政可法也，古之政不可法，因言时异俗异，胡可得而法？诘之曰：地异俗异可得法不？则解矣。何谓胜彼？彼以世多窕言也，谓言皆妄。诘之曰：是言妄不？则解矣。《墨经》曰："以言为尽悖。悖，说在其言。"此谓胜彼破也。

为说者曰：三支不足以原物，故曰漆淖水淖，合两淖则为蹇，湿之则为干；金柔锡柔，合两柔则为刚，燔之则为淖。或湿而干，或燔而淖，类固不必可推知也。凡以说者，不若以亲。自智者观之，亲亦有绌。行旅草次之间，得被发魃头而魃服者，此亲也，信目之谛，疑目之眩，将在说矣。眩人召圜案，圜案自垣一方来，即种瓜瓠，荫未移，其实子母钩带，千人见之，且剖食之，亲以目以口则信，说以心意则不信。远视黄山，气皆青，俯察海波，其白皆为苍，易位视之而变，今之亲者非昔之亲者。《墨经》曰："法同则观其同，法异则观其宜。"亲有同异，将以说观其宜，是使亲诎于说也。原物之质，闻不若说，说不若亲。今有闻火浣布者，目所未睹，体所未御，以说又无类，因谓无火浣布，则人莫不然，谓之蔽锢。《墨经》曰："知其所以不知，说在以名取。"此乃使亲、说交诎于闻也。凡原物者，以闻、说、亲相参伍。参伍不失，故辩说之术奏。未其参伍，固无所用辩说。且辩说者，假以明物，诚督以律令则败。夫主期验者任亲，亟亲之而言成典，持以为矩。矩者，曰：尽，莫不然也。必，不已也。而世未有尽验其然者，则必之说废。今言火尽热，非能遍拊天下之火也，拊一方之火而因言凡火尽热，此为逾其所亲之域。虽以术得热之成火，所得火犹不遍，以是言凡火尽热，悖。《墨经》通之曰："无穷不害兼，说在盈否。知，不知其数而知其尽也，说在明者。"则此言尽然不可知，比量成而试之。信多合者，则比量不惑也。若是，言凡火尽热者，以为宗则不悖，以为喻体犹悖。言必有明日者，以昨往有今，以累昨往尽有今，拟仪之也。物固有断，则昨或不断而今或断。言必有明日者，是犹言人必有子姓，以说不比，以亲即无征。是故主期验者越其期验。《墨经》说推类之难曰："此然是必然，则俱为麋。"此庄周所以操齐物夫？

第九讲　小学略说

小学二字，说解歧异。汉儒指文字之学为小学。《汉书·艺文志》：“古者八岁入小学。”《周官·保氏》：“掌养国子，教之六书、九数。六书者，象形、象事、象意、象声、转注、假借也。”而宋人往往以洒扫、应对、进退为小学。段玉裁深通音训，幼时读朱子《小学》，其文集中尝言：“小学宜举全体，文字仅其一端。洒扫、应对、进退，未尝不可谓之小学。”案《大戴礼·保傅》篇：“古者八岁出就外舍，学小艺焉，履小节焉；束发而就大学，学大艺焉，履大节焉。”小艺指文字而言，小节指洒扫、应对、进退而言；大艺即《诗》《书》《礼》《乐》，大节乃大学之道也。由是言之，小学固宜该小艺、小节而称之。

保氏所教六书，即文字之学。九数则《汉书·律历志》所云：“数者，一十百千万是也。”学习书数，宜于髫龀；至于射御，非体力稍强不能习。故《内则》言：“十岁学书计，成童学射御。”《汉书·食货志》言：“八岁入小学，学六甲、五方、书计之事。”《内则》亦言六岁教之数与方名，郑注以东西释方名，盖即地理学与文字学矣。而苏林之注《汉书》，谓方名者四方之名，此殊不足为训。童蒙稚呆，岂有不教本国文字，而反先学外国文字哉？故师古以臣瓒之说为是也。

汉人所谓六艺，与《周礼·保氏》不同。汉儒以六经为六艺，《保氏》以礼、乐、射、御、书、数为六艺。六经者，大艺也；礼、乐、射、御、书、数者，小艺也。语似分歧，实无二致。古人先识文字，后究大学之道。后代则垂髫而讽六经；篆籀古文，反以当时罕习，致白首而不能通。盖字体递变，后人于真楷中认点画，自不暇再修旧文也。

是正文字之小学，括形、声、义三者而其义始全。古代撰次文字之书，于周为《史籀》篇，秦汉为《仓颉》篇，后复有《急就章》出。

童蒙所课，弗外乎此。周兴嗣之《千字文》，《隋书·经籍志》入小学类。古人对于文字，形、声、义三者，同一重视。宋人读音尚正，义亦不敢妄谈。明以后则不然。清初讲小学者，止知形而不知声、义，偏而不全，不过为篆刻用耳。迨乾嘉诸儒，始究心音读训诂，但又误以《说文》《尔雅》为一类。段氏玉裁诋《汉志》入《尔雅》于《孝经》类，入《仓颉》篇于小学类，谓分类不当。殊不知字书有字必录，周秦之《史》《仓》，后来之《说文》，无一不然。至《尔雅》乃运用文字之学。《尔雅》功用在解释经典，经典所无之字，《尔雅》自亦不具。是故字书为体，《尔雅》为用。譬之算术，凡可计数，无一不包。测天步历，特运用之一途耳。清人混称天算，其误与混《尔雅》、字书为一者相同。《尔雅》之后，有《方言》，有《广雅》，皆为训诂之书，文字亦多不具。故求文字之义，乃当参《尔雅》《方言》；论音读，更须参韵书。如此，文字之学乃备。

乾嘉以后，人人知习小学，识字胜于明人。或谓讲《说文》即讲篆文，此实谬误。王壬秋主讲四川尊经书院，学生持《说文》指字叩音，王谓尔曹喻义已足，何必读音。王氏不明反语，故为是言。依是言之，《说文》一书，止可以教聋哑学生耳。

今人喜据钟鼎驳《说文》。此风起于同、光间，至今约六七十年。夫《说文》所录，古文三百余。古文原不止此，今洛阳出土之三体石经，古文多出《说文》之外。于是诡谲者流，以为求古文于《说文》，不如求之钟鼎。然钟鼎刻文，究为何体，始终不能确知。《积古斋钟鼎款识》释文，探究来历，不知所出，于是诿之曰昔人。自清递推而上，至宋之欧阳修《集古录》。欧得铜器，不识其文，询之杨南仲、章友直杨工篆书，嘉祐石经为杨之手笔；章则当时书学博士也。杨、章止识《说文》之古文，其他固不识也。欧强之使识，乃不得不妄称以应之。《集古录》成，宋人踵起者多，要皆以意测度，难逭妄断之讥。须知文字之学，口耳相受，不可间断。设数百年来，字无人识，后人断无能识之理。譬如“天地玄黄”，非经先生口授，何能明其音读？先生受之于师，师又受之于师，如此数千年，口耳相受，故能认识。或有难识之字，字书俱在。但明反切，即知其音。若未注反切，如何能识之哉？今之学外国文者，必先认识字母，再求拼音，断无不教而识之理。宋人妄指某形为某字者，不几如不识字母而诵外国文乎？

苏轼像

苏轼，字子瞻，又字和仲，号“东坡居士”，世人称其为“苏东坡”。北宋著名文学家、书画家、诗人、词人，豪放派词人代表。

宋人、清人，讲释钟鼎，病根相同，病态不同。宋人之病，在望气而知，如观油画，但求形似，不问笔画。清人知其不然，乃皮傅六书，曲为分剖，此则倒果为因，可谓巨谬。夫古人先识字形，继求字义，后乃据六书以分析之，非先以六书分析，再识字形也。未识字形，先以六书分析，则一字为甲为乙，何所施而不可？不但形声、会意之字，可以随意妄断，即象形之字，亦不妨指鹿为马。盖象形之字，并不纤悉工似，不过粗具轮廓，或举其一端而已。如𠆢字略象人形之侧，其他固不及也。若本不认识，强指为象别形，何不可哉？倒果为因，则甲以为乙，乙以为丙，聚讼纷纷，所得皆妄。如只摹其笔意，赏其姿态，而阙其所不知，一如欧人观华剧然，但赏音调，不问字句，此中亦自有乐地，何必为扣槃、扪烛之举哉！

宋人持望气而知之态度以讲钟鼎，清人则强以六书分析之。然则以钟鼎而驳《说文》，其失不止偏闰夺正而已。尝谓钟鼎款识，不得阑入小学；若与法帖图象，并列艺苑，斯为得耳。“四库书”列入艺术一类，甚见精卓。其可勉强归入小学类者，惟有研究汉碑之书，如洪氏《隶释》《隶续》之类而已。文字之学，宜该形、声、义三者。专讲《说文》，尚嫌取形遗声；又何况邈不可知之钟鼎款识哉！盖文字之赖以传者，全在于形。论其根本，实先有义，后有声，然后有形，缘吾人先有意想，后有语言，最后乃有笔画也文字为语言代表，语言为意想之代表。故不求声、义而专讲字形，以资篆刻则可，谓通小学则不可。三者兼明，庶得谓之通小学耳。《说文》以形为主，《尔雅》《方言》以义为主，《广韵》之类以声为主。今人与唐宋人读音不同，又不得不分别古今。治小学者，既知今音，又宜明了古音。大徐《说文》，常言某字非声，此不明五代音与古音不同故也。欲治小学，不可不知声音通转之理。段注《说文》，每字下有古音在第几部字样，此即示人以古今音读之不同。音理通，而义之转变乃明。大徐《说文》，每字下注明孙愐反切，此唐宋音，而非汉人声读。但由此以窥古音，亦初学之阶梯也。要之，形为字之官体，声、义为字之精神，必三者具而文字之学始具。

许君之言曰："惟初太极，道立于一。"一之为字，属指事。盖人类思想，由简单以至繁复，苦结绳之不足致治，乃有点画以作识记，则六书次第，以指事居首为最合，指事之次为象形。《说文》之界说曰："指事者，视而可识，察而见意，丄丅是也。""象形者，画成其物，随体诘屈，⊙D是也。"此皆独体之文，继后有形声、会意，则孳乳而为合体之字。故形声之界说曰："以事为名，取譬相成，江河是也。"会意之界说曰："比类合谊，以见指抙，武信是也。"指事、象形在前，形声、会意在后，四者具而犹恐不足，则益之以转注，广之以假借，如是，则书契之道毕，宪象之理彰。

指事之异于象形者，形象一物，事赅众物。以丄丅为例，丄丅所晐者多，而日月则仅表一物。丄丅二字，视之察之，可知其在上在下。此指事之最易明白者，故许君举以为例。

指事之字，除丄丅外，计数之字，自一至十，古人皆以为指事。但六字从入从八，已属会意。四字象形，尚非指事，惟籀文作亖，确系指事。案：莽布六七八九作丅丌卅卌，或为最初之古文，极合于"察而见意"之例。若七九两篆，殊不能"察而见意"也。

六书中之指事，后人多不了然。段氏《说文注》言指事者极少。王箓友《释例》《句读》，凡属指事之字，悉以为会意。要知两意相合，方得谓之会意。若一字而增损点画，于增损中见意义者，胥指事也。指事有独体、合体之别，二二一二，独体指事也。合体指事，例如下列诸字：

本，以木下一表根。末，以木上一表颠。不，象形兼指事，一以表天，下为鸟形，鸟飞上翔，不下来也。至，一以表地，上为鸟形，鸟飞从高，下至地也。此皆无形可象，故以一表之。又有屈曲其形以见意者，为大象人形，侧其左曰夨，侧其右曰夭，交其两足则为交，曲其右足则为尣。夨夭交尣均从大而略变者也，均指事也。更如屈木之颠曰禾，木之曲头，止不能上也。木中加一曰朱，赤心木也。赤心不可象，以一识之也。牟，牛鸣也，从牛，厶象其声气从口出。芈，羊鸣也，从羊，象气上出。系豕足曰豖，绊马足曰馽。凡此皆不别造字，即于木、牛、羊、豕、马本字之上，加以标帜者也。

指事有减省笔画以见意者。如夕，暮也，从月半见。歺，伐骨之残也，从半冎；冎，义为剔肉置骨，冎而得半，其残可知。朩，木之余，断木之首以见意。八有相背之象。飞，上象鸟首，下为双翅，张其翅，以表飞翔之状，而迅疾之卂，从飞而羽不见，疾飞则羽毛不能详审，故略去羽毛。今山水家画远鸟多作十字形，意亦同也。以上皆损笔见意之指事。又有以相反为指事者。如反正为乏，正乏即算术之正负，乏即负耳。反人为匕，相与比叙也。倒人为𠤎，变也，人死则化矣。反永为𠂢，永为水长，𠂢为分支，分支则水流长矣。之象草出于地；倒之为帀，周也，川楚间有阴沉木者，山崩木倒，枝叶入地而仍生，岭南榕树亦反倒入地而生，此皆可见蒙密周匝之意。推予谓之予；倒予谓之幻，以骗术诈惑人而取其财，斯为幻矣。止象人足，反止为𣥂，蹈也。此皆以相反见意也。故指事有三例：一增一省一相反。今粤人减有字二画为冇，音如毛，意为无有，此俗字之属于指事者也。

指事不兼会意，而会意有兼指事。盖虽为会意，仍有指事之意在。北从二人相背，𦣝从二臣相违，相背相违，亦有指事之意。两或颠倒而成誖，悖也；两止相背而成癶，足刺癶也：亦兼指事之意。指事之例甚广，而段氏乃以为指事甚少，此亦未之思耳。但段氏犹知指事、会意，不容厕杂；而王箓友则直以指事为会意矣。要知会意之会，乃会合之会，非领会之会也。

造字之朔，象形居先，而指事更在象形之前。盖指事亦象形之类，惟象空阔之形，不若象形之表示个体耳。许君举日月二文为象形例，⊙象日中有黑子，月象日形之半，此乃独体象形，犬豕马鸟木屮之类均是。至合体象形：果，田象果实，下从木；朵，乃象跗萼，下从木；巢象阡陌之状，而小篆作畴；裘，古文作求，小篆加衣为裘，中象毛皮之形，皆合体象形也。母从女加--为两乳形；儿从儿，象小儿头囟未合，亦合体象形也。自独体象形衍而为合体象形，亦有不得不然之势。否则无女之--，无儿之囟，孰从而识其为母为儿乎？

象形之字，《说文》所录甚多，然犹不止此数，如钟鼎之8，即为《说文》所未录者钟鼎文字，原不可妄说，但连环之8，可由上下文义而知其决然为环，经昔人谨慎考定，当可置信。

造字之初，不过指事、象形两例。指事尚有状词、动词之别，而象形多为名词。综《说文》所录，象形、指事，不过二三百字。虽先民言语简单，恐亦非此二三百字所能达意。于是有以声为训之法，如：马兼武义；火兼毁义；水有平准之义，而以水代准古音水准相近；齐有集中之义，斋戒之斋，即假齐以行。夫书契之作，所以济结绳之穷。若一字数义，仍不能收分理别异之功，同一马也，或作马义，或作武义；同一水也，或作水义，或作准义：依是则饰伪萌生，治丝而益棼矣。于是形声、会意之作乃起。

形声之声，有与字义无关者，如江之工、河之可，不过取工、可二音，与江、河相近。此乃纯粹形声，与字义毫无关系者也。劦部之恊勰協，皆有同心合力之意，则声而兼义矣。盖形声之字，大都以形为主，而声为客。而亦有以声为主者，《说文》中此类甚多，如某字从某，某亦声，此种字皆形声而兼会意者也。王荆公《字说》，凡形声悉认为会意，遂成古今之大谬。故理董文字，切不可迂曲诠释。一涉迂曲，未有不认形声为会意者。初造文字时，决不尔也。

许君举武、信为会意之例。夫人言为信，惟信乃得谓之人言，否则与鸡鸣犬吠何异？此易明者。止戈为武，解之者率本楚庄王禁暴戢兵之意，谓止人之戈。但《大雅》："履帝武敏。"《传》曰："武，迹也。"则足迹亦谓之武。案《牧誓》："不愆于六步、七步。""不愆于四伐、五伐。"步伐整齐，则军令森严，此则谓之武耳。余意止者步省，戈者伐省，取步伐之义，似较优长。但楚庄之说，亦不可废。若解止戈为不用干戈，则未免为不抵抗主义之信徒矣。

会意之字，《说文》所录甚少，五百四十部以形声字为最多。《说文》而后，字书所收，字日以多，自《玉篇》《类篇》以至《正字通》《康熙字典》，无不后来居上。《类篇》所收，有五万字。至《康熙字典》则俗体寖多于前矣。

后人造形声之字，尚无大谬，造会意则不免贻笑，若造象形、指事，必为通人所嗤。如"丢"，去上加一，示一去不返，即觉伧俗可笑。今人造牠、她二字，以牠为泛指一切，她则专指女人。实则自称曰我，称第三者曰他，区别已明，何必为此骈枝？依是而言，将书俄属男，写娥属女，而泛指之我，当别造一辆字以代之。若"我师败绩"、"伐我北鄙"等语，我悉改书为辆，不将笑绝冠缨耶？

转注之说，解者纷繁。或谓同部之字，笔画增损，而互为训释，斯为转注。实则未见其然。《说文》所载各字，皆隶属部首。亦有从部首省者：氂部有氂、有斄，氂与斄，非纯从犛，从犛省也；爨部有𤍽、有釁，但取爨之头而不全从爨也；画部有昼，㝱部有寐，有寤，有寱，昼为画省，寤、寐、寱，皆非全部从㝱。且氂，犛，牛尾也；斄，强曲毛也，与犛牛非同意相受。𤍽所以支鬲；釁，血祭：亦非同意。画，介也；昼，日之出入，与夜为介：意亦相歧。寐，卧也，虽与㝱义较近，而寤则寐觉而有言，适与相反。谓生关系则可，谓同意相受则不可。不特此也，《说文》之字，固以部首为统属，亦有特别之字虽同在一部而不从部首者。乌部有焉、有舄，与部首全不相关，意亦不复相近；犛、爨、画、㝱四部，尚可强谓与考老同例，此则截然不相关矣。准此，应言建类一首，同意不相受。而江声、曾国藩辈，坚主同部之说，何耶？

或谓建类一首者，头必相同，如禽头与兕头同是也。余谓以此说"一首"犹可，顾"同意相受"之义犹未明。且《说文》所载，虎足与人足同，燕尾与鱼尾同。如言禽头与兕头同为建类一首，则此复应言建类一尾或建类一足矣。况禽头与兕头同在《说文》象形中，字本无多，仅为象形之一种。故知此说琐屑，亦无当也。

戴东原谓：《说文》："考，老也。""老，考也。"转相训释，即所谓"同意相受"。"建类一首"者，谓义必同耳。《尔雅》："初、哉、首、基、肇、祖、元、胎、俶、落、权、舆，始也。"此转注之例也。余谓此说太泛，亦未全合。《尔雅》十二字，虽均有始义，然造字之时，初为裁衣之始；戋即才字为草木之初。始义虽同，所指各异。首为生人之初，基为筑室初。虽后世混用，造字时亦各有各义，决不可混用也。若《尔雅》所释，同一训者，皆可谓同意相受，无乃太广泛矣乎？

于是许瀚出而补戴之阙，谓：戴氏言同训即转注，固当；然就文字而论，必也二义相同，又复同部，方得谓之转注，此说较戴氏为精，然意犹未足。何以故？因五百四十部非必不可增损故，如乌、舄、焉三字，立乌部以统之，若归入鸟部，说从鸟省，亦何不可？况《说文》有瓠部，瓠部有瓢字，瓢从瓠省，实则瓠从瓜，瓢亦从瓜，均可归入瓜部，不必更立一部也。且古籀篆字形不同，有篆可入此部，而古籀可入彼部者，是究应入何部乎？鸱，小篆从隹；雕，籀文从鸟：应入鸟部乎？隹部乎？未易决也。转注通古籀篆而为言，非专指小篆。六书之名，先于《说文》，贯通古籀篆三，如同部云云，但依《说文》而言，则与古籀违戾。故许氏之说，虽精于戴，亦未可从也。

刘台拱不以小学名，而文集中《论六书》一文，识见甚卓。谓所谓转注者，不但义同，音亦相近。此语较戴氏为有范围。转注云者，当兼声讲，不仅以形义言。所谓“同意相受”者，义相近也。所谓“建类一首”者，同一语原之谓也。同一语原，出生二字，考与老，二字同训，声复叠韵。古来语言不齐，因地转变，此方称老，彼处曰考；此方造老，彼处造考，故有考老二文。造字之初，本各地同时并举，太史采集异文，各地兼收，欲通四方之语，故立转注一项。是可知转注之义，实与方言有关。《说文》同部之字，固有转注；异部之字，亦有转注，不得以同部为限也。

《说文》于义同、音同、部首同者，必联绵属缀，此许君之微意也。余著《国故论衡》，曾举四十余字作证。今略言之，艸部：蓈，莒也；莒，蓈也。蓨，苗也；苗，蓨也。交互为训，绵联相属，即示转注之意。所以分二字者，许君之书，非由己创，亦参考古书而成。蓈、莒、蓨、苗，《尔雅》已分，故《说文》依之也。又如袒、裼、裸、裎：袒，许书作“但”；裼，古音如鬄。但、裼古双声，皆在透母。裸，但也；裎，但也。裎今舌上音，古人作舌头音，读如听，亦在透母。裸在今来母，于古亦双声。此皆各地读音不同，故生异文。由今论之，古人之文，转今为简。亦有繁于今者。《孟子》：“虽袒裼裸裎于我侧，尔焉能浼我哉？”实则但言“袒于我侧”可矣。又古人自称曰我、曰吾、曰卬、曰言，我、吾、卬、言，初造字时，实不相关，语言转变，遂皆成我义。低卬之卬，言语之言，岂为自称而造？因各地读音转变而假用耳。又，古人对人称尔、称女、称戎、称若、称而，《说文》尔作尒，既造尒为对人之称，其余皆因读音转变而孳生之字。女即借用男女之女，戎即借用戎狄之戎，若即借用择菜之若，而即借用须髯之而。古无弹舌音，女、戎、若、而，皆入泥母。以今音准之，你音未变，戎读为奴、为侬，而读为奈，皆入泥母。今苏沪江浙一带，或称奈，或称你，或称奴，或称侬，则古今音无甚异也。又汪、潢、湖、汙四字，音转义同。小池为汙，《左传》：“周氏之汪。”汪训池，亦称为潢，今匣母，转而为汙潢。《汉书》：“盗弄陛下之兵于潢池中耳。”《左传》亦称潢汙行潦。汪今影母，音变为湖。汙湖阴声，无鼻音；汪潢阳声，有鼻音。阴阳对转，乃言语转变之枢纽。言与我，吾与卬，亦阴阳对转也。语言不同，一字变成多字。古来列国分立，字由各地自造，音亦彼此互异，前已言之。今南方一县之隔，音声即异，况古代分裂时哉！然音虽不同，而有通转之理。《周礼·大行人》：“属瞽史谕书名，听声音。”瞽不能书，审音则准。史者史官，职主记载。“谕书名”者，汙、潢彼此不同，谕以通彼此之意也。“听声音”者，听其异而知其同也。汪、汙、潢、湖，声虽不同，而有转变之理，说明其理，在先解声音耳。如此，则四方之语可晓；否则，逾一地、越一国，非徒音不相同，字亦不能识矣。六书之有转注，义即在此。不然，袒裼裸程、汪汙潢湖，彼此焉能通晓？下三字与上一字，音既相同，义亦不异。此所谓“建类一首、同意相受”也。古者方国不同，意犹相通。造字之初，非一人一地所专，各地各造，仓颉采而为之总裁。后之史籀、李斯，亦汇集各处之字，成其《史籀》篇、《仓颉》篇。秦以后字书亦然，非仓颉、史籀、李斯之外，别无造字之人也。庶事日繁，文字遂多。《说文》之后，《玉篇》收两万字，《类篇》收五万字，皆各人各造而编书者汇集之。后人如此，古人亦然。许书九千字，岂叔重一人所造？亦采前人已造者耳。荀子云：“好书者众矣，而仓颉独传者，一也。”斯明证矣。是故，转注在文字中乃重要之关键。使全国语言彼此相喻，不统一而自统一，转注之功也。今人称欧洲语同出罗马，而各国音亦小异。此亦有转注之理在。有转注尚有不相喻处，故孔子曰："吾犹及史之阙文也……今亡矣夫！"盖当时列国赴告，均用己国通用之字，彼此未能全喻，史官或有不识之字，则阙以存疑。周全盛时，虽诸侯分立，中央政府犹有史官可以通喻；及衰，列国依然自造文字，而史官不能喻。其初不喻者阙之，其后则指不识以为识。"今无矣夫"者，伤之也。华夏一统，中国语言，彼此犹有不同，幸有字书可以检查。是故，不但许君有功，即野王、温公辈，亦未始无功。又字有义有音，义为训诂，音为反切。韵书最古者推《广韵》，则陆法言辈亦何尝无功哉！古有谕书名、听音声之事，其书不传，后人采取其意而为音韵之书。为统一文字计，转注决不可少，音韵亦不得不讲也。

假借之与转注，正如算术中之正负数。有转注，文字乃多；有假借，文字乃少。一义可造多字，字即多，转注之谓也；本无其字，依声托事，如令、长是，假借之类也。令之本义为号令，发号令者谓之令，古之令尹、后之县令，皆称为令，此由本义而引申者。长本长短之长，引申而为长幼之长。成人较小孩为长，故可引申，再引申而为官长之长，以长者在幼者之上，亦犹官长在人民之上也。所谓假借，引申之谓耳。惑者不察，妄谓同声通用为假借。夫同声通用，别字之异名耳。例如前后之前，许书作歬，今乃作𠝣。𠝣，剪刀之剪也。汉以后，凡歬均作前。三体石经犹不作前。夫妄写别字，汉以后往往有之，则汉以前亦安见其必无？周公、孔子，偶或误书，后人尊而为之讳言，于是美其名曰假借。实则别字自别字，假借自假借，乌可混为一谈？六书中之假借，乃引申之义。如同声通用曰假借，则造拼音字足矣。夫中国语之特质为单音，外国语之特质为复音。如中土造拼音字，则此名与彼名同为一音，不易分辨，故拼音之字不适于华夏。仓颉为黄帝史官，黄帝恐亦如刘裕一流，难免不写别字耳。是故同声通用，非《说文》所谓假借。《说文》所谓假借，乃引申之义，非别字之谓也。否则，许君何不谓"本有其字，写成别字，假借是也"乎？"本无其字"者，有号令之令，无县令之令；有长短之长，无令长之长：故曰无也。造一令字，包命令、县令二义。造一长字，包长短、长幼、官长三义，此之谓假借。

外此，假借复有一例。唐、虞、夏、商、周五字，除夏与本义犹相近外，唐为大义，非地名；虞为驺虞义，非地名；商为商量义、周为周密义，均非地名。此亦本无其字，依声托事也。如别造一字，唐旁加邑为鄌，虞、商、周亦各加邑其旁，亦何不可？今则不然，但作唐、虞、商、周，非依声托事而何？此与令长意别，无引申之义，仅借作符号而已。

外此，复有一例。如重言之联语，双声之联语，叠韵之联语。凡与本义不相关者，皆是也。《尔雅》："懋懋、慔慔，勉也。""佌佌、琐琐，小也。""悠悠、洋洋，思也。""烝烝、遂遂，作也。"此重言之联语有此义无此字，亦本无其字，依声托事之假借也。参差双声之联语，参与不齐无关、辗转双声而兼叠韵。辗，《说文》作报。报与知恋反之转不相关，诪张双声，诪或作侜，与幻义不相关，皆以双声为形容也。消摇消者消耗、摇者摇动，皆无自在义、须臾须，颊毛也。臾，曳也。皆无顷刻义，皆以叠韵为形容也。有看似有义，实则无义者。如抢攘，《说文》无抢，作枪；攘作𡨟：二字合而形容乱义。要之，联词或一有义，或均无义，皆本无其字，依声托事也，皆假借也。是故不但令长可为假借之例，唐、虞、商、周，懋懋、慔慔，参差、抢攘，均可作假借之例。由此可知假借之例有三：一引申、二符号、三重言双声叠韵之形容，皆本无其字，依声托事也。乌得以同声通用当之哉同声通、用，治小学者亦不得不讲。惟同声通用乃小学之用，非六书造字之旨耳！

引申、符号、形容，有此三者，文字可不必尽造，此文字之所以简而其用普也。要之，《说文》只九千字，《仓颉》篇殆不过三千字，周秦间文化已启，何以三千字已足？盖虽字仅三千，其用则不仅三千。一字包多义，斯不啻增加三四倍矣。

以故，转注、假借，就字关联而言；指事、象形、会意、形声，就字个体而言。虽一讲个体，一讲关联，要皆与造字有关。如戴氏所言，则与造字无关，乌得厕六书之列哉？余作此说，则六书事事不可少；而于造字原则，件件皆当，似较前人为胜。

造字之始于仓颉，一见于《世本》，再见于《荀子》，三见于《韩非子》，而《说文序》推至伏羲画卦者，盖初文之作，不无与卦画有关，如☵即坎卦是已。若汉人书坤作巛，《经典释文》亦然；宋人妄说坤为六断，实则坤与川古音相近，巛、巛相衍，义或近是。《尔雅·释水》：“水中可居者曰州。”大地抟抟，水绕其旁，胥谓之州。故邹衍有大九州之说。释典有海中可居者四大洲之言。州者巛之重也。气字作气，与☰卦近似。天本积气，义亦相合。此☰卦与初文皆有关系。言造字而推至画卦，义盖在是。

《序》又言：“见鸟兽蹄迒之迹，知分理之可相别异，初造书契。”此义汉儒未有所阐。案《抱朴子》：八卦象鹰隼之翮。其言当有所受。《易·系》言：“古者庖牺氏之王天下也，仰则观象于天，俯则观法于地，观鸟兽之文与地之宜。”所谓鸟兽之文者，鹰隼之翮当居其一。鹰翮左右各三。象其全则为☰，去其身则为☷，此推至八卦之又一说也。

造字之后，经五帝三王之世，改易殊体，则文以寖多，字乃渐备。初文局于象形、指事，不给于用。《尧典》一篇，即非初文所可写定。自仓颉至史籀作大篆时，历年二千。其间字体，必甚复杂。史籀所以作大籀者，欲收整齐画一之功也。故为之厘订结体，增益点画，以期不致淆乱。今观籀文，笔画繁重，结体方正：本作山旁者，重之而作屾旁；本作巛旁者，重之而作𡿧旁。较钟鼎所作踦斜不整者，为有别矣。此史籀之苦心也。惜书成未尽颁行，即遇犬戎之祸。王畿之外，未收推行之效。故汉代发见之孔子壁中经，仍为古文。魏初邯郸淳亦以相传之古文书三体石经北宋苏望得三体石经，刻之于洛阳，见洪氏《隶续》，民十一洛阳出土石经存二千余字。至周代所遗之钟鼎，无论属于西周或属于东周，亦大抵古文多而籀文少。此因周宣初元至幽王十一年，相去仅五十余年。史籀成书，仅行关中，未曾推行关外故也。秦兼天下，李斯奏同文字，罢其不与秦文合者，作《仓颉》等三篇。取史籀大篆，或颇省改，后世谓之小篆。今观《说文》所录重文，古文有三百余字，而籀文不及二百。此因小篆本合籀文。籀文繁重，李斯略为改省。大篆小篆，犹世言大写小写矣。

秦时发卒兴戍，官狱繁多，程邈作隶，以趣约易。施用日广，于是古文几绝。秦隶今不可见，顾蔼吉《隶辨》言秦隶之遗于今者，若秦量、秦权、秦诏版等。文虽无多，尚可见其大意。大概比篆书略加省改，而笔意仍为篆书。即西汉之吉金石刻，虽为隶体，亦多用篆笔书写，与后世之挑剔作势者不同。东汉时，相传有王次仲者，造作八分，于是隶法渐变，即今日所称之汉隶也。今所见之汉碑，多起于东汉中叶以后。东汉初年之《三公山碑》，尚带篆意；《石门颂》亦然；裴岑《纪功碑》虽隶而仍兼篆笔：盖为秦隶之遗。桓、灵时之碑刻，多作八分，蔡邕之熹平石经亦八分也。八分与隶书之别，在一有挑剔，一无挑剔，譬之颜、欧作楷，笔势稍异耳。《说文序》又言："汉兴有草书。"卫恒言："草书不知作者姓名。"今案：草书之传世者。以史游《急就篇》为最先，而赵壹亦谓起秦之末。但《论语》有"裨谌草创"之语；《屈原传》亦有"屈平属草稿未定"语。此所谓草，是否属稿之际，作字草率牵连，或未定之稿曰草稿，均不可知。东周乙亥鼎文，阮元以为草篆，后人颇以为非。余谓凡笔画本不相连，而忽牵连以书者，即可认为草书之起源。如二十并作廿，四十并作卌是矣。又古文[illegible]或作[illegible]，[illegible]从[illegible]从[illegible]，可以六书解说。[illegible]为[illegible]之上半，应作[illegible]，而今作[illegible]，不能以六书解，或古人之所谓草乎？要之，此所谓草，与汉后从隶变者不同，必从大篆来也。

《说文序》言秦烧灭经书，古文由此绝。绝者不通行之谓，非真绝也。秦石刻之乁字，即古文及字，又秦碑[illegible]字，亦系古文小篆作[illegible]。而廿字秦碑中亦有之。盖秦时通行篆隶，古文易乱，不过施诸碑版，一如今世通行行楷，而篆盖墓碑，多镂刻篆文耳。

秦汉之际，识古文者犹多。鲁恭王坏孔子宅，得《尚书》《礼记》《春秋》《论语》《考经》数十篇。《史记·儒林传》：孔氏有古文《尚书》，孔安国以今文读之，因以起其家。汉初传《尚书》者有伏生二十九篇，而孔壁所得多十六篇。夫汉景末年，去焚书时已七十年，若非时人多识古文，何能籀读知其多十六篇哉？可见汉初犹多识古文也。《礼经》五十六篇，亦壁中经，中有十七篇与高堂生所传相应；余三十九篇，两汉尚未亡佚。观郑康成注，常引逸《礼》，康成当有所受。知汉时识古文者多矣。又，《论语》亦壁中经，本系古文，而《鲁论》《齐论》，均自古文出，虽文字略异，而大旨相同。试问当时何以能识？无非景、武之间，仍有识古文者，孔安国得问之耳。又，北平侯张苍献《春秋左氏传》。张之献书，当在高后、文帝时，张以之传贾谊，贾作训诂，以授赵人贯公。贾由大中大夫出为太傅，在都不过一年，期时张为达官，传授之际，盖略诏大意而已，岂真以一十九万字，手指口授，字字课贾生哉！则贾之素识古文可知。又《封禅书》言：武帝有古铜器，李少君识之，谓齐桓公十年陈于柏寝。案之果然。《太史公自序》："年十岁则诵古文。"凡此种种，均可见古文传授，秦以后未尝断绝。至汉景、武间，识古文者犹多也。且也，《老》《庄》《荀子》，无今古文之别，其书简帛者，为古文无疑作《吕览》时，尚无小篆。秦焚书时，当亦藏之屋壁。迨发壁后，人多能读。不识古文，焉能为此？河间献王得古文先秦旧书《孟子》《老子》之属。《孟子》亦为古文书之，余可知矣。今人多以汉高、项王为不识字。其实不读书则有之，不识字则未然。项籍少时，学书不成，项梁教之兵法；沛公壮试为吏，皆非目不识丁者所能为。张良受太公兵法于黄石公；萧何引《逸周书》以对高祖；楚元王与申公受诗于浮丘伯；张耳、陈余雅好儒术；贾山之祖贾祛，故魏王时博士弟子，山受学于祛，涉猎书记：凡此皆能识古文之人。汉文时，得魏文侯乐人窦公，年百八十，其书即《周礼·大司乐》章。窦公目盲，其书盖未盲时所受，定系古文。然一献而人能识之，可证当时识者尚多。至东汉许君之时，识古文者渐少。盖汉以经术取士，经典一立学官，人人沿习时制，其书皆变古而为隶矣。若伏生之二十九篇，当初本为古文，其后辗转移写，遂成隶书。高堂生传《礼》，最初为篆为隶，盖不可知。《诗》则成诵于口，与焚书无关，故他书字形或有舛谬，而齐、鲁、毛、韩四家，并无因字体相近而致误者。《易》以卜筮独存，民间所传，自田何以至施、孟、梁丘，皆渐由古文而转变为隶，《左传》本系古文，当时学者鲜见，《公羊》初凭口受，至胡毋生始著竹帛，为隶书无疑。大抵当时利禄之途已开，士人识隶已足，无须进研古、籀。许君去汉武时已三百余年"当作二百余年"，历年既久，识古文者自渐寥落。而一二古文大师，得壁中经后，师弟相传，辗转录副以藏。以不立学官，故在民间自相传授，寖成专家。此三体石经之古文所由来也。夫认识文字，端在师弟相传。《说文》所录古文，不过三百余字，今三体石经尚有异体。缘壁经古文，结体凌乱，有不能以六书解者，许君不愿穿凿，因即屏去不录，如《穆天子传》八骏之名，今亦不能尽识也。

汉时通行载籍，沿用隶书，取其便于诵习，而授受弟子，则参用古文。《后汉书·贾逵传》：章帝令逵自选诸生高才者二十人，教以《左氏》，人与简纸经传各一通。盖简载古文，而纸则隶写。至郑康成犹然，康成《戒子书》云："所好群经《后汉书》本书'群经'作'君书'率多腐败，不得于礼堂写定，传与其人。"所谓腐败者，古文本也。

马、郑《尚书》，字遵汉隶；而三体石经之古文，则邯郸淳自有所受。若今世所行之伪古文《尚书》，《正义》言为郑冲所作，由魏至晋，正三体石经成立之时，郑冲即依石经增改数篇，以传弟子。东晋元帝时，梅赜献之于朝。人见马、郑本皆隶书而此多古字，遽信以为真古文孔《传》，遂开数千年聚讼之端。今日本所谓足利本隶古定《尚书》，宋薛季宣《书古文训》，字形瑰怪，大体与石经相应。敦煌石室所出《经典释文》残卷，亦与之相应。郭忠恕《汗简》，征引古文七十一家，中有古《尚书》，亦与足利本及《书古文训》相应。盖此二书乃东晋时之《尚书》，虽非孔壁之旧，而多存古字，亦足宝矣。

唐人不识古文，所作篆书，劣等字匠。唐高宗时之《碧落碑》，有真古文，亦有自造之字。北宋以还，钟鼎渐渐发现。宋人释钟鼎文者，大都如望气而知。清人则傅会六书，强为解释。夫以钟鼎为古物，以资欣赏，无所不可；若欲以钟鼎刻镂，校订字书，则适得其反耳。至如今人哗传之龟甲文字，器无征信，语多矫诬。皇古占卜，蓍龟而外，不见其他。《淮南子》云："牛蹄彘颅，亦骨也，而世弗灼；必问吉凶于龟者，以其历岁久矣。"可见古人稽疑，灵龟而外，不事骨卜。今乃兽骨龟厌，纷然杂陈，稽之典籍，何足信赖？要知骨卜一事，古惟夷貊用之，中土无有也。《庄子》言宋元君得大龟，七十二钻而无遗策。唐李华有《废卜论》，可见龟卜之法，唐代犹存。开元时孟诜作《食疗本草》，宋苏颂《图经》及《日华本草》，皆言已卜之龟，必有钻孔，名之曰漏天机。虽绝小之龟，亦可以钻十孔。钻孔多则谓之败龟板也。夫灼龟之典，载于《周礼》。凿孔以灼，因以观兆。无孔则空气不通，不能施焦，无以观兆。今所得者，累然成贯，而为孔甚少，不可灼卜。或者方士之流，伪作欺人。一如《河图》《洛书》之傅合《周易》乎？其文字约略与金文相似。盖造之者亦抚摹钟鼎而异其、钩画耳。夫钟鼎文字，尚有半数可认，亦如二王之草书笺帖，十有六七可识。余则难以尽知，不妨阙疑存信。若彼龟甲文者，果可信耶？否耶？

贵州有《红崖碑》，摩崖巨刻，足壮观瞻。惟文字为苗为华，讫不可知。邹汉勋强为训释，真可谓器真而解之者妄。又如古人刀布，不可识者甚多，周景王大钱，上勒[illegible]、[illegible]二文，解之者或谓宝货，或以为燕货。钱文类此者多，学者只可存而不论。大抵钟鼎文之可识者，十可七八，刀布则十得五六，至于龟甲，则矫诬之器、荒忽之文而已。

古昔器物，近代出土愈多，而作伪者则异其心理。大抵轻而易举者，为数必众。钟鼎重器，铸造非易，故伪者尚少；刀布之类，聚铜熔淬，亦非巨资不办。至于龟甲，则刚玉刻画，顷刻可成。出土日众，亦奚怪哉！

是故，居今而研文字，当以召陵正书为归；外此则求古文于三体石经，亦属信而有征。至于籀文，则有石鼓文在。如是而一轨于正，庶不至误入歧途矣。

语言不凭虚而起，文字附语言而作。象形象声，神旨攸寄；表德表业，因喻兼综。是则研讨文字，莫先审音。字音有韵有纽：发声曰纽，收声曰韵。兹先述韵学大概。韵分古音、今音，可区别为五期，悉以经籍韵文为准。自《尧典》《皋陶谟》，以至周秦汉初为一期；汉武以后至三国为一期；两晋南北朝又为一期；隋唐至宋亦为一期；元后至清更成一期。泛论古音，大概六朝以前多为古音。今兹所谓古音，则指两汉以前。泛论今音，可举元明清三代，今则以隋为今音。此何以故？因今之韵书俱以《广韵》为准，而言古音则当以《诗经》用韵为准故。

《广韵》之先为《切韵》。隋开皇初，陆法言与刘臻等八人共论音韵，略记纲纪，后定为《切韵》五卷。唐孙愐勒为《唐韵》，至宋陈彭年等又增修为《广韵》。古今音之源流分合，悉具于是。

泛论古音有吴才老之《韵补》，虽界限凌乱，而能由《广韵》以推《诗经》用韵分部，实由此起。至今音则每杂有方音。《广韵》二百六韵，即以平声五十七韵加入声三十四韵，亦有九十一韵。以音理论，口齿中能发者不过二十余韵，何以《广韵》多至此数？此因《广韵》虽以长安音为主，亦兼各处方音，且又以古今沿革分韵故也。

汉人用韵甚简，而六朝渐繁。即汉前人用韵亦比汉朝为繁。如孔子赞《易》，老子著《道德经》，皆协韵成文。至汉人之诗，用韵尚谨严，赋已不甚谨严；若焦氏《易林》，用韵亦复随意；他若《太史公自序》之叙目，及《汉书》之述赞，用韵更不严矣。宋郑庠分古音为六部，后人言郑之分部止合于汉人用韵，且亦仅合于《易林》、述赞之类，不合于赋，更不合于诗。

顾亭林之《唐韵正》《古音表》析为十部，律以汉诗用韵，未尽密合。江慎修改为十三部，虽较为繁密，仍嫌不足。戴东原《声类表》分平声十六韵，入声九韵。平声阴阳各半，而闭口韵有阳无阴，入声仅系假设，所以实得十有六韵。古音至戴氏渐臻完密。段懋堂《音韵表》分十七部，孔巽轩《诗声类》分十八部，王怀祖分二十一部，与郑氏之说相较，相差甚远。然王氏之二十一部，尚有可增可减之处。

自唐以来，以今音读古之辞赋，一有不谐，便谓叶韵。陆德明见《诗》"燕燕于飞"以南与音、心为韵，以为古人韵缓，不烦改字。要知音、心属侵，南属覃，晋人尚不分部，陆氏生于陈时，已不甚明古音，自叶韵之说出，而古人正音渐晦。借叶之一字，以该千百字之变，天下岂有此易简之理哉！清高宗作诗，至无韵可押，强以其字作他音协之。自古至今，他人断无敢如此妄作者。明陈第言，凡今所称协韵，皆即古之本音，非随意改读，辗转迁就，如母必读米，马必读姥，京必读疆，福必读偪之类。历考诸篇，悉截然不紊。且不独《诗经》为然，周秦人之韵文，无不皆然。且童谣及梦中歌谣，断不至有意为叶韵之事。若《左》昭二十五年传载《鸜鹆歌》，野读墅，马读姥；哀十七年传，卫侯梦浑良夫被发之呼，瓜音为姑是也。自此说出，而韵学大明。清人皆信古本音之说，惟张成孙不信之，谓古人与我相隔二千年，不能起而与之对语，吾人何由知其本音正读如此乎？然以反切定韵，最为有据。如等字一多肯切、一多改切，莽字一莫朗切、一莫补切。等本与待相通借，多改切之等即出于待；莫补切之莽，古书中不乏其例，《离骚》莽与序、暮为韵，又莽何罗即马何罗汉武帝时，马何罗与弟马通谋反伏诛。通之后为马援，援女为明德皇后，恶其先人叛逆，耻与同宗，改称之曰莽，马，汉音读姥，莽、马同声，此古本音之极有凭证者也。

《集韵》所收古音，比《广韵》为多。《经典释文》所无之字音，《集韵》时有之。如天，一音他前切，一音铁因切。马，一音莫下切，一音满补切。下，一音胡雅切，一音后五切。在唐以前之韵书都无此音。意者丁度等撰《集韵》时，已于《诗经》《楚辞》中悟得此理，故本音之说，虽发自陈第，而《广韵》《集韵》已作骅骝之开道。是故求古韵，须知其音读原本如此，非随意改读，牵强迁就。《易》《诗》《老子》《楚辞》如此，后汉六朝之韵文亦如此。

唐杜、韩之诗，有意摹古，未必悉合《唐韵》。杜诗于入声韵每随意用之。韩则有意用古。其用韵或别有所本，亦未可知。古代韵书今仅存一《广韵》矣。魏晋六朝之韵书，如李登《声类》、吕静《韵集》，悉不可见。意者唐人摹古拟古诸作，乃就古人所用之韵而仿为之，必非《唐韵》亦如此也。自天宝以后，声音略有变动。白乐天用当时方音入诗，如《琵琶行》以住、部、妒、污、数、度、故、妇为韵，上去不分，非古非今。此音晚唐长安之音，妇、亩、富等字，皆转入语、虞、姥、御、遇、暮诸韵，观慧琳《一切经音义》可知。

唐韵分合，晚唐人已不甚知，宋人更不知之。宋人作诗，入声随意混用，词则常以方音协之。北宋人词，侵、覃与真、寒不混，而南宋人词则混用不分矣。须知侵、覃闭口音，以半摩字收之，真、寒不闭口，以半那字收之。今交、广人尚能分别。此其故，当系金元入据中原之后，胡人发音不准，华人渐与同化，而交、广僻在岭南，尚能保存古音。今江河之域，三山二音不分，两广人闻之，必嗤为讹音，而在唐时或已有此等读法。是故唐人有嘲人语不正诗，以其因、阴混用，不分闭口不闭口也。

日人读我国之音，有吴音、汉音之别。吴音指金陵音，汉音指长安音。听其所读汉音，实与山西西部、陕西东部略近。吾人今读江与阳通，江西人读江为龚，发声时口腔穹窿，与东音相近。阳韵日本汉音读阳若遥，章读如宵，张读如敲，正与山、陕人方音相似，此盖唐人音读本如此也。

欲明音韵，今音当以《广韵》为主；古韵以《诗经》为主，其次则《易》赞、《楚辞》以及周秦人之韵文。顾亭林初欲明古音以读《诗经》，其结果反以《诗经》明古音。诗即歌曲，被之管弦，用韵自不能不正，故最为可据。陈第《毛诗考》未分部，顾氏分十部，仍以《广韵》之目为韵标。因《广韵》虽系一时之音，尚有酌古准今之功。有今韵合而古韵分者，《广韵》亦分之；有今韵分而古韵合者，《广韵》亦分之。如支、脂、之为一类，唐后不分，而六朝人分之。东、冬、钟、江为一类，江韵古音与东、冬、钟相同，所以归为一类。然冬韵古音，昔人皆认为与东相近。孔巽轩则以为冬古音与东钟大殊，而与侵最近；严铁桥更谓冬即侵也，不应分为二类。要之，冬侵相近，其说是也。至于取《广韵》部目以标古韵，本无不合。亦有人不喜用《广韵》部目者，如张成孙《说文谐声谱》，以《诗》中先出之字建首是也。要知用一字标韵，原不过取其声势大概如此，今不用《广韵》标目而用他字，其所以为愈者何在？阮芸台元不知韵学，以为张氏之书，一扫千古之障，其实韵目只取其收声耳。戴东原深知此理，故《声类表》取喉音字标目，如东以翁、阳以央，则颇合音理矣。是故废《广韵》之谱而自立韵标，只有戴法可取。

戴氏不但明韵学，且明于音理。欲明韵学，当以《诗经》之用韵仔细比勘，视其今古分合之理。欲明音理，当知分韵虽如此之多，而彼此有衔接关系。古人用韵，并非各部绝不相通，于相通处可悟其衔接。吾人若细以口齿辨之，识其衔接之故，则可悟阴阳对转之理、弇侈旁通之法矣。对转之理，戴氏发明之，孔氏完成之。

前之顾氏，后之段氏，皆长于韵学，短于音理。江氏颇知音理，戴氏最深，孔氏继之。段氏于《诗经》、楚《骚》、周秦汉魏韵文中，发现支、脂、之三韵，古人分别甚严，而仍不识其所以分别之理，晚年询之江有诰，有得闻其故死而无憾之言。江虽于音理较深，亦未能阐明其故。盖音理之微，本非仓促所能豁然贯通也。如不知音理而妄谈韵学，则必如苗仙麓之读《关雎》鸠、洲、仇入《广韵》萧、豪韵矣。顾亭林音理不深，但不肯矫揉造作，是以不如苗病之多。如歌麻二字，古人读麻长音，读歌短音，当时争论甚多，顾不能决，此即不明音理故也。居今日而欲明音韵之学，已入门者，宜求音理；未入门者，先讲韵学。韵学之道，一从《诗经》入手，一从《广韵》入手。多识古韵，自能明其分合之故。至求音理，则非下痛切工夫不可。

今人字母之称，实不通之论也。西域文字以数十字辗转相拼，连读二音为一音，拼书二字为一字，故有字母之制。我国只有《说文》部首，可以称为字母，《唐韵》言纽以双声叠韵，此以二音譬况一音，与梵书之以十四字母贯一切音者大异。唐末五代时，神珙、守温辈依附《华严》《涅槃》作三十六字母。至宋沈括、郑樵诸人，始盛道之。然在唐宋以前，反语久已盛行。南北朝人好为体语，即以双声字相调侃。《洛阳伽蓝记》载李元谦过郭文远宅，见其门阀华美，乃曰："是谁第宅？"郭婢春风出曰："郭冠军家。"元谦曰："彼婢双声。"原书作'凡婢双声'。凡婢二字同属奉母也春风曰："儜奴慢骂。"元谦服婢之能。盖双声之理从古已具也。

今之三十六字母排次亦不整齐，如喉音、牙音均可归喉，半齿、弹舌应归舌头，故当改为：

喉 音	（深） （浅）	影 见	晓 溪	匣 群	喻 疑
舌 音	（舌头） （舌上）	端透 知	定 彻	泥来 澄	日 娘
齿 音	（正齿） （齿头）	照 精	穿床 清从	审 心	禅 邪
唇 音	（重） （轻）	帮 非	滂 敷	并 奉	明 微

疑应读如皑而齐齿呼之，泥应读你平声，从音广东呼之最清。非、敷二纽，今人不易分别。江慎修言，非发声宜微开唇缝轻呼之，敷送气重呼之，使敷音为奉之清，则二母辨矣。如芳字为敷纽，敷方切。方字为非纽，府良切。微音惟江浙人呼之最为分明，粤人读入明纽，北音读

入喻纽。知、彻、澄，南音往往混入照、穿、床，闽人读知如低，则舌上归于舌头矣。钱竹汀言古音无舌头舌上之分，知、彻、澄三纽，古音与端、透、定无异，则闽语尚得古音之遗。又轻唇之字，古读重唇。非、敷、奉古读入帮、滂、明，直至唐人犹然。钱氏发明此理，引证甚多。《广韵》每卷后附类隔更音和切。类隔者，谓切语上字与所切之字非同母同位同等也；音和则皆同。钱氏谓类隔之说不可信，今音舌上，古音皆舌头；今音轻唇，古音皆重唇也。且不独知、彻、澄古读入端、透、定，即娘、日二纽，古并归泥。泥今音读你之平声，尼读入娘母，而古读则尼与泥无异。仲尼之母祷于尼丘，生而首上圩顶，因名曰丘，字曰仲尼。《尔雅·释丘》："水潦所止：泥丘。"《说文》："屔，反顶受水丘也。从泥省，泥亦声。"原书作'反顶受水丘'。从丘，泥省声。汉碑仲尼有作仲泥者，《颜氏家训》言"仲尼居"三字，《三苍》尼旁益丘，可见古音尼、泥同读。娘，金人读之似良，混入来纽。而来、日古亦读入泥纽。如：戎陵今读日纽，古音如农。若，古读女六切。如，古读奴。尔，古读你。《诗·民劳》："戎虽小子。"《笺》云："戎犹汝也。"今江浙滨海之人，尚谓汝为戎。古人称人之词曰乃尔、戎、若，皆一声之转。仍，今在日纽，古人读仍与乃通。《尔雅》"仍孙"、《汉书·惠帝纪》"内外公孙、耳孙"，师古曰："仍、耳声相近，盖一号也。"仍从乃得声。则仍、耳古皆在泥纽矣。由是言之，知、彻、澄古归入端、透、定。非、敷、奉、微，古读如帮、滂、并、明。娘、日并归泥。是三十六纽减去其九，仅存二十有七耳。陈兰甫据《广韵》切语上字，以为喻、照、穿、床、审五纽，俱应分而为二。因加于、庄、初、神、山五纽，而明、微则不别，合成四十纽。但齿音加四而唇吻不能尽宣。喻分为于，同为撮口，纽音亦无大殊。陈说似未当也。然如江慎修视若神圣，以为不可增减，亦嫌未谛。如收声之纽多浊音、无清音，泥、娘、来、日皆是。然粘本读泥纽，今读娘纽而入清音，则多一纽矣。来纽浊音，今有拎字，则为来纽清音，则又多一纽。声音之道，本由简而繁，古人只能发浊音，而今人能发清音，则声纽自有可增者在。

清浊之分，本不甚难。坚清乾浊，见清健浊，洁清竭浊，检清俭浊，今人习言之阴阳平，即平声之清浊也。上、去、入亦皆可分清浊，惟黄河流域只能分平声清浊，上、去、入多发浊音，故有阴阳上去入之说，大约起于金元之间。南方上、去、入亦能各分清浊。上声较难，惟浙西人能分别较然。故言音韵者，常有五声、七声之辨，兹重定声纽清浊发送收列表于下：

影	晓	匣	喻	见	溪	群	疑	端
清	清	浊	浊	清	清	浊	浊	清
发声	送气	送气	收声	发声	送气	送气	收声	发声
透	定	泥	来	知	彻	澄	娘	日
清	浊	浊	浊	清	清	浊	浊	浊
送气	送气	收声	收声之余	发声	送气	送气	收声	收声之余
照	穿	床	审	禅	精	清	从	心
清	清	浊	清	浊	清	清	浊	清
发声	送气	送气	发声	送气	发声	送气	送气	发声
邪	帮	滂	并	明	非	敷	奉	微
浊	清	清	浊	浊	清	清	浊	浊
送气	发声	送气	送气	收声	发声	送气	送气	收声

音呼分等，有开合之分，《切韵指掌图》首列为图。图为宋人所作，世称司马温公所撰，似未必是。开合之音，各有洪细。开口洪音为开口，细音为齐齿。合口洪音为合口，细音为撮口。可举例以明之，如见纽见为齐齿，干为开口，观为合口，卷为撮口。音呼应以四等为则，今之讲等韵者，每谓开合各有四等，此则虚列等位，唇吻所不能宣，吾人所未敢深信也。

古人分韵，初无一定规则，有合撮为一类、开齐为一类者，有开齐合撮同归一类者，亦有开齐分为两类者。此在《广韵》中可细自求之。古韵歌与羁、姑与居同部，今韵歌、支、模、鱼各为一韵。论古韵昔人意见各有不同，段懋堂以为真与谆、侯与幽均宜异部，戴东原则以为可不分。实则分之固善，合之亦无不可。侯、幽二韵，《诗经》本不同用，真、谆之应分合，一时亦难论定。盖以开齐合撮分韵，古人亦未斛若画一也。

孙愐撰《唐韵》，已在天宝之末。其先唐玄宗自作《韵英》，分四百余韵，颁行学官。后其书不传。唐人据《韵英》而言者亦甚少。大概严格分别，或须四百余韵，或竟不止此数。据音理而论，确宜如此。今《广韵》二百六韵，多有不合音理者。然部居分合之故，作者未能详言，吾人亦不能专以分等之说细为推求。其大要则不可不知。

四声之说，起于齐、梁。而双声、叠韵，由来已久。至反切始于何时，载籍皆无确证。古人有读如、读若之例，即直音也。直音之道，有时而穷。盖九州风土，刚柔有殊，轻重清浊，发音不齐。更有字止一音，别无他读，非由面授，莫能矢口。于是反切之法，应运而起。《颜氏家训》以为反语始于孙叔然作《尔雅音义》，说殊未谛。盖《汉书音义》已载服虔、应劭反切。不过释经用反语，或始于叔然耳。反语之行，大约去孙不远。《家训》言汉末人独知反语，魏世大行。高贵乡公不解反语，以为怪异。王肃《周易音》据《经典释文》所录，用反语者十余条。肃与孙炎说经互相攻驳。假令叔然首创反语，肃肯承用之乎？服、应与郑康成同时，应行辈略后。康成注经只用读若之例，则反语尚未大行。顾亭林谓经传中早有反语，如不律为笔，蔽膝为韠，终葵为椎，蒺藜为茨。然此可谓反语之萌芽，不可谓其时已有反切之法。否则许氏撰《说文》，何不采用之乎？《说文》成于汉安帝时，服、应在灵帝时，去许已六七十年，此六七十年中，不知何人首创反语，可谓一大发明。今《说文》所录九千余字，吾人得以尽识，无非赖反切之流传耳。

远西文字表韵常用喉音，我国则不然。因当时创造之人未立一定规律，所以反切第二字随意用之。今欲明反切之道，须知上一字当与所切之字同纽，即所谓双声也；下一字当与所切之字同韵，即所谓叠韵也。定清浊在上一字，分等呼在下一字。如：东，德红切，东德双声，东红叠韵，东德均为清音，东红均为合口呼。学者能于三十六字纽发声不误，开齐合撮分别较然，则于音韵之道思过半矣。

学者有志治经，不可不明故训，则《尔雅》尚已。《尔雅》一书，《汉志》入《孝经》类，今入小学类。张晏曰：“尔，近也；雅，正也。”《论语》：“子所雅言。”孔安国亦训雅言为正言。《尔雅》者，厘正故训，纲维群籍之书也，昔人谓为周公所作，魏张揖上《广雅》表言：周公著《尔雅》一篇，“今俗所传三篇，或言仲尼所增，或言子夏所益，或言叔孙通所补，或言沛郡梁文所考”。朱文公不信《尔雅》，以为后人掇拾诸家传注而成。但《尔雅》之名见于《大戴礼·小辩》篇：“鲁哀欲学小辩，孔子曰：小辩破言，小言破义，尔雅以观于古，足以辩言矣。夫弈固十棋之变，由不可既也，而况天下之言乎？”哀公所欲学之小辩，恐即后来坚白同异之类。哀公与墨子相接，《墨子》经、说，即坚白同异之滥觞。《庄子·骈拇》篇：“骈于辩者，累瓦结绳，窜句游心于坚白同异之间，而敝跬誉无用之言。非乎？而杨墨是已。”是杨朱亦持小辩。杨墨去鲁哀不及百年，则春秋之末已有存雄无术之风，殆与晋人之好清谈无异。张揖又言：叔孙通撰置礼记，言不违古。则叔孙通自深于雅训。赵邠卿《孟子题辞》言：“孝文皇帝欲广游学之路，《论语》《孝经》《孟子》《尔雅》皆置博士。”可见《尔雅》一书，在汉初早已传布。朱文公谓为掇拾传注而成，则试问鲁哀公时已有传注否乎？伏生在文帝时始作《尚书大传》，《大传》亦非训诂之书，《诗》齐鲁韩三家，初只鲁《诗》有申公训故。申公与楚元王同受《诗》于浮丘伯，是与叔孙通同时之人。张揖既称叔孙通补益《尔雅》，则掇拾之说何由成立哉！

谓《尔雅》成书之后代有增益，其义尚允。此如医家方书，葛洪撰《肘后方》，陶弘景广之为《百一方》。又如萧何定律，本于《法经》。陈群言李悝作《法经》六篇，萧何定加三篇。假令汉律而在，其科条名例，学者初不能辨其孰为悝作，孰为萧益。又如《九章算术》，周公所制，今所见者为张苍所删补，人亦孰从而分别此为原文，彼为后出乎？读《尔雅》者当作如是观。

《尔雅》中诠诂《诗经》者，容有后人增补。即如“郁陶，喜也”，乃释《孟子》。“卷施拔心不死”，则见于《离骚》。又如《释地》《释山》

《释丘》《释水》诸篇，多杂后人之文。《释地》中九州与《禹贡》所记不同。其“从《释地》以下至九河，皆禹所名也”二语，或为周公故训耳。

以《尔雅》释经，最是《诗》《书》。毛《传》用《尔雅》者十得七八。《汉志》言：《尚书》古文，读应《尔雅》，则解诂《尚书》亦非用《尔雅》不可。然毛《传》有与《尔雅》立异处，如“履帝武敏”。武，迹也。敏，拇也。三家《诗》多从《尔雅》，毛则训敏为疾，意谓敏训拇，则必改为“履帝敏武”，于义方顺。又如，“籧篨戚施”，《尔雅》以籧篨为口柔，戚施为面柔，夸毗为体柔；毛《传》则谓籧篨不能俯者，戚施不能仰者。此据《晋语》籧篨不可使俯、戚施不可使仰为训。义本不同，未可强合，而郑《笺》则曰：“籧篨口柔，常观人颜色而为之辞，故不能俯也；戚施面柔，下人以色，故不能仰也。”强为傅合，遂致两伤。《经义述闻》云：岂有卫宣一人而兼此二疾者乎？然王氏父子亦未多见病人，固有鸡胸龟背之人，既不能俯、亦不能仰者。谓为身兼二疾，亦无不可。毛《传》又有改《尔雅》而义反弗如者，如《尔雅》：“式微式微，微乎微者也。”毛训式为用，用微于义难通。又《尔雅》：“岂弟，发也。”《载驱》“齐子岂弟”，毛训乐易，则与前章“齐子发夕”不相应矣。

古文《尚书》，读应《尔雅》。自史迁、马、郑以及伪孔，俱依《尔雅》作训。或以为依《尔雅》释《尚书》，当可谍然理解，而至今仍有不可解者，何也？此以《尔雅》一字数训，解者拘泥一训，遂致扞格难通也。如康有五训：安也、虚也、苛也、蛊也，又五达谓之康。《诗·宾之初筵》：“酌彼康爵。”郑《笺》云：“康，虚也。”《书·无逸》“文王卑服，即康功田功”，伪孔训为安人之功。不知此康字当取五达之训。康功田功即路功田功也。《西伯戡黎》：“故天弃我，不与康食。”伪孔训为不有安食于天下。义虽可通，而一人不能安食，亦不至为天所弃。如解为糟糠之糠，则于义较长。故依《尔雅》解《尚书》当可十得七八，要在引用得当耳。然世之依《尔雅》作训者，多取《释诂》《释言》《释训》三篇，其余十六篇不甚置意，遂至五达之康一训，熟视无睹，迂回难通，职是故耳。

《经义述闻·春秋名字解诂》：郑公孙侨字子产，既举《尔雅·释乐》之训，大管谓之簥，大籥谓之产；复言侨与产皆长大之意。实则侨借为簥而已。《离骚》："吾令蹇修以为理。"理即行理之理，使也。蹇修，王逸以为伏羲氏之臣，然《汉书·古今人表》中无蹇修之名，此殆王逸臆度之言。按：《尔雅·释乐》，徒鼓钟谓之修；徒鼓磬谓之蹇。以蹇修为理者，彼此不能相见，乃以钟鼓致意耳。司马相如以琴心挑之，即此意也。是知《尔雅》所释者广，故书雅训悉具于是，学者欲明训诂，不能不以《尔雅》为宗。《尔雅》所不具者，有《方言》《广雅》诸书足以补阙。《方言》成于西汉，故训尚多。《广雅》三国时人所作，多后起之训，不足以释经。《诗·商颂》"受小球大球""受小共大共"。毛《传》以球为玉，以共为法，深合古训。《经义述闻》以为解球为玉，与共殊义，应依《广雅》作训，拱、球，法也。改字解经，尊信《广雅》太过矣。要知训诂之道，须谨守家法，亦应兼顾事实。案《吕氏春秋》：夏之将亡，太史终古抱其图法奔商，汤之所受小共大共，即夏太史终古所抱之图法也。《书序》"汤伐三朡，俘厥宝玉，谊伯、仲伯作典宝"。此《汤誓》文，非序也。即汤所受之大球小球也。古人视玉最重，玉者，所以班瑞于群后。《周礼·大宗伯》："以玉作六瑞，以等邦国。王执镇圭、公执桓圭、侯执信圭、伯执躬圭、子执谷璧、男执蒲璧。"一如后世之玺印，所以别天子、诸侯之等级也。汤受法受玉，而后可以发施政令，为下国缀旒。依《广雅》作训，于义未安。

宋人释经，不信《尔雅》，岂知古书训诂不可逞臆妄造。此如迻译西土文字，必依据原文，不差累黍，遇有未莹，则必勤检辞书，求其详审。若凿空悬解，望文生训，鲜不为通人所笑。《尔雅》："绳绳，戒也。"《诗·螽斯》："宜尔子孙绳绳兮。"毛《传》："绳绳，戒慎也。"朱文公以为绳有继续之义，即解为不绝貌。《尔雅》："缉熙，光也。"毛《传》："缉熙，光明也。""缉熙"，《诗经》凡四见。朱以缉纺之缉，因解为继续也。案：《敬之》篇"学有缉熙于光明"者，即言光明更光明。于与乎通，与微乎、微之语意相同。又《书·盘庚》："今汝懖懖。""阮刻本作'今汝聒聒'。此依《说文》所引。"《说文》："懖，拒善自用之意也。"马、郑、王肃所解略同，蔡沈乃解为聒聒多言。实则古训并无多言之意。是故吾人释经，应有一定规则，解诂字义，先求《尔雅》《方言》有无此训。一如引律断狱，不能于刑律之外强科人罪。故说经而不守雅训，凿空悬解，谓之门外汉。

古人训诂之书，自《尔雅》而下，《方言》《说文》《广雅》以及毛《传》，汉儒训诂，可称完备。而今之讲汉学者，时复不满旧注，争欲补苴罅漏，则以一字数训，昔人运用尚有遗憾之故。此故士卒精良，而运筹者或千虑一失，后起之人，苟能调遣得法，即可制胜。又如用药，药性温凉，全载《本草》，用药者不能越《本草》之外，其成功与否，悉视运用如何而已。

训诂之学，善用之如李光弼入郭子仪军，壁垒一新；不善用之，如逢蒙学射，尽羿之道，于是杀羿。总之诠释旧文，不宜离已有之训诂，而臆造新解。至运用之方，全在于我。清儒之能昌明汉学、卓越前代者，不外乎此。

第十讲 《大学》大义

《学记》《大学》，均《礼记》之一篇。今舍《学记》而讲《大学》者，《大学》条理清楚，且语语平实，足为今日对症之药也。大学义为太学，与后之国子监相等。太学科目，今不得知。即《大学》一篇，出谁氏手笔？亦无从考求。归之曾参，未见其然。中间偶引曾子之语，此所谓曾子，未必即系曾参。孔门弟子，惟曾参称“子”，盖当时通行之称谓如是，《庄子》《吕氏春秋》，均可作证。不但曾参称“曾子”，曾申亦称“曾子”。《檀弓》“穆公问于曾子”。《史记》“吴起受学于曾子”。均系曾申，非曾参也。然则，《大学》所称“曾子”，其为参乎申乎？未可知也。

宋儒表彰《大学》，而杨慈湖非之。《大学》重“正心诚意”，慈湖据《孟子》“必有事焉而勿正心”一语驳之，以为心乌可正？实则《孟子》“正心”之言，意别有指，慈湖据之以驳，意亦非是。汪容甫亦反对《大学》，谓非孔子之道。容甫凡宋儒所言，均力辟之，恐此亦因倡导之力出于宋儒，故反对之耳，于《大学》本身无伤也。

《大学》之旨，不善领会，则弊窦丛生。“致知格物”，七十二家之注，聚讼纷纷，朱晦庵“穷知事物之理”，与正心诚意何涉？无怪王阳明以“洪水猛兽”诋之矣。近人谓“道德由于科学”，与晦庵穷知事物之理而后能正心诚意者何异？必谓致知格物，然后方可诚意正心，则势必反诸禽兽而后已。何者？如云人与兽均为哺乳动物，依此而为穷知事物之理然后正心诚意，则人之行当反于兽之行。非驱圆颅方趾之类，入于獉獉狉狉乎？阳明诋晦庵为洪水猛兽，实则晦庵但知力学服官，并未真实用功于穷知事物之理。所谓穷知事物之理者，仅仅托之空言。今则不然，科学之影响，使人类道德沦亡，不仅托之空言，抑且见之实行，则所谓“洪水猛兽”者，不在晦庵，在今日谈科学而不得其道者也。

“格物”之解释，郑康成与王阳明均未全当。郑注：“所知于善深，则来善物，所知于恶深，则来恶物。”解“格”为“来”，解“物”为“事”，义与“我欲仁，斯仁至矣”相同。阳明“致良知”，“格”字作“正”字解，谓“致良知以正事”诚若康成、阳明之解，则原文当作“致知而后物格”，其为颠倒文义甚明。司马君实谓“何物来即以何物打扫出去”，将“格物”之“格”，解作“格杀勿论”之“格”，与佛家为近。亦非修齐治平之道。是以郑、朱、马、王，义均未谛。惟阳明弟子泰州王艮心斋，以为“格物”即“物有本末”，“致知”即“知所先后”，乃与“诚意正心”相合。窃意“格物致知”之解，当以此为准也。

《大学》三纲，曰“明明德”“亲民”“止至善”。太学所教，目的在此。与《尚书》《孟子》之言吻合。《尚书》云“百姓不亲，五品不逊，女作司徒，敬敷五教”。孟子谓“三代之学，皆以明人伦；人伦明于上，小民亲于下”。百姓不亲，故教化以亲之；人伦不明，故教化以明之。可知《大学》“亲民”之说，殊合古义。朱晦庵强以“新民”改之，谓与下文《康诰》“作新民”之文合。殊不知《康诰》为殷周革命之书，其意欲使殷之旧民，作周之顺民。《大学》之意，岂强迫他国之民，作己国之民哉？如云以自己之旧民，作现在之新民，则弃旧道德而倡新道德，真“洪水猛兽”矣！

《大学》原无弊病，宋儒颠倒章节，自陷迷阵，解来解去，义即难通。医书中之《伤寒论》，明人亦易其章句，致文义轇轕。今日本医家，独能知其真相。《大学》晦塞已久，惟阳明为能知其谬妄而遵用古本。实则《大学》文义本明，不必宋人之多事也。

“致知格物”，本为提纲之论，不必过事深求。儒者之道，除修己治人，别无他法。“正心诚意修身”，修己之道也；“齐家治国平天下”，治人之道也。修己治人，包含许多道理，《大学》据之，以分清步骤，岂有高深玄妙之言？所谓“诚意”，不过比之于“如好好色，如恶恶臭”，所谓“正心”，不过谓为“心不在焉，视而不见，听而不闻，食而不知其味”，何高深玄妙之有？宋儒于“明明德”即有“虚灵不昧”等语，语涉神秘，殊非本旨。实则所谓“明明德”者，不过“为人君，止于仁；为人臣，止于敬；为人子，止于孝；为人父，止于慈；与国人交，止于信”而已。所谓“亲民”，即此是也。由今观之，语语平实，何奥妙神秘之有哉？王艮解“止于至善”，谓即明哲保身。案之《大学》全文，殊为乖舛。古来龙逄、比干，何尝如此？此王艮之妄，不可信者！

《大学》所言治国平天下，均为亲民之道。所谓“上老老而民兴孝，上长长而民兴弟，上恤孤而民不悖”者，何一非亲民之道乎？惜乎现代施政，均与相反。秦始皇之凶暴，不致“好恶拂人之性”，其为“好人之所恶，恶人之所好”者，只有现代之政治耳！要之，《大学》论治乎之要，不外三端：一即好恶与人同，二为不忌贤才，三为不专务财用。自昔帝皇柄政，忌才者有之，今日虽无帝皇，而忌才之甚，过于往昔。梁元帝、唐德宗、明世宗、明怀宗，可谓忌才矣！然梁元帝遭杀身之祸，将领如王僧辩等，并不忌之。唐德宗初颇忌刻，失败后一革前非，于陆宣公甚见亲信。明世宗晚年仍用徐阶，知其尚能觉悟。明怀宗既殒其身，又亡其国，毕竟尚能任用史可法。宰相忌才，前有李林甫，后有王安石，林甫之于贤才，决不使荷重任；已在位者，务必排挤使去，然并未斥去年幼之李泌。将领后如郭子仪，前如王忠嗣，亦能与以优容。安石与林甫相类，柄政之后，亦不能容朝廷正士，然如司马光、范纯仁等，未见排斥净尽。古来君相忌才者，只此数人，而事实如此。今则并此而无之矣！今日军政首领，于才之高于己者，必挤去以为快；即下位之有才者，亦不能使之安于其位。《大学》之语虽平常，而今人不能及如此！他如“长国家而务财用者，必自小人矣”，《大学》所言，犹是为国家务财用，非藉此敛财自肥者可比。王安石之流，犹不出此！而今之人，假国家之名，行贪婪之实，又出《大学》所讥下矣？以故，“好人之所恶，恶人之所好”，“人之有技妒嫉以恶之”，“长国家而务财用”，只今日之政治有之，自古未之有也！

孙中山氏亦推重《大学》，谓“外人做不出来”，彼之推重，吾不知其故。不知彼所谓好，好在何处？戴傅贤亦称说《大学》，而行谊，乃与相反。《大学》之言甚平正，绝无高深玄妙之谈，顾于现代政治，句句如对症之药，以此知《大学》一书，诚哉其不可及也！

大约古人论道经邦，不喜为高深玄妙非常可怪之论，务求平实易行，颠扑不破。宋儒表彰《大学》，用意良是，惜其时时涉及虚无缥缈，与《中庸》相类。《中庸》好言天道，以“赞天地之化育”为政治道德之极致，只可谓为中国之宗教，所不同于耶稣者，讲论天道之后，犹知人事之重要耳。《墨子·天志》言天而不离政治，亦为政教合一之书。持此以较《大学》，《大学》意义平实，只言教学二项，不及高深玄妙。其所谓教，当然非宗教之教。其所谓学，即修己治人之学也。

世之文化先于中国者，有南方之印度，后于中国者，有西方之希腊。进路不同，方向亦异。中国学问，无不以人事为根本。希腊、印度，均以“地”“水”“火”“风”为万物之原素，首即偏重物质，由此演进，为论理学、哲学、科学，为伦理学、政治学。中国开物成务诸圣哲，伏羲、神农，畜牧耕种，事事皆有，然均以人事为根本，不遑精研微末。人事以修己治人为要，故《大学》之教，重是二项。

《大学》之外，又有所谓小学。小学为礼、乐、射、御、书、数。六艺之教，以实用为依归。书、数二项，为童子初学始基。识字布算，固初学之要也。射、御犹今之掷枪、打靶、御马、驾车。礼即礼节之娴习，乐即歌舞之陶冶。二者偏于实习方面，皆以锻炼体格，涵养性情为宗旨。经礼三百，曲礼三千，如何学得完全？乐谱工尺，亦安能肄习空文？以是知二者所教，决非如后人意料中之遍读礼经、乐书也。小学所教，书、数、射、御而外，注重礼乐之实践，均与修身有关如此！至其为学之步骤何如？学后之目的何在？则于《大学》明之。此《大学》之义也。

第十一讲　经学略说

经之训常，乃后起之义。《韩非·内外储》首冠经名，其意殆如后之目录，并无常义。今人书册用纸，贯之以线。古代无纸，以青丝绳贯竹简为之。用绳贯穿，故谓之经。经者，今所谓线装书矣。《仪礼·聘礼》："百名以上书于策，不及百名书于方。"《礼记·中庸》云："文武之政，布在方策。"盖字少者书于方，字多者编简而书之。方不贯以绳，而简则贯以绳。以其用绳故曰编，以其用竹故曰篇。方，版牍也。古者师徒讲习，亦用方誊写。《尔雅》："大版谓之业。"故曰肄业、受业矣。《管子》云："修业不息版。"修业云者，修习其版上之所书也。竹简繁重，非别版书写，不易肄习。二尺四寸之简《后汉书·周磐传》：编二尺四寸简写《尧典》，据刘向校古文《尚书》，每简或二十五字，或二十二字，知一字约占简一寸。二十五自乘为六百二十五。令简策纵横皆二十四寸，仅得六百二十五字。《尚书》每篇字数无几，多者不及千余。《周礼》六篇，每篇少则二三千，多至五千。《仪礼·乡射》有六千字，《大射仪》有六千八百字。如横布《大射》《乡射》之简于地，占地须二丈四尺，合之今尺，一丈六尺，倘师徒十余人对面讲诵，便非一室所能容。由是可知讲授时决不用原书，必也移书于版，然后便捷。故称肄业、受业，而不曰肄策、受策也。帛，绢也，古时少用。《汉书·艺文志》六艺略、诸子略、诗赋略、兵书略，每书皆云篇；数术、方技，则皆称卷。数术、方技，乃秦汉时书，古代所无。六艺、诸子、诗赋、兵书，汉人亦有作。所以不称卷者，以刘向叙录，皆用竹简杀青缮写，数术、方技，或不用竹简也。惟图不称篇而称卷，盖帛书矣《孙子兵法》皆附图。由今观之，篇繁重而卷简便，然古代质厚，用简者多。《庄子》

云："惠施多方，其书五车。"五车之书，如为帛书，乃可称多；如非帛书，而为竹简，则亦未可云多。秦皇衡石程书，一日须尽一石。如为简书‘简书’疑‘帛书’之误。——编者注，则一石之数太多，非一人一日之力所能尽古一石当今三十斤，如为帛书，准之于今，当亦有一二百本。古称奏牍，牍即方版，故一日一石不为多耳。

周代《诗》《书》《礼》《乐》皆官书。《春秋》史官所掌，《易》藏太卜，亦官书。官书用二尺四寸之简书之。郑康成谓六经二尺四寸，《孝经》半之，《论语》又半之是也。《汉书》称律曰"三尺法"，又曰"二尺四寸之律"。律亦经类，故亦用二尺四寸之简。惟六经为周之官书，汉律乃汉之官书耳。寻常之书，非经又非律者，《论衡》谓之短书。此所谓短，非理之短，乃策之短也。西汉用竹简者尚多，东汉以后即不用。《后汉书》称董卓移都之乱，缣帛图书，大则连为帷盖，小乃制为縢囊，可知东汉官书已非竹简本矣。帛书可卷可舒，较之竹简，自然轻易，然犹不及今之用纸。纸之起源，人皆谓始于蔡伦，然《汉书·外戚传》已称赫蹏，则西汉时已有纸，但不通用耳。正惟古人之不用纸，作书不易；北地少竹，得之甚难；代以缣帛，价值又贵，故非熟读强记不为功也。竹简书之以漆，刘向校书可证；方版亦然。至于缣帛，则不可漆书，必当用墨。《庄子》云：宋元君将画图，众史舐笔和墨。

儀禮注疏卷一
漢鄭氏注　唐陸德明音義　賈公彦疏
士冠禮第一
士冠禮【音義】冠古亂反下同以意求之○筮于廟門【注】筮者以蓍問日吉凶於易也冠必筮日於廟門者重以成人之禮成

《仪礼注疏》（十七卷　〔清〕卢文弨校）

则此所谓图，当是缣素。又《仪礼》：铭旌用帛，《论语》：子张书绅。绅以帛为之，皆非用帛不能书。惟经典皆用漆书简，学生讲习，则用版以求方便耳。以上论经之形式及质料。

《庄子·天下》篇：“《诗》以道志，《书》以道事，《礼》以道行，《乐》以道和，《易》以道阴阳，《春秋》以道名分。”列举六经，而不称之曰“经”。然则六经之名，孰定之耶？曰：孔子耳。孔子之前，《诗》《书》《礼》《乐》已备。学校教授，即此四种。孔子教人，亦曰：“兴于《诗》，立于《礼》，成于《乐》。”又曰：“《诗》《书》执礼，皆雅言也。”可见《诗》《书》《礼》《乐》，乃周代通行之课本。至于《春秋》，国史秘密，非可公布，《易》为卜筮之书，事异恒常，非当务之急，故均不以教人。自孔子赞《周易》、修《春秋》，然后《易》与《春秋》同列六经。以是知六经之名，定于孔子也。

五礼著吉、凶、宾、军、嘉之称，今《仪礼》十七篇，只有吉、凶、宾、嘉，而不及军礼。不但十七篇无军礼，即《汉书》所谓五十六篇《古经》者亦无之。《艺文志》以《司马法》二百余篇入《礼》类今残本不多，此军礼之遗，而不在六经之内。孔子曰：“军旅之事，未之学也。”盖孔子不喜言兵，故无取焉。又古律亦官书，汉以来有《汉律》。汉以前据《周礼》所称，五刑有二千五百条，《吕刑》则云三千条。当时必著简册。然孔子不编入六经，至今无只字之遗。盖律者，在官之人所当共知，不必以之教士。若谓古人尚德不尚刑，语涉迂阔，无有是处。且《周礼·地官》之属，州长、党正，有读法之举，是百姓均须知律。孔子不以入六经者，当以刑律代有改变，不可为典要故尔。

六经今存五经，《乐经》汉时已亡。其实，六经须作六类经书解，非六部之经书也。《礼》，今存《周礼》《仪礼》。或谓《周礼》与《礼》不同，名曰《周官》，疑非礼类。然《孝经》称“安上治民莫善于礼”，《左传》亦云“礼，经国家、定社稷、序人民、利后嗣”。由《孝经》《左传》之言观之，则《周官》之设官分职、体国经野，正是礼类。安得谓与礼不同哉？春秋时人引《逸周书》皆称《周书》，《艺文志》称《逸周书》乃孔子所删百篇之余。因为孔子所删，故不入六经。又《连山》《归藏》，汉时尚存桓谭《新论》云：或藏兰台，与《周易》本为同类。

以孔子不赞，故亦不入六经。实则《逸周书》与《书》为一类，三易同为一类，均宜称之曰经也。

今所传之十三经，其中《礼记》《左传》《公羊》《穀梁》，均传记也。《论语》《孝经》，《艺文志》以与《诗》《书》《易》《礼》《春秋》同入六艺，实亦传记耳。《孟子》应入子部，《尔雅》乃当时释经之书，亦不与经同。严格论之，六经无十三部也。

史部本与六经同类。《艺文志》春秋家列《战国策》《太史公书》。太史公亦自言继续《春秋》。后人以史部太多，故别为一类。荀勖《中经簿》始立经、史、子、集四部，区经、史为二，后世仍之。然乙部有《皇览》。《皇览》者，当时之类书也，与史部不类。王俭仿《七略》作《七志》《七略》本仅六种：一、六艺；二、诸子；三、诗赋；四、兵书；五、数术；六、方技，增图谱一门，称六艺略曰经典志，中分六艺、小学、史记、杂传四门。有心复古，颇见卓识。又有《汉志》不收而今亦归入经部者，纬书是也。纬书对经书而称，后人虽不信，犹不得不以入经部。独王俭以数术略改为阴阳志，而收入纬书，以纬书与阴阳家、刑法家同列，不入经典，亦王氏之卓识也。自《隋书·经籍志》后，人皆依荀勖四部之目，以史多于经，为便宜计，不得不尔。明知纬书非经之比，无可奈何，亦录入经部，此皆权宜之计也。

兵书在《汉志》本与诸子分列。《孙子兵法》入兵书，不入诸子。《七志》亦分兵书曰军书，而阮孝绪《七录》依王俭为七部，不分经、史、子、集以子书、兵书合曰子兵，未免谬误。盖当代之兵书，应秘而不宣，古代之兵书，可人人省览。《孙子》十三篇，空论行军之理，与当时号令编制之法绝异，不似今参谋部之书，禁人窥览者也。是故当代之兵书，不得与子部并录。

向、歆校书之时，史部书少，故可归入《春秋》。其后史部渐多，非别立一类不可，亦犹《汉志》别立诗赋一类，不归入《诗经》类耳。后人侈言复古，如章实斋《校雠通义》，独断断于此，亦徒为高论而已。顾源流不得不明，纬与经本应分类，史与经本不应分，此乃治经之枢纽，不可不知者也。

汉人治经，有古文、今文二派。伏生时纬书未出，尚无怪诞之言。

至东汉时，则今文家多傅会纬书者矣。古文家言历史而不信纬书，史部入经，乃古文家之主张；纬书入经，则今文家之主张也。

古文家间引纬书，则非纯古文学，郑康成一流是也。王肃以贾、马之学，反对康成。贾虽不信纬书，然亦有傅会处《后汉书》可证，马则绝不傅会矣马书今存者少。

至三国时人治经，则与汉人途径相反。东汉今文说盛行之时，说经多采纬书，谓孔子为玄圣之子，称其述作曰为汉制法。今观孔林中所存汉碑，《史晨》《乙瑛》《韩敕》，皆录当时奏议文告，并用纬书之说。及黄初元年，封孔羡为宗圣侯，立碑庙堂，陈思王撰文，录文帝诏书，其中无一语引纬书者。非惟不引纬书，即今文家，亦所不采。以此知东汉与魏，治经之法，截然不同。今人皆谓汉代经学最盛，三国已衰，然魏文廓清谶纬之功，岂可少哉！文帝虽好为文，似词章家一流，所作《典论》,《隋志》归入儒家。纬书非儒家言，乃阴阳家言，故文帝诏书未引一语。岂可仅以词章家目之。

自汉武立五经博士，至东汉有十四博士五经本仅五博士，后分派众多，故有十四博士。《易》则施、孟、梁丘、京,《书》则欧阳、大小夏侯,《诗》则齐、鲁、韩,《礼》则大小戴,《春秋》则严、颜皆《公羊》家，皆今文家也。孔安国之古文《尚书》，后世不传。汉末，马、郑之书，不立学官。《毛诗》亦未立学官。古文《礼》传之者少。《春秋》则《左氏》亦未立学官。至三国时，古文《尚书》《毛诗》《左氏春秋》，皆立学官，此魏文帝之卓见也。汉熹平石经，隶书一字，是乃今文。魏正始时立三体石经，则用古文。当时古文《礼》不传,《尚书》《春秋》皆用古文。《易》用费氏，以费《易》为古文也传费《易》者，汉末最盛，皆未入学官。马、郑、荀爽、刘表、王弼皆费氏《易》。《周礼》则本为古文。三国之学官，与汉末不同如此。故曰魏文廓清之功不可少也。

清人治经，以汉学为名。其实汉学有古文、今文之别。信今文则非，守古文即是。三国时渐知尊信古文。故魏、晋两代，说经之作，虽精到不及汉儒，论其大体，实后胜于前。故汉学二字，不足为治经之正轨。昔高邮王氏，称其父熟于汉学之门径，而不囿于汉学之藩篱。此但就训诂言耳。其实，论事迹、论义理，均当如是。魏、晋人说经之作，岂可废哉！以上论经典源流及古今文大概。

欲明今古文之分，须先明经典之来源。所谓孔子删《诗》《书》，定《礼》《乐》，赞《周易》，修《春秋》者，《汉书·艺文志》云：礼、乐，周衰俱坏，乐尤微眇，又为郑、卫所乱，故无遗法。又云：及周之衰，诸侯将逾法度，恶其害己，皆灭去其籍，自孔子时而不具。是孔子时《礼》《乐》已阙，惟《诗》《书》被删则俱有明证。《左传》：韩宣子适鲁，观书于太史氏，见《易象》与鲁《春秋》，曰：周礼尽在鲁矣。可见别国所传《易象》，与鲁不尽同。孔子所赞，盖鲁之《周易》也。《春秋》本鲁国之史，当时各国皆有春秋，而皆以副本藏于王室。故太史公谓孔子西观周室，论史记旧闻而修《春秋》，盖六经之来历如此。

《礼记·礼器》云："经礼三百，曲礼三千。"郑康成注：经礼谓《周礼》，曲礼即《仪礼》。《中庸》云："礼仪三百，威仪三千。"孔颖达疏：礼仪三百即《周礼》，威仪三千即《仪礼》。今《仪礼》十七篇，约五万六千字，均分之，每篇得三千三百字。汉时，高堂生传《士礼》十七篇，合淹中所得，凡五十六篇，较今《仪礼》三倍。若以平均三千三百字一篇计之，则五十六篇当有十七万字，恐孔子时经不过如此。以字数之多，故当时儒者不能尽学，孟子所谓"诸侯之礼，吾未之学也"。至于《周礼》是否经孔子论定，无明文可见。孟子谓"诸侯恶其害己也，而皆去其籍"，是七国时《周礼》已不常见，故孟子论封建与《周礼》不同。

太史公谓古诗三千余篇，孔子删为三百篇。或谓孔子前本仅三百篇，孔子自言"诗三百"是也。然《周礼》言九德、六诗之歌。九德者，《左传》所谓水、火、金、木、土、谷、正德、利用、厚生。九功之德皆可歌者，谓之九歌。六诗者，一曰风、二曰赋、三曰比、四曰兴、五曰雅、六曰颂。今《诗》但存风、雅、颂，而无赋、比、兴。盖不歌而诵谓之赋，例如后之《离骚》，篇幅冗长，宜于诵而不宜于歌，故孔子不取耳。九德、六诗合十五种，今《诗》仅存三种，已有三百篇之多，则十五种当有一千五百篇。风、雅、颂之逸篇为春秋时人所引者已不少，可见未删之前，太史公三千篇之说为不诬也。孔子所以删九德之歌者，盖水、火、金、木、土、谷，皆咏物之作，与道性情之旨不合，故删之也。季札观周乐，不及赋、比、兴，赋本不可歌，比、兴被删之故，则今不可知。墨子言诵诗三百、弦诗三百、歌诗三百、舞诗三百。夫可弦必可歌，舞虽有节奏，恐未必可歌，诵则不歌也。由此可知，诗不仅三百，依墨子之言，亦有千二百矣。要之诗不但取其意义，又必取其音节，故可存者少耳。

《书》之篇数，据扬子《法言》称：昔之说《书》者序以百。《艺文志》亦云凡百篇。百篇者，孔子所删定者也。其后，伏生传二十九篇据《书序》则分为三十四篇。壁中得四十八篇。由今观之，书在孔子删定之前已有亡佚者。楚灵王之左史，通《三坟》《五典》《八索》《九丘》。今《三坟》不传，《五典》仅存其二。楚灵王时，孔子年已二十余，至删书时而仅著《尧典》《舜典》二篇，盖其余本已佚矣。若依百篇计之，虞、夏、商、周凡四代，如商、周各四十篇，虞、夏亦当有二十篇。今夏书最少，《禹贡》犹不能谓为夏书。真为夏书者，仅《甘誓》《五子之歌》《胤征》三篇而已。《胤征》之后，《左传》载魏绛述后羿、寒浞事，伍员述少康中兴事，皆《尚书》所无。魏绛在孔子前，而伍员与孔子同时，二子何以知之？必当时别有记载，而本文则已亡也。此亦未删而已佚之证也。至如周代封国必有命如近代之册命，封康叔有《康诰》，而封伯禽、封唐叔，左氏皆载其篇名，《书序》则不录。且鲁为孔子父母之邦，无不知其封诰之理。所以不录者，殆以周封诸侯甚多，不得篇篇而登之，亦惟择其要者耳。否则，将如私家谱牒所录诰命，人且厌观之矣。《康诰》事涉重要，故录之，其余则不录，此删书之意也。

《逸周书》者，《艺文志》言，孔子所论百篇之余。今《逸周书》有目者七十一篇。由此可知，孔子于书，删去不少。虽自有深意，然删去之书，今仍在者，亦不妨视为经书。今观《逸周书》与《尚书》性质相同，价值亦略相等。正史之外，犹存别史《史》《汉》无别史，《后汉书》外有袁宏《后汉记》，其中所载事实、奏议，有与《后汉书》不同者，可备参考。《三国志》外有鱼豢之《魏略》、王沈之《魏书》，不可谓只《三国志》可信，余即不可信也，安得皇古之书，可信如《逸周书》者，顾不重视乎？《诗》既删为三百篇，而删去之诗，如“巧笑倩兮、美目盼兮，素以为绚兮”一章，子夏犹以问孔子，孔子亦有“启予”之言。由此可见，逸诗仍有价值。逸书亦犹是矣。盖古书过多，或残缺，或不足重，人之目力有限，不能尽读，于是不得不删繁就简。故孔子删《诗》《书》，使人易于持诵，删余之书，仍自有其价值在也。崔东壁辈，以为经书以外均不足采，不知太史公三代本纪，固以《尚书》为本，《周本纪》即采《逸周书》《克殷解》《度邑解》，此其卓识过人，洵非其余诸儒所能及。

六经自秦火之后，《易》为卜筮，传者不绝。汉初北平侯张苍，献《春秋左氏传》，经传俱全。《诗》由口授，非秦火所能焚，汉初有齐、鲁、毛、韩四家。惟毛有六笙诗自秦焚书，至汉高祖破秦子婴，历时七年，人人熟习之歌，自当不亡。礼则《仪礼》不易诵习，故高堂生仅传十七篇高堂生必读熟方能传也。《周礼》在孟子时已不传，而荀子则多引之荀子学博远过孟子，故能引之，然全书不可见。至汉河间献王乃得全书，犹缺《冬官》一篇，以《考工记》补之。《尚书》本百篇，伏生壁藏之，乱后求得二十九篇，至鲁恭王坏孔子宅，又得五十八篇，孔安国传之，谓之古文。此秦火后六经重出之大概也。

经今古文之别有二：一、文字之不同；二、典章制度与事实之不同。何谓文字之不同？譬如《尚书》，古文篇数多，今文篇数少，今古文所同有者，文字又各殊异，其后愈说愈歧。此非伏生之过，由欧阳、大小夏侯三家立于学官，博士抱残守缺，强不知以为知，故愈说而愈歧也。《古文尚书》孔安国传之太史公，太史公以之参考他书，以故，不但文字不同，事实亦不同矣今文家不肯参考他书，古文家不然，太史公采《逸周书》可证也。何谓典章制度之不同？如《周礼》本无今文，一代典章制度，于是大备。可见七国以来传说之语，都可不信。如封建一事，《周礼》谓公五百里、侯四百里、伯三百里、子二百里、男百里。而孟子乃谓公侯皆方百里、伯七十里、子男五十里，与《周礼》不合。此当依《周礼》，不当依孟子，以孟子所称乃传闻之辞也。汉初人不知《周礼》，文帝时命博士撰《王制》，即用孟子之说，以未见《周礼》故。此典章制度之不同也。何谓事实之不同？如《春秋左传》为古文，《穀梁》《公羊》为今文。《穀梁》称申公所传，《公羊》称胡毋生所传。二家皆师弟问答之语。《公羊》至胡毋生始著竹帛，《穀梁》则著录不知在何时。今三传不但经文有异，即事实亦不同，例亦不同。刘歆以为左氏亲见夫子，好恶与圣人同；而公羊、穀梁在七十子之后。传闻之与亲见之，其详略不同。以故，若论事实，自当信《左氏》，不当信《公》《穀》也。《诗》无所谓今古文，口授至汉，书于竹帛，皆用当时习用之隶书。《毛诗》所以称古文者，以其所言事实与《左传》相应，典章制度与《周礼》相应故尔。《礼》，高堂生所传十七篇为今文；孔壁所得五十六篇为古文。古文、今文大义无殊，惟十七篇缺天子、诸侯之礼。于是，后苍推士礼致于天子五十六篇中有天子、诸侯之礼。后人不得不讲《礼记》，即以此故。以十七篇未备，故须《礼记》补之。《礼记》中本有《仪礼》正篇，如《奔丧》，小戴所有；《投壶》，大小戴俱有。大小戴皆传自后苍，皆知十七篇不足，故采《投壶》《奔丧》二篇。二家之书，所以称《礼记》者，以其为七十子后学者所记，故谓之《礼记》。记，百三十一篇：大戴八十二篇，小戴四十九篇。今大戴存三十九篇，小戴四十九篇具在，合之得八十八篇。此八十八篇中，有并非采自百三十一篇之记者，如大戴有《孔子三朝记》七篇，《孔子三朝记》应入《论语》家《艺文志》如此，《三朝记》之外，《孔子闲居》《仲尼燕居》《哀公问》等，不在《三朝记》中，则应入《家语》一类。要之，乃《论语》家言，非《礼》家言也。大戴采《曾子》十篇，《曾子》本儒家书。又《中庸》《缁衣》《表记》《坊记》四篇，在小戴记，皆子思作。子思书，《艺文志》录入儒家。若然，《孔子三朝记》以及曾子、子思所著，录入大小戴者，近三十篇。加以《月令》本属《吕氏春秋》汉人称为《明堂月令》，亦不在百三十一篇中。又，《王制》一篇，汉文帝时博士所作。则八十八篇应去三十余篇，所余不及百三十一篇之半，恐犹有采他书者在。如言《礼记》不足据，则其中有百三十一篇之文在；如云可据，则其中有后人所作在。故《礼记》最难辨别，其中所记，是否为古代典章制度，乃成疑窦。若但据《礼记》以求之，未为得也。《易》未遭秦火，汉兴，田何数传至施、孟、梁丘三家。或脱去《无咎》《悔亡》，惟费氏不脱，与古文同。故后汉马融、荀爽、郑玄、刘表皆信费《易》。《易》专言理，惟变所适，不可为典要，故不可据以说《礼》。然汉人说《易》，往往与礼制相牵。如《五经异义》以“时乘六龙”谓天子驾六，此大谬也。又施、孟、梁丘之说，今无只字之存。施、孟与梁丘共事田生，孟喜自云：田生且死时，枕喜膝，独传喜；而梁丘曰：田生绝于施雠手中，时喜归东海，安得此事！是当时已起争端。今孟喜之《易》，尚存一鳞一爪。臆造之说，未足信赖。焦延寿自称尝从孟喜问《易》，传之京房，喜死，房以延寿《易》即孟氏学，而孟喜之徒不肯，曰："非也。"然则焦氏、京氏之《易》，都为难信。虞氏四世传孟氏《易》，孟不可信，则虞说亦难信。此数家外，荀氏、郑氏传世最多，然《汉书》谓费本无书，以《彖》《象》《文言》释经，而荀氏据爻象承应阴阳变化之义解说经意，是否为费之正传，亦不可知。郑《易》较为简单，恐亦非费氏正传。今学《易》者多依王弼之注，弼本费《易》，以文字论，费《易》无脱文，当为可信。余谓论《易》，只可如此而已。

此外，《古论语》不可见，今所传者，古、齐、鲁杂糅。《孝经》但存今文。关于典章制度、事实之不同者，须依古文为准。至寻常修身之语，今古文无大差别，则《论语》《孝经》之类，不必问其为古文或今文也。

十四博士皆今文，三国时始信古文。古文所以引起许多纠纷者，孔壁所得五十八篇之书，亡于汉末，西晋郑冲伪造二十五篇，今之孔氏《尚书》，即郑冲伪造之本。其中马、郑所本有者，未加窜改；所无者，即出郑冲伪造。又分虞书为《尧典》《舜典》二篇，分《皋陶谟》为《益稷》。《大禹谟》《五子之歌》《胤征》已亡，则补作三篇。既是伪作，不足置信。至汉人传《易》，是否《易》之正本不可知，后则王弼一家为费氏书。宋陈希夷辈造先天八卦、河洛诸图，传之邵康节，此乃荒谬之说。东序河图，既无人见，孔子亦叹河不出图，则后世何由知其象也。先天八卦，以《说卦》方位本离南坎北者改为乾南坤北，则与观象、观法而造八卦之说不相应，此与《尚书》伪古文同不足信伪古文参考阎氏《古文尚书疏证》，河洛参考胡氏《易图明辨》。至今日治《书》而信伪古文，言《易》而又河洛、先天，则所谓门外汉矣。然汉人以误传之说今文家亦甚多。清儒用功较深，亦未入说经正轨，凡以其参杂今古文故也。近孙诒让专讲《周礼》，为纯古文家。惜此等著述，至清末方见萌芽，如群经皆如此疏释，斯可谓入正轨矣。

经之由来及今古文之大概既明，须进而分讲各经之源流。今先讲

《易经》。

初造文字，取法兽蹄鸟迹；画卦亦然。《易·系辞》云：“古者庖牺氏之王天下也，仰则观象于天，俯则观法于地，观鸟兽之文与地之宜，近取诸身，远取诸物，于是始作八卦。”今观乾、坤二卦：乾作☰，坤作☷。《抱朴子》云：“八卦出于鹰隼之所被，六甲出于灵龟之所负。”盖鸟舒六翮，即成☰象，但取其翮而遗其身，即成☷象。于是或分或合，错而综之，则成八卦。此所以言观鸟兽之文也。抱朴之说，必有所受，然今无可考，施、孟、马、郑、荀爽皆未言之。

重卦出于何人，说者纷如。王弼以为伏羲，郑玄以为神农，孙盛以为夏禹，而太史公则以为文王。伏羲之说，由于《周礼》，太卜掌三易之法：一曰《连山》，二曰《归藏》，三曰《周易》。三易均六十四卦。杜子春谓《连山》，伏羲；《归藏》，黄帝。王弼据之，故云重卦出于伏羲。然伏羲作《连山》，黄帝作《归藏》，语无凭证，故郑玄不从之也。神农之说，由于《系辞》称“神农氏作，斫木为耜，揉木为耒，盖取诸《益》；日中为市，交易而退，益取诸《噬嗑》”二语。以神农氏已有《益》《噬嗑》，故知重卦出于神农。然《系辞》所谓“盖取”，皆想象之辞，乌可据为实事？夏禹之说，从郑玄之义蜕化而来。郑玄《易赞》及《易论》云：夏曰《连山》，殷曰《归藏》，周曰《周易》。孙盛取之，以为夏有《连山》，即兼山之艮，可见重卦始于夏禹。至文王之说，则太史公因“作《易》者其有忧患乎”一语而为是言。要之，上列诸说，虽不可确知其是非，以余观之，则重卦必不在夏禹之后，短中取长，则孙盛之说为可信耳。

至卦辞、爻辞之作，当是皆出文王。《系辞》云：“《易》之兴也，当文王与纣之事耶？”又云：“作《易》者，其有忧患乎？”太史公据此，谓“西伯拘而演《周易》”。故卦辞、爻辞并是文王被囚而作，或以为周公作爻辞，其说无据。如据韩宣子聘于鲁，见《易象》而称周公之德，以此知《易象》系于周公，故谓周公作爻辞。然韩宣子并及鲁之《春秋》，《春秋》岂周公作耶？如据“王用亨于岐山”及“箕子之明夷”及“东邻杀牛不如西邻之禴祭”诸文，以为岐山之王当是文王。文王被囚之时，犹未受命称王。箕子之被囚奴，在武王观兵之后，文王不宜预言明夷，东邻指纣，西邻指文王。纣尚南面，文王不宜自称己德，以此知爻辞非文王作，而为周公作。然《禹贡》“导岍及岐”，是岐为名山，远在夏后之世。古帝王必祭山川，安知文王以前，竟无王者享于岐山乎？箕子二字，本又读为荄滋赵宾说。且箕子被囚，在观兵以后，亦无实据。《彖》传“内文明而外柔顺，以蒙大难，文王以之；内难而能正其志，箕子以之”，并未明言箕子之被囚奴，且不必被囚然后谓之明夷也。东邻、西邻，不过随意称说，安见东邻之必为纣、西邻之必为文王哉？据此三条，固不能谓爻辞必周公作矣。且《系辞》明言“殷之末世，周之盛德”，而不及周公之时。孔颖达乃谓文王被囚，固为忧患；周公流言，亦属忧患。此傅会之语矣。余谓：据《左传》，纣囚文王七年，七年之时甚久，卦辞、爻辞，不过五千余字，以七年之久，作五千余字，亦未为多，故应依太史公说，谓为文王作，则与《系辞》相应。

文王作《易》之时，在官卜筮之书有《连山》《归藏》，文王之《易》与之等列，未必视为独重。且《周易》亦不止一部。《艺文志》六艺略首列《周易》十二篇；数术略蓍龟家又有《周易》三十八卷。且《左传》所载筮辞，不与《周易》同者甚多。成季将生，筮得大有之乾曰：“同复于父，敬如君所。”秦缪伐晋，筮遇蛊，曰：“千、乘三去，三去之余，获其雄狐。”皆今《周易》所无，解之者疑为《连山》《归藏》。然《左传》明言以《周易》筮之，则非《连山》《归藏》也。余谓此不足疑，三十八卷中或有此耳。今《周易》六十四卦、三百八十四爻，而焦延寿作《易林》，以六十四自乘，得四千九十六条。安知周代无《易林》一类之书，别存于《周易》之外乎？盖《连山》《归藏》《周易》，初同为卜筮之书；上下二篇之《周易》与三十八卷之《周易》，性质相同，亦无高下之分，至孔子赞《易》，乃专取文王所演者耳。

《易》何以称《易》，与夫《连山》《归藏》，何以称《连山》《归藏》，此颇费解。郑玄注《周礼》曰：《连山》似山出内气，变也；《归藏》者，万物莫不归而藏于中也。皆无可奈何，强为之辞。盖此二名本不可解。周易二字，周为代名，不必深论；易之名，《连山》《归藏》《周易》之所共。《周礼》，太卜掌三易之法，《连山》《归藏》均称为《易》。然易之义不可解。郑玄谓易有三义：易简，一也；变易，二也；

不易，三也。易简之说，颇近牵强，然古人说《易》，多以易简为言。《左传》：南蒯将叛，以《周易》占之，子服惠伯曰："《易》不可以占险。"则易有平易之意，且直读为易去声矣。易者变动不居，周流六虚，不可为典要，唯变所适，则变易之义，最为易之确诂。惟不易之义，恐为傅会，既曰易，如何又谓之不易哉？又《系辞》云：生生之谓易。此义在变易、易简之外，然与字义不甚相关。故今日说《易》，但取变易、易简二义，至当时究何所取义而称之曰《易》，则不可知矣。

孔子赞《易》之前，人皆以《易》为卜筮之书。卜筮之书，后多有之。如东方朔《灵棋经》之类是。古人之视《周易》，亦如后人之视《灵棋经》耳。赞《易》之后，《易》之范围益大，而价值亦高。《系辞》曰："夫《易》何为者也？夫《易》开物成务、冒天下之大道，如斯而已者也。"孔子之言如此。盖发展社会、创造事业，俱为《易》义所包矣。此孔子之独识也。文王作《易》，付之太卜一流。卜筮之徒，不知文王深意，至高子乃视为穷高极远，于是《周易》遂为六经之一。秦皇焚书，以《易》为卜筮之书，未之焚也。故自孔子传商瞿之后，直至田何，中间未尝断绝；不如《尚书》经孔子删定之后传授不明，至伏生，突然以传《书》著称；亦不如《诗经》删定之后传授不明，至辕固生、韩婴等突然以传《诗》著称也——《鲁诗》虽云浮丘伯受于荀卿，而荀卿之前不可知；《毛诗》虽云传自子夏，然其事不见于

司马迁像

司马迁，西汉史学家、文学家。曾任太史令。此后，司马迁开始撰写《史记》。后因替投降匈奴的李陵辩护，获罪下狱，受腐刑。出狱后任中书令，继续发愤著书，完成了《史记》的撰写。

《艺文志》，亦不见于《汉书·儒林传》。唯《易》之传授最为清楚：自商瞿一传至桥庇子庸，二传至馯臂子弓，三传至周丑子家，四传至孙虞子乘，五传而至田何。其历史明白如此，篇章亦未有阙脱《艺文志》：《周易》十二篇，施、孟、梁丘三家。向来说经者，往往据此疑彼，惟《易》一无可疑。以秦本未焚，汉仍完整也。欧阳修经学疏浅，首疑《系辞》非孔子作，以为《系辞》中有子曰字，决非孔子自道。然《史记》自称太史公曰，太史公下腐刑时，已非太史令矣，而《报任少卿书》犹自称太史公；即欧阳修作《秋声赋》亦自称欧阳子，安得谓《史记》非太史公作、《秋声赋》非欧阳修作哉？商瞿受《易》之时，或与孔子问答，退而题子曰字，事未可知，安得径谓非孔子作哉？欧阳修无谓之疑，犹不足怪，后人亦无尊信之者。近皮锡瑞经学颇有功夫，亦疑《易》非文王作，以为卦辞、爻辞皆孔子作，夫以卦辞、爻辞为孔子作，则《系辞》当非孔子作矣。然则《系辞》谁作之哉？皮氏于此未能明言。夫《易》自商瞿至田何，十二篇师师相传，并未有人增损。晋人发冢，得《周易》上下经，无十翼。此不足怪，或当时但录经文，不录十翼耳。《系辞》明言"易之兴也，其当殷之末世，周之盛德邪？当文王与纣之事邪？"。如上下经为孔子作，则不得不推翻此二语。且田何所传，已有《系辞》，田何上去孔子，不及三百年，亦如今之去顾亭林耳。人纵疏于考证，必不至误认顾亭林书为唐宋人书也。又，文言二字，亦有异解。梁武帝谓文言者，文王之言也。今案："元者，善之长也；亨者，嘉之会也；利者，义之和也；贞者，事之干也。君子体仁，足以长人；嘉会足以合礼；利物足以和义；贞固足以干事"，此五十字为穆姜语，惟体仁作体信略异。穆姜在孔子前，故梁武帝谓为文王之言。然文王既作卦辞曰"元、亨、利、贞"，而又自作文言以解之，恐涉词费，由今思之，或文王以后，孔子以前说《易》者发为是言，而孔子采之耳。所以题曰文言者，盖解释文王之言。

《史记·孔子世家》："孔子晚而喜《易》，读《易》韦编三绝。"如孔子以前，但有六十四卦之名，亦何须数数披览，至于韦编三绝耶？必已有五千余字，孔子披览之勤，故韦编三绝也。陈希夷辈意欲超过孔子，创先天八卦之说，不知八卦成列由观象于天、观法于地而来，其方位见于《说卦》传即陈希夷辈所谓后天八卦。当时所观之天，为全世界共见之天，所观之地，则中国之地也。今以全地球言之，中国位东半球之东部，八卦方位，就中国所见而定。乾在西北者，中国之西北也；坤在西南者，中国之西南也。古人以北极标天，以昆仑标地。就中国之地而观之，北极在中国西北，故乾位西北。昆仑在中国西南，故坤位西南。正南之离为火，即赤道，正北之坎为水，即翰海。观象、观法，以中国之地为本，故八卦方位如此，后之先天八卦，乾在南而坤在北，与天文、地理全不相应。作先天八卦者，但知乾为高明之象，以之标阳；坤为沉潜之象，以之标阴。遂谓坤应在北，乾应在南。不知仰观俯察，非言阴阳，乃言方位耳。《周礼》："圜丘祭天，方泽祭地。"郑玄注：祭天谓祭北极，祭地谓祭昆仑。人以北极昆仑，分标天地，于此可见先天八卦为无知妄作矣。

《汉书·五行志》刘歆曰："伏羲氏继天而王，受《河图》而则画之，八卦是也；禹治洪水，赐《洛书》，法而陈之，《洪范》是也。"然不知所谓《图》《书》者何物也。至宋刘牧以《乾凿度》九宫之法为《河图》，又以生数、就成数依五方图之，以为《洛书》，更有《洞极经》亦言《河图》《洛书》，则如刘牧之说而互易之，以五方者为图，九宫者为书。然郑氏、虞氏说《易》，并不以九宫、五方为图、书。桓谭《新论》曰："河图、洛书，但有朕兆而不可知。"是汉人虽说《河图》《洛书》，却未言图、书为何象，宋人说《易》，创为河洛及先天八卦图。朱晦庵《易本义》亦列此图。其实先天图书荒唐悠谬，要当以左道视之，等之天师一流可矣。

其余说《易》者，汉儒主象数，王弼入清谈。拘牵象数，固非至当；流入清谈，亦非了义《乾》《坤》二卦，以及《既济》《未济》，以清谈释之，说亦可通。然其他六十卦，恐非清谈所能了也。《系辞》云："夫《易》开物成务，冒天下之道。"谓"冒天下之道"，则佛法自亦在内。李鼎祚《集解序》云："权舆三数，钤键九流。"详李氏此说，非但佛法在内，墨、道、名、法，均入《易》之范围矣。然李氏虽作此说，亦不能有所发明。孔颖达云："《易》理难穷。虽复玄之又玄，至于垂范作则，便是有而教有，若论住内、住外之空，就能、就所之说，斯乃义涉于释氏，非为教于孔门。”然《正义》依王、韩为说，往往杂以清谈。后之解者，因清谈而入佛法。虽为孔氏所不敢，然《易》理亦自包含佛法。论说经之正，则非不但佛法不可引用，即《老子》“玄之又玄”之语，亦不应取。如欲穷究《易》理，则不但应取老、庄，即佛亦不得不取。其他九流之说，固无妨并采之矣！

《礼记·经解》曰：“《易》之失，贼。”此至言也。尚清谈者，犹不致贼。如以施之人事，则必用机械之心；用机械之心太过，既不自觉为贼矣！盖作《易》者本有忧患，故曰“其辞危”。危者使平，易者使倾，若之何其不贼也。若蔡泽以亢龙说范雎，取范雎之位而代之，此真可谓贼矣。夫蔡泽犹浅言之耳。当文王被囚七年，使四友献宝，纣见宝而喜，曰：谮西伯者，乃崇侯虎也。则文王亦何尝讳贼哉！论其大者、远者，所谓“开物成务，冒天下之道”是矣。“冒天下之道”者，权舆三教也；“开物成务”者，钤键九流也。然不用权谋，则不能开物成务；不极玄妙，则不能冒天下之道。管辂谓善《易》者不言《易》。然则真传《易》者，正恐不肯轻道阴阳也。以上讲《周易》大概。

《尚书》分六段讲：一、命名；二、孔子删《书》；三、秦焚《书》；四、汉今古文之分；五、东晋古文；六、明清人说《尚书》者。

一、命名。周秦之《书》，但称曰《书》，无称《尚书》者。《尚书》之名，见于《史记·五帝本纪》《三代世表》及《儒林》传。《儒林》传云：伏生以二十九篇“教于齐、鲁之间，学者由是颇能言《尚书》”。又云：“孔氏有古文《尚书》。”则今古文皆称《尚书》也。何以称之曰《尚书》？伪孔《尚书序》云：“以其上古之书，谓之《尚书》。”此言不始于伪孔，马融亦谓上古有虞氏之书，故曰《尚书》，而郑玄则以为孔子尊而命之曰《尚书》。然孔子既命之曰《尚书》，何以孔子之后，伏生之前，传记子书无言《尚书》者？恐《尚书》非孔子名之，汉人名之耳。何以汉人名之曰《尚书》？盖仅一书字不能成名，故为此累言尔。《书》包虞、夏、商、周四代文告，马融独称虞者，因《书》以《尧典》《舜典》开端，故据以为名，亦犹《仪礼》汉人称《士礼》耳《仪礼》不皆士礼，亦有诸侯、大夫礼，所以称《士礼》者，以其首篇为《士冠礼》也。哀、平以后，纬书渐出，有所谓《中候》者汉儒谓孔子定《书》

一百二十篇，百两篇为《尚书》，十八篇为《中候》。“中候”，官名。以中候对尚书，则以尚书为官名矣汉尚书令不过千石，分曹尚书六百石，位秩虽卑，权任实大。北军中候六百石，掌监五营。汉人以为文吏位小而权大者尚书，武臣位小而权大者中候，故以为匹。此荒谬之说，不足具论。要之，《尚书》命名，以马融说为最当。

二、删书。孔子删《书》，以何为凭？曰：以《书序》为凭。《书序》所有，皆孔子所录也。然何以知孔子删《书》而为百篇，焉知非本是百篇而孔子依次录耶？曰：有《逸周书》在，可证《尚书》本不止百篇也。且《左传》载封伯禽、封唐叔皆有诰。今《书》无之，是必为孔子所删矣。至于《书》之有序，与《易》之有《序卦》同。《序卦》孔子所作，故汉人亦以《书序》为孔子作。他且勿论，但观《史记·孔子世家》曰：“孔子序《书传》，上纪唐、虞之际，下至秦缪，编次其事。”是太史公已以《书序》为孔子作矣《夏本纪》多采《书序》之文。《汉书·艺文志》本向、歆《七略》，亦曰：“《书》之所起远矣，至孔子纂焉，上断于尧，下讫于秦，凡百篇，而为之序。”是刘氏父子亦以《书序》为孔子作矣。汉人说经，于此并无异词。然古文《尚书》自当有序，今文则当无序，而今熹平石经残石，《书》亦有序，甚可疑也，或者今人伪造之耳。何以疑今文《尚书序》伪也？刘歆欲立古文时，今文家诸博士不肯，谓《尚书》唯有二十八篇，不信本有百篇，如有《书序》，则不至以《尚书》为备矣。《书序》有数篇同序，亦有一篇一序者。《尧典》《舜典》，一篇一序也。《大禹谟》《皋陶》《弃稷》三篇同序也。数篇同序者，《书序》所习见，然扬子《法言》曰：昔之说《书》者序以百，而《酒诰》之篇俄空焉。盖《康诰》《酒诰》《梓材》三篇同序，而扬子以为仅《康诰》有序，《酒诰》无序，或者《尚书》真有无序之篇，以《酒诰》为无序，则《梓材》亦无序。今观《康诰》曰：“周公咸勤，乃洪大诰治。王若曰：‘孟侯，朕其弟，小子封。’”王者，周公代王自称之词，故曰“孟侯，朕其弟”矣。《酒诰》称“成王若曰：‘明大命于妹邦’”，今文如此，古文马、郑、王本亦然。马融之意，以为成字后录者加之。然康叔始封而作《康诰》，与成王即政而作《酒诰》，年代相去甚久，不当并为一序。故扬子以为《酒诰》之篇俄空焉。不但《酒诰》

之序俄空，即《梓材》亦不能确知为何人之语也。

汉时古文家皆以《书序》为孔子作，唐人作五经《正义》时，并无异词，宋初亦无异词。朱晦庵出，忽然生疑。蔡沈作《集传》，遂屏《书序》而不载。晦庵说经本多荒谬之言，于《诗》不信小序，于《尚书》亦不信有序。《后汉书》称卫宏作《诗序》。卫宏之序，是否即小序，今不可知，晦庵以此为疑，犹可说也。《书序》向来无疑之者，乃据《康诰》"王若曰：'孟侯、朕其弟'"一语而疑之，以为如王为成王，则不应称康叔为弟；如为周公，则周公不应称王，心拟武王，而《书序》明言"成王既伐管叔、蔡叔，以殷余民封康叔"，知其事必在武康叛灭之后，决非武王时事。无可奈何，乃云《书序》伪造。不知古今殊世，后世一切官职，皆可代理，惟王不可代；古人视王亦如官吏，未尝不可代。生于后世，不能再见古人。如生民国，见内阁摄政，而布告署大总统令，则可释然于周公之事矣。《诗》是文言，必须有序，乃可知作诗之旨；《书》本叙事，似不必有序，然《尚书》有无头无尾之语，如《甘誓》"大战于甘，乃召六卿"，未明言谁与谁大战；又称"王曰：'嗟六事之人，予誓告汝，有扈氏威侮五行，怠弃三正'"，亦不明言王之为谁。如无《书序》"启与有扈战于甘之野"一语，真似冥冥长夜，终古不晓矣孔子未作《书序》之前，王字当有异论，其后《墨子》所引《甘誓》以王为禹。《商书序》称王必举其名，本文亦然。《周书》与《夏书》相似，王之为谁，皆不可知。《吕刑》穆王时作，本文但言王享国百年，序始明言穆王。如不读序，从何知为穆王哉？是故，《书》无序亦不可解。自虞、夏至孔子时，《书》虽未有序，亦必有目录之类，历古相传，故孔子得据以为去取。否则，孔子将何以删《书》也？《书序》文义古奥，不若《诗序》之平易，决非汉人所能伪造。自《史记》已录《书序》原文，太史公受古文于孔安国，安国得之壁中，则壁中《书》已有序矣。然自宋至明，读《尚书》者，皆不重《书序》，梅鷟首发伪古文之覆，亦以《书序》为疑。习非胜是，虽贤者亦不能免。不有清儒，则《书序》之疑，至今仍如冥冥长夜尔。

孔子删《书》，传之何人，未见明文。《易》与《春秋》三传，为说不同，其传授源流皆可考。《诗》《书》《礼》则不可知子夏传《诗》，未可信据。盖《诗》《书》《礼》《乐》，古人以之教士，民间明习者众，孔子删《书》之时，习《书》者世多有之，故不必明言传于何人。《周易》《春秋》，特明言传授者，《易》本卜筮之书，《春秋》为国之大典，其事秘密，不以教士此犹近代实录，不许示人，而孔子独以为教，故须明言为传授也。伏生《尚书》何从受之，不可知。孔壁古文既出，孔安国读之而能通。安国本受《尚书》于申公此事在伏生之后，申公但有传《诗》、传《穀梁》之说，其传《尚书》事，不载本传，何所受学，亦不可知。盖七国时通《尚书》者尚多，故无须特为标榜耳。

孔子删《书》百篇之余为《逸周书》，今考《汉书·律历志》所引《武成》，与《逸周书·世俘解》词句相近。疑《世俘解》即《武成》篇。又《箕子》一篇，录入《逸周书》，今不可见，疑即今之《洪范》。逸书与百篇之书文字出入，并非篇篇不同。盖《尚书》过多，以之教士，恐人未能毕读，不得不加以删节，亦如后之作史者，不能将前人实录字字录之也。删《书》之故，不过如此。虽云《书》以道事，然以其为孔子所删，而谓篇篇皆是大经大法，可以为后世模楷，正未必然。即实论之，《尚书》不过片断之史料而已。

三、秦焚书。秦之焚书，《尚书》受厄最甚。揆秦之意，何尝不欲全灭六经。无如《诗》乃口诵，易于流传；《礼》在当时，已不甚行，不须严令焚之。故禁令独重《诗》《书》，而不及《礼》李斯奏言“有敢藏《诗》《书》百家语者，悉诣守、尉杂烧之；有敢偶语《诗》《书》，弃市”。盖《诗》《书》所载，皆前代史迹，可作以古非今之资，《礼》《乐》，都不甚相关。《春秋》事迹最近，最为所忌，特以柱下史张苍藏《左传》，故全书无缺。《公羊传》如今之讲义，师弟问答，未著竹帛，无以烧之。《穀梁》与《公羊》相似，至申公乃有传授。《易》本卜筮，不禁。惟《尚书》文义古奥，不易熟读，故焚后传者少也。伏生所藏，究有若干篇，今不可知，所能读者，二十九篇耳。孔壁序虽百篇，所藏只五十八篇。知《书》在秦时，已不全读，如其全读，何不全数藏之？盖自荀卿隆礼仪而杀《诗》《书》，百篇之书，全读者已少，故壁中《书》止藏五十八篇也。此犹《诗》在汉初虽未缺，而治之者，或为《雅》，或为《颂》，鲜有理全经者。又《毛传》《鲁诗》，皆以《国风》、大、小

《雅》,《颂》为四始，而《齐诗》以水、木、火、金为四始。其言卯、酉、午、戌、亥五际，亦但取《小雅》《大雅》而不及《颂》。盖杀《诗》《书》之影响如此。然则百篇之《书》，自孔壁已不具。近人好生异论，盖导原于郑樵。郑樵之意，以为秦之焚书，但焚民间之书，不焚博士官所藏。其实郑樵误读《史记》文句，故有此说。《史记》载李斯奏云："臣请：史官，非秦记皆烧之；非博士官所职，天下敢有藏《诗》《书》、百家语者，悉诣守尉杂烧之。"此文本应读："天下敢有藏《诗》《书》、百家语非博士官所职者"，何以知之？以李斯之请烧书，本为反对博士淳于越，岂有民间不许藏《诗》《书》而博士反得藏之之理？《叔孙通传》："陈胜起山东，二世召博士诸生问曰：'楚戍卒攻蕲入陈，于公如何？'博士诸生三十余人前曰：'人臣无将，将即反，罪死无赦，愿陛下急发兵击之。'二世怒，作色，叔孙通前曰：'诸生言皆非也。明主在其上，法令具于下，人人奉职，四方辐辏，安敢有反者，此特群盗鼠窃狗盗耳。'二世喜曰：'善。'令御史案诸生言反者下吏，曰：'非所宜言。'"今案："人臣无将"二语，见《公羊传》，于时《公羊》尚未著竹帛，然犹以"非所宜言"得罪，假如称引《诗》《书》，其罪不更重哉！李斯明言："有敢偶语《诗》《书》者弃市。"如何博士而可藏《诗》《书》哉李斯虽奏偶语《诗》《书》者弃市，然其谏二世有曰："放弃《诗》《书》，极意声色，祖伊所以惧也。"此李斯前后相背处！郑樵误读李斯奏语，乃为妄说，以归罪于项羽。近康有为之流，采郑说而发挥之，遂谓秦时六经本未烧尽，博士可藏《诗》《书》，伏生为秦博士，传《尚书》二十九篇，以《尚书》本只有二十九篇故《新学伪经考》主意即此，二十九篇之外，皆刘歆所伪造。余谓《书序》本有《汤诰》，壁中亦有《汤诰》原文，载《殷本纪》中。如谓二十九篇之外，皆是刘歆所造，则太史公焉得先采之？于是崔适谓《史记》所载不合二十九篇者，皆后人所加《史记探源》如此说。由此说推之，凡古书不合己说者，无一不可云伪造。即谓尧舜是孔子所伪造，孔子是汉人所伪造，秦皇焚书之案，亦汉人所伪造，迁、固之流，皆后人所伪造，何所不可！充类至尽，则凡非目见而在百年以外者，皆不可信。凡引经典以古非今者，不必焚其书而其书自废。呜呼！孰料秦火之后，更有灭学之祸什佰于秦火者耶？

四、汉今古文之分。汉人传《书》者，伏生为今文，孔安国为古文，此人人所共知。《史记·儒林传》云：“伏生故为秦博士，孝文时，欲求能治《尚书》者，天下无有，乃闻伏生能治，欲召之，时伏生年九十余，老不能行，于是乃诏太常使掌故晁错往受之。秦时禁书，伏生壁藏之。其后，兵大起，流亡。汉定，伏生求其书，亡数十篇，独得二十九篇，即以教于齐鲁之间。”其叙《尚书》源流彰明如此，可知伏生所藏，原系古文，无所谓今文也，且所藏不止二十九篇，其余散失不可见耳。晁错本法吏，不习古文，伏生之徒张生、欧阳生辈，恐亦非卓绝之流，但能以隶书迻写而已，以故二十九篇变而为今文也。其后刘向以中古文校伏生之《书》，《酒诰》脱简一，《召诰》脱简二，文字异者七百有余。文字之异，或由于张生、欧阳生等传写有误，脱简则当由壁藏断烂，然据此可知郑樵、康有为辈以为秦火不焚博士之书之谬。如博士之书可以不焚，伏生何必壁藏之耶？

《儒林传》称伏生得二十九篇，而刘歆《移让太常博士》云：“《泰誓》后得，博士而赞之。”又，《论衡·正说》篇云：“孝宣皇帝时，河内女子发老屋，得逸《易》《礼》《尚书》各一篇，奏之。宣帝下示博士，然后，《易》《礼》《尚书》各益一篇。而《尚书》二十九篇始定。”然则，伏生所得本二十九篇乎？抑二十八篇乎？余谓太史公已明言二十九篇，则二十九篇当可信。今观《尚书大传》有引《泰誓》语，《周本纪》《齐世家》亦有之。武帝时董仲舒、司马相如、终军辈，均太初以前人，亦引《泰誓》，由此可知，伏生本有二十九篇，不待武帝末与宣帝时始为二十九篇也。意者，伏生所传之《泰誓》，或脱烂不全，至河内女子发屋，才得全本。今观汉、唐人所引，颇有出《尚书大传》外者，可见以河内女子本补之，《泰誓》始全也。马融辈以为《左传》《国语》《孟子》所引，皆非今之《泰誓》。《泰誓》称白鱼跃入王舟、火流为乌，语近神怪，以此疑今之《泰誓》。然如以今之《泰誓》为伏生所伪造，则非也。河内女子所得者，秦以前所藏，亦非伪造。以余观之，今之《泰誓》，盖当时解释《泰誓》者之言。《周语》有《泰誓故》，疑伏生所述，即《泰誓故》也。不得《泰誓》，以《泰誓故》补之，亦犹《考工记》之补冬官矣。然《泰誓》之文，确有可疑者。所称八百诸侯，不召自来、不期同时、不谋同辞，何其诞也？武王伐纣，如有征调，当先下令。不征调而自来，不令而同时俱至，事越常理，振古希闻。据《乐记》孔子与宾牟贾论大武之言曰："久立于缀，以待诸侯之至也。"可见诸侯毕会，亦非易事。焉得八百诸侯，同时自来之事耶？此殆解释《泰誓》者张大其辞，以耸人听闻耳。据《牧誓》，武王伐纣，虽有友邦冢君，然誓曰："逖矣，西土之人！"可知非西土之人，武王所不用也。又曰庸、蜀、羌、髳、微、卢、彭、濮人。庸、蜀、羌、髳、微、卢、彭、濮，均在周之南部，武王但用此南部之人，而不用诸侯之师者，以庸、蜀之师本在西方，亲加训练，而东方诸侯之师，非其训练者也。所以召东方诸侯者，不过壮声势、扬威武而已此条马融疑之，余亦以为可疑。又，观兵之说，亦不可信。岂有诸侯既会，皆曰可伐，而武王必待天命，忽然还师之理乎？是故，伏生《泰誓》不可信。若以《泰誓故》视之，亦如《三国志》注采《魏略》《曹瞒传》之类，未始可不为参考之助也。《泰誓》亦有今古文之别。"流为乌"，郑注：古文乌为雕。盖古文者河内女子所发，今文者伏生所传也此古文非孔壁所得。伏生发藏之后，张生、欧阳生传之。据《史记·娄敬传》，高帝时，娄敬已引八百诸侯之语。又，《陆贾传》称陆生时时前称说《诗》《书》，可见汉初尚有人知《尚书》者。盖娄敬、陆贾早岁诵习而晚失其书，故《儒林传》云"孝文时求为《尚书》者，天下无有"。"无有"者，无其书耳。然《贾谊传》称谊年十八，以能诵《诗》属《书》闻于郡中。其时在文帝之前。《诗》本讽诵在口，《尚书》则必在篇籍矣。可知当时传《书》者不仅伏生一人，特伏生为秦博士，故著名尔。

《尚书》在景帝以前，流传者皆今文。武帝初，鲁恭王坏孔子宅，得古文《尚书》，孔安国献之据《史记》《汉书》及《说文序》所引，所得不止《尚书》一种。孔安国何以能通古文《尚书》？以其本治《尚书》也。伏生传《书》之后，未得壁经之前，《史记》称鲁周霸、孔安国、洛阳贾嘉颇能言《尚书》事孔安国、周霸，皆申公弟子。申公之治《尚书》于此可见。贾谊本诵《诗》《书》，故其孙嘉亦能治《尚书》，孔安国为博士，以书教授。倪宽初受业于欧阳生，后又受业于安国。所以然者，以欧阳生本与孔安国本不同耳。倪宽之徒，为欧阳高，大小夏侯。欧阳、大小夏侯三家本之倪宽，而倪宽本之孔安国。孔安国非本之伏生，则汉之所谓今文《尚书》者，名为伏生所传，实非伏生所传也。三家《尚书》亦有孔安国说，今谓三家悉本伏生，未尽当也。

今文《尚书》之名见称于世，始于三国，而非始于汉人。人皆据《史记·儒林传》“孔氏有古文《尚书》，而安国以今文读之”一语，谓孔安国以今文《尚书》翻译古文。此实不然。《汉书》称“孔安国以今文字读之”，谓以隶书读古文耳。孔安国所得者为五十八篇，较伏生二十九篇分为三十四篇者，实多二十四篇。二十四篇中《九共》九篇，故汉人通称为十六篇。孔安国既以今文字读之，而《史记》又谓《逸周书》得十余篇，《尚书》兹多于是。可知孔安国非以伏生之《书》读古文也。盖汉初人识古文者犹多，本不须伏生之《书》对勘也。

孔安国之《书》授都尉朝，都尉朝授胶东庸生，庸生授胡常，常授徐敖，敖授王璜、涂恽。自孔至王、涂凡五传。王、涂至王莽时，古文《尚书》立于学官。涂传东汉贾徽。太史公从孔安国问，《汉书》称迁书载《尧典》《禹贡》《洪范》《微子》《金縢》诸篇多古文说。然太史公所传者，不以伏生为限。故《汤诰》一篇，《殷本纪》载之。

哀帝时刘歆欲以古文《尚书》立学官，博士不肯博士抱残守缺，亦如今之教授已不能讲，不愿人讲也。歆移书让之，王莽时，乃立于学官，莽败，说虽不传，《书》则具存。盖古文本为竹简，经莽乱而散失，其存者惟传抄本耳。东汉杜林，于西州天水郡，今甘肃秦州得漆书一篇，林宝爱之，以传卫宏、徐巡杜林所得必为王莽乱后流传至天水郡者。其后，马、郑犹能知逸《书》篇数，郑玄、许慎亦能引之者，盖传写犹可见，而真本则已亡矣，后汉讲古文者自此始杜林非由孔安国直接传授，早岁学于张敞之孙张竦。林之好古文，盖渊源于张氏。其后，马融、郑玄注《尚书》，但注伏生所有，不注伏生所无，于孔安国五十八篇不全治。马融受之何人不可知，惟贾逵受《书》于父徽，逵弟子许慎作《说文解字》。是故，《说文》所称古文《尚书》，当较马、郑为可信，然其中亦有异同。今欲求安国正传，惟《史记》耳。《汉书》云，迁书《尧典》五篇为古文说，然《五帝本纪》所载《尧典》与后人所说不同。所以然者，杜林所读与孔安国本不甚同也。《说文》圛下称“《尚书》曰：‘圛圛升云，半有半无’”，据郑玄注称古文《尚书》以弟为圛，而《宋微子世家》引《洪范》“曰雨、曰济、曰涕”，字作涕。是太史公承孔安国正传，孔安国作涕，而东汉人读之为圛，恐是承用今文，非古文也。自清以来，治《尚书》者皆以马、郑为宗，段玉裁作《古文尚书撰异》，以为马、郑是真古文，太史公是今文。不知太史公之治古文，《汉书》具有明文。以马、郑异读，故生异说耳。

古文家所读，时亦谓之古文。此义为余所摘发。治古文者，不可不知。盖古文家传经，必依原本抄写一通，马融本当犹近真，郑玄本则多改字。古文真本，今不可见，唯有三体石经，尚见一斑。三体石经为邯郸淳所书，淳师度尚，尚治古文《尚书》。邯郸淳之本，实由度尚而来。据卫恒《四体书势》称，魏世传古文者，唯邯郸淳一人。何以仅得邯郸淳一人，而郑玄之徒无有传者？盖郑玄晚年，书多腐敝，不得于礼堂写定，传与其人。故传古文者，仅一邯郸淳也。今观三体石经残石，上一字为古文，中一字为篆文，下一字为隶书。篆书往往与上一字古文不同。盖篆书即古文家所读之字矣。例始三体石经《无逸篇》“中宗之中”，上一字为中，下一字为仲，此即古文家读“中，仲也”。考华山碑，亦称宣帝为中宗。欧阳修疑为好奇，实则汉人本读中为仲也。

今文为欧阳、大小夏侯三家，传至三国而绝。然蔡邕熹平石经犹依今文。今欲研究今文，只可求之《汉书》《后汉书》及汉碑所引。然汉碑所引，恐亦有古文在。

五、东晋古文。今之《尚书》，乃东晋之伪古文据《尚书正义》引《晋书》，定为郑冲所作，以马、郑所有者分《尧典》为《舜典》《舜典》，《书序》中本有，更分《皋陶谟》为《益稷》，又改作《泰誓》，此外又伪造二十五篇。不但伪造经，且伪造传亦称孔传。自西晋开始伪造以后，更四十余年，至东晋梅赜始献之。字体以古文作隶书，名曰隶古定。人以其多古字，且与三体石经相近，遂信以为真孔氏之传，于是，众皆传之。甚至孔颖达作《尚书正义》，亦以马、郑为今文矣。

梅赜献书之时，缺《舜典》一篇，分《尧典》“慎徽五典”以下为《舜典》之首。至齐建武四年姚方兴献《舜典》，于“慎徽五典”之上加“曰若稽古，帝舜”等十二字，而梁武帝时为博士，议曰：“孔序称伏生误合五篇，皆文相承接，所以致误。”《舜典》首有“曰若稽古”，伏生虽昏耄，何容合之？遂不行用。然其后江南皆信梅书，惟北朝犹用郑本耳。隋一天下，采南朝经说，乃纯用东晋古文，即姚方兴十二字本也。其后又不知如何增为二十八字，今注疏本是已。

东晋古文，又有今文、古文之分，以隶古定传授不易，故改用今文写之，传之者有范宁等。唐玄宗时，卫包以古文本改为今文，用隶书写之，唐石经即依是本，然《经典释文》犹未改也宋开宝初始改。唐宋间亦多有引古文《尚书》者，如颜师古之《匡谬正俗》，玄应之《一切经音义》，郭忠恕之《汗简》，徐锴之《说文系传》皆是。宋仁宗时，宋次道得古文《尚书》，传至南宋，薛季宣据以作训，而段玉裁以为宋人假造，然以校《汗简》及足利本《尚书》，均符合。要之，真正古文，唯三体石经可据。东晋古文则以薛季宣本、敦煌本、足利本为可据耳。

六、明清人说《尚书》者。明正德时，梅鷟时攻东晋古文之伪。梅鷟之前，吴棫、朱熹，亦尝疑之，以为岂有古文反较今文易读之理？至梅鷟出，证据乃备梅鷟不信孔安国得古文《尚书》，以为东晋古文即成帝时张霸伪造之《百两篇》，然校《汉书》原文，可知其误。张霸之《百两篇》，分析众篇，略加首尾而已。东晋古文，非从二十九篇分出，自非张霸本也。此梅鷟之误。清康熙时，阎若璩作《古文尚书疏证》，始知郑康成《尚书》为真本。阎氏谓《孟子》引父母使舜完廪一段为《舜典》之文，此说当确。惠栋《古文尚书考》，较阎氏为简要。其弟子江声艮庭作《尚书集注音疏》，于今文、古文不加分别。古文“钦明文思安安”，今文作“钦明文塞晏晏”，东晋古文犹作“钦明文思安安”，江氏不信东晋古文，宁改为“文塞晏晏”，于是王鸣盛西庄作《尚书后案》，一以郑康成为主，所不同者，概行驳斥，虽较江为可信，亦非治经之道。至孙星衍作《尚书今古文注疏》，古文采马、郑本，今文采两《汉书》所引，虽优于王之墨守，然其所疏释，于本文未能联贯。盖孙氏学力有余，而识见不足，故有此病。今人以为孙书完备，此亦短中取长耳。要之，清儒之治《尚书》者，均不足取也。今文家以陈寿祺、乔枞父子为优。凡汉人《书》说，皆入网罗，并不全篇下注，亦不问其上下文义合与不合。所考今文，尚无大谬。其后魏源默深作《书古微》，最为荒谬。魏源于陈氏父子之书，恐未全见，自以为采辑今文，其实亦不尽合。源本非经学专家，晚年始以治经为名，犹不足怪。近皮锡瑞所著，采陈氏书甚多。陈氏并无今古是否之论，其意在网罗散失而已。皮氏则以为今文皆是，古文皆非。其最荒谬者，《史记》明引《汤诰》在伏生二十九篇之外，太史公亦明言“年十岁，诵古文”，而皮氏以为此所谓古文，乃汉以前之书，非古文《尚书》也，此诚不知而妄作矣。古文残阙，三体石经存字无几，其他引马、郑之言，亦已无多，然犹有马、郑之绪余在。今日治《书》，且当依薛季宣《古文训》及日本足利本古文，删去伪孔所造二十五篇，则本文已足。至训释一事，当以“古文《尚书》、读应《尔雅》”一言为准。以《尔雅》释《书》，十可得其七八，斯亦可矣。王引之《经义述闻》，解《尚书》者近百条；近孙诒让作《尚书骈枝》，亦有六七十条：义均明确，犹有不合处。余有《古文尚书拾遗》，自觉较江、王、孙三家略胜。然全书总未能通释，此有待后贤之研讨矣。

古人有言：“昔吾有先正，其言明且清。”训诂之道，虽有古今之异，然造语行文，无甚差池，古人决不至故作不可解之语。故今日治《书》，当先求通文理。如文理不通，而高谈微言大义，失之远矣。不但治经如此，读古书无不如此也。

《虞书》曰：“诗言志，歌永言，声依永，律和声。”先有志而后有诗。诗者，志之所发也。然有志亦可发为文。诗之异于文者，以其可歌也。所谓歌永言，即诗与文不同之处。永者，延长其音也。延长其音，而有高下洪纤之别，遂生宫、商、角、徵、羽之名。律者，所以定声音也。既须永言，又须依永，于是不得不有韵急语无收声，收声即有韵，前后句收声相同即韵也。诗之有韵，即由歌永言来。

《虞书》载“元首明哉！股肱良哉！庶事康哉！”“元首丛脞哉！股肱惰哉！万事堕哉！”二歌。可见尧、舜时已有诗。《尚书大传》有《卿云之歌》。汉初人语未必可信。《乐记》云：“舜作五弦之琴以歌南风。”今所传《南风歌》出王肃《家语》，他无所见，亦不可信。唐、虞之诗，要以二《典》所载为可信耳。郑康成《诗谱序》云：“有夏承之，篇章泯弃，靡有孑遗。”而今《尚书》载《五子之歌》，可知其为晋人伪造也。《诗谱序》又云：“降及商王‘降及’，原书作‘迻及’，不风不雅。”

此谓商但有《颂》《风》《雅》不可见矣。《周礼·太师》:“教六诗:曰风、曰赋、曰比、曰兴、曰雅、曰颂。”赋、比、兴与风、雅、颂并列,则为诗体无疑。今《毛传》言兴者甚多,恐非赋、比、兴之兴耳。赋体后世盛行。《毛传》以升高能赋为九能之一,谓之德音。周末屈原、荀卿俱有赋。赋既在风、雅、颂之外,比、兴当亦若是。惟孔子删诗,存风、雅、颂而去赋、比、兴。《郑志》答张逸问,赋、比、兴,吴札观诗已不歌。盖不歌而诵谓之赋。赋不可歌,与风、雅、颂异,故季札不得闻也比、兴不知如何。赋、比、兴之外,又有《九德之歌》,《左传》郤缺曰:九功之德,皆可歌也,谓之九歌。六府三事,谓之九功。水、火、金、木、土、谷,谓之六府;正德、利用‘利用’用字原脱,今据《左传》补、厚生谓之三事。合之为十五种。今《诗》仅存风、雅、颂三种。

《诗大序》:“风,风也”,“雅,正也”,“颂者,美盛德之形容,以其成功告于神明者也。”风有讽谕之义,雅之训正,读若《尔雅》之雅,然风、雅、颂之雅,恐本不训正。《说文》:“疋,古文以为《诗·大雅》字。”一曰,疋即今疏字。然则诗之称疋。纪事之谓,亦犹后世称杜工部诗曰诗史。故大雅、小雅无非纪事之诗,或谓雅即雅乌。孔子曰:“乌盱,呼也。”李斯《谏逐客书》:“击瓮叩缶,弹筝搏髀,而歌呼呜呜快耳者,真秦之声也。”杨恽《报孙会宗书》“家本秦也,能为秦声”,“仰天抚缶而呼呜呜”。秦本周地,故大小雅皆以雅名所谓乌乌秦声者,即今之梆子腔也。此亦可备一说。余意《说文》训疋为记,乃雅之正义,以其性质言也;雅、乌可为雅之别一义,以其声调言也。至正之一训,乃后起之义。盖以雅为正调,故释之曰正耳。

诗以四言为主,取其可歌,然亦有二言、三言以至九言者,惟不多见耳。今案:“肇禋”,二言也;“洞酌彼行潦挹彼注兹”,九言也。一言太短,不可以歌,故《三百篇》无一言之诗。然梁鸿《五噫》之歌曰:“陟彼北芒兮,噫!顾览帝京兮,噫!宫室崔嵬兮,噫!人之劬劳兮,噫!辽辽未央兮,噫!”则一言未始不可成句,或者《三百篇》中偶然无一言之句耳,非一言之句必不可歌也。

《诗经》而后,四言渐少。汉世五言盛行,唐则七言为多。八言、九言，偶一为之，三言惟汉《郊祀歌》用之。六言亦不多见。《汉书》所录汉之四言之作，有韦孟《谏诗》一首、《在邹诗》一首，韦玄成《自责诗》一首、《戒子孙诗》一首，西汉之作，传于世者，尽于此矣。魏武帝作《短歌》，犹用四言，虽格调有异《诗经》，然犹有霸气。至《文选》所录魏、晋间四言之作，语多迂腐。自是之后，四言衰歇，五言盛行。李白谓"兴寄深微，五言不如四言，七言尤其靡也"，然所作《雪谗诗》讥刺杨妃，有乖敦厚之义，或故为大言以欺人耳。又杂言一体，《诗经》所有。汉乐府往往用之，唐人歌行亦用之。夫抒写性情，贵在自由，不宜过于拘束，如必句句字数相同，或不能发挥尽致。故杂言之作，未为不可。今人创新体诗，以杂言为主可也，但无韵终不成诗耳。以上论《诗》之大概

太史公谓古诗三千余篇，盖合六诗、《九德之歌》言之。孔子删《诗》，仅取三百余篇。盖以古诗过多，不能全读，故删之尔，或必其余皆不足观也。或谓孔子删《诗》与昭明之作《文选》有异。余意不然，《文选》为总集，《诗经》亦总集，性质正复相似，所谓"自卫反鲁，然后乐正，《雅》《颂》各得其所"，决非未正以前，《雅》入《颂》《颂》入《雅》也。《雅》主记事，篇幅舒长；《颂》主赞美，章节简短。但观形式，已易辨别。且其声调又不同，何至相乱，或次序颠倒，孔子更定之耳。

《风》《雅》有正、变盛周为正，衰周为变，《颂》无正、变，因《风》《雅》有美有刺，《颂》则有美无刺也。《鲁语》闵马父之言曰：昔正考父校商之名颂十二篇于周太师，以《那》为首。今《商颂》仅存五篇，其余七篇，或孔子时而已佚矣。据今《商颂》，有商初所作，亦有武丁时所作，而《周颂》皆成王时诗，后则无有。《孟子》曰："由汤至于武丁，贤圣之君六七作。"故颂声未息，周则成王以后无贤圣也。或以《鲁颂》为僭天子之礼。若然，孔子当屏而不录。孔子录之，将何以说？案《周官·籥章》：吹豳诗以逆暑迎寒，吹豳雅以乐田畯，吹豳颂以息老物。同为《七月》之诗，而风、雅、颂异名者，歌诗之时，其声调三变尔。《豳风》非天子之诗，而可称颂，则《鲁颂》称颂而孔子录之，无可怪也。今观《泮水》《閟宫》之属，体制近雅而不近颂，若以

雅为称，则无可讥矣。

《史记·孔子世家》称“三百五篇，孔子皆弦歌之，以求合《韶》《武》《雅》《颂》之音”。然则，今之《诗经》在孔子时无一不可歌也。《汉书·礼乐志》云：河间献王献雅乐，天子下大乐官常存肄之。是其乐谱尚在。后则可歌者，惟《鹿鸣》《伐檀》等十二篇耳。近人以《鹿鸣》《伐檀》等谱一字一声，无抑扬高下之音，疑为唐人所作。然一字一声，不但《诗经》为然，宋词亦然。姜夔、张炎之谱可证也。一字之谱多声，始于元曲，古人未必如是，孔子曰：“放郑声。”又曰：“恶郑声之乱雅乐。”汉儒解郑声以为烦手踯躅之声。张仲景《伤寒论》云：“实则谵语，虚则郑声。郑声者，重语也。”可见汉人皆读郑为郑重之郑。郑声即一字而谱多声之谓。唐人所重十二诗之谱，一字一声，正是雅乐，无可致疑。以上论《诗》之可歌

《诗》以口诵，至秦未焚。汉兴有齐、鲁、毛、韩四家，齐、鲁、韩三家无笙诗，为三百五篇，毛有笙诗为三百十一篇。笙诗有其义而亡其辞，则四家篇数本相同也笙诗六篇，殆如今之乐曲，有声音节奏而无文词。所不同者，《小雅·彼都人士》“狐裘黄黄，其容不改，出言有章，行归于周，万民所望”数句，三家所无，而毛独有，此其最著者也。其余文字虽有异同，不如《尚书》今古文之甚。以《诗》为口诵，故无形近之讹耳。

《鲁诗》出自浮丘伯，申

张仲景像

张仲景是东汉名医，姓张名机，字仲景。张仲景天赋聪颖，勤奋好学，少年时学医于同郡张伯祖，尽得其传。明代《李濂医史》称：“仲景之术精于伯祖，起病之验，虽鬼神莫能知之，真一世之神医也。”

公传之。鲁人所传，故曰《鲁诗》。《齐诗》传自辕固生，齐人所传，故曰《齐诗》。《韩诗》传自韩婴，据姓为称，故曰《韩诗》。齐、韩二家，当汉景帝时，在《鲁诗》之后。《毛诗》者，毛公所传，故曰《毛诗》。相传毛公之学出自子夏，三国时吴徐整谓子夏授高行子，高行子授薛仓子，薛仓子授帛妙子，帛妙子授河间人大毛公，毛公为《诗故训传》于家，授赵人小毛公，小毛公为河间献王博士。而陆玑则谓子夏传曾申，申传魏人李克，李克传鲁人孟仲子，孟仲子传根牟子，根牟子传赵人孙卿子，孙卿子传鲁人大毛公。由徐整之说，则子夏五传而至大毛公；由陆玑说，则子夏七传而至大毛公。所以参差者，二家之言，互有详略耳大毛公名亨，小毛公名苌，今之《诗传》乃大毛公所作，当称《毛亨诗传》，而世皆误以为毛苌，不可不正也。

《毛诗·丝衣序》引高子曰："灵星之尸也。"《维天之命》传引孟仲子曰："大哉天命之无极，而美周之礼也。"《闷宫》传引孟仲子曰："是禖宫也。"高子、孟仲子并见《孟子》七篇中。或疑高子即高行子。高行子为子夏弟子，不当与孟子同时，然赵岐注云：高子年长，或高叟即高行子矣。赵注又云：孟仲子，孟子之从昆弟，学于孟子者也。然则孟子长于《诗》《书》，故高子、孟仲子之说皆为毛公所引。

《汉书·艺文志》谓齐、鲁、韩三家，咸非《诗》之本义，与不得已，鲁最为近之。又云：毛公之学，自谓子夏所传。据此，知向、歆父子不信三家诗说。歆让太常博士，欲以《毛诗》立学官，而《七略》不称《毛诗》之优。今观四家之异同，其优劣可得而言，太史公言《关雎》之乱以为《风》始，《鹿鸣》为《小雅》始，《文王》为《大雅》始，《清庙》为《颂》始，其言与《诗大序》"《关雎》，风之始也"语同。《诗大序》但举《雅》《颂》之名，而不言《鹿鸣》为《小雅》始、《文王》为《大雅》始、《清庙》为《颂》始，但云"是谓四始，《诗》之至也"者，盖由"《关雎》，《风》之始也"一语，可以类推其余耳。郑康成云："始者，王道兴衰之所由。"余谓毛意同史公，史公所引，多本《鲁诗》，《毛诗》传至荀子，《鲁诗》亦传自荀子，此其所以符合也。

《齐诗》与《鲁》《毛》全异，萧望之、翼奉、匡衡同事后苍，治《齐诗》。翼奉有五际、六情之语，不及四始。诗纬《泛历枢》称四始有水、木、火、金之语。谓《大明》水始，《四牡》木始，《嘉鱼》火始，《鸿雁》金始，其言甚不可解，恐东汉人所造，非《齐诗》本义。匡衡上书称孔子论《诗》以《关雎》为始，此言与《毛传》相同，并无水、木、火、金之语。可知《泛历枢》为后人臆说也。衡奏议平正，奉则有怪诞之语，虽与衡同师，而别有发明矣。如以水、木、火、金说四始，则《齐诗》竟是神话。四始为《诗》之大义，而《齐诗》之说如此，以此知齐之不逮毛、鲁远也。然匡衡说《诗》，亦有胜于鲁、韩者。《鲁诗》说周道缺，诗人本之衽席，《关雎》作。《齐诗》亦谓周康王后佩玉晏鸣，《关雎》叹之。匡衡上书，乃谓《周南》《召南》，被贤圣之化深，故笃于行，而廉于色，此非以《关雎》为刺诗矣。盖《齐诗》由辕固数传而至后苍。苍本传《礼》。《乡饮酒礼》："合乐《周南·关雎》《葛覃》《卷耳》。"《燕礼》："歌乡乐《周南·关雎》《葛覃》《卷耳》。"《仪礼》，周公所定，已有《周南·关雎》，知《关雎》非康王时所作。匡衡师事后苍，故其说《诗》，长于鲁、韩也。

齐、鲁、韩三家诗序不传，而毛序全存。如《左传》隐三年："卫庄公娶于齐东宫得臣之妹，曰庄姜，美而无子，卫人所为赋《硕人》也。"闵二年："郑人恶高克，使帅师次于河上，久而弗召，师溃而归，高克奔陈，郑人为之赋《清人》。"文六年："秦伯任好卒，以子车氏之三子奄息、仲行、鍼虎为殉；皆秦之良也，国人哀之，为之赋《黄鸟》。"《毛序》所云，皆与《左传》符合，此毛之优于三家者也。又三家诗，皆有怪诞之语，毛则无有。即如"履帝武敏歆"，《尔雅》已有"敏，拇也"之训，而三家说皆谓姜嫄出野见巨人迹，践之身动如孕，而生后稷。《毛传》则以疾训敏，以帝为高辛氏之帝，从于帝而见于天，将事齐敏，不信感生之说。又如"赫赫姜嫄，其德不回，上帝是依"，若用感生之说，必谓上帝依姜嫄之身，降之精气，而《传》则谓上帝依其子孙。又如"文王在上，于昭于天，文王陟降，在帝左右"，《毛传》之前，《墨子·明鬼》已引此诗，谓若鬼神无有，则文王既死，岂能在帝之左右哉！而《毛传》则谓文王在民上，文王升接天、下接人，一扫向来神怪之说。盖自荀子作《天论》，谓圣人不求知天，神话于是摧破。《毛诗》为荀卿所传，即此可征。

《大序》，相传子夏所作，《小序》，毛公所作。郑康成之意，谓《小序》发端句，子夏作，其下则后人所益，或毛公作也。今案，《序》引高子曰："灵星之尸也。"此语自当出子夏之后矣。《卫宏传》有"作诗序"语，故《释文》或云《小序》是东海卫敬仲所作。然卫宏先康成仅百年，如《小序》果为宏作，康成不容不知。由今思之，殆宏别为《毛诗序》，不与此同，而不传于后。或宏撰次诗序于每篇之首，亦通谓之作耳。汉人专说《毛诗》者，今存《郑笺》一种。马融《毛诗传》散佚已久，今可见者，惟《生民篇》《正义》所引言帝喾事为最详耳。

以上论三家诗与毛之不同

朱晦庵误解"郑声淫"一语，以为郑风皆淫，于是刺忽之诗，皆释为淫奔之作。陈止斋笑晦庵以彤管为行淫之具，城阙为偷期之所，今《集传》中无此语，盖晦庵自觉其非而删之矣。凡《小序》言刺者，晦庵一概目为淫人自道之词。自来淫人自道之词未尝无有，如六朝歌谣之类，恐未可以例《国风》。若郑风而为淫人自道之词，显背无邪之旨，孔子何以取之？昔昭明编辑《文选》，于六朝狎邪之诗，摈而不录。《高唐》《神女》《洛神》之属，别有托意，故录之见《蓟汉闲话》。昭明作《陶渊明集序》，谓《闲情》一赋，白璧微瑕。昭明尚然，何况孔子？晦庵之言，亦无知而妄作尔。

自晦庵作《集传》，说《诗》之风大变。清陈启源作《毛诗稽古编》，反驳晦庵，其功不可没吕东莱作《读诗记》，不以晦庵为然。晦庵好胜，谓东莱为毛、郑之佞臣。后之治《毛诗》者，桐城马瑞辰作《毛诗传笺通释》，泾县胡承琪作《毛诗后笺》，长洲陈奂作《诗毛氏传疏》。马氏并重《传》《笺》，胡氏从《传》而不甚从《笺》，陈氏则全依《毛传》。治三家诗者《齐诗》亡于三国；《鲁诗》亡于永嘉之乱；《韩诗》唐代犹存，今但存《外传》而已。三家至宋全亡，如三家诗不亡，晦庵作《集传》当不至荒谬如此，王应麟后，清有陈寿祺、乔枞父子。乔枞好为牵附，谓《仪礼》引《诗》，皆《齐诗》说，又谓《尔雅》为《鲁诗》之学，恐皆未然。要之，陈氏父子，虽识见未足，然网罗放失之功，亦不可没。其后，魏源作《诗古微》，全主三家。三家无序，其说流传又少，合之不过三十篇，谓之《古微》，其实逞臆之谈耳。

今治《诗经》，不得不依《毛传》，以其序之完全无缺也。诗若无序，则作诗之本意已不明，更无可说。三家诗序存者无几，无从求其大义矣。戴东原作《毛郑诗考证》，东原长于训诂之学，而信服晦庵，故考证未能全备。东原之外，治诗者皆宗《毛传》，陈氏父子，不过网罗放失而已。

《孝经》曰："安上治民，莫善于礼"。《左传》曰："礼经国家、定社稷、序民人、利后嗣。"今案：《仪礼》与安上治民有关。《周礼》则经国家、定社稷之书也。《周礼》初出曰《周官经》，刘歆始改称《周礼》，然《七略》犹曰《周官》，《汉书·艺文志》仍之。马融训释之作，亦称《周官传》，至郑康成以《周礼》名之，合《仪礼》《小戴记》为三礼。三礼之名，自郑氏始，今若以《大戴礼》合之，当称四礼。称三礼者，沿郑氏注也。

贾公彦《序周礼废兴》引马融传，称刘歆末年，知周公致太平之迹具在《周官》，然当时今文家不肯置信。林硕以为黩乱不验之书，何休以为战国阴谋之书。今观《周礼》，知刘歆之言不谬。惟其书非一时一人之作，盖如历代会典，屡有增损《唐六典》以及明清之《会典》，皆拟《周礼》。《六典》全依《周官》，《会典》虽稍异，然行文多模仿之迹，此亦有关文体。不学《周礼》，则官制说不清楚。亦如后之律书必拟汉律也。创始之功，首推周公，增损之笔，终于穆王耳。今《逸周书》有《职方》篇，为穆王时作，而其文见于《周礼·夏官》，知周公以后、穆王以前，《周礼》一书，时有修改。穆王以后，则未见修改之迹也。何以言之？曰：《周礼》司刑掌五刑之法，墨罪五百、劓罪五百、宫罪五百、刖罪五百、杀罪五百，合二千五百条；而穆王作《吕刑》称五刑之属三千，较《周礼》多五百条。《吕刑》别行，以此知穆王晚年，已不改《周礼》也。《左传》子革曰："昔穆王欲肆其心，周行天下，将皆必有车辙马迹焉。"今《穆天子传》真伪未可知。然穆王好大喜功，观《职方氏》一篇可知也。《职方氏》言中国疆域，东西南北相距万里。方千里曰王畿，其外方五百里曰侯服，又其外方五百里曰甸服，又其外方五百里曰男服，又其外方五百里曰采服，又其外方五百里曰卫服，又其外方五百里曰蛮服又称要服，又其外方五百里曰夷服，又其外方五百里曰镇服，又其外方五百里曰藩服。依此推算，自王城至藩服之边，东西南北均五千里，为方万里，积一万万方里。蛮服以内为九州，以外为蕃国。九州以内，方七千里，积四千九百万方里。非穆王之好大，何以至此。《康诰》曰："周公初基作新大邑于东国洛，四方民大和会，侯、甸、男、邦、采、卫。"是周公作洛时，无所谓要服。《康王之诰》称庶、邦、侯、甸、男、卫，亦无要服。不特此也，汉人迷信《王制》，《王制》曰："凡四海之内九州，州方千里。"郑注云："大界方三千里，三三而九，方千里者九也。其一为县内，余八各立一州，此殷制也。"余谓夏制不可知，殷制则不止方三千里。《酒诰》曰："自成汤咸至于帝乙，越在外服，侯、甸、男、卫、邦伯，罔敢湎于酒。"是周初之制与商制无甚差异，皆侯、甸、男、采、卫五等，无所谓要服也。要服本为蛮服，不在九州之内。穆王好大喜功，故《职方》之言如此。《大行人》朝贡一节，与《职方氏》相应，当亦穆王所改。若巾车掌公车之政令、革路以封四卫、木路以封蕃国。可见周初疆域，至卫服而止，无所谓要服，此穆王所未改者也。夷、镇、藩三服，地域渺茫，叛服不常，安知其必为五百里？要服去王城三千五百里，东西七千里，九州之大，恐无此数。今中国本部，最北为独石口，当北纬四十一度半；极南至于琼州，当北纬十八度。其中南北相去二十三度半，为里四千九百。周尺今不可知，若以汉尺作准，汉尺存者有虑虒尺，虑虒尺一尺，合清营造尺七寸四分，尺度虽古今不同，里法则古今不异。古之五服六千里，以七四比之，当四千四百四十里，与今四千七百里不甚相远。穆王加要服为七千里，以今尺计之，则为五千一百八十里，较今长三四百里，此由今中国本部，北至独石口，而古者陕西北部之河套亦隶境内今属绥远。河套之地，于汉为朔方、九原、定襄朔方正傍黄河，周时"城比朔方"，此朔方与汉之朔方为近，非唐之朔方也，如并朔方计之，当有五千一百八十里。恐穆王时疆域亦未大于今日也。《汉书·地理志》："郡县北至朔方，南至交趾九真日南即今安南。"而云南北万三千三百六十八里。以今尺七四比之，有九千六百余里。自朔方以至日南，亦无此数。自此以后，言地域者，皆称南北万里、东西九千里。其实中国本部并无此数，此后世粗疏，更甚于《周礼》也。测量之不精，自周至明，相差不远，惟周人不甚夸大，汉以后夸大耳。

测量之法，古人未精，西晋裴秀作官图，盖尝测量矣。所以不准者，以不知北极出地之法也。唐贾耽作《华夷图》及关中、陇右、山南、九州等图；至宋，略改郡县之名，刘豫阜昌七年刻之西安，一曰《禹迹图》，一曰《华夷图》，今尚完好。贾耽之作，亦由测量而来，然亦未准者——不知北极出地之法，一也；未免夸大，二也。北极出地之法，周人自未之知，因其不夸大，故所言里数与今相差不远耳。以上言职方与周初疆域不同，明《周礼》非周公一时之作，周公之后屡有修改。

管仲治齐，略变《周礼》之法，《小匡》篇及《齐语》并载桓公问为政之道，管子称："昔吾先王昭王、穆王，世法文、武之远绩，以成其名。"《周礼》至穆王乃定，此亦一证。又，《周礼》萍氏掌国之水禁，几酒、谨酒，其法不甚严厉，其职殆如今卫生警察。如言《周礼》之作在周公时，则萍氏显违《酒诰》之文。《酒诰》曰："群饮，汝勿佚，尽执拘以归于周，予其杀！"不仅几酒、谨酒而已！此亦可见《周礼》之屡有修改，盖百余年中，不知修改若干次矣。

六官之制，古无异论。清金鹗作《求古录礼说》，言六官之制，实始于周。《曲礼》云："天子之五官，曰司徒、司马、司空、司士、司寇。"此与《周官》不同，当为殷制。又云：王者设官，所以代天官，故其制必法乎天。三光以法三公，五官以法五行。引《左传》云：五行之官，是谓五官。木正曰句芒，火正曰祝融，金正曰蓐收，水正曰玄冥，土正曰后土。明自少皞、颛顼以来皆五官。余谓少皞、颛顼之制，确为五官，前乎此则未可知。至商，恐已六官矣。《曲礼》之言，不知何据。郑注《礼记》，凡与《周礼》不合者，皆曰夏殷之制。其实五官是否确为殷制，不可知也。余谓，与其据《曲礼》，不如据《论语》。《论语》云："君薨，百官总己以听于冢宰三年。""何必高宗？古之人皆然。"此所谓冢宰，当如《周官》之冢宰，为六官之首。否则，百官何以听之？冢宰于《周礼》曰太宰。太宰之名，不见虞、夏之书，殆起于商。《说文》云："宰，罪人在屋下执事者；从宀从辛，辛，罪也。"具食之官，见于《左传》者曰宰夫，或曰膳宰。《汉书》有雍太宰，为五时具食之官。宰本罪人之称，庖人具食，事近奴隶，故以宰为名。然太宰、小宰，位秩俱隆，而䞘被宰名，当自伊尹始。《吕览·本味》篇称伊尹说汤以至味，极论水火调剂之事，周举天下鱼肉菜果之美，而结之曰：天子成则至味具。《史记·殷本纪》亦谓伊尹欲干汤而无由，乃为有莘氏媵臣，负鼎俎以滋味说汤，致于王道。二家之说与《孟子》“伊尹以割烹要汤”符合。据《文选》李善注引《鲁连子》曰：“伊尹负鼎佩刀以干汤，得意，故尊宰舍。”盖伊尹参与帷幄之谋，权势虽尊，本职则卑。后以其功高，而尊宰舍，故有太宰、冢宰之名耳。又《商颂》称伊尹为阿衡，《周书》曰保衡。保阿，女师也。阿，《说文》作娿，在女子曰保阿，在男子亦曰阿衡、保衡，其为媵同也。伊尹为媵臣，故尊保阿；伊尹为庖人，故尊宰舍。此说虽为孟子所不信，然其为实事至明。周因殷礼，故设太宰之官。今观太宰所属之官，与清之内务府不远。惟司会掌邦之六典、八法、八则之贰，以逆邦国都鄙官府之治；太府掌九贡、九赋、九功之贰，以受其货贿之入，为与国计有关。自余宫殿之官，如宫正之属；禁掖之官，如内宰之属；饮食之官，如膳夫之属；衣服之官，如司裘、掌皮之属，皆清内务府所掌也。周官三百六十，太宰所掌六十，位秩最崇，然治官之属，仅司会、大府为有关于国计者。以太宰本之殷制而来，其本职不过《周礼》膳夫、内宰二官。由饮食而兼司衣服，由禁掖而兼司宫殿。是故，周官太宰无所不掌，而属员仍冗官耳。后儒不明此理，谓周公防宦官用事，故立此制。不知宦官用事，必不在贵族执政之世、周公时贵族执政，断无防及刑余擅权之理也汉、唐、明三代，皆有刑余擅权之事，六朝则无。何则？贵族执政阶级严明，非刑余所得间也。由此论之，天官冢宰，周袭殷制，后世未必可法。至春官宗伯主祭祀，非今之要职。地官司徒掌地方行政，兼司教育，如今内务、教育两部。夏官司马掌行军用兵，如今军政部。秋官司寇掌狱讼刑法，如今之司法部。皆立国要典，可资取法者也。以上论六官之职。

何以汉儒谓《周礼》为黩乱不验之书也？以汉初经师之说，与《周礼》不同，故排弃之耳。《马融传》云：“秦自孝公以下，用商君之法，其政酷烈，与《周官》相反，故始皇禁挟书，特疾恶，欲绝灭之，搜求焚烧之独悉，是以隐藏百年。孝武帝始除挟书之律，开献书之路，既出于山岩屋壁，复入于秘府。五家之儒，莫得见焉。”案：马谓秦烧《周礼》独悉，其言太过。秦所最恶者为《诗》《书》而不及《礼》。孟子曰：“诸侯恶其害己也，而皆去其籍。”可见《周礼》自七国时已不甚传。虽以孟子之贤，犹未之见。故其言封建与《周礼》全异孟子言：“公、侯皆方百里，伯七十里，子、男五十里。”《周礼》谓公五百里，侯四百里，伯三百里，子二百里，男百里。汉初儒者未见《周礼》，而孟之说流传已久，故深信不疑景帝末年河间献王始得《周礼》，《周礼》未出时，汉儒言封建者皆宗孟子，文帝时作《王制》亦采《孟子》为说。又以贾谊有众建诸侯之论，故虽见《周礼》，亦不敢明说。周之五百里，为今三百七十里，其封域不过江、浙之一道，川、云之一府。汉初王国之广，犹不止此。夏、商二代，封国狭小，故汤之始征，四方风靡，文王伐崇戡黎，为时亦暂。以四邻本非强大，故得指顾而定之也。《逸周书·世俘解》称武王翦商，灭国六百余孟子言灭国五十，若非小国寡民，安得数月之间灭国六百余乎？周公有鉴于此，故大封宗室，取其均势，以为藩屏。其弊至于诸侯争霸，互相争伐，而天子不能禁。以视武丁朝诸侯、有天下，如运诸掌，本末之势，迥乎不同。由此可知，商代封国尚无五百里之制也。贾谊患诸侯王尾大不掉，故不肯明征《周礼》。惟太史公《汉兴以来诸侯年表》云：“封伯禽、康叔于鲁、卫，地各四百里。”《汉书·韩安国传》，王恢与安国论辩，称秦缪公都雍地，方三百里，并与《周礼》相应。盖史公但论史事，王恢不知忌讳，故直举之耳。然孟子之言亦未为无据。周之封建，有功者，视其功之高下以为等级，无功则封地狭小。滕、薛皆侯国。滕，周所封；薛，夏所封。考其地不出今薛县一县，犹不及孟子所言之百里。齐、鲁、卫、燕，亦皆侯国，而封域不止四百里齐，太公之后；鲁，周公之后；燕，召公之后。功业最高，故封地独大。卫包邶、鄘、卫三国，殷畿千里，皆为卫有。盖于鲁、卫为褒有德，于齐、燕为尊勤劳。其地皆去周远，亦所以固吾圉也。以此知五百里、四百里之制，不过折中言之，非不可斟酌损益也。明乎此义，则可知《周礼》非黩乱不验之书矣。至谓《周礼》为六国阴谋之书者，汉人信《孟子》，何休专讲《公羊》，故有此言耳。

后之论者，以王莽、王安石皆依《周礼》施政而败，故反对《周礼》。余谓二王致败之由在不知《周礼》本非事事可法，只可师其意，而不可袭其迹。西汉之末，家给人足，天下艾安。莽之变法，可谓庸人扰之。宋神宗时，国势虽衰，民犹安乐，安石乃以变风俗、立法度为急，而其法又主于聚敛，宜其败矣。宇文周时关陇残破，苏绰为六条诏书奏施行之：曰先治心，曰敦教化，曰尽地利，曰擢贤良，曰恤狱讼，曰均赋役。盖亦以《周礼》为本，终能斫雕为朴，变奢从俭。隋及唐初，胥蒙其福。贞观之治，基础于此。夫变法之道，乱世用之则治，治世用之则乱，况《周礼》不尽可为后世法乎？陈止斋、叶水心尊信《周礼》，当南宋残破之时而行《周礼》，或有可致治之理，然不可行之今日。何者？今外患虽烈，犹未成南宋之局，若再变法，正恐治丝而益棼耳。

《中庸》云："礼仪三百，威仪三千。"《礼器》云："经礼三百，曲礼三千。"礼仪、经礼谓《周礼》也。威仪、曲礼谓《仪礼》也。《仪礼》篇目不至有三千，故郑康成云：其中事仪三千。然《汉志》言礼自孔子时而不具，《杂记》言恤由之丧，哀公使孺悲之孔子学《士丧礼》，《士丧礼》于是乎书。然则在孔子时，《仪礼》早有亡失。三百三千云者，约举其大数云尔。

王安石像

王安石（1021—1086），字介甫，号半山，封荆国公。抚州临川人。北宋杰出的政治家、思想家、文学家。

秦燔书后，汉兴高堂生传《士礼》十七篇，又于孔壁得《礼古经》五十六篇，其十七篇与高堂生所传同；《记》百三十一篇，七十子后学者所记。以古礼仅存五十六篇，故学者无不重视《礼记》。今五十六篇又散佚矣。汉儒说经，为《仪礼》作注者绝少。马融但注《丧服》一篇，至康成乃注全经。自汉末以逮西晋，注《丧服》者，无虑二三十家，而注全经者，仅王肃一人而已。

今人见《仪礼》仅存十七篇，以为《礼古经》五十六篇，除十七篇外，悉已散佚。此不然也。案：小戴记《投壶》《奔丧》二篇，郑《目录》云：实逸《曲礼》之正篇也。又，大戴记之《诸侯迁庙》《诸侯衅庙》《公冠》《公冠》文简，是否全文，未可知，后附孝昭冠辞，文亦无多三篇，皆当为逸礼之正篇。又郑注《内宰》，引《天子巡守礼》；注《司巫》《月令》，引《中霤礼》，其文虽少，亦礼古经之正篇，当在五十六卷之数。依是数之，则十七篇外，今可知者又有七篇，合之得二十四篇。《礼经》之文，平易可读，汉儒所以不注者，或以其繁琐太甚，或以通习者不多西汉习礼者有鲁国桓公，见刘歆《移让太常博士书》，其授受不可知。盖汉人治经谨慎，非有师受，不敢妄说。康成但注十七篇者，亦以三十九篇先师未有讲说故耳。

礼书序次，大小戴及《别录》，彼此不同。其以《士冠》《士昏》《士相见》为次，则三家未有违异。郑氏次第，悉依《别录》。其经文有今古文之异者，郑于字从今者下注古文作某，从古者，下注今文作某。所谓今古文，非立说有异，不过文字之异耳。自汉以来，传《丧服》者独盛马融而后，三国蒋琬亦作《丧服要记》一卷。小戴记论《丧服》者十余篇，大戴记亦有论丧服变除之言，见《通典》所引。古人三年之丧，未葬，服斩衰，居倚庐，寝苫枕块；既葬，齐衰，居垩室；小祥以后，衰裳练冠，居外寝；大祥则禫服素冠，出垩室，始居内寝《檀弓》言祥而缟，盖缟冠素纰也。素即白绢。《诗·桧风》（“桧风”下，疑夺“序”字）：“素冠，刺不能三年也”。禫服三月之后，则以墨经白纬为冠，得佩纷帨之属，寝有床，犹别内，始饮醴酒。逾月复吉，三年之礼乃成，此即所谓丧服变除。盖古人居丧，兼居处饮食言之，非专系于冠服也。汉人居丧尚合古法，故能精讲《丧服》。韩昌黎自比孟子，而言《仪礼》行于今者盖寡，沿袭不同，复之无由，考于今，诚无所用之，夫《仪礼》在后代可用者诚少，然昏礼至今尚用纳采、问名、纳吉、纳征、请期、亲迎之名，丧礼亦尚有古人遗意，冠礼至唐已废，乡饮酒礼六朝至唐仍沿用之。昌黎疏于礼，故为此言耳。《丧服》一篇，自汉末以至六朝，讲究精密，《通典》录其论议，多至二三十卷。其中疑难，约有数端。出妻之子为母期，而嫁母之有服、无服，《仪礼》未有明文。或以为应视出母，或以为嫁由自绝，与被出有异。又为人后者，议论纷繁。《传》曰："为人后者孰后？后大宗也。"大宗不可以绝，故族人以支子后大宗。汉代王侯往往以无子国除，此不行古代后大宗之礼也。否则，王侯传国四五代，必有近支可承，何至无子国除？迨元始时，始令诸侯王、公、列侯、关内侯无子而有孙、若子、同产子者，皆得以为嗣。师古曰："子同产子者，谓养昆弟之子为子者。"如诸葛亮以兄子为子，皇甫谧出后其叔，此皆非后大宗，与《仪礼》之为人后者不相应。《唐律》于此亦称养子。《开元礼》有为人后者，实即养子也。后人误以养子为即俗称之螟蛉子，因疑《唐律》既许养子，何以又有不许养异姓男一条。不知《唐律》所称养子是养同宗于昭穆相当者也。《仪礼》：为人后者，为其父母降为齐衰不杖期，盖持重于大宗者，降其小宗也。然魏晋六朝人于三年之内不得嫁娶，即子女嫁娶亦所不许。曹公为子整与袁谭结婚，裴松之曰："绍死至此过周五月耳，谭虽出后其伯，不为绍服三年，而于再期之内以行吉礼，悖矣。"于此可见古人守礼之严。至今所谓养子者，魏时或为《四孤论》曰："遇兵饥馑有卖子者、有弃沟壑者、有生而父母亡复无缌麻亲其死必也者、有俗人以五月生子妨忌不举者。"有家无儿，收养教训成人，则对于公妪育养者应有服否，三国、两晋论议甚多，或以为宜服齐衰周，方之继父同居者，此议斟酌尽善，可补《仪礼》之阙。《仪礼》制于宗法时代，秦汉而后，宗法渐衰，自有可斟酌损益之处。《开元礼》亦有与《仪礼》不同者，《仪礼》父在为母齐衰期，武后时，改为父在为母齐衰三年；《仪礼》为祖父母齐衰不杖期，为曾祖父母齐衰三月，高祖之服则无有或以为古人婚晚，玄孙不及见，高祖故无服，其说非是，恐高祖以上概括在曾祖之内，《开元礼》改为曾祖父母齐衰五月正服，为高祖父母齐衰三月加服。嫂叔本无服，盖推而远之也。唐太宗以同爨尚有缌麻之恩，增叔嫂小功五月义服。古人外亲之服皆缌，为外祖父母小功，以尊加也。为舅缌，从服也。母之姐妹曰从母，而舅不可称从父，故为从母小功，以名加也，此亦古人之执著。《开元礼》改为舅及从母小功正服。综此四条，悉当情理。六朝人天性独厚，守礼最笃，其视君臣之义，不若父子之恩，讲论《丧服》，多有精义。唐人议礼定服，亦尚有法，不似后世之枉戾失中也。服有降服、正服、义服。斩衰无降服，衰以缕之粗细为等，斩者不缉也。为父正服，为君义服；故为父斩衰三升，为君三升半，父子之恩固重于君臣之义也。魏太子会众宾百数十人，太子建议曰："君父各有笃疾，有药一丸，可救一人，当救君耶？父耶？"众人纷纭，或父或君。邴原在座，不与此论。太子咨之于原，原悖然对曰："父也！"南朝二百七十余年，国势虽不盛强，而维持人纪，为功特多。《丧服》一篇，师儒无不悉心探讨，以是团体固结，虽陵夷而不至澌灭。此所谓鲁秉周礼，未可取也。宋代理学家亦知讲求古礼，至明人而渐不能矣。今讲《仪礼》，自以《丧服》为最要。

《隋书·经籍志》云："汉初，河间献王得仲尼弟子及后学者所记一百三十一篇献之，至刘向校书，检得一百三十篇，第而叙之，又得《明堂阴阳记》三十三篇、《孔子三朝记》七篇。《王氏史氏记》二十一篇《廿二史考异》云："《汉书》作'王史氏'。王史，复姓也，此衍一'氏'字"、《乐记》二十三篇，凡五种，合二百十四篇。戴德删其烦重，合而记之，为八十五篇，谓之大戴记；而戴圣又删大戴之书为四十六篇，谓之小戴记。马融传小戴之学，又足《月令》一篇、《明堂位》一篇、《乐记》一篇，合四十九篇。"今大戴记存三十九篇，小戴记四十九篇。《投壶》《哀公问》两篇，二戴所同，合得八十六篇。大戴亡佚篇目，今不可考。钱晓徵以为小戴实止四十六篇，今《曲礼》《檀弓》《杂记》俱分上下，故为四十九篇；以小戴四十六，合大戴八十五，即古记之百三十一篇也。其说殊未谛。《乐记》二十三篇，本不在古记之数。今《乐记》断取十一篇为一篇，以入《礼记》。《月令》与《明堂位》同属《明堂阴阳记》，大戴《盛德》篇亦应属《明堂阴阳记》。古记百三十一篇之数，决不如钱氏所举也。

又二戴所录，有非礼家之言。如大戴之《千乘》《四代》《虞》，戴德《诰志》《小辨》《用兵》《少闲》七篇，采自《孔子三朝记》唐人所引直称《三朝记》。《汉志·儒家》：《子思》二十三篇；《曾子》十八篇。大戴录《曾子》《立事》以下十篇，而小戴之《中庸》《坊记》《表记》《缁衣》四篇，当为子思之书。又大戴《武王践阼》录自《太公阴谋》，《汉志》以太公入道家。此皆二戴所采诸子之文，凡二十二篇。又小戴《王制》，乃孝文帝令博士所作，大戴《公冠》后附孝昭冠辞，并非古记旧有，更去其属于《明堂阴阳记》及《乐记》者，删其复重《投壶》《哀公问》二篇，则二戴记中可说为古记之旧者，不及百三十一篇之半。又如通论之篇，若《儒行》《大学》等，是否在百三十一篇中，尚难言也。

《礼记》一书，杂糅今古文之说。《王制》一篇为今文家言，其言封建，采用《孟子》，言养老不知所据。惟《丧礼》《丧服》无今古文之异，《礼记》言此綦详。自明以来，读经所以应科举，以《丧礼》《丧服》不在程试范围，则删节不读。其实读《礼记》以《丧礼》《丧服》为最要。余如《儒行》《大学》《表记》《坊记》《缁衣》等篇，皆言寻常修己治人之道，亦无今古文之异。凡此，皆《礼记》之可信者。若言典章制度，则宜从古文不从今文，古文无谬误，今文多纰漏也。

三礼郑注之后，孔贾之疏已为尽善，清人以贾疏尚有未尽，胡培翚作《仪礼正义》，孙诒让作《周礼正义》。由今观之，新疏自比贾疏更精。《礼记》孔疏理晰而词富，清儒无以复加，朱彬作《训纂》，不过比于补注而已。大戴礼自北魏卢辩作注，历千余年，讹舛不可卒读，戴震校之，孔广森作《补注》，但阙佚已多耳。说礼者皆称三礼，而屏弃大戴不道。其实，大戴礼亦多精义，应与小戴并举，而称四礼。理学家最重小戴，以《大学》《中庸》并在其中故。独杨慈湖以为大戴多孔子遗言，所作《先圣大训》录大戴记特多。二戴记中《哀公问》《儒行》《仲尼燕居》《孔子闲居》《王言》诸篇，皆孔子一人之言。七十子后学者所记，《汉志》不入《论语》家，独《三朝记》入《论语》家，殆以《三朝》七篇，文理古奥，与余篇不同，或是孔子手作，或是孔子口说、弟子笔录者尔。

关于《春秋》者，余所著《春秋左氏疑义答问》大旨略具，今所讲者，补其未备而已。

问《春秋》起于何时？曰：晋之《乘》、楚之《梼杌》、鲁之《春秋》，皆在孔子之前。《周官》："外史，掌四方之志"，郑注云：谓若晋之《乘》、楚之《梼杌》、鲁之《春秋》。是《春秋》起于周，非始于古代也。《左传》："韩宣子适鲁，见《易象》与鲁《春秋》，曰：'周礼尽在鲁矣。吾乃今知周公之德与周之所以王也。'"孔疏云：鲁《春秋》遵周公之典以序时事，发凡言例，皆是周公制之。然韩宣子云周礼在鲁者，所以美周公之德耳，非谓《易象》《春秋》是周公所作也。《春秋》备纪年、时、月、日，《尚书》往往有年有月有日而无时惟"秋大获"一句纪时，其余不见，其纪年月日又无定例。如《书序》："惟十有一年，武王伐殷。"此所谓十有一年者，以文王受命起数，非武王之纪元也。纪年之法，苟且如此，即为未有《春秋》编年之法之故。今人以为古圣制礼作乐，必无不能纪年之理。其实，非惟周公未知纪年之法，即孔子亦何尝思及本纪、世家、列传哉！太史公《三代世表》谓"余读牒记，黄帝以来，皆有年数，稽其历谱牒终始五德之传，古文咸不同、乖异，夫子之弗论次其年月，岂虚哉"！可见史公所见周秦以前书不少，而纪年各不同。今观《竹书记年》七国时书，自黄帝以来，亦皆有年数，而与王孙满所称"鼎迁于商，载祀六百"违异。此为古无纪年之作，后人据历推之战国时有六家历，《汉书·律历志》所云黄帝、颛顼、夏、殷、周及鲁历是也。《艺文志》春秋家有太古以来年纪二篇，当亦此类。各家所推不同，故竹书所载与古语不符也。太史公不信谱牒，故于三代但作世表，共和以后，始著《十二诸侯年表》。《大戴礼·五帝德》称"宰予问于孔子曰：昔者，予闻诸荣伊令'黄帝三百年'，请问黄帝者人耶？抑非人耶？何以至于三百年乎？"如当时有纪年之书，宰予何为发此问哉？刘歆作《三统历》以说《春秋》，班氏以为推法密要。然周以前不可推，以古人历疏，往往有日无月，不能以月日推也。

《十二诸侯年表》，始于共和元年，余意《春秋》之作，即在共和之后。盖宣王即位，补记共和时事而有《春秋》也。观《十二诸侯年表》，诸侯卒与即位均书年，可见《春秋》编年之法即在此时发明者，于时厉王出奔，宣王未立，元年者，谁之元年乎？《春秋》以道名分，故书共和元年也。《墨子·明鬼》历举周之春秋、燕之春秋、宋之春秋、齐之春秋，而始于杜伯射宣王事。前乎此者，但征及《诗》《书》而已。可见宣王以前无《春秋》也。宣王中兴令主，不但武功昭著，即文化亦远迈前古。改古文为籀文，易纪事以编年，皆发明绝大者也。至列国之有春秋，则时有早晚，决非同时并作。《晋世家》记穆侯四年取齐女姜氏为夫人，当周宣王二十年，是晋于是始有春秋。其余各国皆在宣王之后。鲁之《春秋》，始于隐公元年，当平王四十九年，上去共和元年历一百一十九年。其所以始于隐公者，汉儒罕言其故。杜元凯谓平王东周之始王，隐公让国之贤君，故托始于此。此殆未然。列国春秋，本非同时并作，鲁则隐公时始有春秋耳，非孔子有意托始于隐公也。后人以太史公世家首太伯，列传首夷、齐，推之《春秋》殆于鲁隐，其意正同。其实太史公或有此意，孔子则未必然。隐公但有让桓之言，而无其实事。云"使营搜裘，吾将老焉"者，不过寻常酬酢语耳，何尝真以国让哉！

周之史官有辛甲、尹佚。尹佚即史佚，其书二篇，《艺文志》入墨家。《吕氏春秋·当染》篇云："鲁惠公使宰让请郊庙之礼于天子，桓王当作平王使史角往，惠公止之。其后在于鲁，墨子学焉。"墨子之学，出于史角，由此可知史角即尹佚之后。鲁有《春秋》，殆自史角始矣。

《左传》所载五十凡例，杜氏以为周公之旧典。盖据传凡例谓之礼经，而谓此礼经为周公所制也。然时王之礼皆是礼经，岂必周公所制然后谓之礼经哉！余意五十凡例乃宣王始作春秋之时王朝特起之例。列国之史，其凡例由周室颁布抑列国自定，今不可知。要之，当时之礼即可谓之礼经，不必定是周公作也。

作史不得不有凡例，太史公、班孟坚之作有无凡例不可知。范蔚宗作《后汉书》则有之《宋书·范晔传》云"班氏任情无例，吾杂传论，皆有精意，纪传例为举其大略耳"，惟今不可见。唐修《晋书》，非一人之作，不得不立凡例以齐一之。宋修《新唐书》，吕夏卿有《唐书直笔新例》一卷见《宋史·艺文志》。《新唐书》本纪、志、表，皆欧阳修作；列传则宋祁作。二人分工，如出一手，凡例之效也。大抵一人之作，不愿以凡例自限，《春秋》本不定出一史官之手，无例则有前后错误之虞，故不得不立凡例。惟《左传》所举五十凡例，不知为周史所遗抑鲁史自定之耳。

自来论孔子修《春秋》之故者，孟子曰："邪说暴行又作，臣弑其君者有之，子弑其父者有之，孔子惧，作《春秋》。"《公羊传》曰："君子易为《春秋》？拨乱世，反诸正，莫近诸《春秋》。"公羊之论较孟子为简赅。然《春秋》者，史也。即在盛世，亦不可无史。《尚书》纪事，略无年月，或颇有而多阙，仅为片断之史料。《春秋》始有编年之法，史法于是一变，故不可谓《春秋》之作专为拨乱反正也。宋儒以为《春秋》贵王贱霸，此意适与《春秋》相反。《春秋》详述齐桓、晋文之事，尚霸之意显然。孟子、公羊，同然一辞。虽孟子论人，好论人心，以五霸为假。然假与不假，《春秋》所不论也。贵王贱霸之说，三传俱无，汉人偶亦及之，宋儒乃极言之耳。三传事迹不同，褒贬亦不同，而大旨则相近。所谓绌周、王鲁、为汉制法者，公羊固无其语，汉儒傅会以干人主，意在求售，非《春秋》之旨也。要之，立国不可无史，《春秋》之作，凡为述行事以存国性。以此为说，无可非难。今文化之国皆有史，惟不如中土详备。印度玄学之深，科学亦优，而其史则不可考。又如西域三十六国，徒以《汉书》有此一传，尚可据以知其大概，彼三十六国无史，至今不能自明其种类。中国之大，固不至如三十六国之泯焉无闻，然使堕入印度则易。此史之所以可贵，而《春秋》之所以作也。

问鲁之《春秋》，孔子何为修之？曰：鲁之《春秋》，一国之史也。欲以一国之春秋，包举列国之春秋，其事不易。当时之史，惟周之春秋最备，以列国纪载皆须上之周室《史记·六国表》谓"秦既得志，烧天下《诗》《书》，诸侯史记尤甚，为其所刺讥也。《诗》《书》所以复见者，多藏人家，而史记独藏周室，以故灭"。可见七国时，列国之史犹藏周室。孔子之作《春秋》，如欲包举列国之史，则非修周之春秋不为功。然周之《春秋》，孔子欲修之而不可得。鲁为父母之邦，故得修鲁之《春秋》耳。然鲁之《春秋》，局于一国，其于列国之事，或赴告不全，甚或有所隐讳，不能得其实事；即鲁史载笔，亦未必无误。如此则其纪载未必可信，不信则无从褒贬，不足传之后世。以故，孔子不得不观书于周史也。既窥百国之书，贯穿考核，然后能笔削一经尔。

嘉庆时，袁蕙纕据《左传》从赴之言，以孔子未尝笔削。然此可以一言破之：鲁史以鲁为范围，不得逾越范围而窜易之，使同于王室之史。孔子之修《春秋》，殆如今大理院判案，不问当事者事实，但据下级法庭所叙，正其判断之合法与否而已。传曰："非圣人谁能修之？"焉得谓孔子无治定旧史之事哉！乾隆时重修《明史》，一切依王鸿绪《明史稿》，略加论赞。孔子之修《春秋》，亦犹是也。所以必观书于周史者，《十二诸侯年表》云："孔子西观周室，论史记旧闻，兴于鲁而次《春秋》。""七十子之徒口受其传指。为有所刺讥，褒讳挹损之文辞，不可以书见也。鲁君子左丘明，惧弟子人人异端，各安其意，失其真，故因孔子史记，具论其语，成《左氏春秋》。"据此可知，孔子观周与修《春秋》之关系浅，与作《左传》关系深，然自孔子感麟制作，以讫文成，为时亦当一年，更逾年而孔子卒。古之学者，三年而通一艺，《春秋》二百四十二年之事，以授弟子，恐非期月之间所能深通。今观仲尼弟子所著，如《曾子》十八篇，无一言及《春秋》者。太史公云："春秋笔则笔，削则削，子夏之徒不能赞一辞。"信矣！盖《春秋》与《诗》《书》《礼》《乐》不同，《诗》《书》《礼》《乐》，自古以之教人；《春秋》，官史之宝书，非他人所素习。文成一年，微言遂绝，故以子夏之贤，曾无启予之效。而太史公又谓七十子咸受传指，人人异端，盖已过矣。诚令弟子人人异端，则《论语》应载其说，传文何其阙如？尝谓《春秋》既成，能通其传指者甚少，亦如《太史公书》惟杨恽为能祖述耳。左丘明身为鲁史，与孔子同观周室，孔子作经，不暇更为之传，既卒，而弟子又莫能继其志。于是具论其事而作传耳。

孟子曰："《春秋》，天子之事也。是故，孔子曰：'知我者，其惟《春秋》乎！罪我者，其惟《春秋》乎！'"案，《说文》事从史之省声，史所以记事，可知事即史也。《春秋》天子之事者，犹云《春秋》天子之史记矣。后人解《孟子》，以为孔子匹夫而行天子为事，故曰罪我者其惟《春秋》，此大谬也。周史秘藏，孔子窥之，而又泄之于外，故有罪焉尔。向来国史实录，秘不示人。明清两代，作实录成，焚其稿本，弃其灰于太液池。以近例远，正复相似。岂徒国史秘密，其凡例当亦秘密，故又曰："其义则丘窃取之矣。"义即凡例之谓。窃取其义者，犹云盗其凡例也。孟子之言至明白，而后人不了其义，遂有汉儒之妄说。夫司马子长身为史官，作史固其所也。班孟坚因其父业而修《汉书》，即有人告私改作国史者，而被收系狱。《后汉书》亦私家之作，然著述于易代之后，故不以私作为罪。《新五代史》亦私家之作，所以不为罪者，徒以宋世法律之宽耳。若庄廷鑨私修《明史》，生前未蒙刑罪，死后乃至戮尸。国吏之不可私作也如此。故孔子曰窃取、曰罪我矣。

孔子之修《春秋》，其意在保存史书，不修则独藏周室，修之则传诸其人。秦之燔书，周室之史一炬无存，至今日而犹得闻十二诸侯之事者，独赖孔子之修《春秋》耳。使孔子不修《春秋》，丘明不述《左传》，则今日之视春秋犹是洪荒之世已。以上论孔子修《春秋》

《公羊传》云："所见异辞，所闻异辞，所传闻异辞。"此语不然。公羊在野之人，不知国史，以事实为传闻，其实鲁有国史，非传闻也。董仲舒、何休更以所见之世为著太平，所闻之世为见升平，所传闻之世为起衰乱，分二百四十二年以为三世，然公羊本谓《春秋》拨乱世、反诸正，是指二百四十二年皆为乱世也。

僖公经二十八年："天王狩于河阳。"《左传》称仲尼曰："以臣召君，不可以训，故书曰：'天王狩于河阳。'"似传意以此为孔子所修。然《史记·晋世家》称孔子读史记，至文公曰："诸侯无召王。'王狩河阳'者，《春秋》讳之也。"则知此乃晋史旧文，孔子据而录之耳。是故，杜氏以诸称"书""不书""先书""故书"，"不言""不称""书曰"之类皆是孔子新意，正未必然。惟《赵世家》云："孔子闻赵简子不请晋君而执邯郸午、保晋阳，故书《春秋》曰：'赵鞅以晋阳叛。'"此当为孔子特笔。又，《左传》具论《春秋》非圣人不能修，盖以书齐豹曰盗、三叛人名为孔子特笔。外此，则孔子特笔治定者殆无几焉。《春秋》本史官旧文，前后史官意见不同，故褒贬不能一致。例如《史》《汉》二书，太史公所讥，往往为班孟坚所许，《春秋》之褒贬，当作如是观矣。宋人谓《春秋》本无褒贬朱晦庵即如此说，则又不然。三传皆明言褒贬，不褒贬无以为惩劝，乱臣贼子何为而惧也。胡安国谓圣人以天自处，故王亦可贬。此又荒谬之说也。晋侯、齐侯，贬称曰人，略之而已，无妨于实事。如称齐伯、晋伯，则名实乖违，夫岂其可？如胡氏之言，孔子可任意褒贬，则充类至尽，必至如洪秀全所为。洪秀全自称天王，而贬秦始皇曰秦始侯，贬汉高祖曰汉高侯，可笑孰甚焉？余意褒贬二字，犹言详略，天子诸侯之爵位略而不书，有贬云乎哉！

《春秋》三传者，《左氏》《公羊》《穀梁》是也。《史记》称《左氏》曰春秋，称《公》《穀》曰传。清刘逢禄据是谓《左氏春秋》犹《晏子春秋》《吕氏春秋》也。刘歆等改《左氏》为传《春秋》之书。东汉以后，以讹传讹，冒曰《春秋左氏传》，不知春秋固为史书之通称，而传之名号亦广矣。孟子常称“于传有之”，是凡经传无不可称传，孔子作《易》十翼，后人称曰彖传、象传、文言传、系辞传是也。左氏之初称传与否，今莫能详。太史公云：“左丘明因孔子史记具论其语，成《左氏春秋》。”此谓丘明述传，本以说经。故桓谭《新论》《太平御览》引云：“左氏传于经，犹衣之表里，相持而成。”焉得谓是《晏子》《吕览》之比？盖左氏之旨，在采集事实，以考同异、明义法，不以训诂为事，本与其余释经之传不同。《春秋》不须训诂，即《公》《穀》亦不重训诂也。

《春秋》经十二公，何人所题三体石经今存文公篇题？哀公经又何人所题？是当属左氏无疑。《汉志》：《春秋古经》十二篇、经十一卷。此因《公》《穀》合闵于庄，而《左氏》则庄、闵各卷，故《公》《穀》十一，而《古经》十二也。闵公历年不久，篇卷短少，故合之于庄，乃何休则以为“三年无改于父之道”，不以凿乎？

《汉志》：《春秋古经》十二篇，《左氏传》三十卷，是经、传别行。杜元凯作注，始合经传而释之。昔马融作《周官传》，就经为注。康成注《易》以十翼合之于经，皆所以便讽籀耳。《论衡·案书》篇云：“《春秋左氏传》者，盖出孔子壁中。”而《汉志》称孔壁所得止有《尚书》《礼记》《论语》《孝经》。《说文序》云：“鲁恭王坏孔子宅，而得《礼记》《尚书》《春秋》《论语》《孝经》，又北平侯张苍献《春秋左氏传》。”张苍所献者，是否经传合编，则不可知。今《左氏》经文已经后师用《公》《穀》校改，观三体石经与今本不同可知也。《儒林传》称贾谊为《左氏传训诂》，是《左氏传》先恭王坏壁而出，《说文序》云张苍献之，是也。

唐赵匡云：丘明者，盖夫子以前贤人，如史佚、迟任之流，而刘歆以为《春秋左氏传》是丘明所为耳。案：昔人所以致疑于左氏者，以

《左传》称鲁悼公之谥。鲁悼之卒，后于获麟五十年。又称赵襄子之谥，赵襄之卒，更在其后四年。如左氏与孔子同时，不至如此老寿。然考仲尼弟子，老寿者多。《史记·仲尼弟子列传》称子夏少孔子四十岁，《六国表》称魏文侯十八年受经子夏，时子夏一百一岁矣。至文侯二十五年，子夏一百有八，《魏世家》犹有受经艺之文。假令左氏之年与子夏相若，所举谥号在鲁元初年，其时不过八十余岁，未为笃老也。又《吕览·长利》篇载南宫括与鲁缪公论辛宽语。缪公之卒，上距元公之初五十余年，南宫得见缪公，则何疑于左氏之不逮元公也。刘向《别录》称左丘明授曾申，申授吴起，起授其子期，期授楚人铎椒，铎椒作抄撮八卷，授虞卿，虞卿作抄撮九卷，授荀卿，荀卿授张苍。案：《吕氏春秋·当染》篇《史记》列传，皆称吴起学于曾子《檀弓》亦称曾申为曾子；《说苑·建本》篇称魏武侯问元年于吴子，则起受《左氏春秋》于曾申可信起死在鲁缪公二十七年，去获麟已百岁。《十二诸侯年表》云："铎椒为楚威王傅威王元年去获麟一百四十二年，为王不能尽观《春秋》，采取成败，卒四十章，为《铎氏微》。"微者，具体而微之谓，即抄撮是也。《左传》全文十七万字，合经文则十九万字，简编之繁重如此，观览不易，传布亦难矣。《汉志》云："《春秋》所贬损大人、当世君臣，有威权势力，其事实皆形于传，是以隐其书而不宣，所以免时难也。"抑亦未尽之论，恐《左氏》之不显，正为简编繁重之故，此铎椒所以作抄撮也。

《吕氏春秋》《韩非子》诸书多引《左氏》之文，其所见是否《左氏》全文抑仅见铎氏抄撮，今无可征。至《公》《穀》所举事实，与《左氏》有同有异。大概《公》《穀》本诸《铎氏》，其不同者，铎本所无耳。《别录》云：铎椒授虞卿，以其时考之，虞卿欲以信陵君之存邯郸为平原君请封本传，而铎椒为楚威王傅，自楚威王元年至信陵君救邯郸之岁，历八十三年，则卿不得亲受《春秋》于椒。《别录》所述，当有阙夺。又云：虞卿授荀卿，荀卿授张苍。虞卿相赵，荀卿赵人，自得见之。荀卿适楚而春申君以为兰陵令，春申君死而荀卿废本传。荀卿废后十八年秦并天下，时张苍为秦御史，主柱下方书。苍以汉景帝五年卒，年百有余岁本传，则为御史时已三四十矣，其得事荀卿自可信。荀卿之卒，史无明文。《盐铁论》称李斯为相，荀卿为之不食，是荀卿亦寿考人也。苍献《左传》而传之贾谊。今观贾谊《新书》征引《左氏》甚多，其传授分明如此。

桓谭《新论》云：《左氏》传世后百余年，鲁穀梁赤为《春秋》，残略多所遗失；又有齐人公羊高缘经文作传，弥离其本事。观《公羊》隐十一年传称"子沈子曰"，何休云：沈子称子，冠氏上者，著其为师也。《穀梁》定元年传直称沈子，则沈子当与穀梁为同辈，此公、穀后先之证也。柏举之役，穀梁称蔡昭公归乃用事乎汉，公羊则改为用事乎河。盖公羊齐人，知有河而不知有汉，不知自楚归蔡，无事渡河，此公羊不明地理之过也《史通》讥《公羊》记晋灵公使勇士贼赵盾，勇士见盾食鱼飧，叹以为俭，以为公羊生自齐邦，不详晋物，以东土所贱，谓西州亦然，遂目彼嘉馔呼为菲食，于物理全爽。改一字而成巨谬，斯又《公羊》后出之证也。穀梁常引《尸子》之言，《汉志》云："尸子名佼，鲁人，秦相商君师之，鞅死，佼逃入蜀。"穀梁有闻于尸佼，疑其亦得见《秦记》。《六国表》称《秦记》不载月日，穀梁闻尸佼之说，见《秦记》之文，故以鲁史之书月日为义例所在矣。殽之役，《穀梁》言"秦越千里之险，入虚国，进不能守，退败其师，徒乱人子女之教，无男女之别，秦之为狄，自殽之战始也"。范宁不能解，杨士勋疏云："'乱人子女'，谓入殽之时纵暴乱也。"案，《史记·扁鹊传》云：秦缪公梦之帝所，帝告以"晋国且大乱，其后将霸，霸者之子且令而国男女无别"。夫献公之乱、文公之霸，而襄公败秦师于殽，而归纵淫，与《穀梁》之言合符。盖穀梁得之《秦记》尔。《史记》商君传："商君告赵良曰，始秦戎狄之教，父子无别，同室而居，今我更制其教，而为其男女之别。"此亦秦师败于殽而归纵淫之证也。至《穀梁》所记，亦有可笑者，如季孙行父秃、晋郤克眇、卫孙良夫跛、曹公子手偻，同时而聘于齐，齐使秃者御秃者，使眇者御眇者，使跛者御跛者，使偻者御偻者。此真齐东野人之语，而穀梁信之。又如宋、卫、陈、郑灾，《穀梁》述子产之言曰："是人也，同日为四国灾也。"岂以裨灶一人能同日为四国灾耶？

穀梁下笔矜慎，于事实不甚明了者，常出以怀疑之词，不敢武断。荀卿与申公皆传《穀梁》，大抵《穀梁》鲁学，有儒者之风，不甚重视王霸；公羊齐人，以《孟子》有“其事则齐桓、晋文”之言，故盛称齐桓，亦或过为偏护。何休更推演之，以为黜周、王鲁、为汉制法诸说，弥离《公羊》之本义矣。

《公羊》后师有“新周故宋”之说。《公羊》成十六年传：成周宣榭灾，“外灾不书，此何以书？新周也”。夫丰镐为旧都，成周为新都。《康诰》曰：“周公初基作新大邑于东国洛。”《召诰》曰：“乃社于新邑。”《洛诰》曰：“王在新邑烝。”新周犹言新邑，周不可外，故书。义本坦易，无须曲解。故宋本非公羊家言，《穀梁》桓公二年传：“孔子，故宋也。”孟僖子称孔子圣人之后，而灭于宋。《穀梁》亦谓孔子旧是宋人。新周、故宋，截然二事，董、何辈合而一之，以为上黜杞，下新周而故宋，此义实公、穀所无，由董、何读传文而立。至文家五等、质家三等之说，尤为傅会。《左氏》言：在礼，卿不会公、侯，会伯、子、男可也。《公羊》亦云：《春秋》，伯、子、男，一也。申之会，子产献伯、子、男会公之礼六。《鲁语》，叔孙穆子言诸侯有卿无军，伯、子、男有大夫无卿。据《周官》：上公九命、侯伯七命、子男五命，即谓公一等，侯伯一等，子男一等；至春秋时，则伯、子、男同等。此时王新制尔。若云素王改制，则子产、叔孙穆子皆在孔子修《春秋》以前，何以已有伯、子、男同班之说？仲舒未见《左氏》，不知《公羊》之语所由来，乃谓孔子改五等以为三等，为汉制法。其实，汉代止有王、侯二等，非三等也。

公羊即不见《左氏传》，或曾见铎氏抄撮，故其说亦有通于《左氏》者。如“元年春，王正月”，《左氏》云：“王周正月。”王周犹后世之称皇唐、皇宋。谓此乃王周之正月，所以别于夏、殷也。《公羊》云：“王者孰谓？谓文王也。曷为先言王而后言正月？王正月也。何言乎王正月？大一统也。”盖文王始称王、改正朔，故公羊以周正属之，其义与左氏不异。乃董仲舒演为通三统之说。如董说则夏建寅、商建丑，必将以二月为商正月，三月为夏正月，不得言王二月、王三月矣。

《公羊》本无神话，凡诸近神话者，皆《公羊》后师傅会而成。近人或谓始于董仲舒。案，《公羊》本以口授，至胡毋生乃著竹帛，当汉景帝时，则与仲舒同时也。何休解诂，一依胡毋生条例。盖妖妄之说，胡毋生已有之，不专出董氏也。《公羊》嫡传，汉初未有其人戴宏之说，全无征验。《论衡·案书》篇云：“公羊高、穀梁寘、胡毋氏皆传《春秋》，各门异户。”夫三人并列，可知胡毋生虽说《公羊》而亦自为一家之学。汉人传《尚书》者，小夏侯本受之大夏侯，后别立小夏侯一家。胡毋生之传《公羊》，亦其比矣。《别录》及《艺文志》但列公、穀、邹、夹四家，今谓应加胡毋氏为五家，庶几淄渑有辨。惜清儒未见及此，故其解释《公羊》总不能如晦之见明，如符之复合也。惟《公羊》得胡毋生而始著竹帛，使无胡毋生则《公羊》或竟中绝，然则胡毋生亦可谓《公羊》之功臣矣。

汉末钟繇不好《公羊》而好《左氏》，谓《左氏》为太官厨，《公羊》为卖饼家。自《公羊》本义为董、胡妄说所掩，而圣经等于神话，微言竟似预言，固与《推背图》《烧饼歌》无别矣。今治三传自应以《左氏》为主，《穀梁》可取者多，《公羊》颇有刻薄之语，可取者亦尚不少，如内诸夏、外夷狄之义，三传所同，而《公羊》独著明文。又讥世卿之意，《左》《穀》皆有之，而《公羊》于尹氏卒、崔氏出奔，特言世卿非礼。故读《公羊传》者，宜舍短取长，知其为万世制法，非为汉一代制法也。

第十二讲　史学略说

今讲史学，先论部类。昔人以纪事、编年分类，此言其大要也。《隋书·经籍志》分史部为十三类：一、正史，《史记》《汉书》属之。二、古史，编年者属之，如荀悦《汉纪》、袁宏《后汉纪》是。所以称古史者，既以本纪、列传为正史，则依《春秋》之体纯为编年者，不得不称古史也。三、杂史，既非本纪，又异编年，《逸周书》《吴越春秋》《战国策》之类属之，此皆率尔而作，非史策之正也。四、霸史，记载割据、僭窃，不成正统者属之，《华阳国志》《十六国春秋》之类是也——以上四种，史之经，亦史之本也。五、起居注，帝王每日一言一动，均详记之，《隋志》以《穆天子传》开端。六、旧事，杂记典章制度、帝王、臣下之事，如《汉武故事》是。七、职官，昉于《周礼》，《隋书》以《汉官解诂》《汉官仪》开端。《汉官解诂》模拟《周礼》，当时此种著作甚少，后则有《唐六典》以及近世会典较《唐六典》为扩大。《六典》整齐，《解诂》不整齐，斯其异也。八、仪注，以《汉旧仪》为首。《汉旧仪》卫宏所作，记当时礼制，今已残缺，本亦不甚详也。六朝时礼书甚多，今皆散佚，唐《开元礼》亦不存，惟会典中略引数条，宋《太常因革礼》犹存，明有《集礼》，清有《大清通礼》，皆仪注类也。《汉旧仪》但记朝廷之礼，《开元礼》则稍及民间杂礼。其专讲民间冠、婚、丧、祭者，有《书仪》一类《书仪》亦入仪注，始作者刘宋王弘，晋王导之孙也。《文公家礼》亦其属也。家礼六朝时已有之，或曰书仪，或曰家礼，名目异耳。九、律令，记历朝法律之作，不甚完备，《隋志》以《晋律》开端。十、杂传，包举今之志书，碑传集等，汉《三辅决录》专记三辅人物，《陈留耆旧传》《襄阳耆旧传》体例亦同，

《隋志》皆入杂传类，而今则入方志人物门。其中有与地理相混者，如《海岱志》《豫章志》，观其标题，宛然地志。所以不入地志者，记地理者少，记人物者多故也。外此，《列女传》《列仙传》亦入此类。要之，如方志之人物门矣。《隋书》有可议者，《搜神记》《冤魂记》列入杂传，二书固传体，然鬼神之事，焉得入史部乎？十一、地理，地理书著录无几，单记一方者曰图经，如《幽州图经》《齐州图经》是。其统记全国者，则有炀帝时所定之《区宇图志》一百二十九卷，体例仿佛后之一统志，今已不传。其后，唐有《元和郡县志》，宋有《太平寰宇记》《元丰九域志》。此三书皆统记全国地理者也。而《寰宇记》一百九十三卷为最详；《元和志》仅四十余卷为最简。《明一统志》九十卷，《清一统志》五百卷，已觉繁而不杀，而《元一统志》有一千卷之多，虽领域寥阔，亦何至繁冗至此，今亦无传。《元和郡县志》于郡县之建立，山川之位置，财赋之丰啬，均极详明，而不载人物。隋《区宇志》今不可见，不知体例何如，恐亦不载人物也。故杂传、地理分而为二，凡以杂传载人物、地理不载人物故。十二、谱系，《世本》《汉氏帝王谱》《百家集谱》之类皆是。此种谱牒，专录贵族，不及齐民。至于六朝，人尚门第，所作綦繁，刘孝标《世说新语注》所引，多至数十家，当时重视谱牒可知。唐有《元和姓纂》今缺数卷，此后作者渐近渐稀。宋郑樵《通志氏族略》，大体尚佳，而多傅会，不及南宋邓名世《姓氏书辨正》之精确。此皆国家官修之谱，非私家著作可比。官修之谱者，唐以前各处皆设谱局，有司与闻其事。所以设谱局者，以六朝人尚门第，士大夫不得与舆、台、皂、隶通婚。设有干犯，有司得纠劾治罪，《文选》沈休文《奏弹王源》是也。门第之风替，而谱牒之学衰，欧阳修、苏洵辈之私谱代之而兴。此谱牒兴衰之大凡也。唐人封爵，以郡望为准唐人封爵，或依郡望，或依祖宗籍贯，李白之所以不能确知为何处人者，以其所称陇西，本李广产地。乃郡望非地名故，或曰蜀，或曰山东，至今不可确知也。又唐人封爵，如依其所生之县名而有错误，可请更正。林宝《元和姓纂》之作，即为此故。宋以后封爵随便，然苏轼封武功伯亦因苏之远祖为苏味道，武功人，故轼虽生长四川，仍以武功封之也。宋以后此风渐废，婚姻封爵不以谱系为准，则谱系乃一家私事，故不设局耳。十三、簿录，以刘向《七略》《别录》、荀勖《中经簿》为首，今所谓目录者是。此十三类，大体已具，犹有不足者，今姑不论。历代之所损益，但依清人四库分类论之。四库分类与《隋志》略近而稍变，名古史曰编年，别立纪事本末一门纪事本末始于宋之袁枢。又诏令奏议别为一类，有时令而无谱系。此其大较也。诏令奏议，于古收入文集。帝王亲制，入帝王一己之集；词臣代拟，亦入词臣一己之集。陆宣公奏议入《翰苑集》。宋人文集有内制、外制，是其证也中书舍人知制诰所拟者曰外制，翰林学士所拟者曰内制。宋人然，明人亦然，至清则文与诏令奏议有分。盖古人奏议美富，后世渐不成文。能文之士，不愿以奏议入集，故分编也欧阳修论吕夷简云："夷简为陛下宰相十有九年，误了天下。"此与今白话文相似，甚且谓"盗贼一日多似一日，人民一日穷似一日"，则竟不成文理矣。然犹以之入集。又古人奏议，多出己手，近世惟京官无幕友为之捉刀。地方督抚所上折，出幕友手者十七八。目不识丁之武夫，一为督抚，奏议亦有佳作。即如刘铭传辈亦何尝亲自操觚哉！以故，四库分之，亦不足怪。至于时令别为一类，最为可笑。时令者，于古有《夏小正》《月令》之属，唐改《礼记·月令》作《唐月令》，颁行全国，且以冠《礼记》之首。当时重视《月令》，本不足怪。宋以后即不然，至近代则"是月也，东风解冻"等语，惟时宪书记之耳。此其语涉气候，本不成令，而四库别立一门者，清帝钦定之书，无可归类，又不可不录，故别立此门也。此门所录，只宋陈玄靓《岁时广记》及康熙钦定之《月令辑要》二书，存目虽立十余部，故为衬托而已，岂为正式收录哉？唐有官谱，谱系可信。宋以后不可信，以其不可信，故四库去谱系一门。然家谱自不甚可信，若《世本》以至《姓氏书辨正》，人皆称善，岂不可信？《元和姓纂》虽佚，依《永乐大典》辑成者亦略备。又《千家谱》乃官定之书，凌迪之《万姓统谱》，虽不足道，今其书犹在北京图书馆有之，亦无甚荒谬处。其书体例如《尚友录》而较详，每一姓下，列入历代有名之人，梁贾执《英贤传》即如此作，见《广韵》所引，亦《万姓统谱》类也。迪之尚有《姓氏博考》，与谱系有关。以余观之，《世本》《元和姓纂》《千家谱》《英贤传》《姓氏博考》五书，应立一谱系门，如云书少，不足别为门类，则时令何以可别立一门耶？求其所以不立之故，殆以讲求谱系，即犯清室之忌。《广韵》每姓之下，注明汉姓、虏姓，如立谱系一门，必有汉姓、虏姓之辨，故不如径删去耳。清修四库，于史部特注意；经部不甚犯忌，然皇侃《论语疏》犹须窜改；子部宋、元、明作者，亦有犯忌处；集部则更多——然皆不如史部之分明，故史部焚毁尤多。不立谱系，即其隐衷可见者也。《清史稿》史部有方略一门清特开方略馆，《平定三藩方略》《平定罗刹万略》《平定粤寇方略》等属之。今案，方略列入史部，未为允当。《汉书·艺文志》有兵书略一门，四库入兵书于子部诸子中有兵家一门。然子部之兵书，本与其他有异。《孙子兵法》，《艺文志》有图九卷，魏武、诸葛之书，全属行军号令之作，戚继光《纪效新书》《练兵实纪》亦然《纪效新书》记御倭寇时行军法令，《练兵实纪》记守边时之军中法令，与《孙子兵法》略不同，皆兵家之方略也。由此观之，方略应入兵家。人谓著书无可归类，则入子部，余谓史部亦然。行军方略，略似纪事，故入史部，不知子部亦有纪事之作也。要而论之，清四库添诏令奏议一门，无可非议；时令一门，全属无谓；方略虽四库所无，而《清史稿》有之，然当入兵家，不当列入史部，而谱系一门，仍当补入者也。故以《隋志》较之，只应加诏令奏议一门而已。《隋志》所可议者，前所举《搜神记》《冠魂记》不当入史部是也。又《竹谱》《钱谱》之属，列入谱系，亦为不当。谱者，人之谱也，非物之谱也。四库于子部立谱录一门，则《竹谱》与《群芳谱》相等者当入此门。至于《钱谱》，有金石一门在，可列入也。要之，《隋志》大旨不谬，小有出入，今为纠正如此。然此就已分之四部言耳。如依《汉志》，则正史以下，皆当归入春秋家。不但《汉志》为然，齐王俭仿《七略》而作《七志》，亦入史部于经《汉志·六艺略》入史部于春秋家，王俭《经典志》亦有史部之书。详论源流，分部本宜如此，今以《隋志》为准，乃一时之权宜耳。

正史之名，昉于《隋志》，今以二十四史当之，《隋志》所录正史三千八十三卷，今二十四史三千二百四十卷。历年千余而所增益者无多，此何以故？今之所谓正史，以官定者为准。不颁学官，则不得谓之正史自明以来以十三经、二十一史颁发学官。而《隋志》所录，则只论其合于正史体裁与否，不问其官定私修也。故《后汉书》录八种，《晋书》亦录八种，皆不嫌重复今二十四史惟唐、五代重复，李延寿南、北史略与魏、晋、齐、梁重复，但此系通史，与断代为书者不同。盖史具五志三长者，皆得称为正史，如必立学官而后谓之正史，则当问去取之间，究以何者为准？假以官修为限，则范书是私修之史，《新五代史》亦然，即《史记》亦未纯为官修之书。司马迁为太史令，修史固其职责，惟其成书，乃在为中书令时后代中书令士人为之，汉则阉人为之，掌出入奏事，与明司礼监之掌印秉笔随堂太监所掌略同。迁续父业，未成而下蚕室，故其《报任少卿书》曰："草创未就，惜其不成，是以就极刑而无愠色。"《自序》又云："藏之名山，副在京师。"是其书生时未宣布也。殁后，书稍出。宣帝时，外孙杨恽，祖述其书，遂宣布焉。后代官修之史，须进呈于朝，《史记》则不然，知其本为官史，后则私家著述矣。《三国志》，陈寿除著作郎时所撰晋以后太史令为著作郎，不掌修史事。寿殁，梁州大中正范頵等表请就家写其书，则寿书生时亦未进呈，不得谓为官书也。寿又撰《古国志》五十篇，寿师谯周著《古史考》乃考证之作，非记事之书。寿本之而作《古国志》。《古国志》今佚不见，以意求之，殆与《三国志》同类。《三国志》直称晋武为司马炎，如为官书，焉得不避讳乎？然则，《三国志》亦私史也。今二十四史并取《史记》《三国志》《后汉书》《新五代史》，则所谓正史者，岂得以官修为准哉！古代史自《史记》外，别无他作可代。三国史当时虽有多种，后皆散佚无存，仅存寿书。《后汉书》谢承、华峤各有著述，然自宋以后，独范书具存。《五代史》自金章宗新定学令削薛存欧，而旧

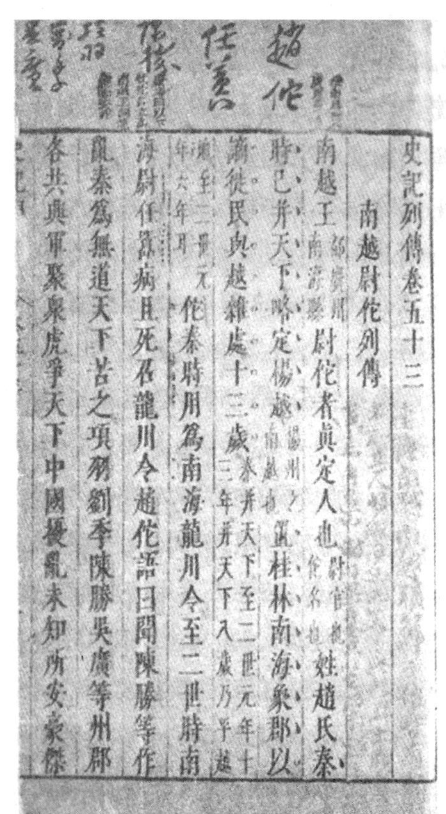
史記列傳卷五十三
南越尉佗列傳
南越王尉佗者眞定人也姓趙氏秦
時已并天下略定楊越置桂林南海象郡以
謫徙民與越雜處十三歲佗秦時用爲南海龍川令至二世時南
海尉任囂病且死召龍川令趙佗語曰聞陳勝等作
亂秦爲無道天下苦之項羽劉季陳勝吳廣等州郡
各共興軍聚衆虎爭天下中國擾亂未知所安豪傑

〔明〕钟人杰·《史记》刻本

史遂微。然其书明代尚存，虽体例未善，而本末赅具。故司马温公作《通鉴》，于唐事则多采旧书，于五代则专据薛史。欧阳修作《五代史记》，自负上法《春秋》，于唐本纪大书契丹立晋，为通人所笑。此学《春秋》而误也。《春秋》书法，本不可学，“卫人立晋”云者，晋为卫宣之名，今契丹所立之晋，国名而非人名。东家之颦，不亦丑乎？欧书私家之作，如求官书，当以薛史为正，否则亦当二书并列。明代屏弃旧史，过矣薛史至清而亡，四库诸臣依《永乐大典》排纂而成今书。昔皖人汪允中自言家有《旧五代史》原本，汪殁后不知其书所在。商务印书馆影印百衲本二十四史，欲得薛史原本，久征未得，人疑已入异域，后乃知在丁乃扬家。丁珍惜孤本，托言移家失去，世遂无有见者。修四库时，清政府若以帝王之力，多方访求，何至不获真本哉！惜其不求也。

清儒以不立学官者为别史，王偁之《东都事略》是也书述北宋九朝之事，王为南宋时人。元修《宋史》，繁简失当；卷数之多，几及五百；一人二传，往往而有。自明以来，屡议改修。嘉靖中拟以严嵩为总裁，设局重修，其事未行。时有柯维骐者，作《宋史新编》二百卷。至清陈黄中作《宋史稿》一百七十卷。虽去取未能尽善，然纠谬补遗，足备一格。《元史》仓卒成书，纰漏最多。清末柯劭忞作《新元史》，屠寄作《蒙兀儿史记》。柯书征引繁博，体例似不及屠。屠书不载太祖、太宗等庙号，直称成吉思皇帝、完者笃皇帝、薛禅皇帝，谓元代诏令碑版，多如此称。称之曰太祖、太宗者，华人以尊号加之耳，未必合彼意也。应准名从主人之例，改为是称。余谓元人以鼠儿、牛儿纪年，则纪年似亦更改，而屠书未能从也。柯书繁富，屠有笔削，皆视旧史为优。列入正史，可无愧色，至宋史之柯、陈二家，可否列入正史，一时尚难论定。要之，正史范围，当从宽大，如《隋志》之尽量收入，亦无妨耳。

正史云云，又有当论述者，正统之说是也。《隋志》于正史之外，别有霸史，以霸匹正，则正言正统，霸言僭伪割据也。正统之说，论者纷然。北人以北朝为正统，唐初尚尔。而《隋志》则南北朝史并入正史。盖南北朝究竟以何方为正统，未易定也。若依夷夏之辨立论，自当以南朝为正，北朝非华人也；如以正统予元魏，则前之刘渊、石勒、苻坚，皆将以正统归之矣。斥刘、石而予魏、齐，岂持论之平哉！苻坚奄有中原，强逾东晋。而王猛临终语之曰："晋正朔相承，愿不以晋为图。"是猛固视晋为正统也。北魏初亦不敢自大，及魏收作《魏书》，始称东晋为僭晋，谥南朝曰岛夷此亦报复之道，沈约作《宋书》，号北朝曰索虏。托跋编发为辫，故曰索头虏，助桀为虐，信为移史，唐人承隋，不得不以北朝为正。开元时萧颖士以为南朝正统，至萧梁而绝，作《梁不禅陈论》。实则梁敬帝禅位于陈，不能言陈无所受，而温公有陈氏何所受之说，殆为萧氏所误也。案，萧颖士为梁鄱阳王恢七世孙，梁氏宗室，自相构难，萧詧至以妻子质魏，导魏兵伐江陵，杀梁元帝。元帝之子敬帝，称帝建业，后禅位于陈，詧亦在襄阳即位，号后梁，至隋开皇七年，国废。党伐之见，萧家子弟，锢蔽最深。颖士偏私之言，岂可尽信？皇甫湜作《东晋元魏正闰论》，亦谓江陵之灭，则为周矣。陈氏自树而夺，无容于言。此盖唐人立言，不得不尔。《资治通鉴》则取宋、齐、梁、陈年号，以记诸国之事。自宋至陈，主国者皆汉人，自宜以正统予之，而朱晦庵作《纲目》，不分主从，并列南北朝年号。晦庵生于南宋，不知何以昧于夷夏之义如此。温公《通鉴》于三国则正魏闰蜀，《纲目》反之，以蜀为正统，此晦庵长于温公处。温公谓昭烈之于汉，虽云中山靖王之后，而族属疏远，不能记其世数名位，亦犹南唐烈祖之称吴王恪后，不当以光武为比自长沙、靖王至光武，世系甚明。此温公之偏见。徐知诰幼时为徐温所虏，其世系人无知者。若昭烈之称汉后，为当时敌国所共认，为汉中王时，群臣表于献帝，称肺腑枝叶、宗子藩翰，若果世系无考，曹操焉有不揭破其诈者？又吴蜀交恶，诸葛瑾与备笺云："关羽之亲，何如先帝？"设非汉裔，瑾何为此言哉？故以昭烈比徐知诰，亦温公之一失也。温公自言正闰之际，非所敢知，不过假其年号以识事之先后，故五代梁唐，亦取其年号纪事。而王船山则以为称五代者，宋人之辞，黥卒剧盗，犬羊之长，不能私之以称代。必不得已，于斯时也，而欲推一人以为之主，其杨行密、徐温、王建、李昪、钱镠、王潮之犹愈乎？尚有长人之心，而人或依之以偷安也。周自威烈王以后，七国交争，十二侯画地以待尽，赧王纳士朝秦，天下后世，固不以秦代周，而名之曰战国。然则天祐以后、建隆以前，谓之战国焉，允矣，何取于偏据速亡之盗夷而推崇为共主乎？严衍《通鉴补》亦言周社虽亡，秦命未集；昭襄虽强，犹齐楚耳。朱温篡唐毒浮于地；敬塘巨虏，殆殃万民。梁、晋之罪，甚于黄巢。世有鲁连，必当蹈海。其书以周赧入秦，七雄分据，改称前列国；唐昭陨洛，五代迭兴，改称后列国。论甚公允。惟书之于册，甚不易于纪年。当时十国中称帝者四吴、南唐、前蜀、后蜀，又南汉刘龑亦称帝，究以何人之年号为纲而附之以事乎？严书分注列国年号。案：分注之例，始于《纲目》，前之前、后《汉纪》，皆不分注。《纲目》与《通鉴》体例不同，毕沅《续通鉴》，于宋代纪年而下，旁注辽、金年号，显然违乱《通鉴》体例。严之《通鉴补》亦然。故空言甚易，成书则难。史家于此，所当郑重考虑也。霸史中如马令、陆游《南唐书》，吴任臣《十国春秋》，谢启昆《西魏书》魏收在北齐作《魏书》，不载西魏，谢纂录故籍成此，皆足以资考订。至何者方可谓之正史，则清代以颁立学官者为限。民国以来，无此限制，亦不能再立范围矣。

《史记》于纪、传、表、志之外“志”，似应作“书”，别立世家，以纪列国诸侯。一统之朝，不宜有此。记僭伪之国曰载记，《晋书》有之，其体昉于《东观汉记》东汉初年之群雄，如刘玄、公宾就等悉入载记。《新五代史》立十国世家。十国中，如吴、越、荆南奉中原正朔者列入世家，固无不可，若南唐、孟蜀则帝制自为，不受册命，岂应列入世家？《宋史》亦以世家载开国时未灭诸国，实则皆当以载记称之，不当列入世家也。今《清史稿》沿前史之例，立《叛臣》《逆臣》二传。其中如郑成功为残明孤忠，洪秀全亦未尝事清，志在光复，安得以叛逆目之？此皆当入载记者也。

《史记》十表最佳，《汉书》因之，范晔、陈寿已不能为，而宋熊方作《后汉书年表》十卷，补所未备，厥意可师。盖传所不能容者，见之于表，亦严密得中之道。故亲若宗房，贵如宰执，传有所不登，名未可竟灭者，皆可约之以表。《汉书·百官公卿表》所载，多功业低微之辈。后汉政归台阁，三公无权，选举诛赏，一由尚书台阁者，尚书省也。尚书官小而势尊，出纳王命，敷奏万机，一如帝王之秘书厅矣，三公惟伴食耳。故范书立传不多，熊方补之，读者得一览了然，诚快事也。《新唐书》之《宰相世系表》，《汉书》之《古今人表》，皆属无谓《宰相世系表》，推其始祖，记其后裔，宰相之家谱耳。其《新唐书》之《方镇表》，《明史》之《七卿表》六部尚书及都察院，《清史稿》之《疆臣表》各省督抚，则增设而得当者也。

《史记》八书，未曾完具：《礼书》录自《荀子》，《乐书》全袭《乐记》，盖十“十”，应作“八”篇有录无书，后人杂取他篇以补之也。其实，太史公时，礼乐已有制作。叔孙通所定之朝仪，可入《礼书》；铙歌、楚调，可入《乐书》。不知何以剿袭充数也。《天官书》专载天文，夫星座方位，古今如一，似不必代有其书。然测天历代不同，则又不可省也。律、历二书，亦寡精要，史公所注意者，盖在《河渠》《平准》《封禅》三书耳。《前汉书》之《礼乐》《律历》二志，较《史记》为详，其《天文志》则略同《史记》，加《五行志》以记灾异，则汉人最信五行也《五行志》，后来史书无不有之，均法《汉书》之说怪异。《明史》则但载事物之变异，一无影射之言，斯为优矣。后沈约《宋书》增《符瑞志》，斯无谓矣。《沟洫》《食货》二志，亦较《史记》为详，《郊祀》意续《封禅》，《刑法》增而未尽。《地理》《艺文》，《史记》不志，而《汉书》增之，沾溉后人不少。此班志之特长也。范蔚宗不能为志，后世以司马彪《续汉书》志补之。《百官》《舆服》二志，彪所新设。《百官》述官制而不详，《舆服》可与礼乐同入一类。自此以后，书、志分门，无大变动。兵制为国家要政，而各史阙如。《新唐书》补之，可称特识。又有《选举志》，亦补前史所未备。天文一志，似无所用，惟《晋书》《隋书》之天文志，详备可观，盖李淳风等所定也。又《隋书·律历志》，比较古今度量权衡而详列之，此亦《隋书》之特长，亦李淳风等所定也。《明史》天文、历法参用西术，详列图表。此皆后人特优之处。惟典章制度，史志所记不详。专门之书，则有《通典》《通考》诸书在。

《史记》《刺客》《游侠》诸传，极形容之能事，史公意有不平，故为此激宕之文，非后人所当仿佛者也。《汉书》有《佞幸传》，载外嬖邓通、董贤之流，善柔便佞，虽无奸臣之气魄，而为祸则烈。若清代之和珅，亦可以入《佞幸传》也初修《清史》时，人谓《清史》不当列《奸臣传》，以无人可当奸臣也。余谓和珅一流，入《佞幸传》可矣。《史》《汉》有《儒林传》,《后汉书》更益之以《文苑传》,《史记》之《司马相如传》,《汉书》之《扬雄传》，皆无大事可记，仅取其赋篇入传。晋以后之文人，史传亦往往录其赋篇。是皆可入《文苑传》，举其篇名，不必全载其文。《后汉书》有《列女传》，搜次不行，不专节操刘向《列女传》善恶兼收，不专崇节操，宋以后则为《烈女传》，专以激扬风教为事，与前史之旨趣违异。《后汉书》有《党锢传》,《宋史》析《儒林》而别传《道学》，清人颇致讥议。其实《道学》一传，可改称《党锢》，蔡京立元祐党人碑，韩侂胄禁伪学当时士子应试，须先声明与伪学无关，程、朱皆在党禁之内，可不必分《儒林》《道学》也,《明史》有《阉党传》，载刘瑾之党焦芳、魏忠贤之党魏广微等，皆阉官爪牙，交扇毒焰者。若入《宦者传》，则实非宦者；若入《奸臣传》，则不足名之曰奸臣；号曰阉党，亦无可奈何者也。王敦、桓温诸人，逆迹昭著,《晋书》置诸最后，示外之于晋。《新唐书》分《叛臣》《逆臣》为二，自称王号不奉朝命者曰叛臣，称兵犯阙者曰逆臣。《明史》记民间揭竿而起如张献忠、李自成之辈，为《流寇列传》，此亦无可奈何者也汉之黄巾无列传，唐之黄巢入《逆臣传》，张、李等未受朝官，不当入《逆臣传》而又不能无传，故曰无可奈何也。前史于域外诸国，皆为列传，如《匈奴传》《西域传》是。明之土司，在中国境内，不能与外国等视,《明史》因增《土司传》。凡此皆增补得当者也。

史传诸体，应增即增，不必限于前例。今若重修清史，应增《幕友》《货殖》二传。前代虽有参军一职，实系军府僚属，与清代布衣参地方官之幕者不同明代只有军幕，职掌奏启文移，无所谓刑名钱谷；至清则地方官多有之。其始，满人出任地方官者，于例案一无所知，不得不延幕友以为辅佐；其后，虽非满人，亦延聘幕友。浙江巡抚李卫幕中有邬先生者，雍正曾予密谕，其势焰可以想见。此文幕也。至于军幕，如明季徐文长之参胡宗宪幕，不过管书记而已。清之军幕则不然。左宗棠初亦为幕友，靳辅幕中有陈潢，皆参与帷幄，自露头角者也。至《货殖列传》，则清末富商大贾，每足以左右国家财政。列之于策，亦足以使后来者觇国政焉。

乙部之书，编年与正史并重。《史记》以前，《春秋》为编年之史。

《竹书纪年》虽六国人作，亦编年类也。盖史体至汉而备。《史记》《汉书》《东观汉记》三史之外晋时以《史》《汉》《汉记》为三史，人多习之，又有荀悦《汉纪》悦与彧、攸同宗，不附曹操，于建安十四年卒。悦书奉诏而作。献帝以班书文繁难省，令悦依左氏传体为《汉纪》三十篇，则编年体也。其后有袁宏《后汉纪》，孙盛《魏氏春秋》《晋阳秋》不称春秋者，避简文宣太后讳也，习凿齿《汉晋春秋》。六朝人衍其绪余者，不可悉举。至司马温公之《资治通鉴》而集其大成。踵其后者，有李焘之《通鉴长编》，李心传之《建炎以来系年要录》，陈桱之《通鉴续编》。《长编》纪北宋一代之事，上接《通鉴》;《要录》述高宗一朝之事，与《长编》相接。至陈桱《通鉴续编》，体例不纯，有自为笔削处，当厕诸《通鉴纲目》之间。明薛应旂作《宋元通鉴》，清徐乾学作《通鉴后编》，毕沅作《续通鉴》，夏燮作《明通鉴》，其体例皆法《左氏传》，而不法《春秋经》，其兼法《春秋》而意存笔削者，则文中子《元经》、朱晦庵《纲目》是已。自明以来，作史者喜学《纲目》，清有《通鉴辑览》亦属《纲目》一类，而与《通鉴》体例不同。徐鼒《小腆纪年》，亦效法《纲目》，盖《通鉴》准则《汉纪》，虽有褒贬，无自存笔削之意，与沾沾以衮钺自喜者异也。

欧阳修像

欧阳修，字永叔，号醉翁，晚年号六一居士，谥号文忠，北宋时期政治家、文学家、史学家和诗人。

荀悦序《汉纪》，言立典有五志：一曰达道义，二曰章法式，三曰通古今，四曰著功勋，五曰表贤能。今案：班固之作《汉书》，其义亦不外此。志即所以章法式而通古今，传即所以著功勋而表贤能。至达道义一义，则为华夏史书所同具。袁宏生东晋之季，好发议论荀《纪》议论甚劣，谓荀书足为佳作，然名教之本，帝王高义，则无有也。以余论之，袁书亦未为详尽，特议论甚长耳。盖彦伯所据，有谢承、华峤、司马彪。谢、沈诸家之书，点窜抉择，极费苦心，故其自序，言经营八年疲而不能定也荀书只就班书旧文剪裁联络成书，较袁书为易。彦伯之议论，有自相违异处，如《三国名臣赞》称荀彧云："英英文若，灵鉴洞照，始救生人，终明风概。"而《后汉纪》则言"魏氏得以代汉者，文若之力也"。盖赞主褒美，史须直笔，体例各有所当耳。《后汉纪》有可与范书比勘者，如一人之言语应对，两书不同；章奏文字，互有增省章奏有案可稽，不应彼此不同；盖史官润色，故生歧异也是也。孙、习二家之书，今不可见。《三国志》裴松之注略有称引。孙于魏氏，无甚卓见，其余晋事，则不可知。习书以蜀汉为正统，所以然者，习氏与桓温同时，见温觊觎非分，故著《汉晋春秋》以正之。然晋受魏禅，外魏则晋无所受。而习氏则以为魏文虽受汉禅，不得免于篡逆；平蜀以后，汉真亡耳，于是晋室始兴。故以晋承汉，不认曹魏。故名其书曰《汉晋春秋》。于司马昭弑高贵乡公，亦用直笔书之。晦庵《纲目》之正蜀闰魏，即导源于此也。南北朝之史籍，如《三十国春秋》等，至今一字无存，温公之作《通鉴》也，采摭甚广，异同互出，不敢自擅笔削之权，因有《考异》之作。盖传闻每多异辞，正史或有讹谬。温公既取可信者录之，复考校同异，辨证谬误，作《考异》以示来世，真所谓良工心苦也。至褒贬笔削之说，温公所不为。例之《太史公书》，亦无自存笔削之意也。观史公自序答壶遂之言曰："余所谓述故事，整齐其世传，非所谓作也。而君比之《春秋》，谬矣。"盖《春秋》有一定之凡例，而褒贬之释，三传不同，故《春秋》不可妄拟。《通鉴》之志，亦犹史公之志耳。

《通鉴》成书，较袁《纪》更难。荀《纪》所载，不过二百年事；袁《纪》不及二百年；《通鉴》则综贯一千三百六十余年之事，采摭之书，正史而外，杂史多至三百三十二种华峤《后汉书》，温公恐不及见。此一千三百六十余年中，事迹纷乱，整齐不易。荀《纪》点窜班《书》，无大改异，事固易为。袁《纪》略有异同，而当时史籍尚寡，不难考校。自三国至隋，史家著述，为数綦众，观《三国志》裴注征引者已有十余家。裴尚仅以陈寿为主，其余诸家，不甚依据。温公则兼收并蓄，不遗巨细。两晋南北朝之事，自《晋书》外，有王隐等十余家书，温公多采之。又如五胡十六国事迹，最为纷乱，而《通鉴》所叙，条理秩然。皆可以见其书功力之深也。

南北朝史，均病夸大，而《魏书》尤甚。《史通》反对南北朝史最烈。其实南朝之史尚优于北朝。南朝之史有可笑者，如沈约《晋书》阑入以牛易马之语于禅让之间，常以忠于前朝者为不知天命，其失仅在文章褒贬之间，不如魏收《魏书》之诬诞。《魏书》志官氏则曰“以鸟名官，远师少皞”，无怪《史通》之斥之也《史通》之语曰：“魏氏始兴边朔，少识典坟，鸟官创置，岂关郯子”。又北人不读《诗》《书》，而诏令口语，多引经典，亦无怪《史通》之赞王劭《齐志》也王劭《齐志》多录当时鄙语，《史通》曰渠们、底个，江左彼此之辞；乃若君、卿，中朝汝我之义。氓俗有殊，土风有类，劭之所录，弘益多矣”。《通鉴》于此，不甚别白，殆以为无关宏旨乎？《唐书》之外，周、齐二书，亦为夸大，至李延寿作南、北史，稍为减杀。是故整理南、北朝史，殊非易事。又《新唐书》采摭小说甚多，温公则依《旧唐书》，删存去取，其难百倍于他书也。通观《通鉴》所采，西汉全采《史》《汉》；东汉采范《书》十之七八；魏晋至隋，采正吏者，十之六七；唐则采正史者，十不及五温公于《旧唐书》亦不甚满意；至五代则全据薛《史》。编辑之时，汉魏属之刘攽；晋至六朝属之刘恕；唐及五代属之范祖禹。三人分修，而笔墨相近，盖温公颇加斟酌于其间也。大事之后，又系以“臣光曰”之论断，较之袁书，此为简易；较之荀书，此为透彻。书成上表，谓精力尽于此书，信不诬矣。书以资治为名，则无关政治之处，自非所重，是以不甚信四皓之事，于严子陵亦仅略著数笔，至于文人，尤为疏

陶渊明采菊图

略，如欲考究文化，仅读《通鉴》，仍有所不足也。

史家载笔，直书其事，其义自见，本不必以一二字为褒贬。书法固当规定，正统殊可不问，所谓不过假年号以记事耳。《通鉴》视未成一统之局，与列国相等。如以魏为正统，而记载仍与吴、蜀相同，南北朝亦然。凡一统之君，死称崩，否则称殂。《通鉴》于三国魏主死称殂，蜀、吴二主亦称殂；南北朝南主称殂，北朝亦称殂。一统之国，大臣死称薨，否则称卒，与春秋列国大夫相同。此温公之书法，所以表示一统与否者也。其在一年中改元者，温公以后者为准，若受禅之际，上半年属胜代，下半年为新朝，亦以后者为准。如汉献帝二十五年之冬，禅于曹魏，纪汉则献帝止于二十四年，二十五年即为黄初元年；南北朝以南朝纪年，至隋开皇九年灭陈，始立隋纪。其在汉献未禅位之前，魏称王，汉称帝；开皇九年前，以陈称帝，隋称主，灭陈之岁，陈称主而隋称帝。温公书法如此，其实一年两纪，亦无不可。温公不欲两纪，故以后者为准。后人言温公夺汉太速，实亦逼于书法，无可如何也。《纲目》以蜀为正统，分注魏、吴二国年号于下，《通鉴》则止有大书，无分注之一法，后陈桱作《通鉴续编》二十四卷桱生元末，入明为翰林编修，大书分注，全仿《纲目》，虽曰《通鉴续编》，实《纲目》之流亚也。沈周《客座新闻》载，桱著此书时，书宋太祖云“匡胤自立而还”，未辍笔，迅雷击案，桱端坐不慑，曰：“虽击吾手，终不易也。”桱书颇有存亡继绝之意，如：后汉刘知远族裔据太原称北汉，《续编》仍存北汉年号；金哀宗之后，末帝承麟立仅一日，亦为之纪年；西辽传国数十年，《续编》详为分注；宋益王昰、卫王昺在瀛国公降元之后，播迁海岛，《续编》亦皆记之，以存宋统元修《宋史》附《恭宗本纪》后。清代君主对于此事，深恶痛疾，其不愿福、桂、唐三王得称正统，观御批《通鉴辑览》可知。甚至李光地《榕村语录》云：“凡历代帝王，均有天质，不得随人私意，尊为正统。蜀汉之尊为正统者，重视诸葛武侯故耳。”乾隆时更发特谕，谓元人北去，在汉北称汗，其裔至清初始尽，设国灭统存，则元祚不当尽于至正；武王灭纣，武庚亦将仍为正统。此不知史为中国之史，胡元非我族类，驱出境外，宁有再系其年号之理？武庚已受周封，备位三恪，岂可与益、卫二王即位岭海者同年而语哉！然戴名世即以《南山集》论二王应称正统而得祸。由今观之，爱新觉罗氏既作此国亡统绝之论，则辽东之溥仪，自不得再有统绪之说可以藉口也。

薛应旂《宋元通鉴》无所取裁，重沓疏漏，不胜枚举。徐、毕二家之《续通鉴》，亦有误学《纲目》处，如年号之大书分注是也。宋、元二史，本文不佳，故采摭所得，不足动人。《通鉴》于可以发议论者，著以“臣光曰”之论断，此盖仿《左传》“君子曰”之例，荀、袁两纪亦然。毕沅《续通鉴》，不著议论。不知既无一字之褒贬，自不得不有论断，而毕书无之，难乎其为续矣。至夏燮之《明通鉴》，未免有头巾气。故资毕、夏二家之书可以上继《通鉴》者，谬也。

《纲目》本之《资治通鉴》，非晦庵亲著，乃其弟子赵师渊所作。“孔子作《春秋》，笔则笔、削则削，游、夏之徒不能赞一词。”晦庵则付之弟子，而自居其名。唐乔补阙知之有婢曰碧玉，善歌，知之为之不婚。不婚者，不娶妇也。《纲目》去一不字，曰：“知之为之婚。”纰谬之处，可见一斑。其所褒贬，颇欲与温公立异。三国以正统予蜀，持义固胜；而以南北朝年号并列，则昧夷夏之辨矣。温公推崇扬雄，既为《法言》作注，又言孟、荀不及扬雄。雄阿附巨君，《颜氏家训》已致诽议，苏子瞻鄙其为人。然《纲目》于天凤五年下大书“莽大夫扬雄死”六字，则有意与温公立异。官职卑微者，史不必书其死。史书凡例，蛮夷君长盗贼酋帅曰死，大夫则称卒称薨。故曹操、司马懿之奸恶，其死也，亦不能不曰卒。乃于扬雄特书曰死，此晦庵不能自圆其说者也。惟此书出赵师渊手，故有此体例不纯之事。其后，尹起莘为之作发明，刘益友为之作书法。恐亦彼辈逞臆之说，不免村学究之陋习耳。

作史而存《春秋》笔削之意，本非所宜。其谬与《太玄》拟《易》相同。王通作《元经》，大书“帝正月”，传为笑柄。明人作编年史，多法《纲目》。乾隆御批《通鉴辑览》，亦依仿《纲目》，更不足道。盖以一人之私意为予夺也。其有自以为无误而适得其反者。如唐狄仁杰，人皆曰为良臣中宗复位，得力于张柬之。柬之，狄所举也，而《辑览》则以为狄仕于周，于同平章事上应书周字。是非背于大公，即此可见。其夺益王、卫王之纪年，更无论矣。徐鼒作《小腆纪年》，专纪南明三王之事，自宜以三王纪年，而仍大书分注，以清帝纪年。然则称大清纪年可矣，何谓小腆哉？徐鼒生道光时，鸦片战争之后，已无文字之狱，尚有此纰谬，难乎免于刘知几之所谓“党护君亲”矣。笔削之书，孔子而后，世无第二人。太史公、司马温公所不敢为，而后人纷纷为之，不得不叹《纲目》为始作之俑也。《明史》文章，视《宋史》为胜，惟其书法有不如《宋史》者。《宋史》于益、卫二王附本纪之末，一如《后汉书》之于未逾年之君著之先帝本纪之后者。王鸿绪《明史稿》以福、唐、桂三王列入宗室诸王传，尚可谓之特笔。至乾隆时重修《明史》，则以之附于先王传后。须知本纪如经，列传如传，有君而不立本纪，其臣将何所附丽哉？如福王时史可法，唐王时何腾蛟，桂王时瞿式耜、李定国等，读其传者，将不知所事何人，此《明史》荒谬之处也。徐书更不足道矣。

要之，褒贬笔削，《春秋》而后，不可继作。《元经》一书，真伪不可知。《纲目》则晦庵自视亦不甚重。尊《纲目》为圣书者，村学究之见耳。编年之史，较正史为扼要，后有作者，只可效法《通鉴》，不可效法《纲目》，此不易之理也。

正史编年而外，学者欲多识前言往行，则三通尚已。《四库提要》以《通典》《通考》入政书类，《通志》入别史类。不知《通志》二十略，郑渔仲之创作；本纪、列传，则史抄也。《四库》不加辨别，概归之于别史，失其实矣。作《通典》者杜君卿，唐德宗时人。先是，刘知几之子秩作《政典》三十五卷，分门诠次，大体略具。杜氏以为未备，复博采史志，综贯历代典章制度，而为是书典章制度之散在列传者，《通典》不备取。杜氏之意，重在政治，故天文、五行，摈而不录。全书二百卷，分八门，礼占卷帙之半。《开元礼》原书已佚，杜氏撷其精要，存三十六卷，其隆礼如此。书成，德宗时上之此书上溯黄、虞，下讫天宝，可谓体大思精之作。至宋，有宋白作《续通典》，今无可见。马贵與作《文献通考》，盖有因于宋书者。马氏以杜书为未备，故离析增益，而列二十四门。实则《经籍》《象纬》《物异》诸考，无关政治，不过充数而已《经籍考》尚与文化有关。然其书出后，继起而无愧色者，亦不可得矣。《通典》事实多而议论少，《通考》录议论至多。宋人素好议论，固其所也。明王圻作《续通考》二百五十四卷，盖不足上规马氏。清高宗时，辑宋、辽、金、元、明五朝事迹，作《续文献通考》二百五十二卷。高宗好胜好名，以《通典》终天宝之末，复敕修《续通典》一百四十四卷自唐肃宗至德元年迄明崇祯末年。实则既续《通典》，何必又续《通考》？同时，更撰《皇朝通典》一百卷，此其命名已不通。所谓通者，贯数代而为言也。事止一代，安得谓之通乎？《通志》二十略，大半本于《通典》。《六书》《七音》二略，是其得意之作。帝纪列传，逐录原史，不合《通典》《通考》之例。《四库提要》不以与杜、马之书并列，殆为此也。然《通志》疏漏殊甚，不仅言天文可笑，言地理亦可笑。《地理略》全抄《通典》之文。所以然者，南宋时两河沦陷，郑氏无从考证，只得抄撮成书耳。故朱晦庵已云《通志》所载，而北方人所言不合。夫记载地理，本须亲自涉览，郑氏不知而作，纰谬固宜。至于《六书略》与《说文》全不相涉，《七音略》则以三十六字母为主。谓三十六字母可以贯一切之音，且矜贵其说，云得之梵书。今案：《华严》字母，与梵语无关。《涅槃》文字品四十七字，尚与梵语相近。三十六字母者，唐宋间人摹拟《华严》之作也。然反切之学，中土所固有。世但知起于三国孙炎，实则《经典释文》即有汉儒反语数条。《史记》《索隐》《集解》《汉书》颜注及《文选》李注皆载反切不少。《玉篇》亦有反切，此皆在创制字母之前，其为先有反切后有字母无疑。反切行世既久，归纳而生字母，此殆必然之理。郑氏考古太疏，妄谓江左之儒知有四声，而不知七音，尊其学出于天竺，谬矣。其《校雠》一略，为章实斋所推崇。实则郑氏校雠之学，不甚精密，其类例一依《七略》《七志》，不欲以四部分类，亦但袭古人成注耳。揆郑氏初志，盖欲作一通史，而载笔之时，不能熔铸剪裁，以致直抄纪传，成为今书耳。

《续通志》无本纪、列传，《续通典》《续通考》大体尚佳，惟嫌重复，二者有一已足，不必重规叠矩也。又其所载官制，名实殊不相应。清制在未设军机处以前，内阁沿袭明代故事，有票拟批答之权即中外章奏，阁臣拟批签进也。既设军机处，则此权归军机处，而《续通典》《续通考》仍言内阁掌票拟进呈。又给事中自唐至明，职权甚大宋无此官，制敕诏令，皆须经给事中之手，苟有不合，可以封还。此前代政治之善，可以减杀皇帝之专制。至清，嫌恶此职，以之归入都察院。从前台谏分列，至清而并之。密谕由军机处传发，给事中不得寓目。明代大赦归内阁，由给事中颁发，清亦不然。而《续通典》《续通考》仍载给事中掌封驳之说，此皆名实不相应者也是否赋之以封驳之权而给事中者有所不敢封驳，或抑夺其权而但存其名，均不可知。观密谕给事中不得寓目，可知《续通典》《续通考》所载，实自欺欺人语矣。《皇朝通志》亦有《六书略》一门。夫六书之法，限于中国文字，而此则以满文、蒙文、回文充之。见篆书有倒薤、悬针、垂露诸体，亦被满文、蒙文、回文以倒薤、悬针、垂露之名。又以大写者为大篆，小写者为小篆，称大篆为史籀作，小篆为李斯作，岂非可笑之甚耶？当时若仅续一部，或《通典》或《通考》，自唐至明，附以清制，固未尝不可。无如高宗之好夸大，欲多成巨帙，以掩前代所作，不知适以招叠床架屋之讥也清帝康熙最为聪明，天算诗文，确有长处；雍正专意政治，不甚留意文学，其朱批上谕，宛然讼棍口吻；乾隆天资极钝，而好大喜功，颇思囊括中国全部学问。当时考据之风盛，故《乐善堂集》中亦有考据文。又好作诗，其在苏杭一带石刻者，皆可笑。要之，清代政书，终以《大清会典》为少疵。《通典》《通考》皆不足观。是故，九通之中独杜氏《通典》最当详究，不仅考史有关，以言经学，亦重要之书也。

章实斋因当时戴东原辈痛诋《通志》，故作斥马申郑之论，谓《通志》示人以体例，本非以考证见长。不知郑氏所志，若果在标举纲领，则作论文可矣，何必抄袭史传，曾不惮烦如此。以此知郑氏之作，正欲以考证见长耳。章氏所言，适得其反。然章氏讥弹《通考》之言，固自不谬。谓天下有比次之书，有独断之学，有考索之功。独断、考索欲其智，比次之书欲其愚。马贵與无独断之学，《通考》不足以成比次之切，其智既无所取，而愚之为道，又有未尽。此论也，切中《通考》之失。然不知官修之书，分门纂集，比次自不至疏陋；马氏以一人之力，成此巨著，一人之力有限，宜其不能尽比次之愚，又何其论考索之智耶？

《通典》《通考》而外，会要亦掌故要籍。《唐会要》，元和时苏冕所作，后杨绍复等奉诏续之，宋王溥复续成今书。溥又撰《五代会要》三十卷，南宋徐天麟更撰《东、西汉会要》，取两汉之事，分为若干门，不专记典章制度。《四库》无可归类，入之政书，实非纯粹政书也。《东、西汉会要》，用以搜检两《汉书》甚便。《五代会要》，学者不之重，然所记政典，颇足补《五代史》之阙。五代旧史不全，新史亦有所未详也。如经籍镂版昉之长兴唐明宗长兴三年校正九经，刻板印卖，学者从此不必手抄，《五代会要》详载其事。然明宗不甚识字，《通鉴》载李绍真、孔循请自建国号，明宗问左右何谓国号。愚陋如此，安能阐扬经术？于时冯道当国，可见九经镂版，冯道之力为多。宋初儒者，鄙夷冯道，新史削而不书冯之雕印九经，与张宗昌之翻刻唐石经，后先辉映。不有《五代会要》，后代何从知冯道之功耶？大抵会要一类，只唐、五代二书较为重要，余皆无用。其附于《通典》《通考》之次者，以体例相近故尔。

清秦蕙田作《五礼通考》，依《周礼》吉、凶、宾、军、嘉立为五纲，凡历代典章制度，一一收入。此书由戴东原、钱竹汀、方观承等参酌而成，观象授时一门，戴氏之力居多。全书记载详尽，胜于《通志》。曾涤笙尝言：三通之外，可益此而为四通。然其分门之法实不合。先是，徐乾学作《读礼通考》一百二十卷，特详凶礼。于是秦书于凶独略，名为五礼，实止四礼，此一失也；又古今典章制度，本非五礼所能包举，秦书二百六十二卷，吉礼占其大半，且多祭祀一类，考古有余，通今不足，此又一失也《通典》《通考》之礼，今尚有用。《通考》综朝觐巡狩诸事，称曰王礼；选举、学校，分门别立，而秦书一皆入之嘉礼。其中又设观象授时、体国经野诸题，以统天文、舆地，此又极可笑者也。彼以为《周礼》朝觐属于宾礼，后世帝王一统，宾礼止行于外藩，臣工入见，无所谓宾礼，故以朝礼入嘉礼，巡狩之礼，亦并入焉，不知其为大谬也。夫体国经野，设官分职，《周礼》六官皆然，而吉、凶、军、宾、嘉五礼，为春官大宗伯所掌此封建时代之礼制，后世有不能沿袭者。《周礼》大宗伯掌邦礼以佐王和邦国，以吉礼事邦国之鬼神示，以凶礼哀邦国之优，以宾礼亲邦国朝觐会同，以军礼同邦国，以嘉礼亲万民冠、昏、宾、射、飨燕皆在嘉礼。以五礼为纲，其目三十有六。周代众建诸侯，礼则宜然。后世易封建为郡县，五礼之名，已不甚合。且嘉礼以亲万民，焉得以政治制度当之？故《五礼通考》之名与其分类皆未当也。《礼记》云："经礼三百，曲礼三千。"郑康成谓："经礼者，《周礼》也；曲礼者，《仪礼》也。"余以为观象授时、体国经野、设官分职、学校制度、巡狩朝觐，皆可谓之经礼。《左传》所谓礼"经国家、定社稷、序民人、利后嗣”，《孝经》所谓“安上治民莫善于礼”是也。经礼之外，别立曲礼一项，然后依五礼分之。如是，始秩然不紊。今但以五礼分配，于是舆地归体国经野，职官归设官分职，一切驱蛇龙而放之菹。不识当时戴东原、钱竹汀辈何以不为纠正也。

就政治而言，《通典》一书为最重要，其言五礼亦备。外此则《通考》亦有用。曾氏家书命其子熟读《通考》序，可见注重《通考》矣。凡人于所得力，往往不肯明言，曾氏实得力于《通考》，四通之说，欺人语也。

民国以还，在官多寡学之徒。叶德辉尝告余：康氏自以为是，不足与言学问；梁氏之徒，尚知谦抑，尝问欲明典章制度，宜读何书？则告以可读《通考》。余问何以不举《通典》？叶笑曰：尚不配读《通典》也。余谓应用于政治，读《通考》已足。《五礼通考》之类，政治中人，未有好读之者，读之亦无所用。徒以曾氏一言，遂增其声价。实则此书非但不及《通典》，亦不如《通考》甚远。至于皇朝三通，通非所通。《五礼通考》以行政制度归入五礼，亦不通也。今人欲读政书，自以《通典》《通考》为最要，《通志》已无所用。至读皇朝三通，则不如读《大清会典》。要之，九通之中，有用而须熟读者，只《通典》《通考》二书已耳。

余于星期讲习会中，曾言经史实录不应无故怀疑。所谓无故怀疑者，矜奇炫异，拾人余唾，以哗众取宠也。若核其同异，审其是非，憭然有得于心，此正学者所有事也。《太史公》记六国事，两《汉书》记王莽事，史有阙文，语鲜确证。《唐书》记太宗阋墙之变及开国功业，虽据实录，不无自定之嫌。明初靖难之祸，建文帝无实录可据。举此四者，可见治史者宜冥心独往，比勘群书而明辨之也。

《史记·六国表序》言：“秦既得意，烧天下《诗》《书》，诸侯史记尤甚，为其有讥刺也。《诗》《书》所以复见者，多藏人家；而史记独藏周室，以故灭。”夫诸侯史记既灭，则太史公所恃以秉笔者，惟《秦记》耳。《六国表》，凡秦与六国战争之事悉载之，六国自相攻伐，如乐毅破齐等亦载之。此事之可信者也。至列传中琐屑之事，则不可尽信，如苏秦合纵，秦兵不敢窥函谷者十五年；鲁仲连义不帝秦，秦军为却五十里是也。又记载人物，往往奇伟非常，信陵君、蔺相如辈，其行谊皆后人所难能。六国既无史记，史公何从知之？曾涤笙谓《庄子》多寓言，《史记》所载，恐亦太史公之寓言。不知庄子自称“卮言日出，和以天倪”，其书固多寓言。至于国史，事须征实，焉得以《庄子》为比？案：苏秦、鲁连辈各有著述，《汉志》载《苏子》三十一篇、《鲁连子》十四篇、《魏公子兵法》二十一篇。盖太史公据彼辈自著之书、采摭成文耳。余观常人立言，每好申已绌人，孟、荀大儒，有所不免，与人辩难，恒自夸饰，见绌于人，则略而弗书。《苏子》语本纵横，于事实或有增饰。鲁连围城辩难，何由入秦将之耳？却秦军五十里，是李同战死之功。归之鲁连者，必其自夸之辞。公子无忌敬礼侯生，事或有之；朱亥椎杀晋鄙，亦不足怪；独如姬窃符，颇为诡异；一战而胜，战法亦不详言，止于战前略为铺叙，恐亦袭魏公子书之夸辞也。又叙蔺相如奉璧秦廷，怒发冲冠，秦王即为折服，事亦难信。相如有无著述，今不可知，观其为人，盖任侠一流史言司马相如好读书、学击剑，慕蔺相如之为人。司马相如之所慕者，当是任侠使气也。或当时刺客、游侠盛道其事。史公好奇，引以入列传耳。《左传》人物皆平实不奇，汉人亦然，独六国时人行谊往往出恒情之外。然扬子云评《左氏》曰品藻、《史记》曰实录。实录者，实录当时传记也。苏秦有《苏子》，鲁连有《鲁连子》，魏公子有《兵法》，史公皆取以作传，故曰实录，事之确否，史公固不负责，须读者自为分辨耳。

《汉书·王莽传赞》言：“莽折节力行，以要名誉，岂所谓色取仁而行违者耶？”又曰：“莽既不仁，而有佞邪之材，肆其奸慝，以成篡盗之祸。”今观莽传，莽未篡位前，钓名沽誉，谲诈甚著；既移汉祚，则如顽钝无知之辈，如天下盗贼蜂起，莽乃令太史推三万六千岁历纪，以六岁一改元，布告天下。夫秦皇一世万世之说，至今人笑其愚。莽之此言，不尤可笑乎？又因叛者日众，率群臣至南郊，陈其符命本末，仰天曰：“皇天既命授臣莽，何不殄灭众贼？即令臣莽非是，愿下雷霆诛臣莽。”因搏心大哭，气尽，伏而叩头。此与村妪之诅咒何异？又刘歆、王涉自杀后，殿中钩盾土山仙人掌旁有白头公、青衣，郎吏见者，私谓之国师公。衍功侯喜素善卦，莽使筮之，曰：“忧兵火。”莽曰：“小儿安得此左道？是乃予之皇祖叔父子侨欲来迎我也。”既云莽佞邪，则其容止何其愚呆也。假六艺以文奸言，事固有之；假神仙以欺天下，其愚恐不至此。《史通·曲笔》篇言：“《后汉书·更始传》称其懦弱也，其初即位，南面立，朝群臣，羞愧流汗，刮席不敢视。夫以圣公身在微贱，已能结客报仇，避难绿林，名为豪杰；安有贵为人主，而反至于斯者乎？将作者曲笔阿时，独成光武之美，谀言媚主，用雪伯升之怨也。且中兴之史，出自东观，或明皇所定，或马后攸刊，而炎祚灵长，简书莫改，遂使他姓追撰，空传伪录者矣。”余谓草莽之人，初登帝位，羞愧流汗，事所恒有。《史记·高祖本纪》言诸侯将相尊汉王为皇帝，汉王三让，不得已，曰：“诸君必以为便，便国家。”观此一语，当时局促不安之状，居然如画。又袁项城洪宪元年元旦，命妇人贺，项城起立，曰：“不敢当，不敢当。”夫以汉高、项城之雄鸷，骤当尊位，犹有此惶愧之状，则无怪乎更始之羞愧流汗、刮席不敢视矣。《后汉书》又称：“更始居长乐宫，升前殿，郎吏以次列庭中。更始羞怍，俯首刮席不敢视。诸将后至者，更始问虏掠得几何，左右侍官皆宫省久吏，各惊相视。”此又一事也。夫羞愧刮席，事或有之；问虏掠几何，恐不可信。此盖与王莽之愚呆，同为东汉人所缘饰耳。《通鉴考异》凡事有异同，则于本事之下，明注得失，若无异说，无从考校，则仍而录之，王莽更始之事是也。

唐太宗之事，新、旧《唐书》之外，有温大雅之《大唐创业起居注》在。温书称建成为大郎，太宗为二郎。据所载二人功业相等，不若新、旧《唐书》归功于太宗一人也。案，唐高祖在太原，裴寂、刘文静劝高祖起事，太宗赞成之，时建成在河东。击西河时，建成、太宗同时被命进军贾胡堡。天雨粮尽，高祖欲还，建成、太宗苦谏，乃止。在长安攻伐，二人之功亦相等。后太宗出关，平王世充、擒窦建德，建成不安于位，王珪、魏徵劝立功以自封，时刘黑闼尽有窦建德之地，建成率众破灭之。创业之功，彼此既堪为伯仲；自非夷、齐，其谁克让？若玄宗讨平韦氏，宋王宪固辞储副，此因玄宗有定国之功，宋王毫无建树，故涕泣固让，与建成、太宗功业相等者绝异。温公乃谓隐太子有泰伯之贤，则乱何自而生？不悟建成自视功业不让太宗，岂肯遽为吴泰伯乎？

且唐初本染胡俗，未必信守立嫡以长之说。但监于隋文之废太子勇而立炀帝炀帝亦有平陈之功，卒召祸乱；而建成、太宗之功，又无高下，所以迟迟不肯废太子耳。《唐书》言建成私募四方骁勇及长安恶少年二千人为宫甲，屯左右长林门，号长林兵；又募幽州突厥兵三百，纳宫中。将攻西宫，或告于帝，帝召建成责之。杨文干素凶诐，建成昵之，使为庆州总管，遣募兵送京师，欲为变尔。朱焕等白反状，文干遽发兵反，建成入谒，叩头请死，投手于地，不能起。高祖遣太宗自行讨文干，曰："还，立汝为太子。吾不能效隋文帝自诛其子，当封建成为蜀王。"刘悚《小说》言人妄告东宫，妄告之事，或即太宗为之。盖高祖以隋废太子，语多诬罔，职成乱阶，殷鉴不远，故于废立事极为犹豫。《唐书》又言建成等召秦王夜宴，毒酒而进之，王心中暴痛，吐血数升。今案，建成之臣有魏徵、王珪，设计当不至下劣如此，心痛又何尝不可伪作？太宗密奏建成、元吉淫乱后宫，此暧昧之事，难于征信。高祖许太宗明当鞫问，而太宗先命长孙无忌伏兵门侧。建成入参，并未持兵，则建成无杀弟之意可知。建成、元吉至临湖殿，觉变，反走，太宗从而呼之，元吉张弓射太宗，再三不彀，太宗射建成杀之，元吉中矢走，尉迟敬德追杀之。既系彼此争讼，则静待鞫治可耳，何必伏兵侧门、推刃同气？可见密告之事，全非事实也。夫新旧《唐书》悉本实录。史载太宗命房玄龄监修国史，帝索观实录，房玄龄以与许敬宗等同作之高祖，今上实录呈览，太宗见书六月四日事，语多隐讳，谓玄龄曰："周公诛管、蔡以安周，季友鸩叔牙以存鲁，朕之所为，亦类是耳，史官何讳焉？"即命削去浮词，直书其事。观此，则唐初二朝实录，经太宗索观之后，不啻太宗自定之史实矣。开国之事，尚有温大雅《起居注》可以考信，其后则无异可考，温公亦何能再为考校哉！

明人郑晓论建成事，谓中国开创之君，其长子多不得安。今案，夏启嗣禹，而太康失国；太甲、汤之长孙而被放；文王舍伯邑考而立武王；秦杀太子扶苏；汉惠帝立而无后，主汉祀者为文帝子孙；东汉光武长子东海王强被废；刘禅，昭烈嫡子，而舆榇降魏；孙亮乃权之少子；晋司马师无后；惠帝庸劣，怀、愍皆惠帝之子；宋营阳王被弑；齐郁林王为明帝所杀；梁昭明太子早卒，武帝舍长孙而立简文，后为侯景所弑；陈武帝殂时，其子昌殁于长安，兄子文帝入嗣大统；隋文帝废太子勇而立炀帝；唐太子建成为太宗所杀；五代异姓为继，不足论；宋太祖不得传位于子；明懿文太子早卒，太祖嫡孙为燕王所篡。综观数千年来，自周而后，开国之君，长子每多不利，形家言震为长子，方位在东，中国西北高而东南下，故长子屯蹇者多。形法虽不足信，亦甚可怪也。

太宗尝称房谋杜断。今观唐人记载，当定天下之初，二人实未尝有所建树。历代开国勋臣，皆有定国大计。萧何入关，首收图籍；高祖封于汉中，心怀不平，何谓犹愈于死；进韩信为大将；居关中，转漕给军，补所不足。刘基佐明，其谋虽秘密，亦有可知者——明祖初奉韩林儿正朔，岁首设御座行礼，基独不拜，曰："牧竖耳，奉之何为？"明祖问征讨大计，时陈友谅据上流，张士诚据下流，基谓先灭陈则张氏势孤，天下可一举而定也。萧、刘二人，有定国大计，彼房、杜何有焉？其所谓谋断者，恐即为太宗谋夺宗嗣而已。今观房、杜之才，守成有余，开创不足。然气度亦自恢廓，魏徵、王珪入参帷幕，房、杜未尝排挤；马、周上书，数年间阶位特进，房、杜亦不嫌忌。玄龄自言最慕袁安，尝集古今家诫，书于屏风，以教诸子：汉袁氏累叶忠节，吾心所尚，尔宜师之。然玄龄子遗直袭爵，幼子遗爱欲夺之，卒以谋反伏诛，此即效乃父之佐人杀兄也。杜如晦子荷，参太子承乾逆谋，欲废太宗为太上皇，及败坐诛，此亦效乃父之与人家事也。以逆为训，故子姓效尤。王绩无功，王通之弟尝上书玄龄，劝其功成身退，否则有灭族之祸。有识之士，见之审矣绩称玄龄为梁公，则玄龄非文中子弟子可知。

明成祖兴靖难之师，入都后，革除建文年号，以建文四年为洪武三十五年洪武讫三十一年。建文无实录，故事迹可信者少。其初忌讳至深，至嘉靖、万历而稍弛，逊国时事渐见记录，稗官野史亦有记载，言人人殊，莫衷一是。史称建文即位，即兴削藩之议。周、代、湘、齐、岷诸王，相继以罪废黜，此一事也。燕王，建文所深忌，而《明史》纪事则称建文元年，燕王入觐，由皇道入，登陛不拜，御史曾风韶劾以大不敬。帝诏，至亲勿问。三月，燕王还国。修《明史》时，朱竹垞备论此事之非见《史馆上总裁第四书》，此又一事也。建文之谋主为齐泰、黄子澄，而方孝孺亦建文所深信。理学之徒虽竭力为方氏辩护，实则反间燕王父子者，方氏也。时燕兵掠沛，方氏以燕世子仁厚，其弟高煦狡谲有宠，有夺嫡之谋，因白帝遣人赍玺书往北平赐世子，世子得书不启封，送之燕军。由此观之，削藩之事，不仅齐、黄诸人矣。明人小说载成祖待建文诸臣至为惨酷，云：铁铉守济南，突破燕兵，几擒成祖，后被执，成祖烹之，今南京铁汤池即铉就义地也。又云：戮杀建文臣子之妻，命上元县扛尸至远城与狗子吃。又云：发建文臣子妻女入教坊，所生儿长大作小龟子。又云：程济从建文出为僧案：程济事迹，《明史》亦略有记载，谓济本岳池教谕，建文即位，济上书言某月日北方兵起，建文以为非所宜言，逮捕将杀之，济大呼请囚，云：如言不验，诛死未晚。乃下狱。及燕兵起，释之，改官编修，参北征将军。徐州之捷，诸将树碑纪功，济一夜往祭，人莫测。后燕王过徐，见碑大怒，趣左右椎之，再椎，遽曰："止，为我录文来！"已，按碑行诛，无得免者。而济名适在椎脱处。济尝与人书曰"君为忠臣，我为智士"。凡此所载，其皆可信耶？否耶？吾读《致身录》《从亡录》诸书，终觉其似黎邱眩人。《致身录》为吴江史仲彬所作，潘次耕坚持无此等事，至与史氏子孙互殴。故建文一代，无实录可据，采之野史，失实者多矣。

以上所述，皆非无故怀疑。一则太史公纪六国时事，无所取材，取诸其人自著之书，不免失之浮夸；二则王莽之事，同此一人，而前后愚智悬绝，当出光武诸臣之曲笔；三则建成、元吉之事，有温大雅《起居注》可供参证，房玄龄主修之国史，太宗不无自定之嫌；四则建文逊国之事，世无实录，采之野史，未必可信。孔子曰："多闻阙疑，多见阙殆。"故必博学、审问、慎思、明辨，方足以言怀疑。若矜奇炫异，抹杀事实，则好学之士不当尔也。

第十三讲 文学略说

文学分三项论之：一论著作之文与独行之文有别；二论骈体、散体各有所施，不可是丹非素；三论周秦以来文章之盛衰。

一、著作之文与独行之文

著作之文云者，一书首尾各篇互有关系者也；独行之文云者，一书每篇各自独立，不生关系者也。准是论文，则《周易》《春秋》《周官》《仪礼》、诸子，著作之文也《仪礼》虽分十七篇而互有关系；《诗》《书》，独行之文也。孔子删诗，如后世之总集，惟商初、周初诸篇偶有关系，然各篇不相接者多，与《春秋》编年者异撰，或同时并列三篇，或旷数百年而仅存一篇。自尧至秦，一千七百年中，商书残缺；夏书则于后羿、寒浞之事，一无记载。盖书本各人各作，不相系联。孔子删而集之，亦犹夫诗矣。后人文集，多独行之文；惟正史为著作之文耳。以故著作之文，以史类为主；而周末诸子，说理者为后起，老、墨、庄、申、韩、孟、荀是也；惟《吕览》是独行之文编集而为著作者也。著作之盛，周末为最。顾独在诸子，史部不能与抗。至汉，《太史公》继《春秋》而作，史部始盛。此后子书，西汉有陆贾《新语》真伪不可知、贾谊《新书》、董仲舒《春秋繁露》后人归入经部、桓宽《盐铁论》集当时郡国贤良商论盐铁榷沽事、扬雄《法言》；东汉有王充《论衡》、王符《潜夫论》、仲长统《昌言》全书不可见、荀悦《申鉴》、徐幹《中论》。持较周秦诸子，说理固不逮，文笔亦渐逊矣。然魏文帝论文，不数宴游之作，而独称徐幹为不朽者，盖犹视著作之文尊于独行者也。

著作之文，本有史部、子部二类。王充谓：“司马子长累积篇第，文以万数；然而因成前纪，无胸中之造。扬子云作《太玄经》，造于助思，极窈冥之深，非庶几之才，不能成也。”《论衡·超奇》篇此为抑扬太过。《史记》虽袭前文，其为去取，亦甚难矣。充又数称桓君山，谓说论之徒，君山为甲。今桓谭书不可见，惟《群书治要》略载数篇，亦无甚高深处。而充称为素丞相者，盖王、桓气味相投，能破坏不能建立，此即邱光庭《兼明书》之发端也东汉人皆信阴阳五行，王充独破之，故蔡中郎得其书，秘之帐中。中郎长于碑版，能为独行之文而不能著作者。至于三国，《典论》全书不可见。刘劭《人物志》论官人之法，行文精炼，汉人所不能为，《隋志》入之名家，以其书品评人物，综核名实，于名家为近也。其论英雄，谓“张良英而不雄，韩信雄而不英。体分不同，以多为

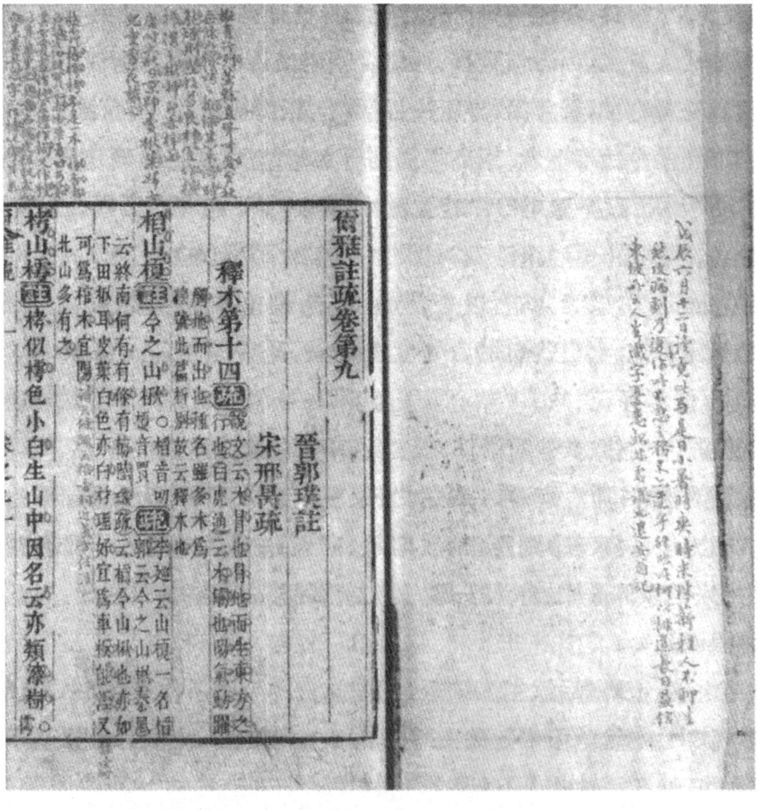

《尔雅注疏》（十一卷 〔晋〕郭璞注，〔北宋〕邢昺疏）

目，故英雄异名，皆偏至之材，人臣之任也。故英可为相，雄可为将。若一人之身兼有英雄，则能长世，高祖、项羽是也。然英之分以多于雄，而英不可以少也。英分少则智者去之，故项羽气力盖世，明能合变，而不能听采奇异；有一范增不用，是以陈平之徒，皆亡归高祖。英分多故群雄服之，英材归之，两得其用，故能吞秦破楚，宅有天下。然则英雄多少，能自胜之数也。徒英而不雄，则雄才不服也；徒雄而不英，则智者不归也。故雄能得雄，不能得英；英能得英，不能得雄。故一人之身兼有英雄，乃能役英与雄。能役英与雄，故能成大业也。"语似突梯，而颇合当时情理。晋世重清谈，宜多著作之文；然而无有者，盖清谈务简，异于论哲学也。乐广擅清言，而不著书。《世说新语》云："客问乐令旨不至者，乐亦不复剖析文句，直以麈尾柄确几曰：'至不？'客曰：'至。'乐因又举麈尾曰：'若至者，那得去？'于是客乃悟服。广辞约而旨达，皆此类。"故无长篇大论。其时子书有《抱朴子》等《抱朴子》外篇论儒术，内篇论炼丹，颜之推讥之，以为"魏晋以来，所著诸子，理重事复，递相模学，犹屋下架屋、床上施床耳"。《颜氏家训》言处世之方，不及高深之理。精于小学，故有《音辞》篇；信奉释氏，故有《归心》篇。其书与今敦煌石室所出《太公家教》类似。之推文学之士，多学问语。太公不知何人，或为隋唐间老农。学问有深浅，故文笔异雅俗耳。李习之谓《太公家教》与《文中子》为一类，不知《文中子》夸饰礼乐，而《家教》则否，余故谓是《家训》之类也。唐人子部绝少。后理学家用禅宗语录体著书，亦入子部，其文字鄙俚，故顾亭林讥之曰："夫子之文章，不可得而闻矣。"

史部之书，范晔《后汉书》、陈寿《三国志》，皆一手所作。《宋书》《齐书》《梁书》《陈书》亦然。《隋书》，魏徵等撰。本纪、列传，出颜师古、孔颖达手自来经学家作史，惟孔颖达一人；《天文》《律历》《五行》三志，出李淳风手。《新唐书》，宋祁撰列传，欧阳修撰志，虽出两人，文笔不甚相远。《晋书》出多人之手。《旧唐书》，号称刘昫撰，昫实总裁而已。《旧五代史》，薛居正撰，恐亦非一人之作。欧阳修《新五代史》，固出一手，然见闻不广，遗漏太多。辽、金、元三史，皆杂凑而成，惟《东都事略》乃王偁一人之作。《明史》本万斯同所作，但有列传，无本纪、表、志。余弟子朱逖先在北京购得稿本，体裁工整，而纸色如新，未敢决然置信。然文笔简练，殆非季野不能为。王鸿绪《横云山人明史稿》，纪、表、志、传具备，而删去万历以后列传。乾隆时重修《明史》，则又出多人之手矣。编年史如《汉纪》《后汉纪》《十六国春秋》，皆一手所作《十六国春秋》，真伪不可知。《通鉴》一书，周、秦、两汉为刘奉世所纂，六朝为刘恕所纂，隋唐为范祖禹所纂，虽出众手，而温公自加刊正。"臣光曰"云云，皆温公自撰，亦可称一手所成者也。大抵事出一手者为著作之文史部、子部应分言之，反之则非著作之文。宋人称《新五代史》可方驾《史记》，《史记》安可几及？以后世史部独修者少，故特重视之耳。

《左》《国》《史》《汉》中之奏议书札，皆独行之文也。西汉以前，文集未著。《楚辞》一类，为辞章之总集。汉人独行之文，皆有为而作，或为奏议，或为书札，鲜有以论为名者。其析理论事，仅延笃《仁孝先后论》一篇耳，其文能分析而未臻玄妙，徒以《解嘲》《非有先生论》之属皆是设论，非论之正，故不得不以延笃之论为论之首也。魏晋六朝，崇尚清谈。裴颀《崇有》，范缜《神灭》，斯为杰构。清谈者宗师老子，以无为贵，故裴颀作论以破其说。《宏明集》所收，多扬玄虚之旨，范缜远承公孟太史公云：学者多言无鬼神，近宗阮瞻，昌论无鬼，谓形之于神，犹刀之于利，未闻刀去而利存，安有人亡而神在？是仍以清谈破佛法也。此种析理精微之作，唐以后不可见。近世曾涤笙言古文之法，无施不可，独短于说理方望溪有"文以载道"之言，曾氏作此说，是所见过望溪已。夫著作之文，原可以说理。古人之书，《庄子》奇诡，《孟》《荀》平易，皆能说理。韩非《解老》《喻老》，说理亦未尝不明。降格以求，犹有《崇有》《神灭》之作，何尝短于说理哉？后人为文，不由此道，故不能说理耳。然而宗派不同、门户各别，彼所谓古文，非吾所谓古文也。彼所谓古文者，上攀秦汉，下法唐宋，中间不取魏晋六朝。秦汉高文，本非说理之作，相如、子云，一代宗工，皆不能说理。韩、柳为文，虽云根柢经、子，实则但摹相如、子云耳。持韩较柳，柳犹可以说理，韩尤非其伦矣柳遭废黜，不能著成一书，年为之限，深可惜也。盖理有事理、名理之别。事理之文，唐宋人尚能命笔；名理之文，惟晚周与六朝人能为之。古文家既不敢上规周秦，又不愿下取六朝，宜其不能说理矣。要之，文各有体。法律条文，自古至今，其体不变。汉律、唐律，如出一辙。算术说解，自《九章》而下，亦别自成派。良以非此文体，无以说明其理故也，律算如此，事理、名理亦然。上之周秦诸子，下之魏晋六朝，舍此文体不用，而求析理之精、论事之辨，固已难矣。然则古人之文，各类齐备，后世所学，仅取一端。是故，非古文之法独短于说理，乃唐宋八家下逮归、方之作，独短于说理耳。

史部之文，班、马最卓。后世学步，无人能及。传之于碑，文体攸殊。传钝叙事，碑兼文质。而宋人造碑，宛然列传。昌黎以二千余字作《董晋行状》，其他碑志，不及千字，宋人所作神道墓志，渐有长者。子由作《东坡墓志》，字近七千，而散漫沉碎，不能收束。晦庵作《韩魏公志》，文成四万，亦不能收束。持较《史》,《汉》千余字之《李斯列传》，七八千字之《项羽本纪》，皆收束得住，不可同年而语矣。后人无作长篇之力量，则不能不学韩、柳之短篇，以求收束得住，所谓起伏照应之法。凡为作长篇，不易收束而设也此法宋人罕言，明人乃常言尔。是故即论单篇独行之作，亦古今人不相及矣。

后世史须官修，不许私撰。学成班马，技等屠龙。惟子书无妨私作，然自宋至今，载笔之士，率留意独行之文，不尚著作。理学之士，创为语录，有意子部，而文采不足。余皆单篇孤行，未有巨制，岂不以屠龙之技为不足学耶？今吴江有宝带桥，绵亘半里，列洞七十，传为胡元时造；福建泉州有万安桥，长及二里，传为蔡襄所造。此皆绝技，后人更无传者。何者？师不以传之弟子，弟子亦不愿受之于师，以学而无所可用也。著作之文，每下愈况，亦犹此矣。

二、骈文散文各有体要

骈文、散文，各有短长。言宜单者，不能使之偶；语合偶者，不能使之单。《周礼》《仪礼》，同出周公，而《周礼》为偶，《仪礼》则单。盖设官分职，种别类殊，不偶则头绪不清；入门上阶，一人所独，为偶则语必冗繁。又《文言》《春秋》，同出孔子，《文言》为偶，《春秋》则单。以阴阳刚柔，非偶不优；年经月纬，非单莫属也。同是一人之作，而不同若此，则所谓辞尚体要矣。

骈散之分，实始于唐，古无是也。晋宋两代，骈已盛行。然属对自然，不尚工切。晋人作文，好为迅速。《兰亭序》醉后之作，文不加点，即其例也。昭明《文选》则以沉思翰藻为主，《兰亭》速成，乖于沉思，文采不艳，又异翰藻，是故屏而弗录。然魏晋佳论，譬如渊海，华美精辨，各自擅场。但取华美，而弃精辨，一偏之见，岂为允当，顾《文选》所收对偶之文，犹未极其工切也。

降及隋唐，镂金错采，清顺之气，于焉衰歇，所以然者，北人南学如温子升辈是，得其皮毛，循流忘返，以至斯极。于是初唐四杰廓清之功，不可没也颜师古作《等慈寺塔记铭》，有意为文，即不能工；杨盈川作《王子安文集序》，以为当时之文，皆糅之金玉龙凤，乱之青黄朱紫，子安始革此弊。降及中叶，李义山始专力于对仗，为宋人四六之先导。王子安落霞、孤鹜二语，本写当时眼前景物，而宋人横谓落霞，飞蛾之号以对孤鹜，乃为甚工宋人笔记中多此语，其可笑有如此者。骈文本非宋人所工，徒以当时表奏皆用四六，故上下风行耳。欧阳永叔以四六得第，虽宗韩柳，不非骈体永叔举进士，试《左氏失之诬论》有“石言于晋，神降于莘；内蛇斗而外蛇伤，新鬼大而故鬼小”语，颇以自矜。东坡虽亦作四六，而常讥骈体。平心论之，宋人四六实有可议处也。清乾隆时，作骈体者规摹燕许，斐然可观。李申耆选《骈体文钞》申耆，姚姬传之弟子，肄业钟山书院，反对师说，乃作是书，取《过秦论》《报任少卿书》，一切以为骈体，则何以异于桐城耶？阮芸台妄谓古人有文有辞，辞即散体、文即骈体，举孔子《文言》以证文必骈体，不悟《系辞》称辞，亦骈体也。刘申叔文本不工，而雅信阮说。余弟子黄季刚初亦以阮说为是，在北京时，与桐城姚仲实争，姚自以耋耄，不肯置辩。或语季刚：呵斥桐城，非姚所惧；诋以末流，自然心服。其后白话盛行，两派之争，泯于无形。由今观之，骈散二者本难偏废。头绪纷繁者，当用骈；叙事者，止宜用散；议论者，骈散各有所宜。不知当时何以各执一偏，如此其固也。

邹阳，纵横家也。观其上书《邹阳》七篇，《汉志》入纵横家。《史记》，邹阳与鲁仲连同传。周孔之作不论，论汉人之作，相如、子云之文非有为而作，故特数邹阳，行文以骈。而文气之盛，异于后之四六。是故谓骈体气弱，未为笃论。宋子京《笔记》谓作史不应有骈语。刘子玄亦云：史文用骈，似箫笛杂鼙鼓、脂粉饰壮士。此谓叙事不宜用骈也。不仅宋子京、刘弦如此，六朝人作史，亦无用骈语者。唐诏令皆用骈体，而欧阳永叔撰《新唐书》，一切削去，此则太过。夫诏令以骈而不可录；罪人供状，词旨鄙俚，莫此为甚，何为而可录耶？后人不愿为散体者，谓散体短于说理，不知《崇有》《神灭》之作，亦非易为。若夫桐城派导源震川尧峰亦然，阳湖略变其法，而大旨则同。震川之文，好摇曳生姿，一言可了者，故作冗长之语。曾涤笙讥之曰："神乎？味乎？徒辞费耳。"此谓震川未脱八股气息也。至于散之讥骈，谓近俳优，此亦未当。玉溪而后，雕绘满眼，弊固然矣。若《文选》所录，固无襞积拥肿之病也。今以口说衡之，历举数事，不得不骈；单述一理，非散不可。二者并用，乃达神旨。以故，骈散之争，实属无谓。若立意为骈，或有心作散，比于削趾适屦，可无须尔。

骈散合一之说，汪容甫倡之，李申耆和之。然晋人为文，如天马行空，绝无依傍，随笔写去，使人难分段落。今观容甫之文，句句锻炼，何尝有天马行空之致；容甫讥呵望溪，而湘绮并诮汪、方。湘绮之文，才高于汪，取法魏晋，兼宗两汉。盖探知明七子之弊，专学西汉，有所不逮；但取晋宋，文不甘心。故其文上取东汉，下取魏晋，而自成湘绮之文也。若论骈散合一，汪、李尚非其至，湘绮乃成就耳。然湘绮列传碑版，摹拟《史记》，袭其成语，往往有失检之处。如《邹汉勋传》云："如邹汉勋者，又何以称焉？"此袭用《史记·伯夷列传》语而有误也。夫许由、卞随、务光之事，太史疑其非实，故作此问。若邹汉勋者，又何疑焉？

三、周秦以来文章之盛

论历代文学，当自周始。孔子曰："郁郁乎文哉，吾从周。"周初之文，厥维经典，不能论其优劣。春秋而后，始有优劣可言。春秋时文体未备，综其所作，记事、叙言多而单篇论说少。七国时文体完具，但无碑版一体。钟鼎虽与碑版相近，然其文不可索解。故正式碑版，断自秦后起也任昉《文章缘起》，其书真伪不可知，所论亦未可信据。概而论之，文章大体备于七国；若其细碎，则在六朝。六朝之后，亦有新体，如墓志，本为不许立碑者设；后世碑与墓志并用，其在六朝，墓志不为正式文章也。又如寿序，宋以前犹未著。然论文学之盛衰，固不拘于文体之损益。

自唐以来，论文皆以气为主。气之盛衰，不可强为。大抵见理清、感情重，自然气盛。周秦之作，未有不深于理者，故篇篇有气。论感情，亦古人重于后人。《颜氏家训》谓："别易会难，古人所重；江南饯送，下泣言离。"梁武帝送弟王子侯出为东郡，云："我年已老，与汝分张，甚以恻怆。"数行泪下。非独爱别离如此，即杯酒失意，白刃相仇，亦惟深于感情者为然。何者？爱深者恨亦深，二者成正比例也。今以《诗经》观之，好贤如《缁衣》，恶恶如《巷伯》，皆可谓甚真。至于《楚辞·离骚》之忠怨，《国殇》之严杀，皆各尽其致。汉人叙战争者，如《项羽本纪》《李陵列传》，有如目睹，非徒其事迹之奇也，乃其文亦极描写之能事矣。此在后世文人为之，虽有意描写，亦不能几及。何也？其情不至也。大抵抒情之作，往往宜于小说。然自唐以降，小说家但能叙鬼怪，而不能叙战争攻杀。此由实情所无，想像亦有所不逮。惟有男女之情，今古不变，后世小说，类能道之。然人之爱情，岂仅限于男女？君臣、父子、兄弟、朋友，无不有爱情焉。而后世小说之能事，则尽于述男女而已。

汉人之文，后世以为高，然说理之作实寡。魏晋渐有说理之作，但不能上比周秦。今人真欲上拟周秦两汉，恐贻举鼎绝膑之诮。明七子李空同辈，高谈秦汉，其实邯郸学步耳。后七子如李沧溟文，非其至者，而诗尚佳；王凤洲文胜于沧溟，颇能叙战争及奇伟之迹，此亦由于情感激发尔。如杨椒山之事，人人愤慨，故凤洲所作行状，有声有色。顾持较《史》《汉》，犹不能及。以《史》《汉》文出无心，凤洲则有意摹拟，着力与不着力，自有间也。

抒情说理之作如此，其非抒情亦非说理如《七发》之类者亦然《七发》亦赋类。《七发》气势浩翰，无堆垛之迹，拟作者《七启》《七命》即大有径庭。相如、子云之赋，往往用同偏旁数字堆垛以成一句，然堆垛而不觉其重。何也？有气行乎其间，自然骨力开张也。降及东汉，气骨即有不逮。然《两都》《两京》以及《三都》，犹粗具规模，后此则无能为之者矣。此类文字，不关情之深、理之邃，以余度之，殆与体气有关。汉人之强健，恐什佰于今人，故其词气之盛，亦非后世所及。今人发古墓，往往见古人尸骨大于今人，此一证也。武梁祠画像，其面貌虽不可细辨，然鼻准隆起，有如犹太、回人，此又一证也。汉世尚武之风未替，文人为将帅者，往往而有。又汉行征兵制，而其时歌谣，无道行军之苦者。唐代即不然，杜诗《兵车行》《石壕吏》之属可征也。由此可见，唐人之体气已不逮汉人，此又一证也。以汉人坚强好勇，故发为文章，举重若轻，任意堆垛而不见堆垛之迹，此真古今人不相及矣。不特文章为然，见于道德者亦然。道德非尽出于礼，亦生于情。情即有关于气体。体气强则情重，德行则厚；体气弱，情亦薄，德行亦衰。孔子曰："仁者必有勇。"知无勇不能行仁也。《吕氏春秋·慎大览》称孔子之劲，举国门之关，而不肯以力闻。《史记·仲尼弟字传》云：子路性鄙，少孔子九岁，好勇力，志伉直，冠雄鸡，佩豭豚，陵暴孔子。孔子设礼诱之，乃儒服委质，因门人请为弟子。今观孝堂山石刻子路像，奋袖抽剑，雄鸡之冠，与《史记》所言符合。知孔子之服子路，非仅用礼，亦能以力胜矣。后世理学家不取粗暴之徒，殆亦为无孔子之力故耳澹台灭明之斩蛟，亦好勇之征也。夫并生一时代者，体格之殊，当不甚远。孔子、墨子，时代相接。孔子之勇如此，则墨子之以自苦为极，若救宋之役，百舍重茧而不息，亦可信矣。自两汉以讫六朝，文气日以衰微者，其故可思也。《世说新语》记王子猷、子敬俱坐一室，上忽发火，子猷遽走避，不惶取屐；子敬神色恬然，徐唤左右，扶凭而出，不异平常。尔时膏粱子弟，染于游惰如此，体气之弱可知矣。有唐国势，虽不逮两汉，犹胜于六朝。故燕许大手笔，文虽骈体，气骨特健，自此一变而为韩柳之散文。宋代尚文，讳言武事，欧、曾、王、苏之作，气骨已劣于韩、柳。余常谓文不论骈散，要以气骨为主。曾涤笙倡阴阳刚柔之说，合于东人所谓壮美、优美者。以历代之作程之：周、秦、两汉之文刚；魏、晋南朝之文柔；唐代武功犹著，故其文虽不及两汉，犹有两汉遗风；宋代国势已弱，故欧、苏、曾、王之文，近于六朝；南宋及元，中国既微，文不成文；洪武肇兴，驱逐胡虏，国势虽不如汉唐，优于赵宋实远。其异于汉唐者，汉唐自然强盛，明则有勉强之处耳。明人鉴于宋人外交之卑屈，故特自尊大。凡外夷入贡，表章须一律写华文，朝鲜、安南文化之国，许其称臣；南洋小国及满洲之属，则降而称奴。天使册封，不可径入其国城，须特建天桥，逾城而入；贡使之入中国者，官秩虽高，见典史不可不用手本，不可不称大人。外夷称中国曰天朝者，即始于此。诸如此类，即可见明代国势之盛，出于勉强。国势如此，国人体气恐亦类此。其见于文事者，台阁体不足为代表，归震川闲情冷韵之作，亦不足为代表，所可代表者，为前后七子之作。彼等强学秦汉，力不足以赴之，譬如举鼎绝膑，不自觉其面红耳赤也。归震川生长昆山，王凤洲生长太仓，籍贯同隶苏州，而气味差池。震川与凤洲争名，二人皆自谓学司马子长，然凤洲专取《史记》描摹之笔及浓重之处，震川则以为《史记》佳处在闲情冷韵。盖苏州人好作冷语，震川之文，苏州人之文也。震川殆知秦汉不易学，而又不甘自谓不逮秦汉，故专摹《史记》之冷语欤？由此遂启桐城派之先河。桐城派不皆效法震川，顾其主平淡、不主浓重则同。姚姬传学问之博，胜于方望溪，而文之气魄则更小，谋篇过六七百字者甚罕。梅伯言修饰更精，而气体尤不逮矣。曾涤笙以为学梅伯言而以为未足，颇有粗枝大叶之作，气体近于阳刚。此其故关于国势、体力。清初国势之盛，乃满洲之盛，非汉族之盛。汉人慑伏于满洲淫威之下，绿营兵丁大抵羸劣，营汛武职官俸薄，往往出为贾竖，自谋生活，其权力犹不如今之警察，故汉人皆以当兵为耻。夫不习戎事，则体力弱；及其为文，自然疲荼矣。曾涤笙自办团练，以平洪杨之乱，国势既变，湘军亦俨然一世之雄，故其文风骨遒上，得阳刚之气为多。虽继起无人，然并世有王湘绮，亦可云近于阳刚矣。湘绮与涤笙路径不同，涤笙自桐城入而不为八家所囿；湘绮虽不明言依附七子，其路径实与七子相同，其所为诗，宛然七子作也。惟明人见小欲速，文章之士，不讲其他学问。昌黎云：作文宜略识字。七子不能，故虽高谈秦汉，终不能逮。湘绮可谓识字者矣，故其文优于七子也。由上所论，历代文章之盛衰，本之国势及风俗，其彰彰可见者也。

文之变迁，不必依骈散为论，然综观尚武之世，作者多散文，尚文之世，作者多骈文。秦、汉尚武，故为散文，骈句罕见。东汉崇儒术，渐有骈句。魏、晋、南朝，纯乎尚文，故骈俪盛行。唐代尚武，散体复兴唐人散体，非始于韩柳。韩、柳之前，有独孤及、梁肃、萧颖士、元结辈，其文渐趋于散。惟魄力不厚。至昌黎乃渐厚耳。譬之山岭脉络，来至独孤、萧、梁，至韩柳乃结成高峰也。宋不尚武，故其文通行四六。作散文者，仅欧、曾、王、苏数人而已姚姬传云：论文章，虽朱子亦未为是。大抵南宋之文，为后世场屋之祖。吕东莱、陈止斋、叶水心，学问虽胜，文则不工。《东莱博议》，纯乎场屋之文。陈止斋、叶水心之作，当时所谓对策八面锋，亦仅可应试而已。余波及于明、清。桐城一派，上接秦、汉，下承韩、柳固不足，以继北宋之轨则有余，胜于南宋之作远矣。

唐、宋以来之散文，导源于独孤及、萧颖士辈，是固然矣。然其前犹可推溯，人皆不措意耳。《文中子》书，虽不可信，要不失为初唐人手笔。其书述其季弟王绩字无功，号东皋子，作《五斗先生传》见《事君》篇，其文今不可见。以意度之，殆拟陶渊明之《五柳先生传》。其可见者，《醉乡记》《负苓者传》，皆散漫而不用力，于陶氏为近，不可不推为唐代散文之发端。又马、周所作章奏，摹拟贾太傅《治安策》，于散体中为有骨力。唐人视周为策士一流，不与文学之士同科，实亦散文之滥觞也。大凡文品与当时国势不符者，文虽工而人不之重。燕许庙堂之文，当时重之，而陆宣公论事明白之作，见重于后世者，当时反不推崇。萧颖士之文，平易自然。元结始为谲怪，独孤及、梁肃变其本而加之厉。至昌黎始明言词必己出，凡古人已用之语，必屏弃不取，而别铸新词。昌黎然，柳州亦然，皇甫湜、孙樵，无不皆然。风气既成，宜乎宣公奏议之不见崇矣。然造词之风，实非始于昌黎。《唐阙史》云：“左将军吐突承璀昌黎同时人方承恩顾，及将败之岁，有妖生所居。先是，承璀尝华一室，红梁粉壁，为谨诏敕藏机务之所。一日，晨启其户，有毛生地，高二尺许，承璀大恶之，且恐事泄，乃躬执箕帚，芟除以瘗，虽防口甚固，而娓娓有知者。承璀尤不欲达于班列。一日，命其甥尝所亲附者曰：‘姑为我微行省闼之间，伺其丛谈，有言者否。’甥禀教敛躬而往，至省寺，即词诘守卫，辄不许进。方出安上门，逢二秀士，自贡院回，笑相谓曰：'东广坤毳可以为异矣。'甥驰告曰：'醋大知之久矣，原注：中官谓南班，无贵贱皆呼醋大且易其名呼矣。'谓左军为东广、地毛为坤毳矣。"易左军地毛曰东广坤毳，则与称龙门曰虬户无异，以言之者无碍，闻之者立悟。知唐人好以僻字易常名，乃其素习。故樊宗师作《绛守居园池记》，而昌黎称为文从字顺也。今观其文，代东方以丙、西方以庚，亦东广坤毳之类。昌黎称之者，以其语语生造，合于己意也。盖造词为当时风尚，而昌黎则其杰出者耳。

欧阳永叔号称宗师韩柳，其实与韩、柳异辙。惟以不重四六为学韩、柳耳。永叔《题绛守居园池记》，诋呵樊氏，不遗余力，可知其与昌黎异趣矣。宋子京与永叔同时，皆以学昌黎为名，而子京喜造词，今《新唐书》在，人以涩体称之，可证也。夫自作单篇，未尝不可造词；作史则不当专务生造。子京之文，有盛名于时，及永叔之文行，趋之者皆崇自然；于是子京之文不复见称道。故知文品不合于时代，虽工亦不行也。

唐末迄于五代，文之衰弊已极。北宋初年，柳河东开、穆伯长修、稍为杰出。河东文实不工，伯长才力薄弱，而故为结屈聱牙。于时王禹偁所作，实较柳、穆为胜，惟才力亦薄弱耳。禹偁激赏丁谓、孙何，《宋史·丁谓传》云：谓与何同袖文谒禹偁，禹偁重之，以为自唐韩愈、柳宗元后，三百年始有此作。二人之文，今不可见。穆伯长弟子尹师鲁洙，文颇可观。苏子美舜钦亦佳，师鲁之文，永叔所自出，惟师鲁简炼，永叔摇曳为异。永叔之文，震川一派所自昉也。苏子美仕不得志，颇效柳州之所为，永叔亟称之。此二家较柳、穆、王三家为胜。又永叔同时有刘原父敞，才力宏大，司马温公文亦醇美。今人率称八家，以余论之，唐宋不止八家。唐有萧颖士、独孤及、韩愈、柳宗元、李翱六家皇甫湜、孙樵不足数，宋则尹洙、苏舜钦、刘敞、宋祁、司马光、欧阳修、曾巩、王安石、苏洵父子，合十一家柳、穆、王不必取，苏门如秦观之《淮海集》、苏过之《斜川集》，文非不佳，惟不出东坡之窠臼，故不取。元结瑰怪，杜牧粗豪，亦不取，合之可称唐宋十七家。茅鹿门之所以定为八家者，盖韩柳以前之作，存者无多；宋初人文亦寡。六家之文，于八股为近；韩柳名高，不得不取：故遂定为八家耳。

权德舆年辈高于昌黎，文亦不恶，惟少林下风度耳。明台阁体即自此出。杜牧之文为侯朝宗、魏叔子所自出。惟粗豪太过耳。近桐城、阳湖二派，拈雅健二字以为论文之准。然则权德舆雅而不健，杜牧之健而不雅。雅健并行，二家所短。若依此选文，唐可八家合权、杜数之，宋可十六家合柳、穆、王、秦、苏过数之，允为文章楷则矣雅健者，文章入门之要诀，不仅散文之须雅健，骈文亦须雅健，派别可以不论。乾嘉间朱竹君筠《笥河文集》行于北方，其文亦雅而不健，似台阁一路。姚姬传笑之，以为笥河一生为文学宋景濂，永远是门外汉。是故，雅而不健，不可；健而不雅，亦不可。明于雅健二字，或为独行之文，或为著作之文，各视其人之力以为趣舍，庶乎可以言文。

继此复须讨论者，文章之分类是也。《文心雕龙》分为十九类，《古文辞类纂》则为十三类。今依陆士衡《文赋》为说，取其简要也。自古惟能文之士为能论文，否则皮傅之语，必无是处。士衡《文赋》，区分十类，虽有不足，然语语确切，可作准绳，其言曰："诗缘情而绮靡，赋体物而浏亮，碑披文以相质，诔缠绵而凄怆，铭博约而温润，箴顿挫而清壮，颂优游以彬蔚，论精微而朗畅，奏平彻以闲雅，说炜晔而谲诳。"十类以外，传状序记，士衡所未齿列。今案：家传一项，晋人所作，有《李郃传》《管辂传》，全文今不可见。就唐人所引观之，大抵散漫，无密栗之致。行状一项，《文选》录任彦昇《竟陵文宣王行状》一篇，体裁与后世所作不类。原行状之体，本与传同，而当时所作，文多质少，语率含浑行状上之尚书，考功司据以拟谥，李翱以为今之行状，文过其质，不可为据，始变文为质，不加藻饰。游记一项，古人视同小说，不以入文苑。东汉初，马第伯作《封禅仪记》，偶然乘兴之笔。后则游记渐孳，士衡时尚无是也。序录一项，古人皆自著书而自为序。刘向为各家之书作序，此乃在官之作；后世为私家著述作序者，古人无是也。此四项，士衡所不论，今就士衡所赋者论之。

诗、赋：士衡缘情、体物二语，实作诗造赋之要。赋本古诗之流，七国时始为别子之祖。至汉，《子虚》《上林》，篇幅扩大，而《古诗十九首》仍为短章。盖体物者，铺陈其事，不厌周详，故曰浏亮。缘情者，咏歌依违，不可直言，故曰绮靡。然赋亦有缘情之作，如班孟坚之《幽通》、张平子之《思玄》、王仲宣之《登楼》，皆偶一为之，非赋之正体也。

碑、诔：古人刻石，不以碑名。秦皇刻石，峄山、泰山、琅琊、芝罘、碣石、会稽诸处，皆直称刻石，不称碑。庙之有碑，本以丽牲；墓之有碑，本以下棺。作碑文者，东汉始盛。今汉碑存者百余通，皆属文言。往往世系之下，缀以考语；所治何学，又加考语；每历一官，辄加考语，无直叙其事者。故曰“披文以相质也”。不若是，将与行状、家传无别。魏晋不许立碑；北朝碑文，体制近于汉碑；中唐以前之碑，体制亦未变也。独孤及、梁肃始为散文，然犹不直叙也。韩昌黎作《南海神庙碑》，纯依汉碑之体；作《曹成王碑》，用字瑰奇，以此作碑则可，作传即不可。桐城诸贤不知此，以昌黎之碑为独创，不知本袭旧例也昌黎犹知文体，宋以后渐不然。宋人作碑，一如家传，惟首尾异耳。此实非碑之正体。观夫蔡中郎为人作碑，一人作二三篇，以其本是文言，故属辞可以变化；若为质言，岂有一人之事迹，可作二三篇述之耶？至汉碑有称“诔曰”者，知碑与诔本不必分，然大体亦有区别。碑虽主于文饰，仍以事实为重。诔则但须缠绵凄怆而已。后世作诔者少，潘安仁《马汧督诔》，乃是披文相质之作。碑与诔故是同类。后世祭文，则与诔同源。

铭、箴：碑亦有铭。此所谓铭，则器物之铭也。崔子玉《座右铭》，多作格言，乃《太公家教》之类，取其义，不取其文耳。张孟阳《剑阁铭》云：“敢告梁益。”是箴体也。所谓博约温润者，语不宜太繁，又不宜太露。然则《剑阁铭》是铭之正轨也。箴之由来已久。官箴王阙，本以刺上，后世作箴，皆依《虞箴》为法，扬子云、崔亭伯官箴、州箴，合四十余篇。所与铭异者，有顿挫之句，以直言为极，故曰“顿挫而清壮”也。张茂先《女史箴》，笔路渐异，尚能合法；至昌黎《五箴》，则失其步趋者也。

颂、论：三颂而外，秦碑亦颂之类也。刻石颂德，斯之谓颂矣。惟古代之颂，用之祭祀。生人作颂，始于秦碑，及后人作碑亦称“颂曰”是也。柳子厚作《平淮西雅》，其实颂也。颂与雅，后世不甚分耳。

要以优游炳蔚为贵。论者，评议臧否之作。人之思想，愈演愈深，非论不足以发表其思想，故贵乎精微朗畅也。士衡拟《过秦》作《辩亡论》，议封建作《五等论》。二者皆论政之文，故为粗枝大叶，而非论之正体。当以诸子为法，论名理不论事理，乃为精微朗畅者矣。庄荀之论，无一不合精微朗畅之旨。韩非亦有之，但不称论耳论事之作，不以为正体，王褒《四子讲德论》作于汉代，周秦无有也。《文选》录王褒《四子讲德论》，论事本非正体，当为士衡所不取。盖周秦而后，六朝清谈佛法诸论，合乎正轨。《崇有论》反对清谈，《神灭论》反对佛法，此亦非朗畅不能取胜。此种论，唐以后不能作。盖唐以后人只能论事理，不能论名理矣。刘梦得、柳子厚作《天论》，似乎精细，要未臻精微朗畅之地。宋儒有精微之理，而作文不能朗畅，故流为语录。

奏、说：七国时游说，多取口说而鲜上书，上书即奏也。纵横家之作，大抵放恣，苏秦、范雎是矣，即李斯《谏逐客》亦然。自汉人乃变为平彻闲雅之作，以天下统一，纵横之风替也。平则易解，雅则可登于庙堂。此种体式，自汉至唐不变。至明人奏议，辄以痛骂为能事，故焦里堂谓温柔敦厚之教至明人而尽。如杨椒山劾严嵩曰贼嵩，虽出忠愤，甚非法式。又如刘良佐、刘泽清称福王拘囚太子是无父子，不纳童氏是无夫妇。又如万历时御史献酒、色、财、气四箴，此皆乖于进言之道。自唐以来，奏议以陆宣公为最善，既平彻又闲雅，可谓正体；所不足者，微嫌繁冗耳。唐人好文，三四千言之奏，人主犹能遍览，若在后世，正恐无暇及此。曾涤笙自谓学陆宣公，今观其文，类于八股，平固有之，雅则未能。甲午战后，王湘绮尝代李少荃奏事，多引《诗》《书》，摹拟汉作，雅则有余，平则不足。于是知平彻闲雅之难也。说者古人多为口说，原非命笔为文，《文心雕龙》讥评士衡，谓“自非谲敌，则惟忠与信，披肝胆以献主，飞文敏以济辞，此说之本也”。不悟七国游士，纵横捭阖，肆口陈言，取快一时，确有炜晔谲诳之观，然其说必与事实相符，乃得见听。苏秦之合纵，非易事也。而六国之君听之者，固以其口辩捷给，亦为有其实学耳。《国策》言苏子去秦而归，揣摩大公阴谋之符，然后出说人主。由今观之，苏子亦不徒恃阴谋，盖明于地理耳。七国时地图难得，惟涉路远者，知舆地大势。荀子游于列国，故《议兵》篇所言地理不误，自余若孟子之贤，犹不知淮泗之不入江《孟子》：“决汝汉、排淮泗而注之江。”不知淮泗不入江也。汉兴，萧何入关，收秦图籍，故能知天下形势。否则，高祖起自草莽，何由知之？惟苏秦居洛阳，必尝见地图，故每述一国境界，悉中事情，然后言其财赋之多寡，兵力之强弱，元元本本，了然无遗。其说赵肃侯也，谓“臣请以天下之地图按之”。夫以草泽匹夫，而深知国情如此，宜乎六国之君不敢不服其说矣。后世口说渐少，惟战争时或有之，留侯之借箸、武侯之求救于孙权，皆所谓谲诳者。后杜牧之作《燕将录》，载谭忠为燕牧刘济使，说魏牧田季安；又元和十四年说刘济子忠，皆慷慨立谈，类于苏秦。颇疑牧之所文饰，非当时实事。昌黎作《董晋行状》，述晋对李怀光语，亦口若悬河。晋服官无闻，此亦疑昌黎所文饰也。然则苏秦而后，口说可信者，惟留侯、诸葛二事。要皆炜晔谲诳，不尽出于忠信，以此知士衡之说为不可易也。

综上所论，知士衡所举十条，语语谛当，可作准绳。至其所未及者，祭文准诔，传状准史今人如欲作传，不必他求，只依《史》《汉》可矣。行状与传，大体相同，惟首尾为异。且行状所以议谥，明以来议谥不据行状，则行状无所用之，不作可也。序记之属，古人所轻。官修书库，序录提要，盖非一人所能为。若私家著述，于古只有自序；他人作之，亦当提挈纲首，不可徒为肤泛。记惟游记可作，《水经注》、马第伯《封禅仪记》，皆足取法。宋人游记叙山水者，多就琐碎之处著笔，而不言大势，实无足取。余谓《文赋》十类之外，补此数条已足。姚氏《古文辞类纂》分十三类，大旨不谬。然所见甚近，以唐宋直接周秦诸子、《史》《汉》，置东汉、六朝于不论，一若文至西汉即斩焉中绝，昌黎之出真似石破天惊者也，天下安有是事耶桐城派所说源流不明，不知昌黎亦有师承？余所论者，似较姚氏明白。

第十四讲　论读经有利而无弊

居今而言读经，鲜不遭浅人之侮，然余敢正告国人曰："于今读经，有千利无一弊也。"兹分三段论之：

（一）论经学之利；

（二）论读经无顽固之弊；

（三）论今日一切顽固之弊，反赖读经以救。

一、所谓经学之利者，何也？曰儒家之学，不外修己治人，而经籍所载，无一非修己治人之事。《论语》"兴于诗，立于礼，成于乐"。又"不学诗，无以言；不学礼，无以立"。皆修己之道也。《周易》爻象，太半言修己之道，故孔子称"五十以学《易》，可以无大过"。夫修己之道，古今无二，经籍载之，儒家阐之，时有不同，理无二致。孔子以后，儒分为八，论其归趣，不相乖违。孟、荀二家，论性有别，而祁向攸同。厥后汉儒重行，宋人尚理，或实事求是，或旁参佛、老，要之，不能不以经为本。是故无论政体如何改易，时代如何不同，而修己之道，则亘古如斯；治人则稍异，古今异宜，习俗不同，不得不斟酌损益，至于尽善。吾人读二十五史，法其可法，戒其可戒，非语语尽可取也。《尚书》《周礼》《春秋》，性质与历史为近，读之亦当如是。夫读史之效，在发扬祖德，巩固国本，不读史则不知前人创业之艰难，后人守成之不易，爱国之心，何由而起？经籍之应入史类而尤重要者，厥维《春秋》。《春秋》三传虽异，而内诸夏外夷狄则一，自有《春秋》，吾国民族之精神乃固，虽亡国者屡，而终能光复旧物，还我河山，此一点爱国心，蟠天际地，旁礴郁积，隐然为一国之主宰，汤火虽烈，赴蹈不辞，是以宋为元灭而朱明起，明为清灭而民国兴。余身预革命，深知民国肇造其最有力者，实历来潜藏人人胸中反清复明之思想也。盖自明社既屋，亭林、船山诸老倡导于前，晚村、谢山诸公发愤于后，攘夷之说，绵绵不绝，或隐或显，或明或暗，或腾为口说，或著之简册，三百年来，深入人心，民族主义之牢固，几如泰山磐石之不可易，是以辛亥之役，振臂一呼，全国响应，此非收效于内诸夏外夷狄之说而何？方今天方荐瘥，载胥及溺，诸夏阽危，不知胡底。设或经学不废，国性不亡，万一不幸，蹈宋明之覆辙，而民心未死，终有祀夏配天之一日。且今日读经之要，又过往昔，在昔异族文化，低于吾华，故其入主中原，渐为吾化，今则封豕长蛇之逞其毒者，乃千百倍于往日，如我学人，废经不习，忘民族之大闲，则必沦胥以尽，终为奴虏而已矣。有志之士，安得不深长思哉！要之，读经之利有二：（一）修己。（二）治人。治人之道，虽有取舍，而保持国性实为最要。

二、所谓读经无顽固之弊者，何也？曰经学本无所谓顽固也。谥经学以顽固，盖出诸空疏不学辈之口，彼略识点画，苦于九经、三传之不尽解，而又忝拥皋比，深恐为学子问难所穷，故尽力抹杀，谥以顽固。少年浮躁，利其便己，从而附和，遂至一世波靡，良可愤叹。夫经史本以记朝廷之兴废，政治之得失，善者示以为法，不善者录以为戒，非事事尽可法也。《春秋》褒贬，是非易分，而《尚书》则待人自判，古所谓《书》以道政事者，直举其事，虽元恶大憝所作，不能没也。例如《夏书·五子之歌》序谓“太康失邦，昆弟五人，须于洛汭，作《五子之歌》”。此文已佚，而伪古文有之，载五子作歌之意，甚见忠正。段玉裁《古文尚书撰异》谓“《尚书》不当以歌名篇，盖五子者，当时之亡国大夫也”。屈原《离骚》“启九辨与九歌兮，夏康娱以自纵；不顾难以图后兮，五子用失乎家巷”。《楚语》“士亹曰：尧有丹朱，舜有商均，启有五观，汤在太甲，文王有管、蔡，是五王者，皆元德也，而有奸子”。韦昭注：“五观，启子，太原昆弟也。”观，洛汭之地。据此，则《五子之歌》者，五子往观耳。之，训往；歌、观，声通，故讹也。太康为失国之君，五子为致乱之臣，道太康以畋游者，即此五人，史臣书之，一如《晋书》之纪惠帝与八王耳。又《胤征》序谓“羲和缅淫，废时乱曰，胤往征之，作《胤征》”。《史记·夏本纪》谓“《胤征》，仲康时作”。伪孔传言“羿废太康而立其弟仲康”。孔颖达正义谓“仲康不能杀羿，必是羿握其权”。然则《胤征》者，令之羿正也。羲和为掌日之官，故后世有后羿射日之说，此事与曹操之灭袁绍、吕布，司马昭之灭诸葛诞无异。《尚书》录之，一如《后汉书》《三国志》之记曹氏、司马氏之事矣。兴废大端，不得不载，岂尽可为法哉？孟子曰：“吾于《武成》，取二三策而已矣，以至仁伐至不仁，何其血之流杵也？”《武成》今佚，据《汉书·律历志》所引，文与今《逸周书·世俘解》略同。观其所言，知“武王伐纣，杀人盈亿”。语虽过甚，要之，总不能尽诬，此与后之项羽伐秦何异？秦已无道，而羽之烧宫室、坑降卒，毒螫所及，更甚于秦，此岂可以为训？而史官书之，所以然者，兴废大端，不得不载也。苟有是非之心，不至如不辨菽麦之童昏，读之无有不知抉择者，孟子言之甚明，何谓读经必致顽固哉？

若夫经国利民，自有原则，经典所论政治，关于抽象者，往往千古不磨，一涉具体，则三代法制，不可行于今者自多。即如封建之制，秦、汉而还，久已废除，亦无人议兴复者，惟三国时曹元首作《六代论》，主众建诸侯，以毗辅王室；及清，王船山、王昆绳、李刚主等亦颇以封建为是，此皆有激而然。曹愤魏世之薄于骨肉，致政归司马；王、李辈则因明社覆亡，无强藩以延一线，故激为是论，若平世则未有主封建者矣。余如陆机《五等论》，精采不属，盖苟炫辞辩，而志不在焉，则不足数已。其次世卿之制，自《公羊》讥议以后，后世无有以为是者。唯晋世贵族用事，盖以九品中正定人材，其弊至于上品无寒门，下品无世族，自然趋入世卿一途，然非有人蓄意主张之也。二千年来，从无以世卿为善而竭力主张之者，有之，惟唐之李德裕。德裕非进士出身，嫉进士入骨，以为进士起自草茅，行多浮薄，宜用仕宦子弟以代之，此则一人之私念，固未有和之者也。又如肉刑之法，自汉文帝后，亦无人昌言复古，王符、崔定、仲长统之流，颇主严刑，诸葛武侯治蜀，亦主严峻，然均未及肉刑也。惟魏之钟繇、陈群，尝议复之，然群制定魏律，终亦不主肉刑，足知一时之论，亦自知其不可行矣。又如井田之制，秦、汉而后，惟王莽一人行之，诏以天下田为王田，禁民间不得卖买，然卒以致乱。若宋时张子厚行之于乡，要为私人之试验，非朝廷之定制。清初，颜李派之王昆绳、李刚主辈，亦颇有其意。余意王、李辈本以反清为鹄，其所云云，或思借以致乱，造成驱满之机耳。以故满清一代，痛恶主张封建、井田之人。总计三千年来，主张封建、世卿、肉刑、井田者，曹元首、王船山、王昆绳、李刚主、李德裕、钟繇、陈群、王莽、张子厚九人而已。此九人者，除王莽外，或意有偏激，或别含作用，固不可尽斥为顽固；就云顽固，二千年来，亦不过九人而已。

外此尚有一事足资讨论者，则什一之税是已。按十一而税，《春秋》三传及孟子之书，无不以为善制，《公羊》言什一行而颂声作，孟子谓“轻则大貉、小貉，重则大桀、小桀”，以为什一而税，乃税则之中。然汉初什五而税一，文、景减赋，乃三十而税一，自兹以还，依以为准，即今苏、松赋税，最为繁重，然与全国轻税之地平均计算，亦无过三十税一者。故自汉后税法观之，则什一之税，已为大桀、小桀，前代尊信孟子，不敢昌言驳议，多泛泛释之，然亦从无主张是者，有之，惟王莽一人而已，莽亦卒以致乱，后人引以为戒久矣。

举此五事，以见古今异宜，凡稍能观察时势者，盖无人不知，何得谓读经即入顽固哉？且自明至清末，五百四十年，应试之士，无不读经者，全国为县千四百有余，县有学府，州又有学，为数不下一千六百区，假定每学有生员二百名，以三十年新陈代谢，则此五百四十年中，当有五百四十万读经之人。试问其中主张封建、世卿、肉刑、井田、什一之税者有几人哉？上述九人，生明代以后者，仅三人耳。试问此三人之力，能变易天下之耳目耶？能左右政治之设施耶？况其云云，复各有作用在乎？夫无证验而必之者，非愚即诬。今谓读经为顽固，证于何有？验于何有？且读经而至于顽固，事亦非易，正如僧徒学佛，走入魔道者，固不数数见也，何为因噎废食而预为之防哉？

三、所谓今日一切顽固之弊，反赖读经以救者，何也？曰有知识之顽固者，泥古不化之谓也；有情志之顽固者，则在别树阶级，不与齐民同群，声音颜色，拒人于千里之外也。夫知识之顽固易开，而情志之顽固难料，信如是，则今日学校毕业之士，其能免于顽固之诮者几希！吾观乡邑子弟，负笈城市，见其物质文明，远胜故乡，归则亲戚故旧，无一可以入目。又，上之则入都出洋，视域既广，气矜愈隆，总觉以前所历，无足称道，以前所亲，无足爱慕，惟少数同学，可与往还，舍此，则举国皆如鸟兽，不可同群，此其别树阶级，拒人千里，非顽固而何？昔日士人，涵泳《诗》《书》，胸次宽博，从无此等现象，何者？“君子忧道不忧贫，士志于道，而耻恶衣恶食者，未足与议。”“衣敝温袍，与衣狐貉者立而不耻。”此等言语，濡染既久，虽慕富贵，患贫贱之心不能遽绝，而自有以维系之也。若夫盐商子弟，无过人之才，恃钱刀之力，纳赀入官，小则州县，大则道员，顾盼骄人，俨然自命为官长，此最顽固之甚者，而人之嗤之者众矣。然如此者，为数亦不甚多，非若今之学校，每年必铸造数千百人也。非直如是，今者新奇之说，流为格言，日驱人于顽固而不返者，曰“发展个性也”，曰“打倒偶像也”。发展个性，则所趣止于声色货利，而礼义廉耻一切可以不顾。打倒偶像者，凡一切有名无形者，皆以偶像观之，若国家，若政治，若法律，若道德，无往而非偶像者，亦无往而不可打倒者。洵若是，则于禽兽奚择焉？世以是乱，国以是危，而种族亦将以是而灭亡矣。今学校之弊，既至如此，而国家岁费巨亿，以育人材，卒造成特殊之盐商子弟，长此以往，宁堪设想？论者不自病其顽固，而反惧经学之致顽固乎？

余以为救之之道，舍读经末由。盖即前者所举《论语》三事，已可陶熔百千万人。夫如是，则可以处社会，可以理国家，民族于以立，风气于以正。一切顽固之弊，不革而自怯，此余所以谓有千利无一弊也。质之诸君，以为然耶、否耶？

第十五讲　论经史儒之分合

经之所该至广，举凡修己治人，无所不具。其后修己之道，衍而为儒家之学。治人之道，则史家意有独至，于是经史遂似判然二途。夫所谓经者何指乎？大纲二字，允为达诂。《韩非子》内、外储三篇，篇各有经，造大纲于篇端，一若后世艺文之有目录。《管子》有经言、外言、短语、区言、杂篇，而经言居首，盖纲之在纲，义至重要。《墨子》有《经上》《经下》，次有《经说》上下，一如后世之分经传。大抵提出宗旨曰经，解说之者为说。简要者为经，详尽者曰说曰传。后世儒家、史家，辞繁不能称，遂别称为子为史，溯其朔一而已矣。

古无史之特称。《尚书》《春秋》皆史也，《周礼》言官制，《仪礼》记仪注，皆史之旁支。礼、乐并举，乐亦可入史类。《诗》之歌咏，何一非当时史料。大小雅是史诗，后人称杜工部为诗史者，亦以其善陈时事耳。《诗》之为史，当不烦言。《易》之所包者广，关于哲学者有之，关于社会学者有之，关于出处行藏者亦有之。其关于社会进化之迹，亦可列入史类，故阳明有六经皆史之说。语虽太过，而史与儒家，皆经之流裔，所谓六艺附庸，蔚为大国，盖无可疑。

《周礼》大司徒教万民而宾兴之，六德、六行、六艺而已。六艺者，礼、乐、射、御、书、数。《记》又有春夏教《诗》《书》，秋冬教《礼》《乐》之说，则已备有四经。而《易》不以教士，专为卜筮之守，其后亦得免于秦火。《春秋》为国史，民间所不得见。《尚书》则古史，非当代史，且各自为篇，无年月以比次，历代兴废，所记不全，如《夏书》已有《甘誓》《五子之歌》《胤征》诸篇，然于后羿、寒浞之篡弑，少康一旅之中兴，均缺焉不载。故《书》虽以道政事，而不得称为完具之史。惟《春秋》编次年月，体例始备，奠定史基，当弗外是。第《春秋》之作，昉于何时？杜元凯《春秋释例》谓为周公之旧典。余观《周官》五史，未及《春秋》一语。小史掌邦国之志，殆方志类耳。以周公之思兼三王，犹未备编年一体，可见当时对于此道尚疏。余谓《春秋》之作，当起于西周之末。太史公《十二诸侯年表》始于共和元年，前此则但称世表，而弗能次其年月。《墨子·明鬼》篇历引周、燕、宋、齐之《春秋》，至杜伯射王而止，可见周宣以前，尚无《春秋》。《春秋》既记当代之事，民间不得习睹，惟贵族或可得见，故《晋语》司马侯称羊舌肸习于《春秋》，悼公即召傅太子。《楚语》士亹傅太子箴，问于申叔时，叔时曰教之《春秋》《世》《诗》《礼》《乐》《令语》《故志》《训典》。《令语》《故志》《训典》，皆《尚书》家言；《故志》即邦国之志。盖《尚书》不专记王朝，如《费誓》《秦誓》，皆邦国之志也。《世》即《世本》，为《春秋》家言。由此知公侯子孙，乃得一读《春秋》。其他教万民之术，止有《诗》《书》《礼》《乐》而已。管子相齐，其教颇广，故《山权》数篇，言《诗》以记物，时以记岁，《春秋》以记成败，行者道民之利害，《易》者所以守凶吉成败，卜者卜凶吉利害，民之能此者皆与之一马之田一金之衣。所谓行者，即《周礼》小行人所掌，辨别每国之五物，亦即方志之类也。管子悬此以求士，可见当时齐国之士，能全读

曹植像

曹植，三国时魏国诗人，字子建。他是曹操之子，曹丕之弟。他是建安文学的集大成者，对于后世影响很大。

此者亦不数觏。孔子教人，平时亦止《诗》《书》《礼》《乐》。五十学《易》，习之已晚。《春秋》则西观周室，论次史记旧闻，作于获麟之后，非当时教人之学。故《易》与《春秋》，虽经管仲提倡，而孔子以前通之者究无多人也。自孔子定六经之名，然后士得通习，前此盖未有人言六经者。《汉书·艺文志》本于《七略》，凡《春秋》二十三家，《国语》《国策》《楚汉春秋》《太史公》《汉著记》，均在六艺略中，未尝别立史部。迨晋荀勖《中经簿》，经史乃歧而为二。此因史籍过多，不得不离《春秋》而独立，实则史与《春秋》不能相离。太史公作《史记》，即欲上继《春秋》。班固作《汉书》，其于十二本纪亦自称为《春秋考纪》。直至晋、宋，孙盛、习凿齿仍自名其书曰《晋阳秋》《汉晋阳秋》，盖袭用经名者，惟史籍为可，否则扬雄撰《太玄》以拟《易》，撰《法言》以拟《论语》，论者斥为吴楚僭王，而于史家之自称《春秋》，殊无贬词，盖史本《春秋》嫡系也。

刘知几《史通》言《尚书》记言，《春秋》记事。此亦不然。《尚书》亦有记事之文，《禹贡》即记地理，《顾命》即记丧事。盖《尚书》为史法未具之书，集合档案而成之，非专以记言也。故后人作史，法《春秋》不法《尚书》，且法传而不法经，如《两汉纪》及《资治通鉴》皆是。惟王通《元经》，乃自比《春秋经》。其书元年春帝正月，是也。须知《春秋》为鲁史，有周天子在，不得不系正朔于王，南北朝各皆自主，称帝正月何为？又通以祖宗所在国为正统，刘宋时在南，故认宋为正统。齐初迁魏，则以正统予魏。隋代平陈，混一区夏，则称晋、宋、齐、梁、陈亡，此皆酿成笑柄者也。其后朱晦庵法《春秋》而作《纲目》，盖以余力为之，非精心结撰者，且大都为其弟子赵师渊所作。元明之间，颇有继作。至清渐少，实因《春秋》经文不易效法，作史者只可法传不可法经，至《尚书》更无法之者矣。历代史籍，一以纪传为主，与《春秋》亦多异趣。惟本纪、编年，纪录大体，正似《春秋》。若表、志则《春秋》未始有之。故《隋书·经籍志》称《史》《汉》为正史，而以《两汉纪》《晋阳秋》《汉晋春秋》隶古史。盖《史》《汉》大体，虽取法《春秋》，而亦兼涉六经，如《礼志》《乐志》，即取法于《周礼》《仪礼》《乐经》。后代之史，志、表或付阙如，而纪、传一准

《史》《汉》。史之应入《春秋》家者，其故在此。

清儒段玉裁谓十三经应扩为二十一经，即加《大戴礼》《国语》《史记》《汉书》《通鉴》《说文》《周髀算经》《九章算术》八种。斯言颇为卓荦。《国语》本在《汉志》经部，《大戴》《小戴》，亦自古并称。《说文》宜与《尔雅》并峙。《史》《汉》《通鉴》为史学典型，其列入经部宜也。惟《算经》《算术》《艺文》不入经部，未宜阑入。然此十九经字数浩繁，学者未易成诵，计十三经共五十余万字，《史记》五十余万，《汉书》八十余万，《通鉴》百三四十万，加以《国语》《大戴》《说文》不啻二十万，合共三百余万字，比十三经字数六倍，诵习者将日不暇给，况二十四史合计三千余卷，段亦仅举其主要者而已。惟史之宜习。吾已不惮烦言，而经史之不必分途，段氏已有独得之见，清儒中盖未能或之先焉。

儒家之入子部，《汉书·艺文志》已然。儒家之言，关于修己之道独多，论及政事者亦不少。孔子言兴于《诗》，立于《礼》，成于《乐》。《诗》《礼》《乐》本以教人修己。一部《论语》，言修己之道更多。今《论语》入经部，实则《论语》为孔氏一家之书，亦儒家言耳。《论语》既入经部，则若《孟》《荀》等无一不可入经部。惟因篇帙太繁，不得不揭称儒家以冠九流之首。后人疑《孟子》不应入经部，如论其源流，实无大背谬也。经兼修己治人，史则详治人而略修己。自《论语》出而修己之道灿然大备，儒之可重者在此。原夫史之记载，多帝王卿相之事，罕有言及齐民。舜虽耕稼陶渔，终登帝位，史亦不能详其初事。周公制礼作乐，而礼犹不下庶人，与齐民修己鲜涉。惟孔子出身编户，自道甘苦，足使人得所效法。夫子之贤于尧、舜，亦其地位使然也。孔子以前，为帝王而立言者实多，为平民而立言者盖寡。东家之邱，人固以细民易之。孔子亦自言吾少也贱，故多能鄙事。其后为委吏为乘田，能会计当而牛羊壮，又《檀弓》南宫绍之妻之姑之丧，夫子诲之髽，则夫子于细民鄙事，能者实多，故能疏食饮水曲肱而枕不改其乐。以历经困厄之人，甘苦自知，言之自能亲切，而修己之道亦因之圆满。其后孟、荀二儒，益能发挥尽致。《汉志》入《孟》《荀》于儒家者，以分部时当然，实则渊源无异也。如此则经史二部，亦固可合于儒。若六经皆史之说，微有语病，因经所含不止史学，即儒家之说亦在其内也。

今教人读经，要在策人记诵，而史传及儒家学说，无不当悉心研究。儒之与史，源一流分，虽儒谈政治，史亦谈政治，而儒家多有成见，渐与史有门户之分。然无儒家，则修己之道不能圆满。而治人之道，欲其运用有方，则儒家亦往往有得之者。孟、荀二公，不得其位，不论。汉初所谓儒者，若叔孙通、娄敬、郦食其、陆贾四人，无不长于应用。叔孙制礼作乐，不失儒家面目。娄敬乃一策士，而定都关中，敬实主之，与匈奴和亲，亦敬主之。郦生虽似迂阔，然能以口舌下齐七十余城，设不为韩信所卖，当亦不至就烹。陆贾说赵佗去黄屋称制，才调与纵横家相近，名之曰儒者，以其本业为儒耳。前此孔子弟子，如子贡之存鲁乱齐破吴霸越，亦纵横家之前驱。后此汉文时之贾谊，才气较前数人为高，而惜不得其位以死。观此数子，则古儒者固多有用之材矣。若专门说经之士，往往乏运用之术。孔子以来，惟吴起、杜预二人为有干略，他若公羊、穀梁与其传授之徒无有以功名显者。又如孔子传《易》于商瞿，中经数传以至汉世，亦无以功业显于当代者。余若传《诗》之高子、孟仲子，传《礼》之高堂生，传《书》之伏生，皆无事迹可见，盖纯粹经师，往往不涉世务，故功业短于儒家。然则经典治人之道，非儒家固不能运用，有赖于儒家者以此。

承平之世，儒家固为重要。一至乱世，则史家更为有用。如《春秋》内诸夏外夷狄，树立民族主义。嗣后我国虽数亡于胡，卒能光复旧物，即收效于夷夏之闲也。孔子作《春秋》，《孟子》《公羊》皆言其事则齐桓、晋文。试问《春秋》之异于旧史者安在？盖以前皆言帝王之道，《春秋》则言霸主之道，故三传无不推尊齐桓，而《论语》且言“微管仲，吾其被发左衽矣”。春秋之季，戎夏交捽，若无霸主，将不独伊川之见野祭而已。又观管仲以前，以尧、舜、禹之圣明相继，传至仲康父子，已为夷羿所篡，盖保持中国太平者不过三百年耳。《商书》简略，四夷之事不详。而太王避狄去邪，可见商国之威，亦不能詟服狄人。至文王胜猃狁伐西戎，周公兼夷狄驱猛兽，然后王业以定，国威以立，然不及四百年，而幽王死于骊山之下。逮管仲出，则中国不困于异族者九百余年。盖自齐桓伐山戎救邢卫，其后晋灭赤狄，至战国时，国威益振，秦初灭大荔之戎，后灭义渠之戎，惠王用司马错，西并巴蜀。赵武灵王北收云中九原，燕将秦开，却东胡千余里，置辽东、辽西郡，疆土远及朝鲜。楚则庄跻兵定滇池。战国之势，制夷而不制于夷，其方略皆有所自来。至秦始皇时，略定陆梁，置桂林、南海、象郡。赵佗更役属瓯骆，至汉时改为九郡。而云南亦于汉武时征服。秦虽残暴，其对外之功，自不可没。汉至宣帝时，西域三十六国，尽隶都护。汉人对于藩国，务握其实权，不若后代之徒求虚名也。西汉自武帝以后，胡人不敢南下。王莽末，中国虽乱，而匈奴始终不能蚕食边地。后汉兵威不及前汉，然班超以三十六人定西域。三国分裂，异族亦不敢内侵，魏武斩蹋顿，司马宣王灭公孙渊，兵威犹震于殊俗。至晋室平吴，骨肉相残，然后有五胡之乱。自管仲至此凡九百余年，递相祖习，使中国有金瓯之势，其泽不可谓不长矣。孔子之服管仲者以此。

吾今称此九百年为霸期，以此九百年中，政令虽有宽猛，大氐皆管仲余势所持也。前乎霸期者，商、周攘夷之功，殊不及此。后乎霸期者，则自两晋以逮隋室，戎夏交捽者几三百年。太宗武功极盛，但自隋文平陈至天宝十四年，历时仅一百六十余年，安史之乱，已毒遍中原。继受吐蕃、回纥之侮，异族又骎骎驾中国上矣。其后五代扰攘，李存勖、石敬瑭、刘知远皆沙陀部落，石且以燕云十六州割让契丹。宋兴亦无如之何。河北境土，日蹙日削，勉强支持百五六十年，金人起而汴梁不守矣。南渡偏安，更不足论。及蒙古混一，中国沦于夷狄者八十九年。明之兴，始得光复旧物，其胜于唐、宋者有数端焉。洪武收复辽东，征服云南。永乐更灭安南，改设行省。使节远至斐州，南洋岛夷，莫不詟服。及土木之变，英宗北狩，而丧君有君，不必为肃宗之即位灵武，亦不至如徽、钦之羁死五国，卒使也先礼送英宗南还。世宗时俺答入寇，终受敕封而去，直至万历季年，群阴构祸，努尔哈赤起，明乃渐以不振。此盖天子守边，人自不得不致死于驱除异族也。自霸期既毕，能保持攘夷之功者，惟朱明一代而已。霸期以前，西周保持不过三百余年；霸期以后，朱明保持二百五十余年。独此霸期中，保持至九百年，管仲之功真不在禹下矣。孔子作《春秋》，焉得不称齐桓、晋文哉？孟、荀生于中国强盛之时，故小管仲而羞桓文。如生于东晋之后，当亦不言管仲功烈之卑也。儒家对于历史，往往太疏，不综观事之本末，而又有门户之见，故其立论不免失中。孔子作《春秋》，确立民族主义。三传释经，虽有不同，而内诸夏外夷狄之义则一。管仲建此功，孔子立此义，以故中国屡亡，而卒能复兴。是以承平之世，虽有赖于儒家；而国亡再起，非归功于史家不可。今者外患日深，骤图富强，谈何容易？惟有立定民族主义，晓然于非我族类其心必异，本之《春秋》，推至汉、唐、宋、明诸史，人人严于夷夏之防，则虽万一不幸而至下士耗斁，终必有复兴之一日也。

今吾人言读经尊孔，而敌人亦言读经尊孔，鰓鰓者深恐将来为敌人愚弄。吾谓不然。民族意识之凭借，端在经史。史即经之别子，无历史即不见民族意识所在。盖凡百学术，如哲学，如政治，如科学，无不可与人相通。而中国历史，除魏、周、辽、金、元五史，断然为我华夏民族之历史，无可以与人相通之理，故吾人读经主旨，在求修己之道，严夷夏之辨。前此满人入关，何尝不思以读经尊孔，愚弄吾人？玄晔、胤祯，出其雷霆万钧之力，威胁利诱，卒之民族主义，历劫不磨。盖读书种子不绝，《春秋》内诸夏外夷狄之义长在人心，一触即发，何惧乎异族？何畏乎愚弄？若至经史道丧，儒学废绝，则吾炎黄裔胄，真沦于九幽之下矣。

第十六讲　结论：国学如何进步

中国学术，除文学不能有绝对的完成外，其余的到了清代，已渐渐告成，告一结束。清末诸儒，若曾国藩、张之洞辈都以为一切学问，已被前人说尽，到了清代，可说是登峰造极，后人只好追随其后，绝不再能超过了。我以为后人仅欲得国学中的普通学识，则能够研究前人所已发明的，可算已足，假使要求真正学问，怕还不足罢！即以“考据”而论，清代成就虽多，我们依着他们的成规，引而申之，也还可以求得许多的知识。在他们的成规以外，未始没有别的途径可寻，那蕴蓄着未开辟的精金正多呢！总之，我们若不故步自封，欲自成一家言，非但守着古人所发明的于我未足，即依律引申，也非我愿，必须别创新律，高出古人才满足心愿。这便是进步之机。

我对于国学求进步之点有三：

（一）经学，以比类知原求进步。

（二）哲学，以直观自得求进步。

（三）文学，以发情止义求进步。——毕竟讲来，文学要求进步，恐怕难能呢。

清代治经学较历代为尤精，我在讲经学之派别时已经讲过。我们就旧有成规再加讲讨，原也是个方法。不过“温故知新”仅“足以为师”，不足语于进步。我们治经必须比类知原，才有进步。因前人治经，若宋、明的讲大体，未免流于臆测妄断；若清代的订训诂，又仅求一字的妥当，一句的讲明，一制的考明，“擘绩补苴”，不甚得大体。我们生在清后，那经典上的疑难，已由前人剖析明白，可让我们融会贯通再讲大体了。

从根本上讲，经史是绝不可以分的。经是古代的历史，也可以说是断代史。我们治史，当然要先看通史，再治断代的史，才有效果，若专治断代史，效果是很微细的。治经，不先治通史，治经不和通史融通，其弊与专治断代史等，如何能得利益？前人正犯此病。所以我主张比类求原，以求经史的融会，以谋经学的进步。如何是比类求原？待我说来！经典中的《尚书》《春秋》，是后代“编年”、“纪传”两体之先源。刘知几曾说“纪传”是源于《尚书》，“编年”是源于《春秋》。章学诚也曾说后代诸史皆本于《春秋》。这二人主张虽不同，我们考诸事实，诸史也不尽同于《尚书》《春秋》，而诸史滥觞于彼，是毫无疑义的。所以治经：对于“制度”，下则求诸《六典》《会典》诸书，上以归之于《周礼》《仪礼》。对于地理，下则考诸史及地舆志，上以归之于《禹贡》及《周礼·职方志》。即风俗道德，亦从后代记载上求源于经典。总之，把经看作古代的历史，用以参考后世种种的变迁，于其中看明古今变迁的中心。那么，经学家最忌的武断、琐屑二病，都可免除了。未来所新见的，也非今日所可限量呢！

〔清〕王昶·《老子道德经》经训钞本

中国哲学在晋代为清谈，只有口说，讲来讲去，总无证据。在宋、明为理学，有道学问、尊德性之分，自己却渐有所证。在清代专在文字上求，以此无专长者，若戴东原著《孟子字义疏证》，阮芸台讲性命，陈兰甫著《汉儒通义》，也仅在文字上求、训诂上求，有何可取！要知哲理非但求之训诂为无用，即一理为人人所共明而未证之于心，也还没有用处的。必须直观自得，才是真正的功夫。王阳明辈内证于心，功夫深浅各有不同，所得见解，也彼此歧异，这也是事实上必有的。理，仿佛是目的地，各人所由的路，既不能尽同，所见的理，也必不能尽同；不尽同和根源上并无不合呢！佛家内证功夫最精深，那些堕落的就专在语言文字上讲了。西洋哲学，文字虽精，仍是想象如此，未能证之于心，一无根据，还不能到宋学的地步，所以彼此立论，竟可各走极端的。这有理论无事实的学问，讲习而外，一无可用了！近代法国哲学家柏格森渐注重直觉，和直观自得有些相近了。总之，讲哲理绝不可像天文家讲日与地球的距离一样，测成某距离为已精确了。因为日的距离，是事实上绝不能量，只能用理论推测的，那心像是在吾人的精神界，自己应该觉得的。所以，不能直观自得，并非真正的哲理，治哲学不能直观自得便不能进步。

文学如何能求进步？我以为要"发情止义"。何为发情止义？如下述："发情止义"一语，出于《诗序》。彼所谓"情"是喜怒哀乐的"情"，所谓"义"是礼义的"义"。我引这语是把彼的意义再推广之："情"是"心所欲言，不得不言"的意思，"义"就是"作文的法度"。桐城派的文章，并非没有法度，但我们细读一过，总觉得无味，这便因他们的文，虽止乎义，却非发乎情。他们所作游记论文，也不过试试自己的笔墨罢了。王渔洋的诗，法度非不合，但不能引人兴趣，也因他偶到一处，即作一诗，仿佛日记一般，并非有所为而作的。清初侯方域、魏叔子以明代遗民，心有不平，发于文章，非无感情，但又绝无法度。明末大儒黄梨洲、王船山，学问虽博，虽有兴亡感慨，但黄文既不类白话，又不类语录，又不类讲章，只可说是像批语，王船山非常生硬，又非故意如此，都可说是不上轨道的。所以文学非但要"止乎义"，还要"发乎情"。那初作文，仅有法度，并无情，用以练习则可，用以传世则不可，仿佛习字用九宫格临帖，是不可以留后的。韩昌黎自以为因文生道，顾亭林对于这话有所批评。实在昌黎之文，并非无情无义，若《书张中丞传后》，自是千古必传的，可惜他所作碑志太多，就多止于义不发于情的了。苏东坡的史论，有故意翻案的，有不必作的，和场屋应试文一般，也非发于情之作。古文中非无此流，比较的少一些，诗关于情更深，因为诗专以写性情为主的。若过一处风景，即写一诗，诗如何能佳？宋代苏、黄的诗，就犯此病。苏境遇不佳，诗中写抑郁不平的还多，而随便应酬的诗也很多，就损失他的价值了。唐代杜工部身遇乱世，又很穷困，诗中有情之作，可居半数，其他也不免到一处写一首的。杜以前诸诗家，很少无情之作，即王、孟也首首有情的。至古代诗若《大风歌》《扶风歌》全是真性情流出，一首便可传了！

诗文二项中：文有有法无情的，也有无法有情的；诗却有情无法少，有法无情多；近代诗虽浅鄙，但非出乎轨外。我们学文学诗，初步当然要从法上走，然后从情创出。那初步即欲文学太史公，诗学李太白的，可称狂妄之人呢！我们还要知文学作品忌多，太多必有无情之作，不足贵了。

二三十年前，讲文学，只怕无情，不怕无义。梁任公说我是正统派，这正统派便能不背规则的。在现在有情既少，益以无义，文学衰堕极了。我们若要求进步，在今日非从“发情止义”下手不可。能发情止义，虽不必有超过古人之望，但诗或可超过宋以下诸诗家，文或可超过清以下诸文家！努力！